imaginist

想象另一种可能

理
想
国

imaginist

A Dragon's Head and a Serpent's Tail

Ming China and the First Great East Asian War, 1592—1598

龙头蛇尾

明代中国与第一次东亚大战 1592—1598

[美] 石康 著
周思成 译
孙中奇 校

民主与建设出版社
·北京·

目 录

前 言

本书的写作肇端于 1998 年，当时我尚在密歇根大学攻读博士学位。在准备进行候选资格考试时，我告诉考试委员会的一位委员殿村仁美，迄今无人就丰臣秀吉入侵朝鲜一事撰写过英文专著，不免有些奇怪。[1] 她回答："你何不自己来写？" 我早已对军事历史产生兴趣，听闻此言，仿佛醍醐灌顶。

不过，还有一个问题。我主要研究前近代的中国史，学术训练多来自汉学。我的第一导师张春树博士认为，我的论文应该侧重于中国。在那个学期，他开设了一个史料研读班，我和其他学生可以在班上阅读自己所选择领域的基础史料。我决定着手阅读关于明朝对日本入侵的反应的基础汉文史料，目的是将这场战争放入明朝军事衰颓的广泛背景中进行考察。

然而，至少可以说，我的发现颇令人惊讶。明朝入援朝鲜，是所谓"万历三大征"的第二役。第一役是平定西北边境要塞宁夏的兵变，从前的蒙古降将哱拜试图勾结草原势力，某种程度上复兴蒙古帝国。第三役是平定世袭土司杨应龙发动的西南夷叛乱。著名历史学家黄仁宇将万历三大征贬为晚明文人的“历史虚构”。尽管如此，仔细研究存世的主要史料，不难发现，有必要对这些战事进行更准确的解释。[2] 张春树博士认为这个题目不错，我的博士论文便由此诞生。

阅读了小部分万历三大征的基础史料之后，我对三大征的先入为主的看法就发生了改变。尽管黄仁宇认为，将这些战役拼凑在一起毫无根据，但事实上它们多少是同时进行的。对于明代国家来说，三大征皆是宏大战略设想的一部分。就某一场战役进行的廷议，常常涉及其他战役的需要，同一批明军将士往往参加了三大征的一次或几次战役。要成功进行这些战役，意味着要在遥远的距离和迥异的地形上调集数十万大军。任何近代早期军事史的研究者都懂得，有能力在任意距离上动员、装备和供给如此庞大的军队，足以显示高水平的军事和行政效能。此外，朝鲜和日本的史料记载并未将明军斥为一无是处、技不如人，相反的说法倒是不少，尤其是关于明军火器的威力。

此后，我继续阅读了数千页的一手史料，这些史料数百年来几乎无人问津，由此我愈加确信，明朝在三大征中取得的成就，其实属于范围更广的一次军事复兴，这次军事复兴自 16 世纪 70 年代延续到 17 世纪前十年。这数十年间，明帝国沿着全部边界采取了积极的，甚至是扩张主义的军事姿态，不是满足于防御，而是愿意深入蒙古地区进行精准打击，掳掠马匹和其他牲畜，扰乱敌对的游牧民。明朝还鼓励汉人移屯边疆，这一举动也涉及蛮夷的文化归顺，尽管时而适得其反。

上述改革的推动力，似乎一方面源自 1567 年解除长期海禁而造成的有利的经济环境，由此，美洲白银大量输入，刺激了加速货币化的经济；另一方面，有远见卓识的大学士张居正（1525—1582）在 1572 年至 1582 年当权，他还是年轻的万历帝的老师。张居正坚信强兵的重要性。张海英指出，张居正的政治目标，以及他推行的行政和经济改革，都源自强兵的愿望。[3] 一手史料显示，张居正将这些观念传给了他的门人，而门人接受了这些观念，并在张居正逝世和因党争遭到污蔑后，仍然试图效法张居正。

同样，一手史料也表明，应该重新审视万历帝的个性及其统治。明末以降的流行见解认为，万历帝贪婪、懒惰、吝啬、任性，沉溺后宫美色，不理政事。事实上，《明史》编纂者断言："明之亡，实亡于神宗，岂不谅欤。"后世历史学家，深受几乎普遍贬抑万历帝的史学传统的影响，往往不加批判地重复这一论断。[4] 这种敌对情绪，似乎源自如下事实：万历帝（如本书后续章节中所见）积极追求自身对明代中国的愿景，常常支持和庇护武官，使他们免遭文官的弹劾，而文官集团在晚明朝野有压倒性的影响力。[5]

因此，我的博士论文从探寻明朝军事和政治衰颓的原因，转向重新评价万历帝以及他在促进 16 世纪晚期的明代军事复兴中起到的重要作用。这也启发我用比较视角来审视东亚军事，将三大征和同时期其他地区的趋势进行比较。博士论文篇幅有限，未竟的工作在本书后续章节中得到了延续。

本书的第一宗旨，在于为广大军事史研究者讲述第一次东亚大战的始末。涉及这场战争不同方面的英文论文和著作不少，然而，迄今尚无人广泛利用参战三方的民众和文人留下的一手和二手资料。我对关于这场战争的中、日文研究论著（原文）进行了广泛而批判性的审视，又对三方产生的基础史料（通常用文言写成）进行了比较阅读和评价，由此写成了本书。我不懂韩文，韩国学界的同仁给予了我莫大的帮助，让我了解了韩国对这场战争不断变化的解读。

尽管如此，本书的视角仍然主要是明朝的，较多依赖中方史料，而非朝鲜或日本史料——要充分关注中、朝、日三方留下的大量原始资料，本书的篇幅远远不够。例如，新近编纂的一种朝鲜史料汇编，卷帙超过 30 卷，并且还未穷尽史料。日本史料或许没这么多，但同样令人生畏。相比之下，中方史料的数量要少得多，也就更好驾驭。此外，我是明史研究者，我的学术兴趣重在明代中国。

当然，我也十分熟悉关于近代早期欧洲军事的英文论著，这些论著范围更广，杰弗里 · 帕克（Geoffrey Parker）、杰里米 · 布莱克（Jeremy Black）、马克 · C. 菲塞尔（Mark C. Fissell）和伯特 · 霍尔（Bert Hall）是其代表。延续这一研究理路，全书参考了关于欧洲战争和军事实践的著述，以凸显读者或许会感兴趣的方面。我将重点关注技术、战略和战术，研究这场战争在朝鲜如何以及为何如此进行，探寻将领们如何、为何做出这些战术决策。实际上，对这场战争的研究，即使在东亚诸国也颇不充分，因为此前的不少学术研究很大程度上忽略了对后勤或战场环境的讨论。

在叙述战争事件的过程中，我凸显了万历帝在明代国家中扮演的关键角色，强调了明朝在近代早期东亚世界中的长期主导地位，指出了这场战争对后续中国历史的影响。我还研究了中、朝、日三国对彼此之间关系的看法，以及外交和内政的联系，尤其是和军事事务有关的联系。尽管学者一般假定，由于尚武的幕府在1185年至1868年统治日本，日本的内政和军事之间关系密切。不过，类似的关联常常被中国和韩国的历史学家忽略或掩盖，他们更愿意接受数百年来教化儒家官员的那一套重文轻武的陈词滥调。不过，正如龙沛（Peter Lorge）所言："在帝制中国，名将往往是最有争议的人物。……事实上，是武官而非文官才决定一个王朝的命运，因为王朝安危的唯一威胁就是军事危机。"同样，朴柳真（Eugene Park）最近的论著阐明了武官在朝鲜后期历史中的重要地位。[6]这一看法或许会让一些读者吃惊，并且容易再次引发与西欧的比较。

本书的结构如下：第一章概述了明朝入援朝鲜的历史背景，关注晚明遭遇的军事危机以及朝廷官员给出的解决方案。本章扼要地介绍了与在朝鲜的战事往往发生关联的另外两次军事行动，探讨这些事件在明代中国的大战略图景中处于何种位置，又如何最终汇集到第一次东亚大战。

第二章叙述了战争的前奏，即丰臣秀吉的崛起，以及秀吉征服大陆的宏伟计划的出台。除了讨论解释秀吉的动机和目的的各家说法，本章还介绍了朝鲜局势的历史背景，勾勒了16世纪早期三国之间的冲突，还有朝鲜和明朝对1592年春日本威胁的评估。

第三章叙述了战争头七个月的历史，包括日军的势如破竹让朝鲜国王在明朝边境感到茫然和恐惧，乞求明朝派兵援助。就在日军大破朝鲜官军之际，地方官甚至僧侣组织的义兵团结起来保家卫国。1592 年仲夏，朝鲜水军也在南部海岸取得了重大胜利，尽管并未彻底扭转战局，至少挫伤了日军锐气。夏末，明朝派来的小规模援兵遭遇重挫，战争却由此升级。

第四章涵盖了 1593 年 2 月至 1594 年明朝大举出兵的时期。第一部分按时间顺序叙述了 1593 年上半年的重要战斗，这些战斗迫使日军退入朝鲜东南沿海的一系列倭城。第二部分讨论了朝鲜乡村地区的状况，探寻了启动和议的原因。双方决定开启和议的军事局势尤其得到了关注，因为带有民族主义倾向的研究者往往忽略实际战局，一心只想找出一个阻碍本国彻底取得战争胜利的替罪羊。

第五章主要关注和议，同时也关注了朝鲜的军事改革。本章还涉及了明朝的党争，由此探讨万历君臣决定册封丰臣秀吉的原因，此举遭到了盟友朝鲜的激烈反对。本章还考察了战争期间日军在朝鲜的占领和生活。

第六章叙述了丰臣秀吉拒绝明朝册封并决定再次大举入侵的经过，这一次入侵的主要目的是报复秀吉遭受的屈辱。第二次入侵的特点是激烈的围城战。本章详细讨论了几次重大的围城战，着意于在比较语境中说明近代早期东亚的围城战。本章还讨论了标志了战争高潮并最终确保明、朝联军获胜的海战。

第七章探讨了战争的余波和回响，包括遣返俘虏，恢复朝、日之间的贸易和外交等一系列长期悬而未决的问题。本章还讨论了这场战争是否真的对晚明国家产生了灾难性影响，同时分析了关于这场战争的一些更奇特的观点，包括认为被俘日军对现代火器传入中国产生了关键作用，等等。本章的重中之重，是讨论明、朝联军的胜利如何延续了此后两百多年对中国外交朝贡体系的信心，以及灭亡明朝的满人进一步僵化朝贡体系，最终得不偿失。

致 谢

写作本书这样艰巨的工作，难免使人对亲友和同事亏欠甚多，也必然仰赖他人的学识、耐心和善意。本书肇端于2001年我在密歇根大学完成的博士论文，因此，首先应感谢我的论文指导委员会成员。殿村仁美最先建议我研究这场战争，第一导师张春树鼓励我将关注扩大到万历三大征。恩斯特·杨格（Ernest Young）和陆大伟（David Rolston）仔细通读了本书，大大改善了叙事的流畅和逻辑性。约翰·惠特默（John Whitmore）一直是慷慨的好友和导师，他让我深切体会到，有必要从更广阔的视角来观察事物。开始写作本书之际，我有幸获得了玛丽斯特学院（Marist College）的暑期学术研究资助和密歇根大学亚洲图书馆的旅行资助。哥伦比亚大学斯塔尔东亚图书馆（C. V. Starr Library）的工作人员和玛丽斯特学院的馆际互借处也给予我极大的帮助，帮我处理了许多借阅申请。

进入鲍尔州立大学（Ball State University）后，我又有幸获得了新任教师的暑期研究资助，这让我有机会在2005年夏在韩国旅居了三个星期。旅韩期间，合作院校首尔庆熙大学的国际交流处主任朴秀宪（Soo-heon Park）博士，慷慨安排我在仁寺洞的酒店下榻。已故的詹姆斯·帕莱（James Palais）将自己的研究生孙哲培（Cheolbae Son）介绍给我，往来首尔机场接送，又邀请我在成均馆大学做讲座，由此我收获了许多珍贵友谊。孙哲培还为我复制了大量宝贵的原始资料。肯尼斯·罗宾逊(Kenneth Robinson)是一位专业的导游和翻译，我们一道从首尔到晋州，再到丽水，重访战争之路。此行我们享受了许多美味佳肴，饮用了适量的韩国啤酒。肯还协助我访问了国立晋州博物馆、韩国国立中央图书馆、国立首尔大学奎章阁、西江大学。他甚至越出了职责范围，当他知悉某处馆藏在我访学期间将要关闭，便热心为我复制了所需资料。对于上述卓越机构的工作人员的帮助，谨致谢忱。

不久亚当·伯内特（Adam Bohnet）也加入我们，带着我在首尔的小巷和书店寻找明代遗存。郑杜熙（Chung Doo-hee）教授盛情邀请我参加 2006 年在统营举办的“壬辰战争的跨国历史”研讨会，会议期间，我有幸与来自世界各地的著名战争史学者交流。我与韩明基（Han Myonggi）教授的热烈交流堪称传奇。会上的日语和韩语交流常常语速过快，亚当·伯内特、许南麟（Nam-lin Hur）和爱德华·舒尔茨（Edward Shultz）为我充当了翻译。

我还获得 2006 年国家人文科学基金会的暑期资助，这让我有机会着手撰写前两章的初稿。感谢杰克·威尔斯（Jack Wills）和殿村仁美为我这次申请写了推荐信。鲍尔州立大学也慷慨允许我前往其他地方收集材料。印第安纳大学东亚收藏部的主任戴安娜·文玲·刘（Diana Wen-ling Liu）也提供了宝贵的帮助，不仅协助我寻找藏品，还让韩国研究助理协助我转译韩文材料。印第安纳大学东亚研究中心的玛格丽特·基（Margaret Key）为我提供了旅行补助，让我有机会去利来图书馆（Lilly Library）查找资料。该馆工作人员十分友善，惠允我复制馆中收藏的图像照片。台北故宫博物院也惠允我使用万历帝的官方绘像，还有该馆收藏几幅明代宫廷仪仗图。

鲍尔州立大学历史系的友人和同事，也在写作过程中给予了极大帮助。克里斯·汤普森（Chris Thompson）和吉姆·康纳利（Jim Connolly）协助我准备资助申请。在手稿付梓方面，克里斯提供了大量宝贵的建议。讲席教授布鲁斯·吉尔霍德（Bruce Geelhoed）也提供了许多重要建议和帮助，为我协调大学的行政机构，为我的各项事业寻求资助。讲席助理凯文·史密斯（Kevin Smith）和阿贝尔·艾维斯（Abel Alves），帮助我优化了教学计划，好让我有余裕完成手稿。肯·哈尔（Ken Hall）不厌其烦地阅读和评论了书稿。我们和查克·阿尔戈（Chuck Argo）一道去郊外打高尔夫球，我由此悟出有些事情完全超出人力所为。我有幸在 Thai Smile 餐馆和斯拉瓦·德米特里耶夫（Slava Dmitriev）、戴维·尤里奇（Dave Ulbrich）共进晚餐，让我多少摆脱了写书的疲惫。

就个人而言，我必须感谢爱妻艾米·霍拉威（Amy Hollaway），感谢她多年的爱意、支持、鼓励和建议，尤其感谢她的谅解，因为我总是告诉她，还要“再稍等我片刻”，结果一连拖延几个小时。艾米所做的远超妻子的义务，她伴我周游列国，搜寻晦暗的史料，忍受无休止的明史讨论。她坚持审读完了整部书稿，找出了不少矛盾或重复的句子和段落。最后，她多次为了我的研究牺牲了自己的事业，我感激不尽。我的家人，尤其是父母和养父母，虽然没有太多直接参与，但总是保持好奇和鼓励，讶异为何写一本小书要花这么长时间。就像侄女达娜(Dana)说的："你肯定还有很多研究要做！"阿瑟·林（Arthur Ling）是我研究生时代以来的密友，也为我提供了许多建议。迈克尔·蒋（Michael Chiang）阅读和点评了部分书稿内容。埃德·维尔（Ed Woell）不久前亲自研究了这段历史，为我提供了宝贵的意见和灵感。杰克·威尔斯和孙来臣给予我不懈的支持，我们的研究在过去几年中颇有交集。2003 年，鲁大维（David Robinson）在普林斯顿举办并主持了"明代宫廷文化"研讨会，帮助我加深了对万历帝作为明朝最高统帅的角色的理解。最后，感谢中国军事史学会的众多友人多年来的友谊和支持，特别是龙沛（Peter Lorge）和葛德威（David Graff）。

格里格·厄文（Greg Urwin）、查克·兰金（Chuck Rankin）和斯蒂芬·贝克尔（Steven Baker）皆是优秀的合作编辑，他们一开始就热情支持我的研究项目。凯文·布洛克（Kevin Brock）对我这份笨重书稿的编辑工作十分出色。迈克尔·赫拉德斯基（Michael Hradesky）为本书绘制了地图。书中的图片则是我和艾米拍摄的，她为此特意进修了数码摄影技术。鲍尔州立大学艺术博物馆馆长彼得·布鲁姆（Peter Blume）购买并惠允我复制了装饰本书封面的这幅绝妙的三联画。雪莉·史密斯（Sherry Smith）为本书编制了索引。当然，书中一切解释和结论，责任全在作者，并不必然代表上述任何资助机构的立场，恳请读者谅解。若我的致谢无意间有所遗漏，亦望谅解，并致谢忱。

石康（Kenneth M. Swope）

印第安纳州曼西市

凡例

书中全部中文人名和地名，均采用罗马拼音法，无声调符号。为保证全书统一，中国台湾地区出版的论著和作者姓名也照此拼写。唯一例外是中国作者以英文出版而使用其他拼音系统的著作。日文姓名和专名采用了标准赫本式罗马字。韩文姓名和专名，采用了修正的马科恩–赖肖尔表记法，人名和地名的音节之间没有连字符。蒙古文人名和地名，采用了《剑桥中国史》各卷使用的拼法。至于英语世界中的著名地名，如东京和平壤，省略了长元音标记。中国官职的英文译名，参照贺凯(Charles Hucker)的《中国古代官名辞典》。农历和公历的转换，参照薛仲三、欧阳颐编著的《两千年中西历对照表》。特定日期一般转为公历日期，如果仅标月份（如第四月），则指农历月。

征引具体论著，一般尽可能引用现代页码。否则给出引文所在的卷次和卷内页码。由于这类著作一般为刻本，每一叶有两面，某书卷十五第十二叶的第一面或正面，就标为“15，12a”。若是李光涛的《朝鲜史料》[*]等文献汇编，摘引一般标注原书卷次和页码。

* 原文为 *Chaoxian shiliao*，但李光涛并未整理过名为《朝鲜史料》的史料汇编，此处疑指《朝鲜“壬辰倭祸”史料》。（本书脚注如无特别说明均为校译者所加）

中式度量衡单位

中式单位（旧制）	美式单位	公制单位
1 分	0.141 英寸	0.358 厘米
1 寸	1.41 英寸	3.581 厘米
1 尺（长度）	14.1 英寸	35.814 厘米
1 尺（里程）	12.1 英寸	30.734 厘米
1 丈	141 英寸	3.581 米
1 步	60.5 英寸	1.536 米
1 里	1821.15 英尺	0.555 千米
1 亩	0.16 英亩	0.064 公顷
1 顷	16.16 英亩	6.539 公顷
1 两（银）	1.327 盎司	37.62 克
1 钱（铜钱）	0.1327 盎司	3.762 克
1 斤	1.33 磅	603.277 克
1 担 *	133.33 磅	60.477 千克
1 石	160 磅	72.574 千克
1 升	1.87 品脱	1.031 公升
1 斗	2.34 加仑	10.31 公升

* 在明代，担和石在计量谷物重量时往往交替使用，故本书通篇采用担［此为作者原注，正文中，作者按 1 担（石）为 66.66 千克换算］。

战争大事年表

1592 年

5 月 日军登陆釜山

6 月 朝鲜国王宣祖携朝鲜宫廷逃离王京

7 月“龟船”首战；宣祖退到明朝边境的义州

8 月 明朝援兵在平壤被击溃

9 月 朝鲜乡间“义兵”蜂起

10 月 沈惟敬和小西行长谈判停战 50 日

11 月 李如松出任东征提督；宋应昌出任经略

1593 年

1 月 明朝援兵入朝

2 月 明、朝联军收复平壤和开城；碧蹄馆之战

3 月 日军退入王京

4 月 日军求和

6 月 明使赴日

7 月 日军血洗晋州

秋 日军大部撤离；固守釜山周边；明军大部撤离

11 月 宣祖返回王京

1594 年

1 月至 12 月，明廷争辩和议条款无果

1595 年

1 月 日使内藤如安终于赶赴京师

2 月 万历帝决定册封丰臣秀吉为“日本国王”

夏 李宗城率明朝使团抵达釜山

1596 年

5 月 李宗城逃离使团

7 月 明使前往日本

10 月 丰臣秀吉会见明使，拒绝“册封”；秀吉下令二次进犯

1597 年

2 月，倭船登陆东莱

夏 日军北上；李舜臣官复原职，准备海战

9 月 南原陷落

10 明、朝联军稷山奏捷；李舜臣鸣梁海战奏捷

1598 年

1 月至 2 月 明、朝联军围攻蔚山

4 月 日军开始退兵

夏 明、朝联军多路齐下进攻

9 月 丰臣秀吉去世；明、朝联军继续进攻，日军撤退

12 月 露梁海战标志战争结束；李舜臣战死

导 言

难忘之战

在京都一条不起眼的小巷深处，矗立着一座奇特的纪念碑。在林立的寺庙、佛塔、城堡和茶馆当中，它尤其不引人注目，却默默纪念着一场发生在近代早期东亚的冷酷无情的战争。耳塚及其旁边的耳塚公园，曾被某学者称为“罕被提及且最让人避之不及的京都景点”，其实埋藏了数千只从中国人和朝鲜人头上割下并腌好的鼻子，这些鼻子被从朝鲜送回日本，献给丰臣秀吉（1536—1598），当时的日本统治者，也是1592—1598年第一次东亚大战的始作俑者。在日本，首级通常作为论功行赏的证据，但是首级又大又沉，不便船运渡海，日军只好割掉被杀之敌的鼻子送回国内，以满足“关白”对那些拒绝臣服者的报复欲望。秀吉的士兵奉命每人上缴三只朝鲜人（或中国人）的鼻子。尽管现代研究者的估算互有出入，一般认为，最终运回日本的鼻子约有100000至200000之数，有些朝鲜俘虏虽被割掉了鼻子，却侥幸活了下来。[1]

秀吉为告慰日本将士的亡灵，建造了一座大佛，他下令在不远处修筑耳塚，作为他那些忠心耿耿的将领的能力和荣誉的永恒见证。土丘巍峨，秀吉的将领斩获的首级、耳朵、鼻子，汇成冗长而细致的名录，凸显了这场战争的残酷，也揭示了这场战争的记忆在东亚挥之不去的原因。耳塚算是最大也最著名的纪念碑，但并非独此一家，日本大名在各自领地里也修建有类似纪念碑。[2]

在世界上其他任何地方，再难找到另一场发生在 400 年前且今日仍备受关注的战争。韩国乡间随处可见纪念这次战争中历次战役和英雄人物的祠庙、碑刻和造像；在日本后来的德川幕府时期，一些征韩将领被封为神。2004 年至 2005 年，韩国的电视台播出了一部传记史诗剧，档期长达一年，展现了韩国最伟大的民族英雄李舜臣（1545—1598）的生平，他立下了救国于危难的大功。20 世纪 70 年代，韩国各公立学校都立有李舜臣的雕像，既为激发爱国主义精神，也为展示政府保卫国家、抵御北方威胁的坚定决心；一座李舜臣巨像，守卫着通往首尔总统官邸的大道。首尔的众多纪念品商店，摆满了李舜臣的锡像和著名的龟船模型。游客甚至能买到印有李舜臣肖像的酒杯，或印着龟船图像的香烟盒。

不久前，在韩国的滨海小城统营举办了一次关于这场战争的学术会议，此地离闲山岛李舜臣的水军基地不远，吸引了来自韩国、日本、欧洲和北美的学者。[3] 统营市市长亲自向与会者致意，并为他们举行了多场招待会和宴会。日本最大的日报之一《朝日新闻》派出多名记者和摄影师跟踪报道了这次会议。在接下来的一周时间里，会议占据了足足两日的纸版新闻。400 年前爆发的战争竟会受到全国媒体的广泛关注，表明这场冲突不仅意义深远，在韩、日两国的公众心中也举足轻重。

1997 年 9 月，在京都举行过一次纪念耳塚的学术研讨会，并出版了会议论文集。在韩、日两国的学者及公民当中，关于日本在 16 世纪 90 年代给朝鲜造成了多少苦难，一直有着广泛的争论，这次会议不过展现了冰山一角。这场争论同围绕 20 世纪日本殖民时代的争论类似。韩国人抗议说，日本的教科书喜欢掩盖秀吉军队犯下的暴行，还吹捧秀吉供奉亡灵的举动来掩盖日军的行为。至于耳塚，韩国一方的看法存在分歧。一些人建议推平耳塚以雪国耻，也有人建议将遗骸送回国内。日本政府坚称，由于这座土丘属于国家纪念遗址，不应受到打扰。因此，用记者尼古拉斯·克里斯托夫（Nicholas Kristof）的话来说，“耳塚”凸显了“仍使东亚各国彼此对立的张力和敌意”。在许多韩国人看来，耳塚“象征着日本人的兽性，虽潜伏于表面之下，但随时可能爆发”。[4]

这场战争——我更愿意称之为第一次东亚大战——尽管在东亚区域历史上影响深远，但在东亚之外鲜为人知。即使在中国，对这场战争的理解和认同也远不如韩、日（本书将要讨论其原因）。甚至，如何命名战争也颇有争议。在韩国，一般称之为“壬辰战争”或“壬辰倭乱”（壬辰就是 1592 年，当时东亚通行的中国干支历法中，这一年是水龙年）。日本人通常称之为“秀吉的朝鲜侵略”或“文禄—庆长之役”（即 1592 年和 1597 年的战役）*。德川（1603—1868）和

* 文禄（1592—1596）与庆长（1596—1615）为日本年号，“文禄—庆长之役”的说法是指日军第一次出兵在文禄年间，第二次出兵为庆长年间，并非“1592 年和 1597 年的战役”之意。

明治（1868—1912）时期的日本史书通常将这场战争称为“征韩”或“征伐”。在中国，这场战争被称为“援朝鲜”或“东征”。

这场战争是16世纪世界范围内最大的一次军事冲突。1592年，日本调动了150000余人发动了首次入侵，1597年的第二次大举入侵，日本出动了140000余人。明朝在1592年调集了40000多人的军队支援朝鲜，1597年出动的援军又翻了一倍，尽管明朝同时还得调遣数十万大军镇压国内的反叛。朝鲜的实际参战兵力不好估计，因为许多人在地方精英甚至僧侣的率领下，作为游击队或各种非正规军作战。尽管如此，成千上万的朝鲜士兵和大多数平民都一度直接卷入了战争。

敌对行动不限于朝鲜、中国和日本之间。韩国学者韩明基指出，这场战争“是一场席卷东亚的世界大战”。在入侵朝鲜前，秀吉遣使至周边各国，希望说服或胁迫这些国家的统治者参与他的征韩大业。秀吉还接触了西班牙和葡萄牙的官员、商人和教士，这两个欧洲国家正在东亚和南亚拓展殖民地。[5]大多数国家无视这些请求，或以巧妙的外交手段婉拒，也有一些国家，如琉球王国，不得不至少间接地表示支援。不过，据说暹罗和琉球均为联合对抗日本的行动提供了军事援助。中国人显然将秀吉这些举动视为在东亚贸易和外交事务中篡夺明朝（1368—1644）霸权的狂妄之举，故以适当的军事实力来回应他的挑战。

这场冲突波及范围之广，甚至使得中国学者李光涛称之为东亚历史上最伟大的事件。这难免过甚其辞。出于某些原因，我更倾向于把这场冲突称为第一次东亚大战。在东亚诸国学界，这一命名备受争议，部分原因是容易引起对近代日本军国主义的痛苦记忆。[6]但是，在这部书中，我希望凸显的恰恰是这一关联，当然，同时也避免（希望如此）就民族侵略本性或征服本性作出轻率类比或错误论断。鉴于东北亚今日的紧张局势，似乎有必要对目下关切的历史背景有更深入了解，回顾更加积极的历史互动。有些研究者认为，19世纪和20世纪的日本侵略活动，同日本在19世纪之前的历史经验毫无关系；相反，我认为，学者、政治家、殖民统治者，还有20世纪中、朝两国的殖民受害者，明确将16世纪末的这场战争与近代日本的侵略联系起来，恰恰证明这场战争的重要意义将一直持续。

不出所料，在19世纪和20世纪，中、朝、日三国都出于民族主义目的利用了各自对这场战争的矛盾记忆。明治时期的军国主义者在推动日本在国际地缘政治舞台上的崛起时，宣扬征韩之“未竟大业”。1910年，朝鲜被新兴的日本帝国正式吞并，朝鲜总督、后来的日本首相寺内正毅指出，吞并朝鲜意味着最终完成了秀吉未完成的伟业。日本殖民统治者后来还占据并重建了16世纪留下的一些倭城，将之转化为帝国的政府建筑。[7]朝鲜战争英雄和烈士的雕像常被推倒或移除，有时甚至代之以日本将领的雕像。

1931年，日本人重建了丰臣秀吉的大阪城，正是在这一年，日本侵略东北，扶植伪满洲国，挑起了冲突，并迅速升级为“大东亚战争”和太平洋战争。今天，大阪城内有一座展示“战国时代”（1467—1600）文物的博物馆。博物馆中播放的录像片，再现了16世纪90年代日本军队在朝鲜进军的情景。（当然，在韩国，大多数战争主题博物馆也播放以朝鲜视角制作的视频和互动展示。）大阪城旁边是大阪历史博物馆，此处保存有明万历帝（1573—1620 年在位）册封秀吉为日本国王的文书原件。在京都 - 大阪地区，为纪念伟人秀吉及其对日本历史的影响而竖立的纪念碑，所在不少。

在中国，对这场战争的记忆欠少些鲜活。由于种种原因，这场战争在中国的知名度远不如在韩国或日本。首先，此战才过数十年，明朝便步入衰落。不到二十年，明朝第一次惨败于新兴的后金，这个政权最终在 1644 年征服明朝，建立了清王朝。清朝急于为自己统治中国的合法性辩护，将明朝描述为积弱、颓废和腐败的政权，对于显示明朝军事强权的证据一概掩盖或漠视。同样，明末清初的学者渲染了中国政治中根深蒂固的党争风气，将明朝的崩溃归咎于皇帝，其次归咎于那些据说既无能又自私的武官。万历帝最看不惯文官的勾心斗角、假公济私，于是他就成为明朝灭亡的罪魁祸首之一，然而，当时的朝鲜人在汉城（首尔）却为纪念他而修建了一座祭坛。[8] 因此，同时代人和 17 世纪的学者把万历帝的功绩，尤其他在 16 世纪末（其统治巅峰期）取得的军事成就一笔勾销。认为万历帝应对明亡负责的看法至今仍有影响。

不过，日本在 19 世纪和 20 世纪再度侵略中国，稍稍唤起了中国人对这场战争的兴趣。王崇武和李光涛等学者就这场战争撰写了不少考证精详的文章和著作。[9] 李光涛的论著通常强调明朝的军事实力，以及明人面对貌似压倒性的日本军事优势而展现出的灵活应变。日本一方的评论者在战争期间和此后几百年内都倾向于认为，日本侵朝失败，是由于兵力不足和秀吉突然逝世；李光涛则试图证明，明朝的军事实力，特别是对高级火器的娴熟运用，是把日本人赶出朝鲜半岛的最重要的甚至是唯一的原因。李光涛的论著还强调了中朝友谊和合作的重要，他断言，明朝对朝鲜是有求必应。他还估计，明朝征调了166700名官兵和1700万两（相当于明朝约6个月的财政收入）白银及粮草来支援朝鲜。[10]言下之意似乎是，既然中朝携手成功抵抗过日本的侵略，也就可能重演历史。不过，必须指出，李光涛的作品，在学术上是可靠的，但带有强烈的中国中心主义色彩。不管怎样，这些泛泛的概括无法充分反映围绕这次东亚大战的争论的全貌。过去30年中涌现了大量论著，提供了对战争的细致而中肯的解读，这场战争的地缘意义也由此凸显。

1950年秋，当“联合国军”靠近鸭绿江时，那些熟悉中国历史的人可能更清楚中国出兵援朝的可能性。毛泽东和他的将帅熟知明朝出兵的历史先例，他们中有不少人深知历史的教训。正如明朝的先辈一样，毛泽东和他的将帅警告外国军队不得越过鸭绿江。一旦中国共产党人认为中国边境遭受威胁，和16世纪90年代的明朝一样，他们也决定毫不妥协，并借此确立自身在东亚的外交和军事优势。中共援助越南，也是一样(顺便说一下，明朝也出兵干预过安南)。布鲁斯·艾里曼（Bruce Elleman）最近指出，在军事和政治事务方面，整个中国共产主义时代都应被视为“帝国复兴”的时代，因为一个自信的中国开始在全球舞台上重申其“合法”地位。[11]

除了质疑这场16世纪的战争同现代事件的关联，一些学者还提出，称这场冲突为第一次东亚大战，有欠准确，因为还有一些更早期的战争，更适合此类称呼。例如，在6、7世纪，隋（581—618)、唐（618—907）帝国和高句丽、新罗、百济三国之间发生了大规模战争。借口高句丽扰边，隋朝三度征伐这个最北边的王国。617 年的最后一次征伐 *，隋军取得了名义上的胜利，这场战事却给隋朝的内乱推波助澜，引发了各处起义，最终导致隋朝灭亡，一位前隋武将开创了唐朝。[12]

公元 645 年和 647 年 †，唐朝征伐高句丽失利，由此助长了高句丽的野心。高句丽在 655 年袭击了唐的属国，并联合百济（朝鲜半岛西南部的王国）入侵新罗（朝鲜半岛东南部的王国）。新罗向唐朝求援并获得了唐军支援。新罗–唐联军由海、陆两路齐下，很快击败了百济。此后，图谋复兴百济的势力同日本的大和国取得了联系，大和国通过叫做“伽耶诸国”或“任那”的本地联盟（其历史状况迄今暧昧不明），一直和朝鲜半岛有联络。尽管有日本支援，百济仍在 663 年 10 月被新罗–唐联军成功地击溃，一系列交战最终导致了著名的白江口之战。[13] 随后，新罗–唐联军回军高句丽，在 668 年征服了该国，可惜为期短暂。新罗不愿重蹈高句丽的覆辙，于是扶植了高句丽的复国势力。唐朝在 674 年击溃了这股势力，随后出兵新罗。对于此后的交战胜负，史料说法不一，但是，唐军最终撤回了辽东，把军事目标转向了别处，任凭新罗控制了几乎整个朝鲜半岛。

这些冲突确实牵涉到前近代东亚几大政权之间的真正军事较

---

* 隋朝最后一次征高句丽是 614 年。隋朝曾有计划于 617 年征讨高句丽，但未实施。

† 唐朝于 644 年 11 月开始对高句丽的征讨，645 年唐太宗亲征，当年 10 月撤军。唐太宗曾计划于 647 年再次征讨高句丽，但未实施。

量，人们难免将这些事件视为一场“东亚世界大战”。这种看法容易产生误解。首先，这些冲突持续了数十年，由于内外因素的影响，战事多是彼此纠缠。任何一个强国，包括唐朝，都从未试图进行全面的征服。朝鲜半岛的事件，虽然确实影响了中国和日本的历史发展，却并未彻底扭转后来的历史趋势，至少在朝鲜半岛以外是这样。唐代中国仍然是一个富有野心的扩张性强权，而朝鲜边界安定，容许唐朝有余裕集中精力解决其他军事问题。如果唐朝正式对朝鲜进行殖民统治，可能会引发更严重的问题，即便如此，唐朝的整个历史发展大概也不会发生什么剧变。这场战争或许加速了日本的中央集权，有助于日本发展出更复杂的国家机构，防范可能来自大陆的入侵，但这无非“更大的事件链条中的一环”。[14]

从更广阔的东亚视角来看，更重要的是，在6世纪，日本处于国家发展的早期阶段，只是一个非常边缘化的参与者。日本人对大陆发生的事情知之甚少，不存在什么好战的军阀真心实意图谋建构或重塑某种国际秩序，换言之，他们的切身利益在范围上是地方性或区域性的。相关政权的统治者从未提出过攫取国际霸权的明确构想。事实上，期待当时任何一位统治者抱有如此想法，都属于一种时代错乱。但是，等到16世纪末，东亚各民族，包括日本人，都与来自世界各地的商人、传教士和雇佣军发生了更广泛的接触，由此，他们具备更加开阔的国际视野来审视对外贸易同国内的权力、威信之间的联系。这类接触也使他们愈加了解异国的资源，以及这些资源在帮助陷入困境的统治者树立权威方面可能发挥的潜力。这反过来又促使成功的国内征服者怀抱更大的野心，丰臣秀吉就是如此。

那么，又该如何看待13世纪蒙古人发起的战争？蒙古人的征服不仅对亚洲历史，也对世界历史产生了巨大冲击。不必否认成吉思汗和忽必烈等人的政治才能和领袖魅力，不过，蒙古人似乎没有丰臣秀吉那样的宏大计划和帝国视野。成吉思汗更是如此，他既创造历史，也为历史裹挟。他的最终意图不过是为自己那些欲壑难填的扈从不断提供土地和战利品。如果成吉思汗不是在1227年就逝世，蒙古人或许能建立某种包容性的统治秩序。但是，成吉思汗逝世不久，他的帝国就分崩离析，即便存在什么统一的愿景，也成了明日黄花。结果，由成吉思汗后裔建立的诸汗国继续朝着不同的方向发展，取得了不同程度的成功，也饱受内部矛盾的困扰。

不同于这些早期的大规模冲突，16世纪90年代的战争正是为争夺东亚霸权而发动的。秀吉在写给外国统治者的国书中软硬兼施，让他们选择是加入联盟、屈服还是毁灭。秀吉无限憧憬他那美妙的新政治秩序，企图以之取代中国建立的政治秩序；[15] 他抓住一切机会贬低明人和明军的战斗力，并吹嘘自己的战功和日本文化的优越；他许诺，要把日本习俗扩展到远方国度；有趣的是，他计划定居明朝的外贸港口宁波，从该地遥治新兴大帝国的经济和政治事务。由此，且不论是优是劣，秀吉堪称第一个真正的大亚细亚主义梦想家。仔细阅读之下，研究20世纪日本帝国主义侵略的人会发现，秀吉的许多言论是那么的荒诞而熟悉。

秀吉的功绩，即便被曲解和滥用，却成了后世军国主义者的灵感源泉。1936年，日本大举侵华前一年，一部关于这场战争的日文著作出版，其英文序言的开头一段话就很说明问题。这段话出自池内宏之手，由著名的东洋文库出版，集中反映了日本的帝国主义活动对19—20世纪的日本民族主义学术的价值观渗透：

> 文禄-庆长之役（16世纪最后几年）是一段辉煌的历史，是最伟大的时代英雄太阁殿下丰臣秀吉发起的远征，是他暮年的雄心大业。尽管成就了统一日本的盖世功勋，却未足以酬其壮志。征服亚洲大陆的渴望驱策他派遣大军渡往朝鲜半岛，作为征明的第一步。遗憾的是，由于种种未曾预料的困难和疾病的侵袭，这位伟大的英雄出师未捷身先死，这次失败的远征却成为导致丰臣政权灭亡的主要原因之一。[16]

由以下各章叙述可知，明人和朝鲜人坚定地反击了秀吉不切实际的图谋，并痛斥秀吉愚昧，不知何为得体的外交方式和礼仪。此外，万历皇帝未给秀吉留下丝毫情面，威胁要调遣百万明军加上明朝属国的联军入朝。因此，正是秀吉那宏大的侵略梦想，才引发明朝作出如此惊人的军事和外交回应。明朝不接受任何对自身国际霸权的挑战。

此外，这场战争在朝鲜引发了重大的政治和军事改革，使得摇摇欲坠的李氏王朝得到稳定并延续到20世纪初。其中尤其值得注意的是，朝鲜引进了著名的明朝将领戚继光（1528—1588）首创的兵书和练兵技术。[17]在中国，这场战争常常被认为加速了明朝灭亡，因为明朝被迫投入了巨额的财政和军事资源，结果削弱了自身在东北亚地区同新兴的满洲政权作战的能力。不过，这种观点有待商榷。[18]由于其他东亚和东南亚国家也卷入了这场战争，将之命名为“第一次东亚大战”，似乎是合理的。

第一章

疆场未宁

万历帝与明朝的军事中兴（1570—1610）

1619年4月中旬，萨尔浒之战，明朝派出四路大军讨伐不久前崛起的后金新汗努尔哈赤（1559—1626），结果三路溃败。萨尔浒地处辽东，辽东是长城外的东北地区（故不属于内地）。明朝虽一直宣称统辖辽东，但仅是依靠世袭的部落首领予以羁縻。努尔哈赤就是部落首领之一，明朝认为他忠诚可嘉，却不料他在1616年宣布在辽东建国。尽管明朝与努尔哈赤父、祖被杀脱不了干系，他却成了明军悍将李成梁（1526—1615）的养子，甚至在16世纪90年代提议出兵协助明军将日军赶出朝鲜。[1]

1619年，政治–军事形势发生剧变，努尔哈赤的女真人（后称满洲）不断扩张他们的领土和势力，大明帝国却日薄西山。正如史家黄仁宇所言："1619年初的辽东之役，结束了明朝在该地区无可争议的统治，也让满洲能与明朝分庭抗礼。"努尔哈赤善于集中机动兵力，以约六万女真军大败十万之敌；明军却分为四路进军，结果遭到各个击破。在此战中，努尔哈赤充分利用了自己熟知当地地形和天气的优势，他麾下的军队也善于机动。战场上唯一幸免的明军总兵是李成梁之子李如柏（参加过援朝之战）。不出意外，朝廷对李如柏起了疑心，他被指控勾结外敌，怯懦畏战。其实，李如柏只是遵从了主帅杨镐（？—1629）军令而遭遇敌袭。李如柏不愿面对指控，自缢身亡。他死后，崇祯帝（1628—1644 年在位）为其昭雪。[2]

尽管多数学者承认，在满洲崛起过程中，萨尔浒之战是一个决定性事件，却鲜有人从晚明军事发展的广泛视角来评价萨尔浒之战的重要意义。这场战役常被视为是给明朝的坟墓又撒下一抔土（且作用颇大），这座坟墓则是此前数十年间一点点挖好的。不过，这一解释更多属于修正主义史观，而非审视原始史料之后做出的冷静分析。从满洲政权的角度看，萨尔浒之战必然要掩盖明朝曾经的军事成就，好让满洲显得更加强大，明朝显得更加腐败低能。[3]辽东战役确实是一场惨败，但是，最好将之视为明朝的军事中兴和对外干预时代的结束，这个时代长达 50 年，萨尔浒之战并非明朝衰亡的另一段插曲。

在萨尔浒之战前，有整整 50 年时间，明朝与蒙古相安无事，数次插手缅甸的边境争端。在东北和西北，明朝在女真和蒙古地区发起袭扰和精准打击，镇压了西北要塞宁夏的一次大规模兵变，两度调遣数万军队将日军逐出朝鲜，在西南方向调遣二十多万大军平定了播州土司的叛乱，还对形形色色的盗匪和土著发动了多次小规模作战。自始至终，在政治、军事、经济各方面，明朝仍是东亚的霸主。

然而，败于萨尔浒之后，明廷日趋分裂，陷入了寻找替罪羊、互相攻讦和党派斗争的旋涡，无休无止。例如辽东之役，文臣杨镐作为主帅，便沦为政治牺牲品。杨镐在16世纪90年代经略朝鲜军务时就曾卷入纷争。因此，杨镐在萨尔浒战败，被视为这几十年明朝典型的军事失败的一部分。对明军获胜的记录，被斥为宦官及阉党为讨好腐败无能的皇帝而进行的粉饰，至于明军的败仗，则被义愤填膺的士人夸大，目的是实现促进自身利益的政治变革。万历帝身居纷争的中心，在明代诸帝中，万历帝在位时间最长，争议也最大。一提到万历帝，人们便想到明朝的怠政、贪腐、宦祸、党争和内讧、武力废弛和全面衰败。尽管万历帝不无可指摘之处，又或是正因为如此，中国近年来出版了不少关于这位令人困惑的明朝君主的传记研究。遗憾的是，除了樊树志《万历传》的详尽研究外，此类论著大都拘泥于传统的解读。例如，史家曹国庆就评价万历朝是“昏庸的皇帝和腐败的朝政”。[4]

研究万历帝的西方学者也赞同这些观点，多数接受了流行的成见，将万历帝视为自私、冷漠、挥霍无度的君主。即便是比较同情他的黄仁宇也认为，万历帝“历来均以为昏庸”，其实，这一指责对中国历史上大部分君主都适用。黄仁宇刻画的万历帝，对后来的西方研究者有着无可置疑的影响。一位著名史家在近作中指出：“万历帝的统治毋庸赘论，黄仁宇的著作已有中肯的描述和分析。”[5]

尽管万历帝有种种缺陷，但是，他重视并竭力维护明朝在东亚的军事霸权。万历帝延续了张居正的政策，试图遏制文官权力，打压党争，往往利用高级武官及其家族来架空繁缛的官僚体系。[6]万历帝将军事事务视为能够贯彻自己意志的领域之一，并常常如此行事，尤其是在他统治的前30年。即使到了统治末期，万历帝仍对满洲日益增长的威胁忧心忡忡，在1619年批准加拨银饷，调遣前述明军入辽东进攻满洲。众所周知，这次远征以惨败告终，万历帝青睐的一些武官也参与了此役。即使在惨败之后不久，万历帝也试图保护李如柏。

有必要先概述一下中国的军事文化，以及明朝的军事制度，然后再进一步讨论万历帝的政策和方略。有一个流传甚广的神话，中国历朝历代都是保守的儒家官僚制度，厌恶战争，帝制中国晚期尤其如此。据说，在帝制中国时期，国家和官方史学家双方的利益都要求忽略战争作为政治手段的价值或强制性效果，而到了近代，“重要的是构建一种历史现实，说明贫弱或分裂的中国最易受到外国的剥削甚至征服”。[7]

因此，在20世纪初，中国面临帝国主义列强的瓜分吞并，学者雷海宗就提出，中国拥有一种“无兵的文化”，这种文化自秦朝(前221—前206)起就窒息了中国社会的创造力和社会流动性。[8]这种文化造就了一套僵化的政治结构，使中国易遭外族征服。相反，近代早期的欧洲来访者起初对中国的文官制度印象深刻，比起当时的欧洲贵族，中国的文官制度似乎更倾向于和平，更加文明。然而，后来，正是同样一些特征助长了某些外国帝国主义者的侵略意图。

众所周知，在中国历史的长河中，比起草原上的游牧民，内地的汉人王朝不太尚武，对外偏好采取守势，奉行孤立主义。这些王朝的疆域通常比不上“征服王朝”，即便现代历史学家，直到不久前也大多轻视其武力。[9]例如，明代的武力，就被广泛指责为帝制中国历史上最弱的之一。与耶稣会士利玛窦（1552—1610）的看法相似，史家谢和耐（Jacques Gernet）也认为，明军是“社会渣滓，来自流氓无赖、囚犯和盗匪”。[10]明朝的军事制度显然不无弊端，但这一类看法掩盖了如下事实：在明朝存续的大部分时间里，军事制度是王朝统治中一个充满活力、至关重要的组成部分；在超过两个半世纪的时间里，这个制度有效保证了世界上人口最庞大的帝国的总体和平与稳定。明朝官员竭力应对种种令人困惑的军事挑战，同时不懈地追求军事实力的改善。

尽管明代被誉为中国历史上最为和平安宁的时期之一，史家范中义指出，自1368年到1643年，明朝进行了约275次规模不等的战争，这还不包括晚明抵抗满人的各次战争。江忆恩（Iain Johnston）也认为，在此期间平均每年发生1.12场对外战争。他认为，明朝实际上是一个颇有侵略性的军事强权，而明朝的作风符合“武经七书”的传统思想——“比起静态防御和绥靖政策，更偏好攻势战略”。[11]

这种作风要求军事技术持续进步，尤其是火器。明朝在15世纪初便创建了神机营，并在16和17世纪及时地引进了外国的先进火器。明军进攻和防守，机动作战与静态作战，皆用火炮。明人也使用各种火枪，只是颇为有限，有些火枪是国产的，有些仿造自外国型号，例如荷兰设计的“红夷大炮”。明军或许曾用小型火器装备骑兵，因大抵无效，故数量很少。[12]明朝也用火器广泛装备水军，在与侵朝日军作战时起到了很大的作用。

范中义认为，广泛装备火器，或许是明朝军事成就中最重要的一点，是朝着更现代化的战争方式的进步。孙来臣更是提出，明

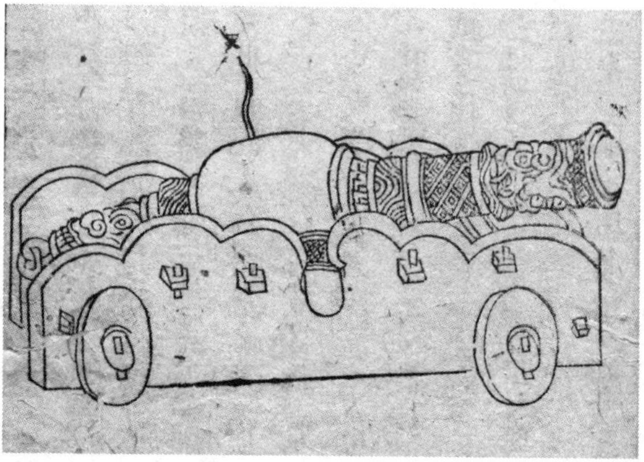

明军火炮（引自《筹海图编》）

朝是世界上第一个真正的火药帝国，根据他的论证，直到1500年，中国都是全亚洲最主要的火药技术输出者。他断言，明朝应当被视为全球“军事革命”的发起者，否定了西方学者关于军事革命起源于近代早期欧洲的说法。孙来臣还发现，早在1450年，明朝边军就普遍装备了火器。此外，中国的火器在14世纪20年代末传入欧洲，约在同一时间，火药技术也传入朝鲜，比日本接触到火药技术还要早数十年。明朝在战术革新上也居于领先地位，早在1387年，明军就对缅甸的卯掸人进行过火器齐射。因此，正如肯尼斯·蔡斯（Kenneth Chase）新近指出的，在许多方面，明军可谓比后来的清军更“近代”，虽然清军更擅长用火器装备骑兵。[13]

明代涌现的兵书、兵论等，也可佐证明代的军事成就。据统计，中国历史上出版的兵书，有33%出自明代。[14]其中重要的有1601年茅元仪的《武备志》，1598年赵士桢的《神器谱》，1562年郑若曾的《筹海图编》。这些兵书都包含了对军事技术发展和应用的详细介绍，并配有插画和地图。郑若曾还详细叙述了真实的战役和战斗，其他明代作家也创作了许多作品来记录具体的战争或战役。

明将戚继光创作的兵书传入朝鲜。在这些兵书中，戚继光详细介绍了小分队战术、心理战和其他“近代”技术的运用。戚继光看到，明朝当时的世袭军制亟待改革，主张招募军饷更高、训练更完备的私兵。戚继光提倡分编队进行操练，以便分出强兵和弱兵。他强调反复操练，他的兵书中包含了大量的阵图和对操练技术的讨论，水平远超当时。戚继光主张，通过组建不同类型的小队，再编成更大的哨、官、总，全军就能如臂使指，构成一个完整的作战“机体”。他还强调组合使用不同兵器，擅长根据地形、技能和装备来运用不同的战术。[15]

戚继光清楚，士兵的士气和纪律最为关键，哪怕能激发出士兵一半的潜力，也能无敌于疆场。他还在军旗上广泛绘制灵兽和猛兽来鼓舞通常出身田舍的士兵。戚继光强调正心过于练气，“气发于外，根之于心”。这种训导反映了戚继光受儒家思想影响，也说明了他的思想在朝鲜为何能够流行，朝鲜对这些优点的推崇比起明朝犹有过之。[16]

晚明的另一大变革，是从世兵制转向以募兵为主的军队。明初推行世兵制，因为朱元璋希望建立一个理想的农业国家。他把社会划分为几个世袭的职业阶层，军户也包括在内。但是，没过多久，世兵制就开始崩溃，到了1500年，部分明军卫所可能只有不到原定兵额的3%，缺员高达85%，明朝想方设法纠正弊端也无济于事。[17]

在编制上，明军最大的单位是卫，一卫有 5600 人。卫下是数个千户所，一所有 1120 人。千户所下辖 10 个百户，一个百户有 112 人。百户下辖两总旗，各 56 人，每一总旗通常有 5 个小旗，有 11 人或 12 人。就整体实力而言，14 世纪 90 年代的军籍显示，在册兵丁约有 130 万，这个数字在永乐（1403—1424）年间升至 200 万有余，在 16 世纪再升至 300 多万（不过，根据 16 世纪 70 年代当时的估计，明军的实际总兵力约为 845000 人）。至 17 世纪初，明军兵力据说激增至 400 余万。[18]

如果洪武帝（1368—1398 年在位）目睹明军如此状况，当痛心疾首。对朱元璋来说，世袭军户以屯田自给自足，并根据需要轮番操练和出镇。在理想情况下，大多数部队都能在各地接受作战训练，熟悉不同兵器，屯驻京师的京营则接受精英训练，尤其是使用火器。这一制度几乎与明代相始终，调往朝鲜的明军，首先要在京师接受火器训练。但是，由于许多乱七八糟的原因，例如腐败的军官占役兵丁参与营建，军官勒索和欺诈兵丁，老弱兵丁阻碍及时递补，以及不遵守班军制度，等等，世兵的战斗力急剧下滑。有人提出，明朝在军事决策中不但越来越依赖宦官，还让宦官实际指挥战役；也有人指出，洪武朝胡惟庸案之后，明朝就倾向于限制武官的权力。[19]

不管原因何在，自 1450 年到 1550 年，明军的战斗力确实下降了，有学者认为这一颓势“史所罕见”。史料显示，明朝虽号称拥有 300 余万大军，却几乎难以凑齐 30000 骑兵对抗来袭的游牧民，京营中多数士兵不过是“朝官之老弱家奴”。在 15 世纪末，明朝着手实施一系列改革，企图恢复操练和招募青壮。[20] 因此，1550 年蒙古俺答汗入侵时，兵部尚书丁汝夔只能征调约六万人的军队，这支部队在蒙古人面前望风而退，丁汝夔也下狱斩首。

这一局面，令代摄兵部的吏部左侍郎王邦瑞疾呼："比寇骑深入，战守俱困"。王邦瑞接下来还提到，许多大臣的谏言遭到忽视，还有人蓄谋阻碍改革措施。刘奋明（Liew Foon Ming）指出："明朝兵部尚书大都战战兢兢，朝廷分裂为野心勃勃的敌对党派，斗争似乎无休无止，出于一己私利而非表面上的政见分歧。结果，正派和有责任心的官员——往往也是有远见和熟悉军务的人——要么被迫离职隐居，要么由于刚直不阿，最终沦为权力斗争的牺牲品。"[21]

王邦瑞呼吁罢免这些不法官员，并尽快改革军制，得到了嘉靖帝（1522—1566年在位）的首肯。明朝新设了戎政府，仍受文官节制。不少人指出，武官地位低微，是中国传统王朝军威不振的主要原因。尽管军事职业化的诸条件，如军事决策权集中于君主、军事技术的标准化、军事科层制等，早在宋朝（960—1279）已初露端倪，文官的压倒性势力，加上由此造成的蔑视武职的态度，阻碍了进一步的发展。就明朝而言，司徒琳（Lynn Struve）指出："明人不光遏制武力，还使之陷于停滞，武人不光受文官节制，品秩还遭到贬低。明人带着恐惧、猜疑和厌恶的心理看待将士。"同样，贺凯（Charles Hucker）也说："部分由于世兵制，但更多由于最高品级的武官也多粗鄙无礼，武职远不及文职荣耀。"[22]

上述军制改革推行之际，一些官员开始呼吁扩大募兵规模，以提高战力并减轻地方军费负担。这一趋势，不妨结合其他地区利用募兵的情况一并考察。在欧洲，使用雇佣兵饱受批评，据说这种军队怯懦、傲慢、军纪涣散。[23] 明朝官员经常抱怨，募兵从未受过训练，无视军纪，还经常滋扰当地甚至哗变。不过，在另一些人看来，如果训练和指挥得当，雇佣兵可能比农家征兵更有战斗力。在当时的欧洲，最强大的军队通常使用瑞士雇佣兵。如果财政能够负担得起（随着大量外国白银流入中国，明朝有能力负担募兵费用），国家更愿意采用雇佣兵，不过，通常是募兵与来自农村的征兵混合使用，欧洲就是如此。此外，与其他帝国一样，明朝招募“少数民族武装”作为突击部队。其中，最令人生畏的当数广西的“狼兵”。[24]

鉴于明军在16世纪50年代中期早已军威不振，自1570年到1610年的中兴堪称了不起的成就。这数十年当中，除了镇压了一系列国内叛乱，明朝还击败了全球最令人印象深刻的武力之一：日军。在这些军事行动中，万历帝在政略及战略决策中发挥了关键作用。他的贡献在于拔擢有才能的武官出任要职，又在猜忌的敌对文官摭拾琐事发动弹劾时保护这些武官。万历帝还多次将尚方剑赐给前线将帅，授予他们便宜行事的全权。万历帝这些举措，遵循了古来军事思想家倡导的守则，其中之一便是：将在军，不从中制。[25]

史家一度将万历帝刻画成畏葸、贪婪和任性的标准形象，其实恰恰相反，万历帝起初就对用兵朝鲜表现出积极态度，也是他亲自决策调遣军队和粮饷。一反贪财自私的名声，万历帝屡次下令拨出内帑，为战场上的明军提供额外的奖赏和补给，这是他统治初期就确立的作风。[26] 此外，万历帝还批准武官出任此前仅由文官出任的高官，为此往往要压制朝堂上某些权臣的抗议。

万历帝对军务的兴趣，源于张居正的教导。张居正曾任万历帝的首席大学士（即晚明的首辅）和老师。张居正亲历了16世纪50年代可怕的蒙古侵袭，同时看到，16世纪60年代末自己主政后，局势依然岌岌可危，乃“致力于重振理想中太祖开国之精神，恢复王朝之元气”。当时许多人对张居正不满，因为他把“富国强兵”作为自己的首要目标。一位传记作家指出，张居正还推崇颇有争议的法家思想，法家在公元前3世纪秦朝一统的过程中发挥了重要影响。法家强调对君主和国家的绝对服从，这是许多张居正的同时代人无法认同的，他们认为，君主应该在他们的指导下垂拱而治。张居正则斥责这些官员不关心朝廷的实务，只想着如何“维系奢华”和体面：“近来人心不古，好生异议，以其媢嫉之心，而持其庸众之见，惟欲偏徇己私，不顾国家便否。”[27]

尽管张居正颇为欣赏古老的法家思想，却绝非古板的保守派，而是坚信要应时而变，他坚定推行以货币为基础的税制（称为“一条鞭法”）也证明了这一点。此外，张居正恢复了旧的军事野战体制，全面整饬边防，并努力确立（乃至扩大）稳定的防线，为万历帝树立了榜样。然而，张居正在各级官府都有批评者，不少人指责他宣扬节俭，却生活奢靡，扶植党羽。但是，有年轻的万历帝的支持，张首辅推行了多项改革措施，大部分涉及税收、强兵和加强中央集权。当时一些记载指出，张居正当国，纯是为了伸张国权，却在某种程度上激起了他本希望平息的异议。[28]

因此，尽管张居正取得了许多具体成绩，他的影响却好坏参半：“张居正的政策和行事，有力地形塑了万历帝的个性”，也引发了困扰万历朝的党争，促成了内廷特别是宦官势力的伸张，这是以流官的失势为代价的。[29]

张居正死后，他的众多门生党羽都遭到弹劾罢黜，但是，他提拔的几位武官仍受到皇帝的赏识和庇护。这类举措帮助万历帝将明军士气提升到了15世纪中叶以来的最高水平，有助于开启汉蒙关系的新篇章（明朝从此不再总是采取守势），还有助于鼓励万历帝全面采取更积极的军事姿态。此外，自万历初年始，明朝便确立了唯有熟谙军务的官员才能进入兵部任职的通例。[30]

边务是万历帝可在相当程度上贯彻自身意志的领域。当代史家樊树志认为，万历帝最终乾纲独断之时，“他把相当多的关注投入到‘边事’上去，力图改变祖辈们在这方面无所作为的倾向，重振天朝雄风”。万历帝自己在蒙古袭扰的边报上批示：“然亦不可媚虏。虏心骄意大，岂有厌足？须自家修整武备，保守封疆。”[31]

在万历帝鼓励下，明朝采取了更为积极和颇见成效的边疆政策。在万历朝的大部分时间里，明朝同时面临多项军事挑战。由于拥有一批才干非凡的将领，自1570年前后至1610年，明军之强盛，自永乐朝以来未睹。因为，事实证明，明朝不仅维护了国内安定，还有余力投送兵力达成政治目的。这种军事实力，明朝后来再未重现。因为1592年至1600年的“三大征”标志着万历朝的巅峰，在探讨朝鲜之战前，有必要简单介绍一下另外两大战役，由此了解明后期的整体战略形势。[32]

史家通常认为，隆庆和万历两朝对明蒙关系史产生了重要影响。1571年，明朝册封俺答汗为顺义王，重开榷场，蒙古部从此不再虎视眈眈，西北边境的局势大体安定。然而，不应该忽略这一事实：

明与蒙古诸部之间的冲突，在明朝存续期内长期持续，双方交战的兵力有时甚至高达数万。同样也不应该忽视明朝“和平三角”的第三条边——武力。自16世纪最后数十年直到17世纪，明朝对蒙古（及满洲）地区发起了一系列袭扰式的小规模突击，明军烧毁营寨，杀死构成威胁的虏酋，俘获有价值的牲畜。1591年，李成梁的一次突袭摧毁了一个蒙古营地，斩杀280名蒙古人，击溃1000多人。[33]这类行动多由张居正设计，并得到万历帝的批准。

张居正授予明朝边将很多便宜行事的权限，若他们遇到媢嫉战功之辈飞章弹劾，张居正也偶尔愿意睁一只眼闭一只眼。这种作风从处置哱拜叛乱中可见一斑。哱拜（？—1592）是蒙古察哈尔部*人，嘉靖末年因本部纷争，投奔明朝。哱拜带来了数百名部众，后成为其战斗力主干。当时就有人指出，这说明哱拜首鼠两端，暗藏野心。尽管如此，多数明末将领的亲兵中就有这类“马弁”，往往构成明军精锐。[34]

不到十年，哱拜升任花马池的守备，此地靠近边陲重镇宁夏。明朝随后授予哱拜一系列晋升和赏赐，有大臣开始抱怨哱拜及其子和党羽滋生事端，难以驾驭。或是因为信任哱拜，或是担心激怒哱拜，张居正对这些抗议置之不理。万历帝听从了张居正的建议，拒绝惩

---

* 英文原文描述哱拜为蒙古察哈尔部人（Chahar Mongol），查其主要引用的樊树志《万历传》，仅云哱拜为蒙古鞑靼部人。哱拜为鞑靼部人并无异议，但具体为鞑靼部之下的何部，中国学界主要认为属兀良哈部，并非察哈尔部。详见王雄：《关于“哱拜之乱”》，《内蒙古大学学报（哲学社会科学版）》，1988年第2期，第27—29页。日本学界同意此观点，详见岡野晶子：《万曆二十年寧夏兵变》，收于小野和子编《明末清初の社会と文化》，京都：京都大学人文科学研究所，1996年，第600页。

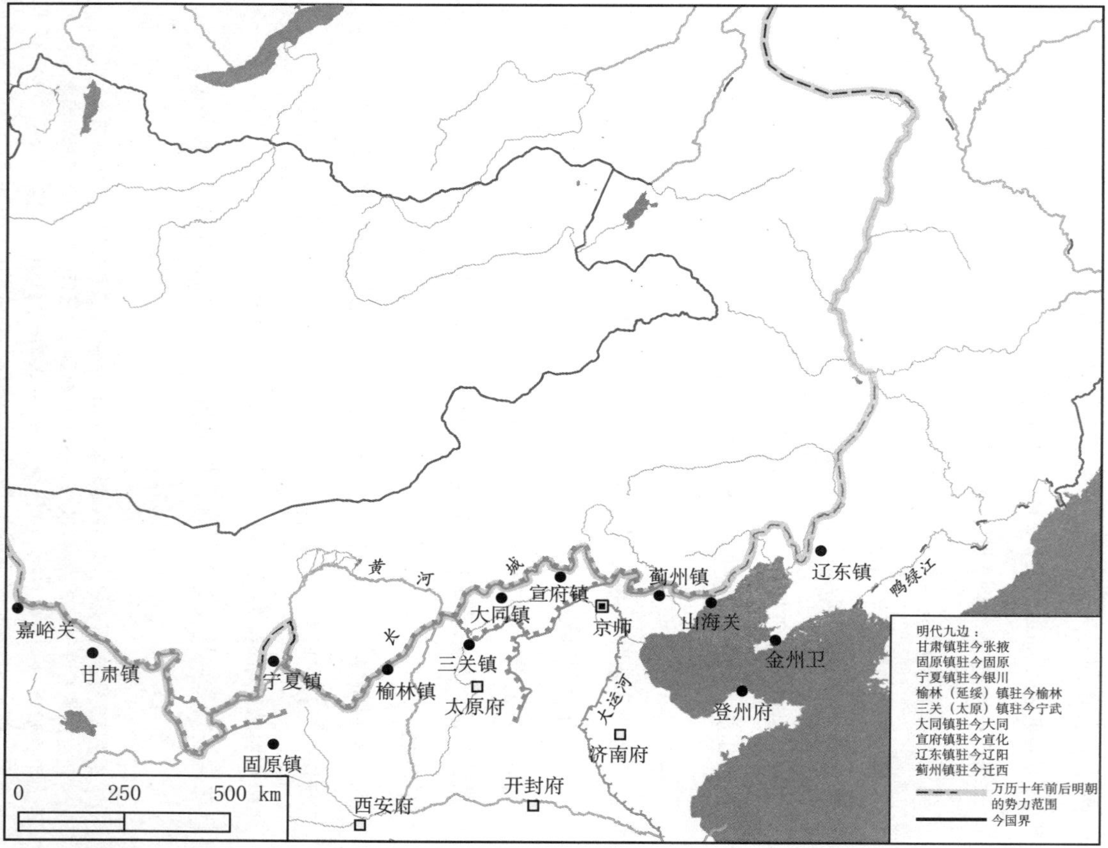
黄
河
长
城
嘉峪关
甘肃镇
宁夏镇
固原镇
榆林镇
三关镇
太原府
大同镇
宣府镇
京师
蓟州镇
山海关
辽东镇
鸭绿江
金州卫
登州府
大运河
济南府
开封府
西安府
0
250
500 km
明代九边：
甘肃镇驻今张掖
固原镇驻今固原
宁夏镇驻今银川
榆林（延绥）镇驻今榆林
三关（太原）镇驻今宁武
大同镇驻今大同
宣府镇驻今宣化
辽东镇驻今辽阳
蓟州镇驻今迁西
万历十年前后明朝的势力范围
今国界

万历时期明朝九边示意图

罚蒙古人。重结果而轻訾议，这是万历帝一贯的作风。[35]

1589 年，哱拜升任宁夏副总兵，其子哱承恩也“凶猛好战”，承袭了乃父旧职。此时，哱拜据说有多达三千名“苍头军”，他打算致仕，将军职传给其子。但宁夏巡抚党馨反对，担心哱拜“尾大不掉”，对边境安全形成紧迫的威胁。接下来三年中，党馨和哱拜在西北军政和战事等方面冲突不断，尤其是党馨拒绝为哱拜所部发放冬衣和粮饷，认为此辈是私兵，不能由朝廷支饷。哱承恩因私通官员妻妾，遭党馨当众鞭责，党馨还下令逮捕从西征归来的哱拜部众，局势更加恶化。[36]

意外的是，尽管哱拜一党恶名昭彰，他和部下却忍辱不发，反而按照正常程序向朝廷伸冤，甚至上书罗列党馨罪状。此举只能激怒党馨，让关系更加不可收拾。结果，1592 年春，哱拜卷入了汉人军官刘东旸策划的宁夏镇兵叛乱（不过，哱拜及其子通常被视为主谋，或因他们是蒙古人）。叛军杀害了巡抚党馨和副使石继芳，烧毁城内官署，迅速占领了河西四十七堡等地。叛军威胁朝廷交出当地兵权，不然将同河套蒙古部联手犯边。[37]

1592 年 4 月 19 日，陕西一名监察官员向朝廷报告了叛乱，报告称陕西全省陷入骚动，唯有一军官（驻守平虏城的宁夏参将萧如薰）坚守抵抗叛军。万历帝知晓事态严重，当即召见兵部尚书石星（？—1597）。他们决定迅速平息叛乱，以免滋扰西北全境。明廷下诏，自宣大和山西调拨 7000 名精兵星夜驰援。万历帝还向兵变中遇害的官员家属表示慰问。继而，万历帝选拔了不少文武官员，授予便宜行事之权。其中最值得注意的是边军名将麻贵，麾下兵强马壮。[38]

同时，三边总督魏学曾是一位有同游牧部落作战经验的文官，被万历帝委以全权，他奉命按常规策略，捕获乱首，驱散余党。魏学曾迅速行动，派遣诸将占领当地的关键据点，确保叛军无法在黄河南岸立足。在不到数周时间内，明军重新夺回了边堡，叛军仅占据宁夏。萧如薰还设下伏兵，射死了哱拜之子哱云。[39]

尽管明军初战告捷，但魏学曾却诉苦说，自己缺乏平定叛乱的物资和人力，只好采取守势，皇帝和朝中主战大臣对此深表不满。魏学曾虽有劳效，朝中许多官员却对他能否平乱表示怀疑。在一次朝议上，万历君臣决定在局势恶化前增派兵力。魏学曾考虑到宁夏镇城内百姓的安全，继续主张招抚。浙江道御史梅国桢激烈反对魏学曾。梅国桢进士出身，但和许多同时代人相似，他也颇有尚武之风，据说少时擅长弓马。[40]

接下来6周时间，明军肃清了宁夏镇城外围，但无法将叛军逐出，同时，明军还不断遭到小股蒙古骑兵的骚扰。朝堂之上，官员们激烈争论平乱之策，以及如何应对蒙古大举进犯的威胁。农历四月，明军集结攻城，击溃了一支约有3000人、配备了炮车和火炮的叛军，夺回了约100辆炮车，并将众多叛军驱入湖中淹死。数名明军将领追敌至镇城北门，但后继乏援，损失惨重。

受到这场胜仗的鼓舞，叛军催促蒙古部酋袭击附近城市，切断明军的补给。魏学曾被迫撤军，却发现明军陷入敌军包围。众臣僚继续抨击魏学曾平叛不力。梅国桢率先上奏："思督臣魏学曾边事浩繁，不得专于讨贼。必得名将以专其任。时虽豪杰如云，而各有镇守。"他还补充说，陛下应断自宸衷，"兵机所在，关系重大，惟陛下自以疑信，决其用舍”。[41]

梅国桢建议任命当时的宁远伯李成梁为宁夏提督，因为他久经战阵，尤其有与蒙古部作战的经验，且纪律严明。其子李如松、李如柏、李如桢，皆为名将。幼子李如樟、李如梅，以及侄子李如梧，皆有军功。李家在北疆威重一时。梅国桢希望借助李家将的威名，震慑叛军，正如古兵法的攻心之计。[42]

这个提议很快引发了争论。李氏父子近来在朝野树敌颇多，因为他们盘踞辽东，还蔑弃儒家礼教。张居正倒台后，李氏父子也受到牵连。何况，提督之职向来是文官巡抚的副衔，兼提督便可临时而全权处理严重的军事威胁。兵科给事中王德完反对委付李成梁，李成梁不仅遥居辽东，且已离任，起用他不合法度。其他官员认为，李氏父子狼子野心，不可担负平叛重任。[43]

对此，梅国桢一一反驳，以为“拒虎进狼”有时也是必要之举。他补充，正是李氏父子的猛悍才能获胜。他还指出，授予李氏父子权力只是暂时的。梅国桢在奏疏末了恳求万历帝：“用人之道，疑则勿用，用则勿疑。”其他一些官员也为李氏父子担保。万历帝反复权衡，决心以平叛为重，委任李成梁为提督，梅国桢随同出任宁夏监军御史。不过，李成梁年事已高（66岁），同时日本入侵朝鲜的消息传来，朝廷需要他坐镇辽东，最终未能成行。其长子李如松继任提督陕西讨逆军务总兵官，负责平叛。有明一代，武臣为提督自此始。[44]

万历帝甚至打算御驾亲征。他当然未能成行，却在京师始终对平叛保持关注，发出新的谕旨，鼓励自告奋勇者勠力平叛，同时敦促援兵火速驰援。[45]其中一名自荐前往平叛的官员，是右副都御史叶梦熊。他响应万历帝号召文武干臣协助平叛的号召，上书自请赴宁夏平叛。

7月14日，叶梦熊率领400余辆炮车，连同一支西南苗军抵达宁夏附近的灵州。[46]围城的明军一分为五，每军各守一门，麻贵则率军游击，抓捕逃卒，震慑敌援。叶梦熊抵达两周后，哱拜率军自北门杀出，与麻贵军交战。双方损失颇重，明军最终用猛烈的炮火将叛军逼回城中。此前，叛军邀结蒙古盟军袭击明军后方，蒙古部拒绝了。

围城持续一夏，李如松携梅国桢于7月底抵达，梅国桢抱怨补给严重不足。不久，李、梅二人部署猛烈的炮火轰击城墙，但未见成效。8月2日，李如松之弟李如樟尝试攀城而上，但被击退。次日，游击龚子敬率苗军攻南门，李如松欲攀城，但所部被矢石击退。当晚，明军夜袭失利，叛军开始处决俘虏作为报复。此时，城内粮草开始短缺，居民开始因伤病和饥饿而死亡。[47]数日后，一名叛将尝试媾和。

就在此时，明朝获悉日本入侵朝鲜，攻占半岛大部。魏学曾主张以官衔收买蒙古部，避免宁夏战事拖延不决，让万历帝倍感失望。皇帝继续申饬魏学曾，指责他总是偏信懦愚之辈，招抚之策是大辱。随后，万历批准了石星提出的策略，筑堤围城，若叛军不降，就利用30多里外湖泊和河流的水将城池淹没。到了8月下旬，明军已决水灌城，万历帝也对魏学曾的招抚路线彻底失去了耐心。魏学曾遭弹劾，着锦衣卫（皇家秘密警察）逮系回京。[48]

叶梦熊代行平叛之责，他也被赐予“上方剑”。叶梦熊颇为胜任此职，他在 1562 年撰写了一篇兵论《运筹纲目》，详细讨论了火攻水战，参考了历史上著名的战例。他指出：

> 愚按：水可以浸灌，可以漂流，可以陷溺，可以圜围，可以济渴。故古之善用兵者，多借水势以立奇功。昧者必用船舫方谓水战，不知能得其意，备其物，乘其机，则攻战奇策无出于此，何俟船舫哉？[49]

罢黜魏学曾，与朝鲜局势的变化不无关系。8 月下旬，首批入朝的明军在平壤被歼 3000 余人，明朝显然不得不进一步干预，以防日军侵入中国。就在李如松部在宁夏周边筑堤时，边境告急：日军已渡大同江，在鸭绿江畔义州避难的朝鲜国王宣祖（李昖）正打算举朝投奔辽东。万历帝让宣祖坚守，以待明廷决定派兵多少支援朝鲜。1592 年 9 月，万历帝任命宋应昌（1530—1606）为朝鲜经略。不过，明朝清楚，宁夏之叛必须首先平定，本来镇守辽东的李如松部就能东归。[50]

8 月，叶梦熊任命一名将领负责决水灌城。23 日，大堤环城，据说长达 1700 丈（19975 英尺）。夜半，哱拜派义子再度出城求援，遭李如松伏击，义子及其所部 29 人皆死。叛军还试图招揽蒙古领主卜失兔（Bushugtu），送去了黄金和官服。李如松则派麻贵、董一元进攻卜失兔，另遣别将把守东面的沙湃口。尽管明军稍有失利，还是击退了蒙古人。[51]

9 月 6 日，城外水深八九尺。当夜，叛军首领乘小船出城，企图决堤，被明军击退。有俘虏透露，城内岌岌可危，军官食马肉，百姓剥树皮为食，死者相枕。[52] 次日，城东南的大堤崩塌百余丈(1175英尺)。负责该段的军官被斩首，叛军再次乘船突围未果。城内饥民开始乞求叛军投降。9 月 17 日，梅国桢呼吁叛军开城，让明军拯救饥民，未得到回应。五天后，叛军图谋从城墙上发炮突围。

9 月 25 日，蒙古领主著力兔（Jorightu）扬言率 18000 骑来援，遭遇李如松等部阻击。蒙古人掠城北，攻张亮堡周边，双方激战自晓至午。李如松、麻贵率明军反击，包抄敌军。此战，明军共杀虏敌军 120 名，获马驼若干。更重要的是，叛军此时已知外援断绝，城外水位渐升，士气日落。10 月 12 日，大水冲塌北墙，明军用绳索和梯子登上了南墙。[53]

眼见明军破城，哱承恩绝望乞命。明军离间幸存的叛军领袖，假意赦免，令他们自相残杀。明军将领趁机率部队登城。城北城楼火起，然而哱氏子弟仍未被捕。次日清晨，哱承恩向杨文投降，哱拜在被捕前自焚。明军最终找到了他的尸体并斩首，并活捉了其余叛军领袖。当年冬，万历帝在紫禁城午门庆祝大捷。哱拜和哱承恩被斩首*，其他叛乱领袖被斩首。[54] 宁夏之役终。

凯旋的将帅获得了封赏，李如松晋升为都督，萧如薰晋升都督同知，荫一子锦衣卫指挥佥事世袭，叶梦熊授右都御史，荫一子锦衣卫千户世袭。众多将士奉命赶赴朝鲜，包括李如松，他出任东征

---

* 如前文所述，哱拜本人自焚后被明军斩首。查作者所引《明通鉴》及《明史纪事本末》，午门受俘后，被斩者为哱承恩与哱承宠。

提督，讨伐日军。万历帝后来释放了魏学曾，恢复了官职，他在家郁郁而终。[55]

不妨以宁夏之围为例，审视一番当时明军的战术和实力。有人抨击平叛之战旷日持久，不过，明军其实较为迅速地克复了叛军攻占的周边堡垒。宁夏镇城本身属于设防要塞，居民多达 300000，受到 30000 余名叛军挟制。镇城城墙厚约 20 英尺，高 39 英尺。哱拜及其党羽是当地的高级武官，数十年来颇有劳效，所以比典型的农民起义更善于煽动和延续兵变。无论蒙古人是否真心支持叛军，他们毕竟投入了数以万计的骑兵，李如松不得不加以重视。明军一边调遣四万余人的大军围攻镇城，筑堤灌水，一边派出人数可观的部队震慑蒙古部，切断叛军补给，截获通信，遂行这些战斗任务绝非易事。

批评者还强调，明军饱受武器短缺、补给困难的折磨。后勤问题确实存在，但最终都得到了解决。最后，官军集中了数百门炮来进攻镇城，甚至临时建造了船舶，在城外的湖泊发动水战。有些后勤困难是明朝制度的分权特征造成的，这种制度将补给之责下放给地方官。由于叛乱蔓延迅速，人员和物资皆需时间方能就绪，由于作战对象是遥远的边镇，情况变得更为复杂。此外，官军还都调自其他远方边镇。不过，一旦大军抵达，明军将领便有效地运用火器、招抚、游击（对付蒙古部）和水攻，最终获得了胜利。明军将士展现了勇气和智慧，许多人获得了宝贵的军事经验，这将对他们第二年在平壤作战大有裨益。

“三大征”的第二大征是平定西南播州苗人土司杨应龙之乱，

此役耗时最长。这个军事问题，自 1587 年以来就一直困扰着明朝，直到朝鲜之战后才获彻底解决。播州杨氏自唐代以来就是当地的世袭土司，元世祖忽必烈（1260—1294 年在位）时期首次授予杨氏播州宣慰使之职。杨氏家族并非本地人，然而，数百年来，杨氏与当地土人不断通婚和交往，逐渐同化于苗人。[56]

有明一代，播州必须每三年进贡 2500 石（200 吨）木材和军需，包括马匹。时移世易，朝廷的需索可能越来越重，有人认为，播州之乱正源于此。杨应龙在隆庆年间承袭父职，起初代表明朝同土人和蕃人作战，声威颇著。与北边的哱拜一样，杨应龙不断展现军事才干，每战必躬擐甲胄，犯冒锋刃，还为公共工程和宫殿营造献上良木美材，讨好朝廷。[57]

尽管有迹象显示，杨应龙是潜在的威胁，并且他与其他地方豪强早有冲突，明朝仍一心奖赏那些有实际劳效的边军将领。结果，杨应龙获赐黄金和飞鱼服，并被提升为都指挥使（正三品）。现存史料揭示，上述奖赏并未餍足杨应龙日益增长的野心。据说，杨应龙生性残暴好杀。他认为大多数官军不堪一击。明朝向来依赖招募土兵镇压西南叛乱，杨应龙由此更加轻蔑朝廷，目无法纪。[58] 他擅用阉宦，劫掠妇女以充“宫女”，俨然一方土皇帝。

尚不清楚，如果杨应龙只是被指控傲慢无礼、僭越仪制，明朝会不会对他下手，这当然有可能。但是，这些情节也可能是史官添油加醋的结果，显示杨应龙无恶不作。不管怎样，杨应龙卷入了一系列本地权力斗争，只好同当地那些憎恶汉人侵逼的苗人同气连枝。起初，朝廷对平定播州的请求置之不理，认为播州僻处一隅，无暇顾及。甚至后来指挥平叛的山东巡抚*李化龙（？—1612）也抱怨，自己暂无暇深入察访，认为应该允许杨氏戴罪立功。[59]然而，朝廷已经考虑改土归流，下令兵部勘问并提出建议。

几经交涉，杨应龙赴渝受审，结果却被判处斩首，这出乎许多人意料。杨应龙提议以巨额罚金赎罪，并自愿率军5000远赴朝鲜征倭，由此获得减刑。不过，杨应龙欺骗了朝廷，一经释放，他就逃入山寨，再举叛旗，劫掠近旁州县。1595年，杨应龙再度听勘，结果又逃脱了死罪。明朝令其子杨朝栋世袭父职，另一子杨可栋留重庆充当人质，确保杨应龙恭顺。万历帝认为，播州已经无忧，提拔并奖赏了负责招抚杨氏的官员，转身应对朝鲜局势。然而，不到一年，杨应龙故态复萌，袭掠邻近省份，自称播州皇帝。†往后三年，杨氏和他麾下十万余名苗人横行无忌，当地惊扰不堪。当时万历帝正集中精力应对日本威胁，只好暂时安抚叛苗。1599年初，万历帝才终于着手平叛。[60]

此时，万历帝补充任命了一批官员，并批准对杨应龙进行反击。明军出师不利，万历帝只好委派当时的名臣郭子章（1543—1618）出任四川巡抚。李化龙晋升兵部侍郎，总督四川、湖广、贵州三地军务。‡[61]万历帝还下令，经历了朝鲜之役的能征善战的将领纷纷火速驰援四川。1599年7月，李化龙抵蜀，着手从各方调集军队，筹

---

* 李化龙并未任过山东巡抚。播州之役前，他曾任右佥都御史、辽东巡抚。

† 未见任何史料提及杨应龙称帝之说。

‡ 查《平播全书》《万历起居注》《国榷》《明史》等知，1599年，郭子章转任贵州巡抚，而非四川巡抚。李化龙除上述官职外，兼任四川巡抚。

措军饷。这一年接下来的时间，明军持续展开战斗，叛军一度占据上风，还袭击了重庆、成都等要地。万历帝只好亲自过问，将几名文官革职为民，并赐李化龙“上方剑”。[62]

李化龙久练边务，官声斐然，擅长和衷文武同僚。受命赴蜀前，他曾在辽东与李如梅密切合作。他和郭子章齐心协力，调遣汉军和土兵，在杨应龙盘踞之地周边部署防御。李化龙运筹帷幄，不断奏请兵部增派兵力和补给，同时对兵器、装备和粮饷精打细算。他迫切希望委派更多久经战阵之将赶赴前线，抱怨“川省不但无兵，亦无一知兵之人”。[63] 李化龙尽心竭力，陆续下令地方官府组建土兵团练，并严令当地一切兵马恪守军纪，切勿扰民。

万历帝下诏兵部征兵陕西、甘肃、延绥、浙江，平息叛乱。他还下旨昭告杨应龙的叛乱及其罪孽。在诏书中，万历帝谴责杨应龙悖逆天道，忘恩负义，罗列了他的全部罪状。万历帝谴责杨应龙及其党羽是造成 100000 人死亡的罪魁祸首，威胁要调遣天下兵马 500000 平叛。如今杨应龙的暴行已昭告天下，连累杨氏祖宗也香火断绝。万历帝还警告杨氏家族及其党羽，他们会因为参与卑劣的叛乱而玉石俱焚。若能捕斩杨应龙及其亲信，反叛苗人或有一线生机。万历帝警告其他协助杨应龙的人，杨应龙毫无信义，随时可能反戈一击。万历帝指出，毕竟，杨应龙将他们所有的土地都视为己有，不吝牺牲他们中的任何人来自保。万历帝申诫臣民，一人造反，九族皆诛。最后，万历帝劝诱：“你们若杀了他的，还做宣慰，天大富贵只在眼前，为福为祸，在你自取。”[64]

1599 年 10 月，朝廷命李化龙赶赴重庆，调集四川、湖广、贵州的大军。万历帝还与当地土司谈判，敦促他们协助平叛。与杨应龙有世交的名将刘綎从朝鲜归国后，被请至李化龙的府邸，李化龙晓之以忠义。刘綎的到来令明军士气大振，因为刘綎及其父镇守西南边陲数十年。正如李化龙所言："闾阎细民，无不知有刘大刀者。"刘綎发誓为大明尽心竭力，对杨应龙"愿食其肉，寝其皮"。[65]

1599 年底至 1600 年正月，叛军与官军之间小规模冲突不断，官军源源不断从各地集结。万历帝对选将调兵的影响显而易见。他亲自简拔了众多文武官员，又在朝官猜忌这些官员平叛期间活动的时候保护他们（如刘綎被指控行贿）。据说，明军总兵力最终达到 24 万余人，包括来自各地的军队以及在朝鲜俘虏的降倭。2 月下旬，李化龙在重庆进行了战前动员，颁给各总兵和监军令剑和便宜行事之全权。[66]

1600 年 3 月 1 日，明军兵分八路展开进攻。诸军于山林莽谷间与叛军苦战四月之久，最终围困杨应龙于海龙囤。杨应龙自焚，叛乱平定。明朝官方记录显示，明军斩杀叛军 22687 人，俘叛军及胁从 1124 人，虏平民 5539 人，招抚苗民 126211 人，释俘 1614 人，缴获牲畜 767 头和兵器 4444 件。万历帝宣告胜利实属天佑，蠲免了叛乱波及地区的赋税。1601 年 1 月，万历帝举行了献俘礼，磔杨朝栋等人于市。[67]

以平定播州为标志，明朝在相距遥远的三方边境上同时击败了三大强敌，不妨认为正在经历中兴。尽管万历帝在其他领域失败了，却完全有理由为自己在 16 世纪 90 年代取得的军事成就感到自豪。的确，在播州之乱后十年中，明朝继续开展军事行动，并取得了相当的成就，尤其是在西南，杨应龙之乱引发众多小规模叛乱先后平息，有利于汉人进一步开拓边地。[68] 同样，麻贵等人也继续维持北边安定。

尽管万历朝内外饱受党争之患，皇帝仍然庇护着他青睐的武官。但是，随着这些人相继谢世，除了满人的威胁，军务不复迫在眉睫，万历帝甚至对严惩那些挑衅他的人也失去了兴趣。朝鲜一战，他稍有振作，因为有众多爱将参与了这场战争，包括杨镐、刘綎和李如柏。在李如柏自杀后，万历帝还于 1619 年命其弟李如桢袭镇辽总兵官，表明他始终垂青李家。[69] 此时，明朝 16 世纪末的军事辉煌显然已成往事。明朝的官僚机构不仅没有同舟共济，再铸辉煌，反而日益分裂，无人再能和衷勾心斗角的党派。

第二章

山雨欲来

战争的前奏

"外夷之患，何代无之？"

——赵庆男（出自《乱中杂录》自序）

第一次东亚大战造成的深远影响怎么强调都不过分。明朝大军驻扎朝鲜，一些明人甚至在大军撤离后留下来成家立业。17 世纪 30 年代，明人利用朝鲜人对明朝来援的记忆，请求朝鲜协力抗满。1644 年明亡后，朝鲜人在私人通信中仍奉明朝正朔，穿着明朝礼服，连派往清朝的贡使也不例外。清朝建国后，朝鲜人自诩为儒家文化的最后堡垒，借此提高了朝鲜的威望。朝鲜孝宗（1649—1659 年在位）甚至梦想北伐清朝，为明复国。不过，朝鲜王朝后来在接待清朝使节时便不再显露忠明迹象。在具体讨论这场战争之前，有必要回顾 1592 年敌对行动爆发前的中、日、朝三国关系（有学者形容为"铁三角"）。经过数百年的交往，交战三方已牢固确立了对彼此的印象，既有正面的又有负面的。[1]

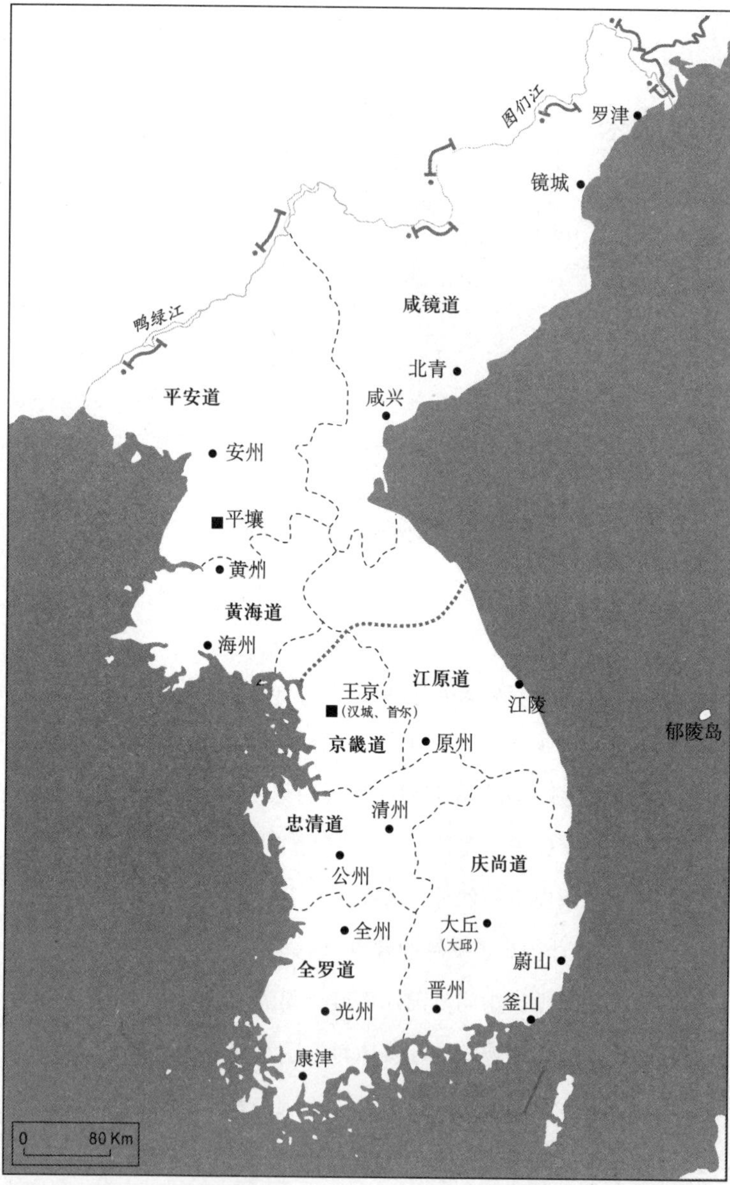

朝鲜王朝时期八道示意图

中、日、朝三国一衣带水，文化亲近，彼此关系却经常由于互相缺乏了解和互不信任而受到损害。其中某些情绪甚至可追溯到三国之间更早的敌对行为，例如公元250年前后日本神功皇后发起的三韩征伐，以及隋唐时期的战争。[2]日本人或许念念不忘1274年和1281年的两次蒙古袭来，当时有高丽军队和汉人军队协助蒙古人。此后，中日之间在贸易、倭寇和封贡等方面争执不断，因为洪武帝和永乐帝自命天朝上国，无法俯就室町幕府的愿望，室町幕府在1336—1392年南北朝结束后渴望与明朝通商并获得册封。不过，中日之间的官方贸易一直持续到16世纪中叶，民间贸易也持续到明朝实施海禁。尽管双方偶尔有冲突，日本和朝鲜之间的联系，比历史上任何其他国家都要紧密。[3]

甚至在1392年朝鲜王朝建立前，高丽就是明朝的忠诚藩属。朝鲜在明朝的朝贡等级体系中居于首位，朝鲜人且以此为傲。事实上，他们“认为，朝鲜与明朝的关系不仅是一种政治安排，而且意味着接纳朝鲜为儒家文化圈的一部分”。例如，17世纪朝鲜人写成的一部壬辰战争纪事的序言就感叹：“中韩自古为兄弟之邦，交通频繁，互相依倚，关系密切矣。”*不过，这种关系显然有尊卑之分，朝鲜人常常被迫屈辱地向明朝进贡宦官、宫女和妃嫔。[4]

尽管如此，朝鲜确实在物资和文化交流方面极大获益。洪武帝自从登基并“许”高丽为不征之国后，就谋求与之确立良好关系，

---

* 此处引文并非出自当时的朝鲜人，而是台湾珪庭出版社1975年版《再造藩邦志》的扉页题词，题词者为时任“中央研究院”历史组主任陈槃。

虽然两国的交往或由于高丽的内战（导致朝鲜王朝建立），或由于明朝皇帝好挑剔高丽的奏章不够恭顺而一度紧张。直到 14 世纪 80 年代后期，朝鲜半岛仍受到北元威胁，蒙古人声称有权统治高丽。此时，朝鲜王朝开国君主李成桂将军（1335—1408，1392—1398 年在位）应朝中反明势力的要求率军出征辽东，但他回军进入王京（开城）夺取了政权。然而，李成桂夺权使明朝颇为困扰，明朝担心，承认他为国王并允许册封朝贡，无异于鼓励谋朝篡位。明朝还怀疑朝鲜暗中支持女真人袭扰辽东，鉴于明朝仍在忙于巩固对辽东的控制，这似乎为害不小。[5]

1392 年，新王朝遣使赴明，吊唁洪武帝的皇太子逝世，同时请求为新朝赐名，最终获得了朝鲜的国号。明朝虽然承认了朝鲜，不过，洪武帝始终只以临时头衔称呼李成桂。这两位君主在 1398 年先后去世，明朝和朝鲜的关系由此得到更顺畅的发展，尤其是在精力充沛的永乐帝的统治时期，据说永乐帝钟爱朝鲜的美食和美女（甚至传言他有朝鲜血统）。[6]

因此，在靖难之役（导致永乐帝即位）结束而李氏在朝鲜的统治巩固后，两国关系变得更加友善。朝鲜每年向明朝派遣 3 至 7 个朝贡使团，奉上金银、织席、豹皮、虎皮、海獭皮、白绸和各类染布、麻、珍珠和珍珠缀成的宝物、纸、毛笔、人参等方物。朝鲜还应三年一贡马。此外，明朝定期向朝鲜需索牛、额外马匹、军需材料、茶、胡椒、粮食、奴隶（包括贡女）和宦官。[7]

明朝的诛求有时颇为繁重，但朝鲜通常愿意与之保持联系。朝贡使团所得回赐虽然不多，但可携带额外货物沿途贸易，出售人参、纸、毛皮、毛笔等，换回国内缺乏的中国货物。同样，朝鲜宫廷也渴望得到明朝赏赐的礼物，尤其是文化用品。明朝皇帝为朝鲜来贡准备了大量奢华礼品，包括蟒袍、宝带、乐器、冠服、佩饰、丝绸、玉器和药材。[8]不过，最重要的是中国的典籍，包括各种经史子集，对朝鲜的高雅文化和社会产生了巨大影响。中国的法律典籍甚至为朝鲜王朝的法典和刑律提供了范本。朝鲜紧邻明朝，进一步强化了两国的关系，因此，朝鲜从明朝获得的回赐也多于其他藩属，其优越地位得到巩固。

明朝也遣使朝鲜。明人多取道陆路前往王京（朝鲜有时会取道海路），沿途有顿宿之所，南门内还有一座舒适的客馆。明使的任务包括宣告即位或立太子，开读圣旨文牒，征求贡物，传达明朝礼部咨文，册封朝鲜新君，或单纯调查事务。明朝遣使不如朝鲜频繁，在以下几个时期次数最多：永乐帝时期，两国建立和平关系时期，日本入侵时期（为了协调反击日军的军事行动）。这些使命并不总是惬意的事情，因为明朝使节常常态度傲慢，作威作福。[9]

朝鲜还模仿明朝，同其他邻国建立了朝贡关系，由此使得“中国、日本、女真和琉球的精英相对于朝鲜国王处于一种尊卑或平等的关系中”。因此，肯尼斯·罗宾逊（Kenneth Robinson）认为，“存在多种不同模式来组织和控制海陆交往，存在多个外交中心、多种外交等级和多种统治观念，始终将天子、国王和幕府将军置于世界秩序的中央。”[10]尽管如此，中国的朝贡体系居于最高层次并为其他亚洲国家承认，这说明了为什么丰臣秀吉并不满足于在较低层次上巩固日本的地位，而是谋求取代明朝，建立日本支配的新体系。

中朝关系中有一个重要的（也是西方学者忽视的）方面，就是两国之间的军事联盟。早在日本人侵前，明朝和朝鲜就已经在应对常见军事问题上互相帮助。蒙古人是双方共同的敌人，不过，由于明朝竭力经营辽东，蒙古的威胁在朝鲜王朝建立前已大体消散。更为持久的威胁来自女真部。明朝、朝鲜都力求维持边境安定，如此便需获得女真首领一定程度上的效忠。这些部落豪强则在明朝和朝鲜之间挑拨离间，宣誓效忠一方以获得加封和赏赐，并利用这种影响力向另一方邀赏。当然，明朝支配的资源是朝鲜难以企及的，所以，女真酋长大多投靠了明朝，充任卫所军官。尽管如此，女真部仍不断袭扰明朝和朝鲜的边镇。朝鲜通过设立四郡六镇，扩大对鸭绿江沿岸地区的正式控制。[11] 明军和朝鲜军协力，的确达到了削弱和分裂女真首领，且相当程度上保持边疆安定的效果。

双方的另一个共同敌人是海盗，海盗是贯穿近代早期东亚的普遍问题。袭扰朝鲜海岸的倭寇最早可追溯到 414 年的记载，13 世纪倭寇活动更加频繁。在蒙古人征服中原和朝鲜之后，倭寇一度不太活跃，14 世纪中叶又卷土重来。这一时期，元末起义动摇了元朝的统治，日本则陷入激烈的内战。室町幕府无力约束倭寇，倭寇蜂拥而至，袭掠半岛海岸，甚至攻击开城和平壤等城。倭寇袭扰也蔓延到中国，导致明初诸帝与室町幕府之间摩擦不断。明朝和朝鲜遣使日本，要求幕府约束倭寇。日本起初没有理睬这些请求，部分因为室町幕府自身也未能完全控制日本。明人加强了沿海地区的防御，后来永乐帝还采取了积极扩张政策。朝鲜人同样加强了防御，甚至进攻了对马岛上的倭寇巢穴。最终在 1419 年，明军在辽东沿海伏

明军在福建地区的抗倭行动，图中可见狼筅等针对倭寇的武器（引自《三省备边图记》）

击并歼灭了一支庞大的倭寇船队。同年，朝鲜对对马岛发动了一次不成功的突袭。[12]

这些战斗未能终结倭寇之患，但确实在一百多年中压制了倭寇的气焰。同时，朝鲜还授予倭寇首领或其庇护者（多是九州和对马沿海诸国的大名）官职和印绶，允许他们在朝鲜港口贸易。对马宗家，就是这一政策的最大受益者，后在日本入侵中发挥了重要作用。根据 1443 年签订的“嘉吉条约”（嘉吉是 1441—1444 年的日本年号），宗家负责审核所有前往朝鲜的船舶运载的货物和目的，这些船舶必须在对马岛的检查站停泊——任何没有宗家批文的船员都将被视为倭寇。作为交换，宗家每年可以派出 50 艘商船，可派遣其他船只执行特殊使命，可以获得朝鲜宫廷的大量补贴，可以对通过其检查站的船舶和货物征收税费。宗家由此变得富有，势力大增，朝鲜沿海的倭寇活动也相应减少了。[13]

明朝和朝鲜都限制与日本的合法贸易。根据足利义满（1358—1408，他热情赞助艺术，喜好中国文化）与明朝达成的协议，明朝只许日本在港口城市宁波进行贸易。永乐帝还册封足利义满为“日本国王”，这招致了一些民族主义倾向的日本人的不满，却带来了必不可少的通商之利，以填补幕府空虚的国库。这项协议还允许日本在勘合制度下向明朝派遣使团，室町幕府垄断了贸易，双方通过核对勘合确保使团的合法性。作为对这些贸易特权的交换，足利义满承诺打击倭寇。日本的贡物包括马、刀、甲胄、砚台、扇子、屏风和硫磺。明人则以银、铜钱、绸缎、玉石、珍珠、檀香、沉香木、精致的家具和古籍作为交换。中国的铜钱甚至成为日本本土的交易媒介。[14] 勘合贸易持续繁荣，直至 15 世纪 50 年代，此时两国内部的形势变得越来越不利。1523 年，宁波发生了争贡之役，1548 年，贸易正式中止。后来日本试图恢复勘合贸易，但遭到朝鲜的强烈反对而未果。这也成为 16 世纪 90 年代日本侵朝的一个借口。

尽管与对马岛宗家有协定，朝鲜仍然非常谨慎地对待日本。对于前往王京的日本使团的人数，入港贸易的日船数量，日船合法停靠地的数量，朝鲜均有严格限制。然而，每年仍有 200 多艘日船停靠釜山、镇海和蔚山，在当地安家的日人多达数百，甚至建有佛寺。大量的合法贸易在这些通商口岸进行，日本用铜、铅和硫磺交换朝鲜的纺织品、奢侈品、艺术品和佛经。但是，日人还大量走私朝鲜的棉布，这是朝鲜无法坐视的，因为棉布在朝鲜是主要的交易媒介。最后，在 16 世纪初，朝鲜决定严格落实贸易协定的各项条款。朝鲜向宗家传达信息，要求镇压倭寇，并仔细审查一切有意航往朝鲜的商船。此举引发了三个通商口岸的日人骚乱，朝鲜军队不得不镇压并杀死了近 300 名日人。此后，朝鲜断绝了与宗家的联系，两年后又恢复了这一关系，一直延续到丰臣秀吉入侵。不过，这种安排越来越受到倭寇和“冒名顶替”的家族如畠山氏的扰乱，他们在 15、16 世纪不同程度地渗入朝鲜日本之间的贸易网络。[15]

到了 16 世纪，欧洲商人到来，国际贸易兴盛，海盗活动也不出意外地卷土重来。除了商品交易增加，美洲新开采的全部贵金属有一多半最终流入了中国。历史学家马里乌斯·詹森（Marius Jansen）指出 :“我们过去自认为属于‘欧洲扩张’的许多现象，其实不过是欧洲参与了东亚的扩张。”明朝的军事实力处于历史低谷，日本也卷入了持续到 16 世纪末的内战，众多富于进取精神的中国人、日本人和朝鲜人，纷纷涌入公海发财致富。中国和朝鲜的史料，通常称这些劫掠者为倭寇，实际上，三国民众，加上来自东南亚甚至非洲的游民，都卷入了这个海盗时代。这些海上劫掠，无论是否倭寇所为，都成为造成三国关系紧张的主要原因，在战争开始时，三大交战国关注最多的便是此事。在晚明中国，认为日本人都是睿智僧侣的早期印象，已经让位于视日本人为“在中国民众心中引发深深的恐惧和厌恶”的“阴魔”。[16] 后来，丰臣秀吉也利用了这些观念，为自己将轻易征服朝鲜和明朝寻找借口。不过，在 16 世纪 90 年代，面对日本的进逼，中朝两国迅速采取了 16 世纪 60 年代抗倭的成功策略，并寻求招募参加过这些早期战斗的老兵。

因此，明朝、朝鲜和日本三国之间的关系复杂而多层次。三方都存有恐惧和不信任的因素，也有对贸易交通的真切愿望。此外，朝鲜和日本的文人都濡染中国经典，两国的政治制度和法律也大量吸收了中国元素。日本人认为，无论朝鲜和中国的武力如何不振，毕竟是文化和财富汇聚之地。例如，佛教最初从印度传入中国，又经由朝鲜传入日本，僧侣常常充当三大交战国之间的关键调解人。[17] 虽然 16 世纪末日本的政治体制同明朝大相径庭，人们仍然相信，天皇制度最初起源于中国；丰臣秀吉也承认，要成为亚洲的霸主，首先必须征服中国，夺取天命。不过，朝鲜和明朝并未察觉日本的新统治者带来的急切危险，在与日本打交道时仍然保持冷淡。

因此，考察这场大战爆发的原因，天朝优越感是一个非常重要的因素。讨论欧洲的历史时，人们惯常假设，列强冲突不断，源出傲慢和嫉妒。然而，许多学者似乎不加批判地接受了中国的世界秩序和朝贡体系，或者采取另一个极端，斥之为有名无实。丰臣秀吉无法接受一个更加自命不凡的政权高高在上，如果不征服明朝，他的全部梦想就永无实现之日。这不仅意味着拒绝或者忽视中国的天下观念，同时还鼓励了下面这种观念：其他亚洲国家也可能占据和中国人一样伟大的天朝上国地位。例如，朝鲜尽管自视为以明朝为中心的世界秩序的一部分，却又对日本、女真和琉球表现出华夷意识，还在明亡后宣称朝鲜是亚洲的文明中心。[18]

在近代早期的东亚，在中华中心的世界秩序的背景下，这一意识形态主张至关重要，不过，只要不严重干扰区域秩序与和平，各国自主活动的空间还是很大的。中国周边的国家清楚同明朝建立良好关系的益处，决定“随大溜”，希望利用华夷秩序为自己谋利。近年来，研究中国区域关系的成果大量涌现，纷纷强调朝贡诸国一方的主动性，从而模糊了上述观念。[19]

中华文化的影响，及其在东亚民族意识形成中起到的作用，是不容否认的。朝鲜肯定对自身在中华世界中的地位有所认识。长期以来，比起日本，朝鲜与中国的关系更为密切，也更直接和稳定，尽管难免偶尔发生误会。受益于这些接触，加上东亚地区普遍保持长期和平，朝鲜的上层阶级开始追求中国的学者 - 文士理想，甚至比中国人更甚；讽刺的是，他们也免不了饱受撕裂明代社会的党争之害。在秀吉入侵之初，这些党争将产生重要的影响。

当然，这场战争的始作俑者丰臣秀吉的个性也值得关注。丰臣秀吉可谓 16 世纪最奇异、最关键的政治人物，在日本历史上的重要性也是首屈一指。众所周知，秀吉出身卑微，是田舍子，起初曾在今川义元的家臣家中打杂，帮主人提拖鞋，最终成为织田信长（1534—1582）的重臣。* 他的发迹是 16 世纪日本社会的一个缩影，当时盛行“下克上”，就是下层阶级推翻上层阶级，家臣推翻领主。织田信长死后，秀吉成为日本的霸主，百余年来首次统一日本。尽

---

* 此处表述容易引起误解。秀吉最初确实在今川义元管辖下的松下之纲处打杂，但与今川义元关系不大。所谓提鞋的典故，是指秀吉在寒冬时将织田信长的鞋事先放在怀中温暖，待信长需要时，即可穿到暖和的鞋子，从而引起信长赏识的故事，并非发生在成为信长家臣之前。

管征韩失败，秀吉仍是最受尊敬的日本历史人物之一。在日本乡间，纪念秀吉及其功绩的寺庙、神宫和石碑随处皆有。[20]

英雄不怕出身低，后来，秀吉编造了形形色色的传说，来神化自己的发迹和出身。有些史料记载，早在1577年，秀吉心怀大志要征服明朝和东亚诸国。当时流传过一则更为离奇的传闻，有人相信，秀吉实是华人，出自浙江，犯法后逃到了日本，娶了日本妻子，又采用了妻姓，他决意征服明国，是为了报仇雪恨。明末中国坊间流传的小说，甚至把秀吉刻画成恶龙转世。显然，秀吉自诩天命所佑，注定要德化四海。[21]

丰臣秀吉是16世纪统一日本的所谓三杰中的第二人。他在织田信长的统率下一跃而起，又在1582年取代了信长，当时另一位家臣明智光秀（1526—1582）发动兵变，逼迫信长自杀。明智光秀在兵变后只坚持了两个星期，秀吉迅速召集了足够的军队，在山崎之战中消灭了光秀。此战后，秀吉逐个击败或联合剩下的对手，在日本建立新的联合政权，并得到了皇室的承认。天皇授予秀吉很高的官位，包括1585年的关白（摄政）和1591年的太阁（退休摄政）。由于出身卑微，秀吉无法获得将军封号。不过，1590年，秀吉已将整个日本握在手中，打算再创辉煌。[22]

随着国内渐次统一，秀吉开始规划他的征服蓝图。1585年9月，秀吉首次宣称要入侵明国；1586年，他向家臣毛利辉元（1553—1625）再次提到这个想法。当年晚些时候，秀吉告诉耶稣会传教士路易斯·弗罗伊斯（Luís Fróis），自己打算征服朝鲜和明国，这在日本是史无前例的大业。他还明确询问能否通过耶稣会的斡旋，从欧洲列强处购买战船。不过，他获悉，战争不是耶稣会的首要业务，他们最重要的使命是扩大信众。秀吉显然暗示，他会支持传教，不过，这只是装模作样，后来他禁止了传教。[23]

尽管碰了壁，秀吉依然自信满满。装备了葡萄牙人传来的铁炮（火枪），加上从中国传入的火炮，秀吉自认为有足够的武力来实现他的野心。他还听说，明人对日本人畏之如虎，一看到日本武士就落荒而逃。秀吉打算借助明人向导，引导日本大军自闽浙北上京师，同时利用朝鲜向导从北方逼近京师。[24]秀吉许诺，在新建立的帝国中，立功的大将都会获得封地。不愿襄助大业的人则将受到惩罚。

尽管秀吉在日本国内取得了巨大的成功，他仍然很不安心，对诸位大名十分警惕，这些人不但出身高贵，而且实力不俗。与许多最有权势的大名相比，秀吉的嫡系家臣不多，不得不仰仗天皇赋予的政治合法性和对外通商，借此获得其他大名难以得到的商品，尤其是高级火器。为了进一步提升实力，突出自己的最高权威，秀吉遣使到周边诸国，包括菲律宾、泰国、琉球、朝鲜（甚至葡萄牙）*，征求贡物，并争取这些势力尊他为日本的合法统治者。许多国家谨慎接待了秀吉的使节，朝鲜却公开质疑秀吉的封号和地位，绝不让他和朝鲜国王分庭抗礼。其实，秀吉的第一批使节抵达朝鲜时，当地官员完全不知道秀吉是何方神圣。在朝鲜人眼中，幕府将军才堪与朝鲜国王平起平坐，甚至地位略低。朝鲜人知道，无论秀吉有多

* 原文使用的是现代国家或地区名，实际上，秀吉遣使所到之地为西属菲律宾（日本称吕宋）、暹罗阿瑜陀耶王朝、琉球王国、台湾岛（日本称高山国）、葡属印度（即果阿）、葡属澳门等地。

少其他封号，他都不是幕府将军。在他们看来，秀吉不过是一个篡夺了源氏政权的暴发户。[25]

1587 年，秀吉在与朝鲜初开谈判时，给妻子宁宁写了一封信，从中可以看出，秀吉渴望得到诸国的承认和荣耀："为催促朝鲜王朝觐，应遣急使到对马。我此生必将唐土（中国）纳入我的领土。"[*26]

早在丰臣秀吉正式取代织田信长之前，就已经遣使朝鲜，进行外交试探。博多圣福寺的住持景辙玄苏，后来在战争期间成为日本的主要外交官员，16 世纪 80 年代至少三次访问朝鲜。一些史料显示，信长也计划在统一日本之后征服中国，景辙玄苏这几次出使也是可以理解的。[27]1586 年，秀吉命令对马岛大名的宗义调、宗义智（1568—1615）父子遣使朝鲜，告知朝鲜人自己的计划，令他们充当向导，协助日军入明。不出意料，宗氏反对秀吉的计划，希望劝说他回心转意，争辩说，就此断绝 200 年的和平交往实在不智。秀吉没有被说服，他坚持要朝鲜国王亲自来日本朝觐。在这些早期的谈判中，朝鲜坚决要求日本确保海路安全，并在考虑与丰臣政权建立任何形式的正式外交关系前，遣返了几名被通缉的倭寇。[28]

奉命出使的第一位日本使节是柚谷康广（橘康广）。据说，出使期间，柚谷康广先是嘲讽朝鲜士兵的长枪太短，又抨击朝鲜官员沉迷声色，朝鲜人认为受到了侮辱。后来，柚谷康广出席宫廷宴会，又做出了一系列傲慢无礼的举动，还警告朝鲜通事："汝国亡矣。

* 此处史料为日文，作者英译与原文略有不同，今据史料原文直译中文。英译大意为：如朝鲜国王承认我的统治，就应尽快遣使前往对马。如今，我毕生所渴望的近在眼前，我的统治必将扩展入唐［即中国］。

纪纲已毁，不亡何待？”根据日本史料，除了劝说朝鲜臣服秀吉，柚谷康广还奉命尽量了解朝鲜半岛的地理和防御。朝鲜朝中虽有大臣担忧日本来袭，也有人告诉宣祖，日本人不过是虚张声势。最终，朝鲜拒绝答应秀吉的要求。[29]

获悉交涉的结果，秀吉大怒，不仅处死了柚谷康广，还杀掉了他的全家。随后，秀吉派出了26艘船在朝鲜近海巡航，试探防御的深浅。陆海两方面的朝鲜军怯战而逃。只有鹿岛万户李大源率军出战，船沉战死。这些袭击让朝鲜大吃一惊，着手考虑加强沿海防御，不过，北方边境的军事问题也需要消耗宝贵的资源。为了补充人力，一些农民被征召去修缮山城，搞得民怨沸腾。[30]一些朝鲜军官谎报说，没等迎击，倭寇早已逃跑了。1587年晚些时候，秀吉又派出一名特使前去质问朝鲜宫廷，仍然没有得到回应。

1588年，又有一位日本特使前往汉城，希望朝鲜积极配合。朝鲜人竟然还不派遣使节、王子，甚至国王亲自渡海朝见，秀吉倍感愤怒。或是为了不破坏利润丰厚的对朝贸易，宗义智提议先同朝鲜国王商讨相关事宜，在发动全面入侵之前，再给朝鲜一次遣使日本的机会。于是，1589年农历三月，宗义智和景辙玄苏前往汉城谒见李德馨。二人劝诱李德馨说服宣祖遣使日本，最好是亲自朝见秀吉。近来倭寇频繁袭扰朝鲜，据说队伍中还有一些逃亡日本的朝鲜人，朝鲜要求首先遣返这些叛徒，否则绝不会考虑遣使日本。宗义智认为，此事好办，命令自己家臣返回日本带回逃犯。几个月后，这些逃犯在宣祖面前被处决，他们是否真的有罪颇值得怀疑。[31]

不过，宣祖还是欣然为日本使节举行了宴会。席间宗义智向朝鲜人赠送了日本的铁炮和刀，宣祖回赠了御厩中的骏马，但是，会谈依然毫无成果。此时，礼曹判书柳成龙（1542—1607）提议与日本达成某种和平协议，其他大臣反对。1589 年晚些时候，南方的朝鲜官员报告，日本可能在进行战争动员。他们估计，朝鲜能够击退入侵，不过损失会很重，不难理解，他们仍对这类谣言忧心忡忡。有人希望马上报告明朝，但是这个建议被忽视了，也有人推测，日本只是虚张声势，想要获得通商的好处。1589 年 12 月，大臣赵宪上书说，自己确信日本人正在谋划入侵。据说，赵宪在一次宴会上预言日本必将入侵："明年必有倭乱，我当举义勤王。今日共此饭者，可来同事。"[32]* 朝鲜宫廷中的一些人对此感到忧虑，却无人敢出一言扰乱宣祖宴乐的兴致。

此外，由于长年安逸，朝鲜极度缺乏能领兵打仗的大将；由于党争不和，朝中最能干的大臣大多明哲保身。朝鲜时代的激烈党争，大抵始于 1575 年左右，党争起于解释儒学思想的学术和学说分歧，也起于官员家族和国王外戚之间的联系。争权失败者多引退到偏僻的书院，教授生徒，以待东山再起。[33]

宣祖年少入继王位，由养母垂帘听政，所以，他大力提拔士林派，对抗外戚的权势。最终，东人党和西人党（得名于两党首领在汉城的宅邸方位）联合起来。东人党多是主张积极伸张王权的后辈儒生，西人党多是依附于外戚的前辈儒生，该党领袖一度是王大妃的兄弟。

---

* 此处英文原文大意为：今夜与宴者，皆将死矣，明年倭兵二十万将至。查作者所引《重峰集》第 299—303 页，无此原文。《重峰集》"年谱"中有与僧人共食的情节，但赵宪所说内容与英文原文不合，今据《重峰集》第 458 页史料原文还原。

王大妃去世后，西人党势衰。但是，东人党得势以后，又分为北人党和南人党。这一分裂最终导致了 1589 年的郑汝立谋反事件（己丑狱事），70 名东人党被逐出朝廷。除了在纯粹的学术或具体的政策上存在分歧，一些细小的私事，比如愤于某官员娶平民为妾，也为党争推波助澜。官员们不关心实际问题，只在乎讨好上级，结党营私。在这种可悲的环境下，赵宪疾呼警惕日本人，竟被指控大逆不道，企图煽动民众。[34]

1590 年 5 月的局势就是如此，这时，朝鲜最终决定派遣黄允吉（1536—约 1600）和金诚一（1538—1593）作为特使，前往釜山与日本人谈判。黄允吉是西人党，而正使金诚一[*]则是东人党。6 月 1 日，二人登船前往对马岛，在该岛停留了一个多月后前往壹岐岛，最后在 8 月抵达京都。当时丰臣秀吉正在出征，朝鲜使节不得不等他归来。但是，这不是日本人第一次怠慢二人。起初抵达对马岛时，朝鲜人就自认为受了侮辱，因为宗义智乘着肩舆进入正厅，又坐在高座上接见他们。金诚一勃然大怒，拂袖而出，声称："虽曰夷狄无礼，亦有君臣上下之分，义智何敢乃尔耶？"[†35]

上下之分至关重要，因为"在中国的世界秩序中，座次是象征国家地位和国际关系的最重要的外交礼仪之一"。通过历阶升堂，

---

* 黄允吉是正使，金诚一是副使。

† 此引文出自金诚一《海槎录》卷三《答许书状书》，与英文原文契合。然而注 35 称引文出自《再造藩邦志》，查《再造藩邦志》，金诚一所言为："对马岛主乃我国藩臣，使臣奉命至此，岂敢慢侮如此？"与英文原文含义略有差距，但可与下段内容呼应，故疑为作者混淆两段引文。

睥睨朝鲜使臣，宗义智公然表示日本地位高于朝鲜。更不妙的是，在朝鲜人看来，正如金诚一宣称的，对马岛原是朝鲜藩臣，居住在该地的日本人只是侵占者。宗义智借口侍从失礼，将抬轿者处死，并向朝鲜人展示了首级，深切致歉。自此，日本人对金诚一颇为忌惮，倍加礼遇。[36]

朝鲜使节在日本停留了数月，住在大德寺，设施简陋，供给也很粗疏。尽管如此，朝鲜人还是向东道主赠送了葡萄牙人制造的大炮、明朝的舆图、丝绸、虎皮、药材、水果、大米和黄金等物品。* 金诚一和黄允吉还带来一封朝鲜国王的国书，朝鲜国王向日本的新统治者表示祝贺，并解释说，由于路途遥远，他本人无法亲自渡海前来。国王还表示愿意同日本保持友善关系。[37]

1590 年阴历十二月，秀吉终于亲自接见了朝鲜使节，当时他正在围攻小田原城，因此下令让朝鲜使节等候。据称，在这次战役中，秀吉祭拜了鹤冈八幡宫，并对日本第一位幕府将军源赖朝的塑像说："若我友也，徒手取天下，唯有吾与若而已。然若承藉名族，不如吾起人奴也。吾欲遂略地至明，若以为何如？"为了给到访的朝鲜使节留下威严的印象，秀吉向他们讲述了自己出生的奇迹。秀吉没有犯宗义智那样的错误，他坐在南向的座位上，下令给使者斟酒，一边吹嘘自己的伟大，表示希望同朝鲜友善往来。朝鲜使节对此不以为然。他们回去报告，秀吉"容貌矮陋，面色皺黑，无异表，但微觉目光闪闪射人"。他在宴席上头戴乌纱帽，身旁有武士侍坐。

---

* 朝鲜向日本提供葡萄牙大炮与明朝舆图非史实。查作者所引《征韩伟略》，有"是月，佛郎机入贡，奉明地图及彩缎黄金"之语，疑为作者理解有误。

金诚一对秀吉没有立即给宣祖回信感到愤怒，黄允吉则畏惧秀吉，担心战争迫在眉睫。宴席提供的酒水寡淡无味，器皿也很粗糙，食物仅有米饼。更糟糕的是，醉醺醺的秀吉起身入内，很快又抱着他刚出生的幼子返回，孩子开始在他身上撒尿，太阁殿下大笑，朝鲜人则十分反感。[38] 秀吉没有再接见朝鲜使节，显然认为他们此行唯一目的就是朝贺。

朝鲜人被秀吉的举止激怒了，他们继续拖延，不作任何许诺。秀吉认为自己占了上风，只给他们每人回赐了白银四百两，向使团随从赠送了一点别的礼物。虽然朝鲜使节要求带回给朝鲜国王的答书，秀吉最初拒绝了，说自己无暇答书。[39] 朝鲜人在堺港等候，最终收到了一封明显是耀武扬威的国书：

> 战则无不胜，攻则无不取。既天下大治，抚育百姓，怜愍孤独。故民富财足，土贡万倍千古矣。本朝开辟以来，朝廷盛事，洛阳壮丽，莫如此日也。夫人生于世也，虽历长生，古来不满百年焉，郁郁久居此！予不屑国家之隔，山海之远，一超直入大明国，易吾朝之风俗于四百余州，施帝都政化于亿万斯年者，在方寸中。贵国先驱而入朝，依有远虑而无近忧者，守远邦小岛在海中者，后进辈者不可作许容也。予入大明之日，将士卒临军营，则弥可修邻盟也。予愿无他，只显佳名于三国而已。[*40]

---

* 注 40 表示国书原文见《乱中杂录》，但《乱中杂录》所收录的为国书大意，与英文原文不合。日韩两国文献所收录史料原文也多有文字差异。此处引文选自田中健夫编：《善隣国宝記 新訂続善隣国宝記》，东京：集英社，1995 年，第 374 页。

不难想见，朝鲜使节对秀吉的威胁忧心忡忡。他们首先试图软化书信的措辞，尤其是他对朝鲜国王讲话的姿态——尽管他们都认为秀吉确实是大将军，但他并非日本国王，因此无权对宣祖颐指气使。景辙玄苏试图向二人保证，如果遵照秀吉的意愿行事，朝鲜绝不会受到任何损害，但拒绝更改书信文字。回国后汇报在日本的谈判时，金诚一仍不相信日本会发兵进攻明朝和朝鲜，并表示："(秀吉)其目如鼠，不足畏也。"他还说，日本绝无力进攻，即使敢于发兵，朝鲜"必能自保"。金诚一甚至暗示，日本使节或许很快就会前来赔礼道歉。这个回答惹怒了黄允吉，正是他说秀吉目光烁烁，似是胆智过人。他相信，兵祸一触即发。遗憾的是，黄允吉既是西人党又是武官，这番警告被金诚一的信誓旦旦所掩盖了。[41]

后来，在柳成龙的仔细追问下，金诚一承认："吾亦岂能必倭终不动，但黄言太重，中外惊惑，故解之耳。"[42]这个发现使得金诚一沦为其他官员嘲讽和指责的对象，有人甚至呼吁将他处死。不过，朝鲜人继续蔑视秀吉。宣祖给秀吉送去了如下答书：

> 但奉前后二书，辞旨张皇，欲超入上国，而望吾国之为党，不知此言奚为而至哉？……悉主悉臣，无敢违据……赴告必先，患难相救，有若家人父子之亲者，此贵国之所尝闻，亦天下之所共知也……人臣有党者，天必极之，况舍君父而党邻国乎？呜呼！伐国之间，仁者所耻，况于君父之国乎？……贵国今日之愤，不过耻夫见摈之久，礼义无所效，关市不得通，并立于万国玉帛之列也。贵国何不反求其故，自尽其道，而唯不臧之谋是依，可谓

不思之甚也。[43]

景辙玄苏和宗义智继续保持日本与朝鲜的联络，希望防止战祸发生。但是，宗义智派出的另外两个使团也未得要领而归。景辙玄苏承认，日本可能渡海入侵，因为日本仍未忘记朝鲜在300多年前与蒙古人一道入侵过日本。宗义智则强调，若拒绝协助日本人入明，将导致无数朝鲜平民无谓的牺牲。[44]

至于朝鲜国内，同是西人党的赵宪继续警告日本即将入侵，呼吁施行改革，甚至建议朝鲜先发制人。他奔走呼吁，倒没有被完全忽视，因为一位名叫金晬的官员被派去加强庆尚道的防御。也有官员被派往全罗道和忠清道，奉命清点和储备武器，修建城寨和城墙。更重要的是，一位叫李舜臣的武官升任全罗道左水使。李舜臣素有勇武之名，擅长弓箭，在北部边境的战役中脱颖而出，但一直遭受嫉恨和压制，直到旧友柳成龙力排众议，委以重任。[45]不过，多数官员只是想到，同明朝相比，日本在疆域、财富和军事潜力方面相隔天壤，以此求得一丝安慰。

至于日本一方，丰臣秀吉试图在入侵前鼓舞己方的士气。他宣称，16世纪60年代进攻南京（即嘉靖倭乱）的日本士兵只有300人，如今千军万马，更是易如反掌。他保证，明人“畏日本如虎”，并宣称我军将如“利刀破竹”。他在另一份通告中说：“以吾之智，行吾之兵，如大水崩沙……何城不摇？何国不亡？”他扬言要亲率大军50万，兵马如云，横扫一切。[46]

接下来，在对马岛会谈中，朝鲜人重申，不会允许日本人在入明途中自由通过本国。他们还补充说,日本入侵明国“如蜂蜇龟背”。不过，日本人仍对分属东西党人的金、黄送来的含混龃龉的朝鲜国书感到困惑。1591 年 4 月，另一个日本使团前往汉城，希望能说服宣祖妥协。秘密会见时，景辙玄苏告诉金诚一，秀吉对朝鲜拒不服从感到愤怒，决心继续进攻明国。趁着酒兴，景辙玄苏透露，日本入侵是希望恢复久已断绝的通商。他补充说，如果朝鲜允许日本人借道，一切都好说。他提醒金诚一，明国“畏日本如虎，欲取之易如反掌也……以吾智行吾兵，如大水崩沙，利刀破竹，速入明而帝矣”。[*47]。金诚一仍然认为这是虚张声势，并未将谈话内容报告他的同僚。

显然，金诚一和其他东人党的行动，是基于日本和朝鲜的通商之利将会避免战争这一假设。他们还考虑了是否向明朝通风报信。反对者认为，这样一来，“则非但天朝必以为不实而笑之，至于日本，则亦必以此而致怨”。他们还推断，明朝同日本有广泛的贸易往来，已经知悉一切。事实上，明朝从琉球商人那里获悉，日本入侵迫在眉睫，而朝鲜人为其充当向导。柳成龙报告说，秀吉虽然狂悖，但绝无能力全面进攻朝鲜，没有必要畏惧秀吉，或者提醒中国。[48]

朝鲜害怕惹来麻烦，不愿将日本可能入侵的消息通报明朝，这

* 此处作者疑对史料理解有误。前一段注 46 所引《乱中杂录》中有类似表述，“畏日本如虎……”乃汪直旧部对秀吉问题的回答,“以吾之智……”为秀吉所说。本段引《征韩伟略》，确有景辙玄苏密语金诚一的内容，但与英文原文无关。“畏日本如虎……”等对话，与《乱中杂录》基本相同。

充分揭示了两国关系的实质。宣祖给万历帝的书信中宣称："中国父母也，我国与日本，同是外国也，如子也。以言其父母之于子，则我国孝子也，日本贼子也。"[49]不过，明朝官员还是在1591年两度出使朝鲜，查访消息。

1591年7月，宗义智再次前往釜山，通知日本正调兵进攻明朝，如果允许日本借道，朝鲜还可以免除兵祸。宣祖得知此事，仍然难以置信。停留了十余日后，宗义智拂袖离开了釜山。他回到日本，向秀吉呈上了一份朝鲜地图。秀吉决定，既然朝鲜拒绝充当向导，他要先兴师问罪。秀吉和他的高级参谋一致认为，大军先发，秀吉本人随后启程。秀吉将总司令部设在九州肥前国的名护屋，由黑田长政主持。名护屋城外很快就形成一个巨大的市集，售卖的大米价格为全日本最高。日军匆匆建造了数百艘运兵船，向各大名征用了物资和粮食。按照秀吉的计划，1592年正月先锋部队登陆，随后二月和三月，主力部队登陆。[50]

1591年末，日本处决了一名朝鲜使节，借此向朝鲜示威。秀吉随后给琉球国王及南海诸国的君主写信，通知他们如今要臣服于日本。[51]他再次吹嘘自己将在一年内征服明国，他的刀"势如破竹"。琉球的新王尚宁不愿背弃明朝，又怕激怒秀吉，于是在1590年遣使日本。这让秀吉大喜，满足了他的虚荣心。秀吉告知尚宁，琉球应助军入侵。琉球王抗议说，自己国家贫弱，亦不习军事。于是，秀吉要求琉球提供7500人10个月所需之补给，约合11250担（750吨）粮食。[52]

尚宁在得知秀吉的计划后，立即转告明朝。不过，他不是唯一的通风报信者。1591 年 6 月或 7 月，一位曾被日本人俘虏的明朝商人，设法派遣一名助手前往浙江报告入侵的消息，警告明朝次年正月日本将发兵十万来袭。福建巡抚赵参鲁（? —1609）将这个消息转奏朝廷，称倭人正在征调物资、集结军队准备来侵。1591 年末，万历帝收到报告，下令兵部加强海防。1591 年阴历八月，收到浙江传来的消息后，明朝的辽东官员致信朝鲜官员。两月后，朝鲜派另一名官员到京师报告关于日本来袭的消息。1592 年初，官员宋应昌建议操练军队，应对可能的日本入侵，兵部许诺将付诸实施。1592 年阴历二月，兵部上奏，查实倭人确实图谋渡海来袭。万历帝提醒兵部，倭寇奸猾，并下令加强沿岸防备，派人查探朝鲜动向。[53]

同时，日本间谍也着手提交关于朝鲜和明朝的情报，绘制地图。秀吉向各大名发出特令，指定需要征调的兵力和物资。在提供士兵或物资之事上怠慢者都将受到调查。秀吉的总计划要求调集百万大军，由 150 名将领统领。征调的士兵多数是农民或渔民，在训练和忠诚方面或许达不到秀吉的期待，不过，动员平民参战并不过分。1591 年 12 月，秀吉还向周边诸国要求提供三年的粮食。他还通过传教士重申自己希望得到船舶和铁炮，暗示自己会支持传教事业，尽管这与他明确表示将仁慈地一统神道、佛教和儒教三大传统的愿望相违。[54]

秀吉指示麾下将领，攻入朝鲜后要修建城堡，治理一如日本的领地，且不得劫掠乡村。1592 年初，秀吉分配了作战任务。毛利辉元奉命保卫东南的庆尚道；小早川隆景（1532—1596）负责攻占西南的全罗道，宇喜多秀家（？—1662）负责忠清道*；小西行长和宗义智负责攻领离明朝最近的西部各道；加藤清正负责位于庆尚道以北的东部各道。三位主将是小西行长、加藤清正和宗义智。

秀吉入侵朝鲜的动机和目标不止一个（而且存在争议）。从与朝鲜的谈判来看，有些日本人坚持认为，秀吉所欲无非恢复与明朝通商。他非常清楚，对外贸易有助于他在日本保持优势军事地位，这是他从信长学到的眼光。因此，秀吉似乎打算接替明朝，建立一个以自己为顶点的东亚贸易新秩序。从秀吉后来向明朝提出的条件可以推断，外贸可能是他发动战争的首要目的，尽管他或许不能挑明。在秀吉看来，通过日本各口岸（特别是大阪和京都）进入东亚贸易，战争和创造新的贸易机会，或许是一个解决国内经济问题的手段。[55]

姜·悦子·海真（Etsuko Hae-jin Kang）指出，秀吉看到，在东亚世界中，政治霸权和对外贸易密不可分。秀吉相信，恢复合法的对外贸易是普遍垄断一切商业，进而夺取地区政治霸权的第一步。但是，秀吉"没有看到，其他亚洲国家有着完全不同的意识形态和政治结构。更何况，对于以儒家思想为根基的华夷秩序，他缺乏真正了解"。[56]结果，他公然拒斥以中华为中心的世界秩序，试图另起炉灶。

除了经济动机，秀吉还渴望得到外国君主的承认和敬意。这个目的并非微不足道。玛丽·伊丽莎白·贝里（Mary Elizabeth Berry）指出，秀吉为自己的功绩感到自傲，也对日本首次接触到的欧洲列强的实力和技术印象深刻，这不难理解。而跻身这些势力的最佳途

---

* 宇喜多秀家此时为名义上在朝鲜的总大将，驻京畿道。负责忠清道的将领以福岛正则为首。

径，就是征服亚洲的各大帝国。这样，就可以满足那些渴望参与国际竞争的商人的要求，化解敌对的大名之间的冲突，巩固统一的丰臣政权，重建民族自豪感。[57]日本逐渐将取代中国，成为东亚世界的中心。此外，尽管秀吉向外国君主传达的某些言论狂妄到可笑，但是，同众多伟大的征服者一样，他似乎也对自己的命运和排除万难的能力极为自信。

詹姆斯·默多克（James Murdoch）认为，秀吉希望平息国内动乱，也愤于朝鲜不派王子渡海前来承认他统一日本的功绩。还有一些学者检讨了秀吉打算利用战争转移国内躁动的武士的精力，维护自身权威的观点。正如乔治·埃利森（George Elison）所言："很明显，秀吉入侵大陆的主要目的之一，就是展示日本霸权不容置疑的实力。"[58]除了转移国内大名的战斗欲望，秀吉还搜刮了他们的金库，强迫他们在名护屋修建城堡并为大军供应补给，从而耗尽了他们掌握的物资。

这些看法，以对战争的传统解释为基础。17世纪堀杏庵所著的《朝鲜征伐记》认为，秀吉决心入侵大陆，是其性格和野心的自然结果。秀吉的私人医生写了一部带有传奇色彩的《太阁记》，坚信秀吉只是想"扩大他的和平"，造福于亚洲全体民众。相反，17世纪的朝鲜记录只是简单提出，贪婪的日本统治者图谋"吞并天下"。战争期间居住在上海的明末文人徐光启认为，日本侵略朝鲜的动机是"求封贡市也"。* 徐光启的同时代人诸葛元声，赞同秀吉为自己

---

* 原文参照《徐光启集》卷一《海防迂说》，北京：中华书局，2014年，第40页。

的家臣寻求领地的解释。[59]

德川幕府时代的评论家举出了秀吉入侵的三种理由：第一，秀吉好战，喜欢领兵打仗；第二，他想削弱强大的潜在对手，消耗其兵力；第三，明、日关系长期紧张，他打算干脆通过征服一劳永逸地解决这个问题。明治时代的史家提出了另外三种理由：第一，秀吉要继续发展日本，就需要获取其他国家的资源；第二，秀吉希望鼓励贸易甚至掌握贸易；第三，秀吉只是延续了信长的政策，企图将日本、朝鲜和明朝合并为一个大帝国。[60]最后这种解释在日本帝国主义扩张时期尤其风行，这反映在久野义三郎（Yoshi S. Kuno）和中村德五郎的作品中。

当代学者更多强调经济因素和国内政治因素，淡化秀吉渴望荣耀的动机。很可能，秀吉认为征服是奖赏家臣的唯一方法，因为日本的土地变得越来越少。塞缪尔·霍利（Samuel Hawley）指出："秀吉的家臣已经习惯于他的慷慨；这些人开始将越来越多的领地和收入视为效忠秀吉的正当回报。"到了16世纪80年代后期，在本土实现这些封赏的余地越来越小，所以要在海外获得新的领地。这个看法并非空穴来风，秀吉确实试图将幕府的封建体制扩展到朝鲜。他的权力根基，在于通过大名控制日本的农业资源，朝鲜可以提供大量新的资源。秀吉渴望前线送回朝鲜的农产品、矿产品乃至奴隶，正说明了这一点。[61]

秀吉还可以通过入侵不断向大名施压，把不安分的大名送到远方，趁机在国内巩固自己的权威。因此，有人提出，战争只是手段，真实目的是在日本本土建立一套更加严格的管理制度。[62]如果能够如愿征服明国，将天皇迁往北京，丰臣家族在日本的地位就会更加稳固。不过，这种说法或许值得商榷，秀吉一向利用日本皇室，为丰臣政权的合法化张目，如果取消皇室的地位，其他大名可能不会愿意承认皇位的象征性权威。事实上，秀吉将自己的亲信家臣派往朝鲜出征，也说明秀吉希望巩固自己在日本的优势地位。

中国学者郑樑生认为，秀吉入侵的主要动机有五：通过建立一个亚洲大帝国来巩固自己在东亚历史上举足轻重的地位，通过重组军队和大名势力来维持国内安定，让武士有用武之地来消除不安，从国外获取资源来弥补本国的资源不足，垄断对外贸易来确保自身在国内的优势。金·塞缪尔·德海（Samuel Dukhae Kim）赞同此说，他还补充，秀吉可能希望将亲基督教的大名送出日本，以便实现彻底驱逐基督教的宏大目标。[63]不少派往朝鲜的大名确实是基督徒，这一推测也有一定合理性。

与上述原因相关的还有，秀吉明确希望将日本的“神国”体制扩展到海外。通过研究德川时代的思想，赫尔曼·奥姆斯（Herman Ooms）注意到，秀吉效法了信长的榜样，为自己创造了一个施行“天道”的舞台。因此，在入侵朝鲜之前，秀吉大规模采用了神道和佛教的象征，将自己塑造成执行天意之人。他还在战神八幡神的神社举行了众多仪式，八幡神与传说中征伐朝鲜的神功皇后有渊源。秀吉利用神道理论为征伐外国和安定国内张目，从而将入侵朝鲜塑造成“推行一种文化政策，也就是实现一种历史上存在过而如今亟待完成的兼并”。秀吉认为，自己的使命就是在东亚文化圈内部维持适当的等级制度，并谋求让日本成为“神国”的地上化身。因此，秀吉将自身权威明确奠定在宗教基础之上，不应该单纯将他看成一个肆无忌惮的狂人。所以,高木昭作指出,这场战争“目的是把妖魔鬼怪拘入天下太平的樊笼,让它们成为神国的朝贡者”。[64]

渴望控制海外贸易，建立取代明朝的国际新秩序，这是秀吉的主要动机。前面提到的某些其他原因，虽然也影响了他的决策，但属于次要目标。李光涛认为，不易探明秀吉的真实意图，因为他在掌权之路上一向以灵活多变著称。如果朝鲜一开始就派王子甚至国王渡海来朝，或许可以完全避免入侵。[65]但是，秀吉蓄谋挑衅，而朝鲜拒不让步，于是他只好发动入侵。不过，应该记住，在朝鲜的华夷秩序中，秀吉只是一介新兴的军阀，难以和朝鲜国王分庭抗礼。秀吉认为，万历帝和宣祖都有意藐视他，他或许没有意识到，明朝和朝鲜不懂日本局势，正如他不懂明朝和朝鲜的局势。明朝和朝鲜只知道秀吉既不是国王，也不是天子，连幕府将军也不是，所以不配得到承认。

尽管如此，秀吉对大战凯旋信心十足，他制定了周密的征服计划。天皇将被迁往北京安置。京师周边的十州将划归日本皇室的领地。秀吉的继承者将出任在中国创建的新帝国的“关白”，另一位大名则接任日本的“关白”。秀吉本人则担任退休摄政，从港口宁波向各方发号施令，此地正是日本商人与明朝交易的指定口岸，这佐证了他的主要目的是垄断海外贸易的看法。[66]接下来，秀吉麾下的其他将领，将四出征伐亚洲，扩大各自的领地。最初的计划是秀吉等待朝鲜降服后再渡海，亲自主持征明大业。然而，众多因素导致他无法亲自赶赴朝鲜（详后）。

入侵大军在大阪集结。秀吉骄傲地展示他收到的一切贡物，重申他将为征明调集百万大军。筹划中的武器包括长枪 50000 杆，薙刀 100000 柄，矛和斧各 100000 把，打刀 100000 柄，太刀 50000 柄和铁炮 300000 支。士兵需要自备长 3 英尺的太刀。[67] 不过，这些数字只是纸上谈兵。虽然史料对第一批入侵部队的确切部署记载各异，但是，通常接受的数字显示，陆军总数约 160000 人，或许加上约 140000 人作为预备队。有人估计，当时日本的总兵力为 563000 人，由于日本国土面积小，总人口不过 1200 万，这是一个惊人的兵力数字。同时代的欧洲军队很少超过 40000 人，连 30000 人也不多见。[68]

入侵大军的编成和指挥如下 [69]：

主将	兵力
小西行长和宗义智	18700
加藤清正	22800
黑田长政和大友义统	11000
岛津义弘	14000
福岛正则等	25100
小早川隆景等	15700
毛利辉元	30000
宇喜多秀家	10000
羽柴秀胜和细川忠兴家族	11500
九鬼嘉隆（水军）	9200
总兵力	168000

日本各地的征兵比例有所不同。九州大名承担的负担最重，每百石约出 6 人。[70] 本州西部的大名平均每百石约出 5 人，本州中部和四国的大名平均每百石约出 4 人。其他地区的征兵比例较低，每百石 2 到 3 人不等。水手从濑户内海沿岸和九州的渔村征集，每百户约出 10 人。不过，最好将这些数目视为一般标准，因为秀吉既豁免了部分军役，同时对那些忠心不二的家臣索取更多。尽管一些农民肯定逃避兵役，但是，史料显示，仅有一名家臣公然抵制征召，结果被秀吉处死。秀吉预计，在战争进程中，日军还能征召朝鲜人入伍，从而扩大兵力。这是迄今为止日本在某一位统帅麾下集结的最大规模兵力。此外，除了人数众多，这批部队中的许多人都是经验丰富的老兵。正如默多克所言："就军事和行政实务而言，同时代是否有哪个国家比得上秀吉治下的日本那样人才济济，是颇值得怀疑的。"[71]

正如其他备战的努力一样，秀吉费尽心思，确保派出最优秀的将领。他信任小西行长和加藤清正，因为二人多年来忠心耿耿，立下了汗马功劳。据说，小西行长自幼好读兵书，是一位出色的战役策划者兼能言善道的外交官。除了这些优点，他还曾随父亲旅行海外，熟悉外国风情。小西行长和加藤清正由于发生过争执而互相嫌恶。然而，秀吉还是让他们共同指挥大军，因为二人是秀吉麾下最杰出的大将。与小西行长不同，加藤清正是铁匠之子，个性张扬，脾气暴躁，戴着精致的头盔，蓄着连鬓胡子。他作战十分主动，奋不顾身。小西行长和加藤清正不仅性格相异，而且在信仰上也有龃龉：小西皈依了基督教，而加藤是佛教日莲宗的虔诚信徒。[72] 二人互不相让，对后来的战争与和谈产生了重大的影响。

比起日本这个力士歌利亚，1592 年朝鲜的处境不可能是大卫。再借用一下默多克的生动描述，朝鲜由贵族阶层统治，“沉溺于闲暇的生活和优雅的学问，但是柔弱不武，除了贪污腐败和勾心斗角，在实际事务上一无所长。……外敌横扫朝鲜，都没能打断卑劣的党争”。至于朝鲜的军队，“无非乌合之众”。史蒂芬 · 特恩布尔（Stephen Turnbull）赞同这个看法，他也认为，“没有哪个国家比 1592 年的朝鲜更不适合抵抗日本的大军”。霍勒斯·安德伍德(Horace Underwood）也有类似结论，他说：“尽管早在 1389 年就引入了火炮，200 年后，1592 年日本入侵时，朝鲜人仍然没有为步兵配备任何一种火枪，因此在对抗日本陆军时居于绝对的劣势。”[73]

到了 16 世纪 50 年代，朝鲜武举的水平急剧下滑，朝中大臣对缺乏军事人才愈来愈忧心忡忡。腐败和党争侵蚀了考试，男子应征入伍后，几乎不分什么陆军和水军，水军所需的特种操练，完全看将领个人的喜好。16 世纪 80 年代，所有参加武举的人一概通过，并送去北方同女真人作战。李舜臣证明，哪怕最优秀的将领也难以操练新兵，他后来指出，自己更喜欢指挥水军而不是陆军，因为水手临阵无处可逃。考虑到此类情况，很难对朝鲜的军事实力做出准确估计。对水军兵力的估计从 26000 余人到 100000 余人不等，与明朝的情形相似，许多实际上是虚额。[74] 此时，李氏王朝修建的 200 多座防御要塞，只有 33 个属于大型永备工事，还大都兵员短缺。

这些一般性介绍虽然确实有帮助，值得注意的是，历史学家不应该不加批判地全盘接受。一般认为，朝鲜在 1592 年明显处于毫无准备的状态，困于朝中党争，两百年的和平也消磨了军队的斗志。[75] 此外，在壬辰战争的传统叙事中，宣祖被刻画成一个昏君，整日迷恋醇酒妇人，识人不明，还抛弃民众，一路逃窜。不过，主要的史料以及近来的研究都表明，这些形象并不完全属实。加里·黎亚德（Gari Ledyard）为他辩护说，在整个战争期间，宣祖堪称勤勉之主。[76] 眼见本国岌岌可危，宣祖夙兴夜寐，不断与官员商议战略，集结民众。

同样，朝鲜人或许对秀吉的入侵缺乏准备，但他们并没有采取鸵鸟政策，一味逃避。当朝鲜派往琉球的使节金应南* 报告了琉球的事态后，朝鲜宫廷马上就着手任命一系列武官，修筑各地的防御设施。两位最重要的将领申砬（1546—1592）和李镒分头前往南北，巡视城防，清点兵员、武备、库藏等。遗憾的是，由于对朝鲜的实力过于自信，除了下令为屯军采办更多装备，二人可谓碌碌无为，虽然申砬杖罚了不少玩忽职守的本地官兵。[77]

1592 年 5 月 11 日，申砬、李镒等高级将领齐聚柳成龙的府邸，商议战备。柳成龙认为，形势每况愈下，甚至宫外的乌啼都是不祥之兆，申砬却不以为然。申砬因同凶猛的女真人作战而名噪一时，十分鄙夷倭人及其战斗力。他声称，倭人个矮，朝鲜人可轻易擒拿。柳成龙提出，倭人配备了大量射程很远的铁炮，申砬反驳，铁炮准头很差。柳成龙又觉得朝鲜备战的程度堪忧，二百年的安逸使朝鲜人难以适应战争，他催促火速募兵和练兵。申砬仍无动于衷，

* 金应男非朝鲜派到琉球的使臣，而是被派到明朝的使臣，他是从北京了解到有关琉球的消息的。

表示对朝鲜强劲的骑兵充满信心，他麾下的骑兵已在边境战役中屡奏捷音。[78]

但是，众多其他将领对朝鲜击退日本入侵的能力并不抱任何幻想。有几名将领警告说，加固城池楼橹无济于事，倭人可以轻易绕过这些据点。朝鲜新修的一连串要塞，绵延过长，缺乏足够的兵力防守，这说明新近的备战工作不甚得力。训练更多的本地青壮，也不足以阻止日军前进的势头。遗憾的是，朝鲜既缺乏能干的将领，少数胜任的将领又无权无势，难以在短时间内提振兵威。庆尚道的巡查使据说年迈怯懦，虽有人提议由李镒接替他，但未能通过，因为李镒要卫戍首都，任务更重要。最终派了金诚一前往。[79]

朝鲜宫廷长期放任军政松弛，部分原因是害怕武人夺权。党争也产生了一定影响。例如，1583 年，时任兵曹判书的李栗谷奏请组建 100000 人的常备军，每道 10000 人，首都 20000 人。但李栗谷属于西人党，他的请求被立即驳回，理由是赡养这样一支大军会损害民生。征兵也是个问题。从技术上讲，全体 15 岁到 60 岁的男子都可应征入伍，只有两班阶级的精英可以豁免，其他人则可出钱免役。这场战争发生的前几年，连年歉收，瘟疫流行，官府不得不榨取更多的赋税和劳役，使得征兵更加困难。各地的叛乱裹挟大量百姓加入盗匪行列。此外，朝鲜的奴隶高达总人口的 30%，不难推测，16 世纪 90 年代初，朝鲜百姓不一定情愿遵循朝廷的法令。[80]

朝鲜王朝的军制并不简单，首都有卫军和都总府，各道派驻有一到三名兵马节度使和水军统御使，在战略要地还设有多名节制使。其中一个职位通常由担任一道巡查使的文官兼任。由常备正规军队、役夫和水军组成的屯军，统于各道兵马节度使和水军统御使。屯军人数最多，大都出身农家，平时耕地，战时出征，与明朝的卫所军队差不多。除了各道的军队，朝鲜王朝建立之初还设有中央军和地方军*，不过这些军队在王朝中期合并，形成了以要塞为中心、几乎全由征兵组成的镇管体制。朝廷还设置了驿站和烽燧，以备传递紧急军情。[81]

尽管朝鲜的屯军体系和防御设施，乍看上去令人印象深刻，其实许多只是虚文，这种情况与明朝如出一辙。有人估计，朝鲜的纸上兵力尽管有200000人，在1592年，只有几千人属于能够打仗的老兵。遇到紧急情况，朝廷才调遣将领前去接管军纪松弛、素无指挥的军队。因此，屯驻在边远地区的朝鲜军队，往往被迫在群龙无首的情况下，遭遇敌军先锋。朝鲜王朝时期，为了纠正上述军制弊端，陆续出台了一些新的军事法规。不过，在很长的一段时期内，这些举措既没有得到贯彻，也没有持之以恒。大量的事务压到了下级军官头上，而他们的干劲和才能千差万别。结果，日本入侵的消息传来，朝鲜猝不及防，朝野上下的反应虽然迅速，却毫无章法。[82]

令人惊讶的是，知悉朝鲜人在增兵固防，日本人其实很担心。据说，李舜臣尤其全力以赴，修筑城墙，试射火炮，储备火药，乃至拉上铁索保护港口。柳成龙问申砬，倭人是否能够轻易深入？申砬坦承，他实在缺少充分的情报来推断。[83]柳成龙令他返回驻地，

* 此处原文直译为“中央军和首都军”，查作者所引李基白《韩国史新论》，应为“中央军和地方军”。

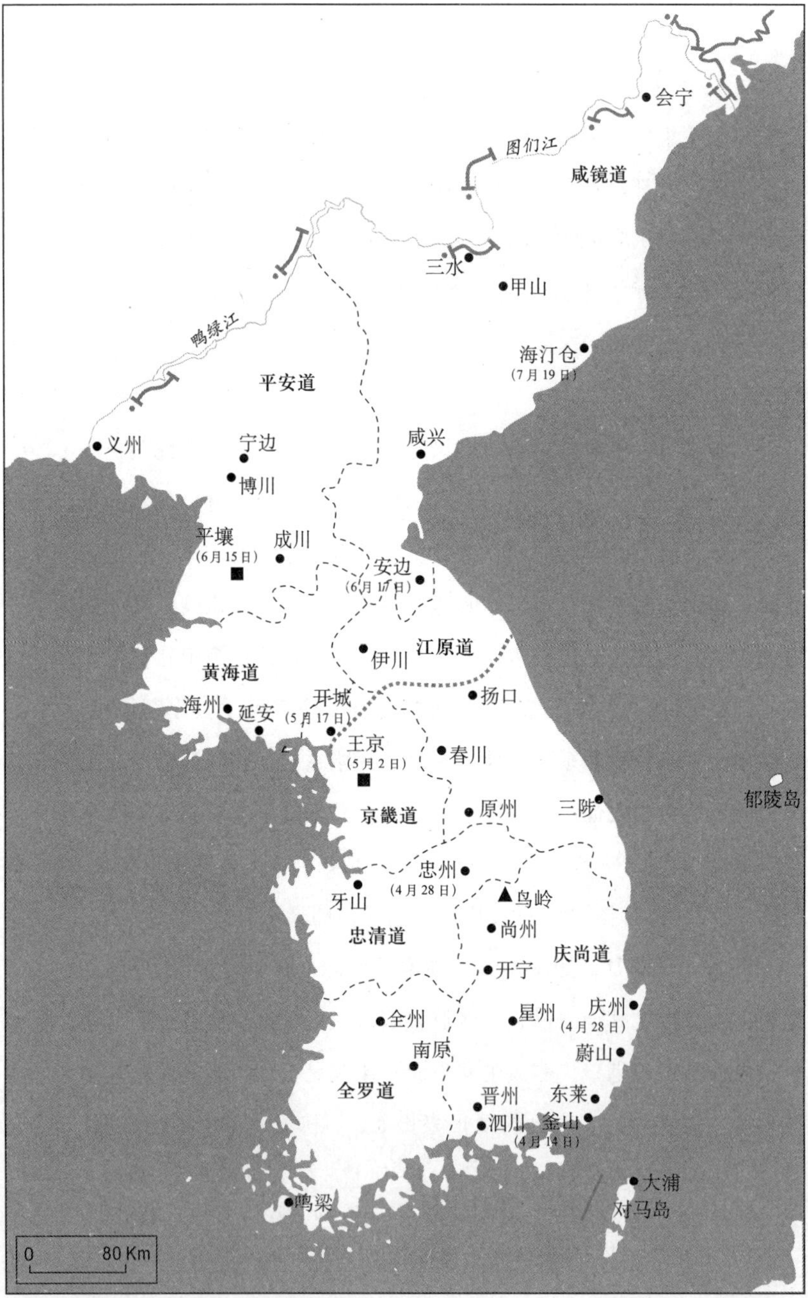
会宁
图们江
咸镜道
三水
甲山
鸭绿江
海汀仓
(7月19日)
平安道
义州
宁边
博川
咸兴
平壤
(6月15日)
成川
安边
江原道
伊川
黄海道
海州
延安
开城
(5月17日)
扬口
王京
(5月2日)
春川
京畿道
原州
三陟
郁陵岛
忠州
(4月28日)
鸟岭
牙山
尚州
忠清道
庆尚道
开宁
全州
星州
庆州
(4月28日)
南原
蔚山
全罗道
晋州
东莱
泗川
釜山
(4月14日)
大浦
鸣梁
对马岛
0
80 Km
壬辰战争期间朝鲜防御据点示意图

挥舞连枷棒和长枪的朝鲜骑兵（引自朝鲜兵书《武艺图谱通志》）

提醒说，即便倭人身材矮小，其战力和铁炮却不容小觑。柳成龙认为，守备仍需加强。可惜，申砬徒具匹夫之勇，最瞧不起懦夫，对柳成龙的忠告充耳不闻。

在武器方面，除了战船配备的火炮和一些日本人当作礼物送来的铁炮，朝鲜人几乎没有火器。主要的兵器包括狼牙棒、短剑、弓、各种长枪和连枷棒，这都是适合骑兵的武器。连枷棒是一根光滑的硬木棍，朱漆，长约 1.5 米，另一端用铁链挂着布满尖刺的重物。[84] 朝鲜军的长兵（大刀、耙、长枪）和短兵，与明军的兵器十分相似，这无足为奇，因为他们面对的敌人相似，作战的地形也相似。

朝鲜的弓箭出类拔萃，射程约为 450 米，而日本弓的射程只有 300 米。朝鲜弓是由木、竹、牛角和牛筋制成的复合反曲弓，发射各类箭矢，包括火箭和装有火药的飞镖。箭术是朝鲜两班精英日常练习的少数几种军事活动之一，“这个数千年来喜好丝绸、绘画、诗歌和音乐的民族，也拥有自己独特的武艺，那就是箭术”。李舜臣的阵中日记经常提到箭术练习，他在闲山岛的海湾两侧建造了箭场，让士兵在海上作战距离上练习射箭。[85]

朝鲜很少在野战中使用火炮，而是主要将火炮部署在战船上，少量部署在城墙上。朝鲜军主要使用五种铳筒:天、地、玄、黄、胜。天字铳筒，重300—450千克，口径12—17厘米，炮管长约2米。黄字铳筒较小，重60—80千克，口径6—7厘米，炮管长1米。玄字和地字铳筒平均尺寸更小。胜字铳筒，口径约2.5厘米，总长约为26—62厘米。朝鲜军还使用其他类型的投射兵器，包括碗口炮、震天雷、火箭,还有令人称奇的多管铳筒(火车),以及“飞击震天雷”,这是一个填满火药的空心铁球，重达530斤（合320千克)。[86]

朝鲜军将领和骑兵在锁子甲和简单的头盔外，还加穿厚袍。将领通常戴着鲜艳的饰带。普通士兵如果穿戴盔甲，一般是白色或灰色的札甲，但多数情况下只穿布甲或革甲，有时携带竹子或金属制的盾牌。水军战时身穿蓝色军服,戴黑色毡帽,手持刀剑、枪矛叉戟、战斧、狼牙棒、镰刀、抓钩。[87]

朝鲜水军纸面上拥有600—800艘用于作战和海岸巡逻的舰艇，再加上一些辅助船只，不过，根据更准确的估算，朝鲜水军总兵力约为250艘船。最大型号的船长约25米，宽9米。安德伍德提到，朝鲜最先进的战船称为“板屋船”，“总长可能不下70英尺，甚至长达100英尺左右，宽度约为长度的三分之一。……两侧用厚木板搭成的坚固舷墙，开有射孔和有小型火炮的炮口。有时舷墙上还挂着盾牌”。性能最卓越的朝鲜战船自然是著名的龟船，甲板覆盖有铁甲和铁锥，以防止敌军登船，两侧舷墙排列着火炮。船首竖立的龙头据说填满了硫磺和硝石的混合物，能喷出烟雾迷惑敌人。[88]

至于日军的武器和战术，首先让人想到的便是挥舞着长刀的典型日本武士。日本刀比中国和朝鲜的刀剑更好，更长也更锋利，但是，除了 1593 年的碧蹄馆之战，很难判断日本刀自身对战争过程产生了多大影响。铁炮的作用更显著，它在统一日本的战争中发挥了重要作用，并在 16 世纪推动了日本军队的整体革新。[89] 明朝制造的火铳传来更早，不过，一般认为，西式火枪（铁炮）传入日本是在 1543 年，当时葡萄牙水手登陆种子岛。日本的刀匠很快就学会仿制这类铁炮。火器的传入对日本后来的历史产生了深远影响。总之，铁炮和长枪比武士刀和弓箭更容易使用，农民士兵比贵族武士更便宜，只要指挥得当，也有相当的战斗力，因为前者的优势数量通常可以抵消武士的高超技艺。以少数精锐骑兵和足轻协同作战，农民军队只需装备铁炮和长枪，并使用（织田信长开创的）齐射战术，就是一支令人生畏的武力。[90]

事实上，出征朝鲜的日本骑兵数量相当少，运往朝鲜的铁炮数量却非常多。举一个例子就足以说明问题，蜂须贺家的 1328 名士兵共配备了 314 支铁炮、53 顶头盔和 213 套甲胄。一般认为，日军有近三分之一配备了火器，与明军的比例大致相当，但明军更偏爱重型火炮。铁炮的有效射程约 300 米，但罕用于 200 米开外，在距离 50 米左右被认为最有杀伤力。装填铁炮费时费力，所以日军的铁炮队通常伴随有弓足轻和枪足轻，他们被认为可在较远的距离上杀伤敌人。明、朝联军正是察觉到了这一点，采取了在齐射间隙快速穿插的战术。日军也有攻城火炮，但似乎很少运到朝鲜参战，几乎不见史料记载。日军运到朝鲜的武器，大都方便携带。1597 年南原之战时，日军使用了一支射程 500 米的中型铁炮，专用于从马背上发射。[91]

日本足轻通常使用长枪和长刀作战，长枪一般与弓箭和铁炮搭配使用。骑兵的武器类似。明军和朝鲜军往往提到，日本刀和长枪杀伤距离更大，于是明朝大量抽调南兵入朝，这些部队接受过戚继光著名的反倭寇战斗训练。日军最常见的战术是先以铁炮齐射，随后迅速靠近，或许加上箭矢的掩护。但是，由于战争旷日持久，日军也开始利用伏击战术，避免阵地战，因为会被明军的重炮优势压制。

日本的长弓长约 2.5 米，宽 2—3 厘米。箭杆长达 1.5 米，配备了不同样式的箭簇，用于发射信号，穿透甲胄，等等。弓足轻通常携带 20—30 支箭。日本弓的极限射程可达 300 米，但在 30 米以内最有效。[92] 有意思的是，明朝和朝鲜的史料很少提及日本弓，显然是对己方弓弩的优越性感到自满。

在防御方面，日军穿戴的甲胄，堪称三方中最佳。日式甲胄通常是札甲，用铁片加固，并配有兜盔。日军很少使用盾牌，只有在围攻战时才会竖立大型团牌。日本将领以华丽的具足而闻名，不少日本将领还戴着以妖怪或其他神话生物为原型的头盔和面具，在朝鲜人眼中确实相当唬人。井伊直政麾下的全军都穿红甲，人称“赤鬼”。伊达政宗据说给麾下配备了壮观的金漆头盔和 5 米多长的红色长枪。[93] 朝鲜战场上还有不少日军将领也因绚烂的家纹，或独特的具足和兵器而闻名。许多这类物品如今都属于博物馆和私人的珍贵收藏，其中最有名的是加藤清正的绘有日轮的乌帽子兜和十文字枪。

在水军技术方面，日本人劣势明显。日军主要有三种型号的船只，在航海上皆劣于中朝联军的船只。最大的船只是安宅船，堪称水上城堡，建有巨大的天守（阁楼），水军将领就坐在上面督战。关船和小早船是体型较小的桨船，但防护都不佳。[94] 尽管这些船只有时会装备小型火炮，日本人偏爱的战术还是登船格斗，尽可能借助高超的格斗技巧。这样一来，日本水军就极易受到明军和朝鲜军的攻击，后者在船上装备了大炮，喜欢从远距离击溃敌军。实际上，秀吉似乎设想水军只是一支运输部队。甚至在战争后期，在秀吉下令改进水军之后，日本军在海上也没有取得多少战绩。由此造成的后勤困难是最终入侵失败的主要因素之一。

明军堪称拥有最丰富的武器装备，无疑是因为中国疆域广袤，地形多变。明军还继承了大量的军事知识，并成功将古老的武器——如抛石机和其他攻城机械——同先进的火器结合起来。例如，大将军炮的射程约达 450 米。1593 年围攻平壤时，明军的虎蹲炮会发挥巨大作用。炮身长约 60 厘米，重 36 斤，可发射多达 100 枚弹丸。1523 年，明军引进了葡萄牙人制造的佛郎机，这是一种长管炮，经常装备明朝的水师。16 世纪晚期一艘标准的福船，配备 1 门大将军炮、1 门碗口铳、6 门佛郎机、3 门发贡炮和 60 支喷筒，能够轻易压制日军的任何海船。[95]

明朝在海上部署了一系列高效的战船。“艨艟”属于大型战船，配备强弩，攻防皆宜。“楼船”有三层甲板，好比日军的安宅船，而“海鹘”船尾很大，类似鸟尾。明军最好的战船是在南方的广东、福建诸省建造的，采用强化的松木和铁梨木。大船可载水手百人，装备弩、炮。小型桨船和大型战船配合使用，因为前者速度更快，可在浅滩、

鹰船，记载说它“两头俱尖，不辨首尾，进退如飞”（引自《筹海图编》）

内河和沼泽追击敌军。明朝水师还有一种“鸟船”，与朝鲜的龟船极为相似。[96] 其他型号的明军战船也配备了火铳，用于歼灭海盗。

在陆战方面，除了上述火器和攻城装备，明军还装备了形形色色的矛、剑、弓、弩、棍、枪，以及钉耙等格斗兵刃。明军的刀剑，既有弯刀，也有较短的双刃剑。钉耙长达 2 米，用来钩落敌人的骑兵，或钩取敌人的武器。明军的戟长达 4.5 米，竹质，顶部有钢刺。这一类长兵，据说对付日本的武士刀很有效。明军的棍棒长达 2 米，通常装有铁齿铁钉。[97]

在攻城战中，大型的床弩或弩车十分常见。有些床弩可同时发射多张弓。床弩连射，类似原始的机关枪，主要用来压制敌军。明军还大量使用火箭和各种混合武器，都属于火药装填的抛掷物。包括“三眼铳”，由三把铳捆在一起组成；还有“快枪”，结合了长枪和火器，长 2 米，加上 30 厘米的枪头和两个枪筒，通常装备骑兵。在甲胄方面，明军士兵一般在嵌钉的皮甲或棉钉甲上罩红袄。明军使用竹、木和铁制的盾牌，多戴头盔。盾牌有用于攻城或防御弓弩的大型盾牌，也有搭配刀剑使用的小型盾牌。兵员的地域构成方面，北兵多是骑兵，携带砍刀和射程约 150 米的短弓。步兵多是南兵，好用长枪。明军兼用大型和小型的火器，但多用前者，力求维持至少 30% 的火器装备率。这类火器一般用车运输，配备专门的操作人员；例如，一门身长 2 米、重 120 斤的威远炮需配三名炮手。[98]

第一次东亚大战是考察火器在近代早期世界的应用的绝佳案例。日本注重制造火枪和轻型火炮，而明朝和朝鲜拥有大型火炮和优越的海战技术。[99] 战争指挥也凸显了后勤的重要性，展现了明朝、朝鲜和日本各自的官僚体系是如何应对战争的，若与同时代的欧洲进行比较，一定颇有意思。最后，这场战争还凸显了近代早期的战争和社会的关系——朝鲜民众本就饱受本国统治者的欺压，日军和明军的造成的破坏又给他们的悲惨境遇雪上加霜。

第三章

龙之首

日军猛攻

1592 年农历三月，名护屋的城堡竣工不久，秀吉下达了渡海作战的命令。新城堡将作为大军集结地，同时也充当一个适宜的舞台，秀吉打算在此向民众展示他辉煌一生的、名副其实的巅峰成就。他交给麾下诸将一幅朝鲜地图，各道用不同颜色标注，让他们各自征服指定的地区，再加以巡查和治理。[1]第一军团由小西行长指挥，定于农历三月初一日从名护屋出发。

秀吉从大阪前往名护屋为大军饯行，民众从四面八方赶来围观。五颜六色的旗幡随风飘扬，锃亮的甲胄兵刃耀人耳目。秀吉抵达名护屋后，为鼓舞士气，又发表了一番浮夸的讲话，声称敌人如何怯弱，我军会赢得多少荣誉。阅兵还展现了宗教元素，松浦镇信登上高高的船艏，向附近石清水八幡宫中的八幡战神致敬。铁炮齐鸣，随行将士发出了三声震天的战斗呐喊。松浦镇信披挂齐整，将此次远征比作神功皇后的三韩征伐。目睹自己的名字和神圣的人物联系在一起，秀吉显然非常得意。锣鼓一响，千帆扬起，火

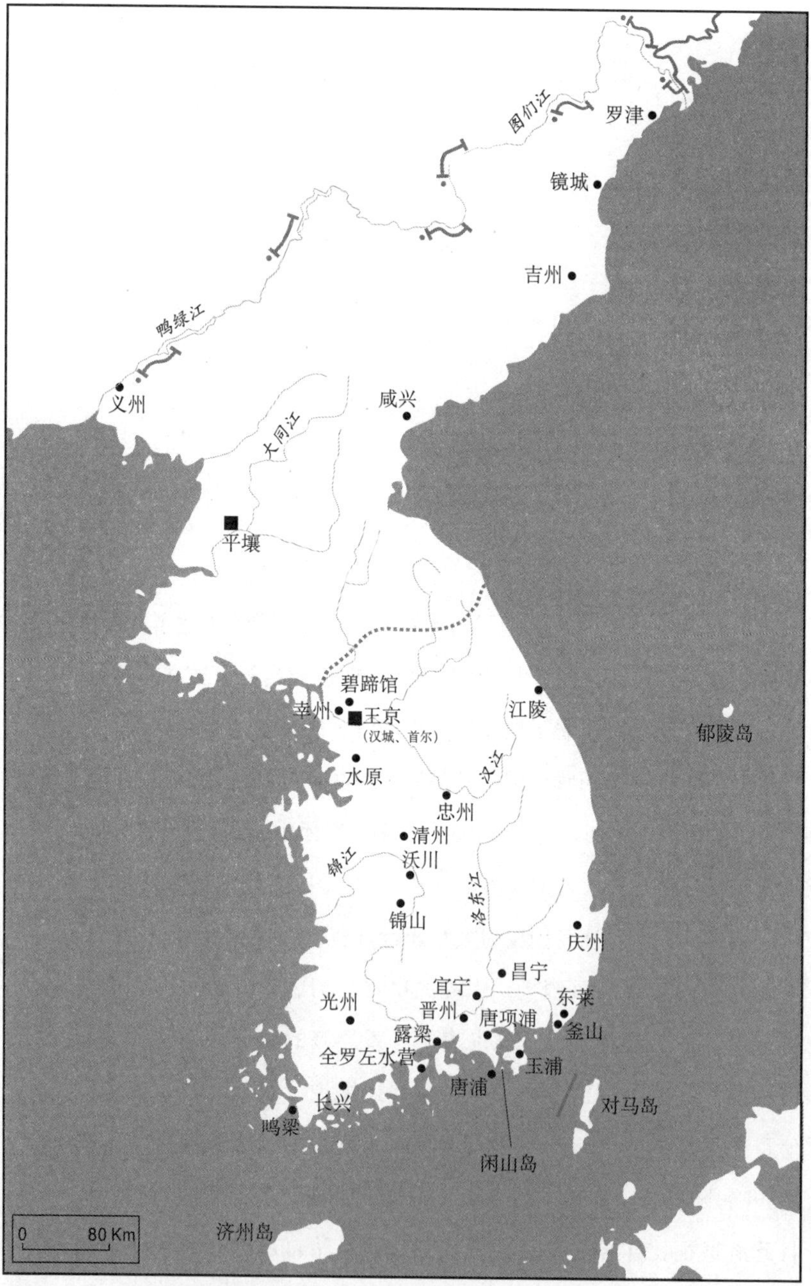

日军的第一次入侵（1592—1593）

矢横空，百舸齐发。[2]有人形容，日军战船如一群巨鲸，劈波斩浪而行。这支“无敌舰队”首先驶向对马岛，在该处完成战备，补充兵员，其中可能包括宗义智强征入伍的朝鲜人，因为宗家明显难以达成出兵5000的要求。[3]

当入侵的传言散播开来，朝鲜仍在继续从事毫无章法的改革措施。在某些地区，当地官员清点并储备了粮食、水和军事物资。还有人巡查了山城，尝试重修城墙。僧人甚至被征召来运输物资，加强这些据点的储备。[4]

与明朝情况相似，朝鲜应对重大军事威胁的常见做法，是将当地民众迁入山城，习称“坚壁清野”，山城的城墙其实很矮，但由于通常修筑在陡峭山岭上，易守难攻。城内可以储备数周乃至数月补给。在历史上的入侵中，这些山城是极佳的庇护所，尤其是13世纪遭到蒙古人进攻时。从不利的方面看，这些山城只是消极而非积极的防御设施。一个国家若将大部分民众迁入这类孤立的据点，入侵者只要决心坚定，完全可以绕路而过，攻占那些防守薄弱甚至空无一人的城市。另外，民众普遍抱怨苛捐杂税，说明官府并未做什么实际的改善工作。[5]

1592年5月23日，小西行长和宗义智率领的第一批日军在釜山登陆，约有700艘船。关于这场战争的朝鲜民间传说，对此有生动夸张的描述：“忽见飘风骤至，鹭鸶凫鸥蔽日乱飞，喧噪渐进，波涛荡漾……俄忽一阵倭船，自南海蔽江而下，旌旗蔽日，剑戟弥天，炮鼓如电。”[6*]

釜山据说驻扎有朝鲜军 20000 人。釜山佥使郑拨赶来迎战。不过，他害怕退路被切断，于是撤回釜山城内。宗义智率军攻打釜山城。尽管身陷重围，郑拨身穿黑色衣甲（日军称为“黑衣将军”），率部浴血奋战，周身尸积如山。南门的战斗尤其激烈，一名朝鲜武士率部箭无虚发，日军损失惨重，只好转攻北门。[7]

随后，宗义智的士兵占据了城后山上的阵地，向城内的朝鲜人射击，最终突破了北面防御。朝鲜守军溃不成军，多被日军追歼。日本史料记载，朝鲜战死 8500 人，被俘 200 人，《松浦家世略传》给出的数字较少，1200 人死亡，多人被俘。[8]郑拨力战身亡，爱妾也在他的尸体旁自尽身亡。日军将领后来对幸存者说：“黑衣将军最可畏。”[9]

同时，小西行长下令日军包围釜山附近的水军大营，营中有朝鲜军 6000 人。宗义智先佯装后撤，半夜突然杀回，攻占了这个据点。小西声称，此战俘获朝鲜人 30000，显然有所夸大。[10]

另一方面，日军将领藤堂高虎攻占了巨济岛，加藤嘉明率军发动夜袭，击沉了 40 艘朝鲜水军船只。不过，朝鲜水军的弓箭和火炮在海战中也让日军损失颇重。沿海地区陷入激战，内陆的朝鲜军却甫一交战就掉头逃走。日军接连俘获和摧毁朝鲜水军的战船，庆尚道右水使元均（？—1597）率领麾下水军退往西南的闲山岛。元

---

* 此处英文引文来自朝鲜王朝小说《壬辰录》的英译本《黑龙年》，《黑龙年》所据版本不明。《壬辰录》版本众多，中译采用日本东洋文库本原文，见韩国韩文小说集成编委会编：《壬辰录》，上海：上海古籍出版社，2016 年，第 7 页。

均不战而退，甚至觉得闲山岛也不安全，庆尚道左水使朴泓干脆率军逃跑，沿路凿沉了许多船只。小西行长和宗义智从釜山北上，攻占西生浦，西生浦的守将也在战斗中阵亡。[11]

首批日军登陆的次日，黑田长政和其他将领也抵达了。黑田火速向金海城进军，此地据称有 14000 余人的朝鲜水陆守军。日军轻易击溃了朝鲜水军，用铁炮猛攻该城。黑田将铁炮队分为两翼，稳步推进，集中火力于一处，直至守军后退。[12]守将弃城而逃，城内剩下朝鲜军 10000 人。次日，宗义智和小西行长的军团抵达了东莱城，这是釜山北边的一座山城。

得知釜山沦陷，庆尚道左兵使李珏赶往东莱，协助宋象贤守城。不过，李珏集结的军队中途溃散，唯余 20 人跟随，结果未能及时赶到。宋象贤是文官，但平素喜好练兵讲武，二十出头就名声大噪，仕途顺利，时任东莱府使。此刻，他正指挥 20000 名缺乏训练且装备不佳的士兵，在南门城墙上督战。小西行长麾下的日军攻陷釜山不到两日就抵达东莱。小西要求宋象贤开城投降，遭到拒绝，宋象贤回答："战死易，假道难。"日军试图再次劝降，宋象贤再次拒绝，日军大怒。但是，宋象贤面色如常，向北跪拜，叹息从此无法尽孝。宋象贤一直苦战到局势无望之际，脱掉盔甲，返回家中，给父亲留了一封遗书。[13]

尽管朝鲜军坚守东莱 12 个小时，城池还是沦陷了，又有 3000 余名朝鲜人遇害，500 人被俘。宋象贤的忠义让日军颇受震动，宗义智在城外准备了一口金漆棺木，收殓宋象贤及其夫人的尸骨，还竖立了一块墓碑，日军甚至处决了一名据说在宋象贤死前折磨过他的士兵。朝鲜宫廷也大肆宣扬宋象贤的忠义，将他树立为榜样。东莱沦陷后，城内妇女遭到日军凌辱，金银细软也被洗劫一空，这些战利品连同写给秀吉的捷报一道渡海送回日本。宗义智的军队还利用俘虏充当向导。[14]

此后，朝鲜的抵抗开始瓦解。金睟此时在晋州附近，他连忙赶回守城，在周边地区集结兵力抵抗。李镒被任命为庆尚道巡边使，同时朝廷还匆忙任命了一批其他官员，希望迟滞日军前进。但是，5月26日，日军迅速攻占了梁山，朝鲜军又不战而逃。金睟本打算从晋州赶往梁山，中途改道前往密阳，四处张贴告示，疏散军民。朝鲜溃军焚毁军器、仓库后逃入山中。有些朝鲜将领甚至出于某些或真实的或想象中的侮慢，命令部下杀害其他朝鲜士兵。[15]

日军进攻金海，金海府使徐礼元决意守城，登上南门督战。日军割取城外的禾苗填埋城壕，修筑附城土坡。一番激战，草溪郡守李惟俭半夜逃出城外，徐礼元紧随其后。日军还攻陷了密阳，进犯星州，守将曹大坤也夜半弃城而逃。由于缺乏船舶渡河，金诚一未能及时迎战，被指责未能认识到日军进犯的严重性。[16]

5月27日，加藤清正攻占熊川港，继续向内陆进军，直指大丘。加藤军团抵达时，大丘已经人去城空。此后，加藤向东进军庆州，5月31日占领了该城，杀死朝鲜军民三四千人。* 连李珏这样的将领（在安置好小妾后）也临阵脱逃，柳成龙不得不斥责，朝鲜

---

* 目前学界普遍认为加藤清正自釜山登陆后的行进路线为：梁山→彦阳→庆州，而未经熊川、大邱（古称大丘）。

“无一人敢拒者”。[17] 李鲁也哀叹：“古之忠臣烈士不以成败易志，强弱挫气，义所当为，则虽百战百败，犹能张空拳冒白刃，万死而不悔……见今逃兵溃卒，布满山谷，初虽脱身而求生，终知一死之难兑。”* 后来，朝鲜军又兵败龙仁，据说日军“拔剑突出，乱击如麻”，日军将领娴熟挥动团扇，指挥步骑协同，打得朝鲜将领头晕目眩。[18] 小西行长继续向前，探查西北方向战略要地忠州的防御。据说，该城防备严密，有一名勇将统率六七万精兵。小西决定等待诸军会合，控制沿海的关键据点。不过，小西的士兵发现沿途人迹罕见，该地的朝鲜军民都已逃散。

尽管如此，仍然有人相信朝鲜的甲胄和守备能够成功抵御日军的刀枪。有人和申砬一样认为，凭借朝鲜人的身高优势和改进后的防守策略，只要兵力充足，不难诱敌深入，一举围歼。宣祖要求提交具体方案，然而无人应答，只有人提议利用汉江为天堑，辅助以防御工事，或能阻隔日军。最终，李镒决意率精兵 300 人从王京南下。李镒很快就发现，所谓“精兵”，竟是由新兵、参加武举的青年儒生和文员编成的，他大为愤怒。李镒后来只带了弓箭手 60 人离京。他乐观地预计，在前往尚州途中还可补充 4000 名士兵。[19]

申砬信誓旦旦，必能阻止侵略者。宣祖指出，目前的战报显示敌人确实令人生畏，申砬不屑一顾，自夸不难找到适当时机，以奇袭痛歼敌军。由于畏惧日军势如破竹，宣祖赐尚方宝剑给申砬，令他赶赴战略要地鸟岭，这是通往王京的主要通道。出兵前夜，看到

---

* 此段文字虽来自李鲁《龙蛇日记》，乃是引用金诚一所书招谕檄文。

申砬身穿华美的战袍前来辞行，宣祖喜忧参半。[20] 申砬出京是在农历四月二十一日，首批日军登陆后的第 6 天。

宣祖下令坚守尚州，不过，李镒沿途征集新兵，只见四处空无一人。等到了尚州，尚州牧使已经逃走了，李镒只好勉强拼凑了一支数百人的军队，都是未经训练的农夫，多亏李镒开仓放粮，他们才从躲藏的山中出来。李镒将这些人编成骑兵和步兵，将后者部署到尚州城周围的树林中埋伏起来。李镒接到报告，日军已经逼近，但他不相信，甚至以谎报军情为罪名将报信人斩首。[21]

日军迅速包围了南边的开宁。李镒率军出尚州城，依山结阵。人人皆知日军就在附近，只是眼看前一位报信人的下场，无人敢再通报。几名日军斥候从树林中钻出，又转身返回。不久，朝鲜军看到空中升起了一股浓烟。李镒派人前去侦察，一名日军铁炮足轻藏身桥下，将此人击落马下，割了首级就走。此后，日军开始施放铁炮，小西调兵从两翼迂回包围，双方迅速交战。李镒下令射箭反击，但没什么成效。日军举着军旗冲上来，很快击败了缺乏训练的朝鲜军。李镒决定北撤，他刚打算离开，原先尚勉强维持的军纪就荡然无存。李镒策马狂奔，勉强逃生，麾下军队一哄而散，300 人丧生。[22] 为了不让日军认出，李镒甚至丢下马，带着几名亲兵翻越鸟岭，狼狈不堪。

此战的目击者声称：“今日之贼，有似神兵，无人敢当。”李镒兵败的消息传到王京，城中汹汹。为了安抚民众，李阳元被任命为留都大将。金命元为都元帅，严密防守通往王京的各条要道。宣祖已打算逃离王京。但是，朝鲜人听说日军有意议和，会晤地点选在王京、尚州之间的忠州。李德馨奉命代表朝鲜前去谈判，后来他途中得知派出的使节遭到加藤清正杀害，忠州沦陷，只好改道逃往平壤。尽管兵败忠州，宣祖和大臣仍希望阻滞日军进攻，好让明朝有时间调兵来援。朝廷下令各道即刻出兵勤王。李元翼出任西北的平安道巡查使，崔兴源出任黄海道巡查使。当时由元均统一指挥的水军也奉命出动。[23]

有些官员建议宣祖北上避难。但是，柳成龙坚信宣祖不应放弃王京，请求弹劾任何提出这类建议的人。数十名官员聚在宫外哀泣，恳请宣祖留下。在这个关键时刻，宣祖仍有留下来抵抗的打算，感到自己有责任保卫宗庙和王宫。他考虑从国库拨出更多金钱来打造兵器和征兵。不过，宣祖感叹，大多数人已经逃走了（估计尚有7000人留在王京），无人可以一战。他还说，朝中人人各顾私利，才造成如今的亡国局面。宣祖封次子光海君李珲为世子，命令他在乡村地区征集招募勤王兵马。[24]

在尚州击败李镒后，日军继续朝鸟岭以北的忠州前进。但是，申砬并没有在易守难攻的隘口阻击日军，反而打算把日军引诱到忠州附近的平原上，再用铁骑包抄蹂躏。他下令，李镒及其他将领将军队部署在山谷周围。尽管日军在战争的第一阶段战果惊人，申砬依然相信倭人矮小，柔弱无力；他对日军的铁炮也不屑一顾，认为既射不准也不可靠。[25]

申砬的副将金汝岉建议在隘口设伏，用交叉火力歼灭敌人。申砬拒绝了，指出这样只能击溃敌军，他还说："彼步我骑，所长在于陆战。只当迎入广野，以铁骑蹙之，蔑不济矣。"此时，李镒也附和："贼势甚大，非庚午乙卯比。今既不能据险遮截，徒坐平地，万无一胜之理。亡宁退守京城。”申砬怒气冲冲地回答：“汝兵败当斩，安敢复挠吾军耶？第须立功自效。使为前锋。”* 如后来的明军一样，申砬大大低估了日军的战斗力，或许因为他此前主要在北方边境统率骑兵作战。此外，朝鲜军的兵力也落了下风，申砬麾下约有 16000 人，而日军至少有 19000 人，甚至有人估计日军当时有 60000 余人。[26]

更糟糕的是，申砬和李镒一样不重视战场情报。斥候报告日军就在附近，申砬却不相信，反而将其处斩，以免动摇军心。彼此矛盾的情报纷至沓来，朝鲜军队全然不知日军的准确动向，恐惧与不安开始在军营中蔓延。申砬还犯了一个错误，背靠汉江结阵。至少有一位现代学者指出，申砬决心如许多古代中国经典战例那样“背水一战”，或许是希望保证麾下士兵不会临阵脱逃。之前劝说申砬扼守鸟岭的金汝岉，临战前写了一封家书，为那些即将白白牺牲的青年壮士而扼腕悲叹。[27]

日军分兵前进，从四面“势如风雨”冲入山谷，枪炮声震天，几座朝鲜军外围的岗哨很快向日军投降。申砬发现自己即将陷入重围，遂率领部下奋力冲向敌阵。然而，朝鲜骑兵在山谷下稻田的泥淖中举步维艰。尽管如此，申砬和副将浴血奋战，不断朝前方的日军射箭。日本史料记载，入夜后，小西行长施放了“火牛阵”（在牛尾绑上燃烧的秸秆，驱赶牛群造成破坏），冲垮了朝鲜军的阵线。申砬努力集结溃军，但突围未果，骑马投江自尽。此前，申砬命令

---

* 本段史料来自《朝鲜之役》，原文为日文且未标出处。类似表述在朝鲜史料中多见，本段采用与日文最相似的《南溪集 · 外集》卷十六之《都巡边使申公传》，见《影印标点韩国文集丛刊》第 142 册，1994—1995 年，第 84 页。

金汝岉逃生，金汝岉回答 :“我岂惜死之人乎？” 他身旁阵亡的士兵尸积如山。除了申砬，朝鲜军有 3000 人丧生，或被日军砍倒，或溺水身亡。李镒又一次成功逃脱。此战日军还俘虏了 100 名朝鲜人，在 6 月 7 日攻陷了忠州。据《太阁记》，攻下忠州的是小西行长军团附属的忍者众。据说，忍者在半夜潜入城中放火，制造恐慌，日军趁机突入城墙。忠州之战是一场至关重要的战役，如果朝鲜军此战获胜，很可能会阻挡日军的第一波攻势。[28]

两天后，一些幸存者将战败的噩耗带回了王京。李镒、申砬两位大将先后惨败，使得朝野一片惊慌。据说，一些日军将领前进了数十英里，却看不到一个朝鲜士兵抵抗。日军势如破竹，反而让秀吉和幕僚感到担忧。秀吉不希望小西行长冲得过猛，特别是存在明军参战的威胁。日军诸将在忠州会师，商议下一步的作战，最后决定趁热打铁，继续进攻王京。然而，在如何推进，谁当先锋的问题上，双方争执不休。小西行长坚持，他此前打的硬仗最多，挺进最深。加藤清正对此不屑一顾，讥讽小西行长全靠家族撑腰，还嘲笑他出身商人。其他将领劝解说:“殿下(秀吉)令二卿共为先锋，思虑深远，非予辈所测知，二卿必知之。而今两虎相搏，利敌损我，死而有余罪者乎？”[29] 二人听了颇为羞愧，停止了争吵，当夜在大帐中举杯和解。

当日军诸将举行军议时，宣祖和朝臣也在举行朝议。众人议论纷纷，莫衷一是 : 有人主张逃离王京，也有人指出，此举定会让朝廷丧失民心。此外，抛弃宗庙，无颜面对祖宗。计划征召 30000 人的军队守卫王京，如今仅存 7000 人，许多人不等朝廷下令就悄悄逃走。[30]宣祖还指望天堑能阻止日军进攻，其实，如果利用得当，本来是有希望的。然而，李镒认为，王京绝无法坚守。他既然亲自和日军交过手，他的意见颇有分量。

宣祖和朝臣都希望逃往平壤，在该地坚守到明军来援。宣布这个决定后，朝鲜君臣泣不成声，皆无颜面对他人。宣祖不久前才封光海君为世子，将他派往南方各道，他又将另外两位王子临海君、顺和君派到东北各道。宣祖和朝臣希望王子能激励各道勤王。临海君奉命前往东北的咸镜道，顺和君前往王京东边的江原道，后来又和临海君在东北会合。[31]

王京连日几乎空无一人。宣祖泣诉："二百年休养之中，无忠臣义士一至此。"据说，王京民众向逃离的宣祖一行大肆辱骂，投掷污秽，高呼："国家弃我去，我辈何恃而生也！"暴乱分子洗劫店铺，烧毁官府文契，尤其是奴隶和囚犯的档案。[32]一名官员奉命保护宣祖的撤离，竭力守住王京，拖延时间。少数前来勤王的军队，也有些人跟风抢劫，然后逃散。宫殿和库藏，连同文武官员的宅邸，皆被洗劫一空。

宣祖一行离开王京时，已是夜漏四鼓。李恒福（1553—1618）冒着瓢泼大雨手持火把带路，宣祖华丽的龙袍也淋湿了。在他们身后，或许有百名官员随之而逃，眼睁睁看着王京上空被火海染红。队伍蹒跚跋涉了两个小时，才抵达东坡驿，宣祖悲叹："民弃吾也！"到了驿站，大部分当地官员已经逃走。最后，宣祖一行终于遇上数百名步兵和五六十名骑兵，而且饥肠辘辘。[33]

宣祖的处境虽然悲惨，但是，比起日本侵略军给朝鲜平民带来的灾祸，只是小巫见大巫。在历史研究者看来，万幸的是，不少朝鲜两班贵族居住在乡村，要么作为地方官员，要么由于党争被逐出朝廷，他们留下了大量详述战争期间日常生活的记录。其中最生动的要数吴希文的《琐尾录》，直译“流浪难民的记录”，典出古代中国诗歌集《诗经》中的《旄丘》。吴希文虽是两班，却没有获得功名，依靠分散在朝鲜西南部的少量田地，他也过上了体面的生活。1591年底，吴希文开始巡视名下的田产，监督奴隶劳作，沿途寻亲访友，其中不少人是官员。[34] 吴希文的日记相当详细，很可能是为了给这段痛苦的、身不由己的生活带来某种秩序。翻开这部日记，吴希文苦苦寻求亲友的援助，他收到零星战事消息时的窘迫，历历在目，为研究者提供了一个绝佳的然而令人不安的局部视角。

吴希文日记的前几页，显示他多数时间在邀友人饮酒赏月，参访古寺。不过，他也记录了朝廷征用物资和备战的情况，战争阴霾初现。入侵开始时，吴希文刚探望过住在永同的妹妹，正与时任全罗道北部长水县县令的表兄李品住在一起。* 得到入侵的消息后，吴希文的许多友人和同僚被匆忙召回王京。雪上加霜的是，吴希文无法同王京家人相见，局势日益险恶，家人却音讯全无，生死难料。吴希文派出两个仆役打探消息，但是，逃奴和官军四处抢劫，他们

---

* 查《琐尾录》原文，这几日吴希文在永同及周边活动，并未提到永安或其他有相似读音的地名，英文原文中“Yǒng'am”疑为误读。另，根据《琐尾录》，吴希文妹妹居住于灵岩郡鸱林村，在永同附近。在探望过妹妹之后，得知战争爆发之前，吴希文留宿多地，拜访多人，其中并无官职为长水县令者，也无姓名读音为 Yi Pin 者。今译文遵从英文原意。

无功而返，只打探到王京已成孤城，宣祖早就逃走了。吴希文抱怨说，宣祖和诸臣未能齐心协力，阻止倭贼亵渎列祖列宗的神位。[35] 同样，吴希文还希望，若他的家人尚存，他们能够保护祖先的神位，延续祖先的祭祀。他还指责宣祖抛弃臣民的怯懦举动，并将宣祖的逃亡比拟为历史上中国君主的逃亡。[36]

吴希文日记中充满了他对战争苦难的反思。起初，他想象妻子和老母躲藏在山野某处避难，感到自己亲身体验了史书记载的兵燹之苦。他转而关注战局，批判朝鲜一年前准备不足，导致日军势如破竹。更重要的是，吴希文还指出："曲城高筑，谁能守敌？城非城也，百姓为城。"* 但是，由于申砬指挥不力，对能轻易战胜敌人抱有幻想，结果一败涂地。而且申砬施行军法过于严苛，士兵纷纷逃跑。吴希文担心，没有老臣的忠义和朝廷的领导，民众手足无措。至于军籍，众所周知，许多姓名都是伪造的，而且长期疏于核查。"……（诸将）亦皆逃去，嗟乎！人心如此，虽使孔明复起，安能收拾？"如后来各地所发生的，吴希文建议，授权地方官员征募义兵来抵抗侵略者，因为朝鲜分散的军事体制实在不可靠。[37] 他相信，如果朝廷官军和义兵携手作战，不难光复失地。

然而，尽管陆续传来朝鲜军陆上小胜、海战大捷的消息，吴希文仍然听说，本国军队不断叛变，还洗劫府库。还有朝鲜人投奔日军，充当向导和细作。[38] 朝鲜军引以为傲的箭术似乎也无济于事。越来越多的民众只好逃入深山老林。

* 查史料原文，此为当地百姓因筑城不满所编歌谣，并非吴希文的论述。

很明显，日军不仅仅打算假道入明；他们还想获得朝鲜的劳动力。吴希文记载："且闻倭贼，岭南士女择其妍好者，满载五船，先送其国，使之梳鬟粉黛。若不然辄怒，故皆畏死强从云。实皆先淫之女耳。其余不满其意，则众贼巡回淫之云，尤可痛惨。"[39] 兵将金成业从逃跑的俘虏口中听说：

> 前日金山之战，有一女亦为贼所掳入仓中，战罢之后，出来乞命，问之所居之地，则初隐不言，后乃实招云，本居星州士人之妇，而凶贼不意入里，与其舅母走避之时，为贼被执，率来于此，众贼巡回作淫，不胜其苦，欲死不得，舅母之生死不知云。只腰结破裳而无裙，军士举裳见之，则阴门尽浮，不能行步云，尤惨尤惨。县人从军者，亲见来言耳。[40]

另一种战争时期的记录也表达了相似的情绪，如李擢英的《征蛮录》。李擢英是金晬麾下的军中巡查，从军事角度提供了有趣的局部细节。和吴希文一样，李擢英也饱受饥饿和噩梦折磨，为老母的命运焦虑不已。他对朝鲜官员为保住性命和官职而将妻女送给日军将领的举动表示羞耻。[41]

尽管战局进展不利，朝鲜人却没有绝望。只要装备合适，部署得当，又有得力将领指挥，似乎还有机会阻滞敌军前进。早先，朝鲜官员似乎打算运用小规模的游击部队来骚扰日军后方，切断其后勤补给。令人生畏的郭再祐（1552—1617）组建了朝鲜半岛上第一支义兵，据说起初只有四人。他们联手烧毁了三艘倭船，很快就名声大噪。因为郭再祐总是身穿红甲，据传用朝鲜处子的初潮之血染成，人称“红衣将军”。和许多朝鲜将领不同，郭再祐尽管声名显赫，但作战总是小心谨慎，在条件不利时避免与敌交战。通过最初的试探，郭再祐亲自观察了日军的战术，发现了一些弱点。例如，他看到日本铁炮的射击速度较慢，容易受到良弓劲弩的攻击，他还强调，结合游击袭扰和固守要塞，朝鲜可能扭转劣势。由于不知郭再祐何时来袭，日军开始害怕义军，不敢进山劫掠。日军声称，郭再祐骑着白马，来去如风。和日军一样，郭再祐也以鼓、角为信号来指挥战斗。他还告诫部下一心杀敌，切勿浪费时间割取首级邀赏。[42]

遗憾的是，郭再祐的功劳备遭嫉妒，朝臣担心他桀骜不驯。[43]郭再祐一怒之下烧毁了试图限制义军活动范围的诏令。对于那些不了解实际战况又指手画脚之徒，郭再祐嗤之以鼻，他正确地指出，后方城市的官员全然不了解被占领的乡村地区的情况。[44]义军发动突袭并不总是有效，但绝非徒劳无功。在战争初期，这类战斗对士气至关重要，在战局似乎绝望之际，这些战斗鼓舞了民众和地方官。值得注意的是，许多义军领袖之所以备受民众爱戴，部分原因是他们不愿服从朝廷。没过多久，朝廷就动员了另一种地方军队——勤王军，他们将在 1592 年秋季与官军联合作战。

日军登陆后一个月内，朝廷开始向四方送出告示，鼓励朝鲜民众团结起来，抵抗入侵。这些文书显然是由流亡朝廷、王子和各道军事长官送出的。告示内容大体相似，详细描述了日军犯下的暴行，表示相信民众将践行忠义。例如，一份发给全州儒生的通告说：“国运不幸，岛夷凭凌，数百年宗庙社稷，一朝灰烬，十二世修养生灵，半为鱼肉。”通告继续说，尽管宫城灰飞烟灭，“惟我一路，封壃粗保，兵食尚裕，此实国家倚赖恢复之地也”。朝廷确信，如果“公私合力，终始一心，此正今日急先务也。”毕竟，“凡我一道之人为父兄者，以效忠殉国，劝戒子弟为士卒者，以亲上死长，勉励志气，唾手当锋，洗雪山川之耻，仗义歼贼，光复祖宗之业，则为君父急难报复之义，庶可尽矣。十室尚有忠信，况此湖南，岂无勇智奋义者哉？”另一份征兵告示强调：“凡有忠君爱国之心者，不拘文武前衔、尊卑、耆耇、儒生、闲良、僧俗、衙前、驿吏、奴隶、九流、杂类。”[45]

当朝鲜努力扭转败局之时，日军正从两个方向逼近王京。加藤清正取道较为便捷的南路，但途中有汉江阻挡，小西行长则采取了路途较长但防守薄弱的东路。朝鲜人留下一支驻军保卫王京，但是，当加藤清正逼近时，金命元的部下惊慌失措，把所有装备都投进了汉江。此前奉命保卫王京的李阳元也逃走了。当其他官员获悉日军逼近后，他们告诫平民躲入山中坚壁自守。

6 月 11 日，小西军团来到了几乎空无一人的王京城外，此地由于暴乱而燃起的余火未熄，日军从东面城墙的水门中摸进去。他们惊讶地发现，城门并未设防，怀疑有诈，小西则注意到王京修筑得相当坚固。他从东门入城，加藤清正则下令建造简易木筏渡过了汉江，从南门入城。有记载说，日军冲入王京后大笑：“朝鲜可谓无人矣，无兵守隘，亦无兵守河。”不过，日军仍然小心谨慎，头天夜里在城外高大坚固的城墙脚下安营。当日军最终占领这座城市后，他们洗劫了景福宫，摧残了幸存的居民。[46]

此后，日军将领决定分道进兵，尽快占领朝鲜八道全境。加藤

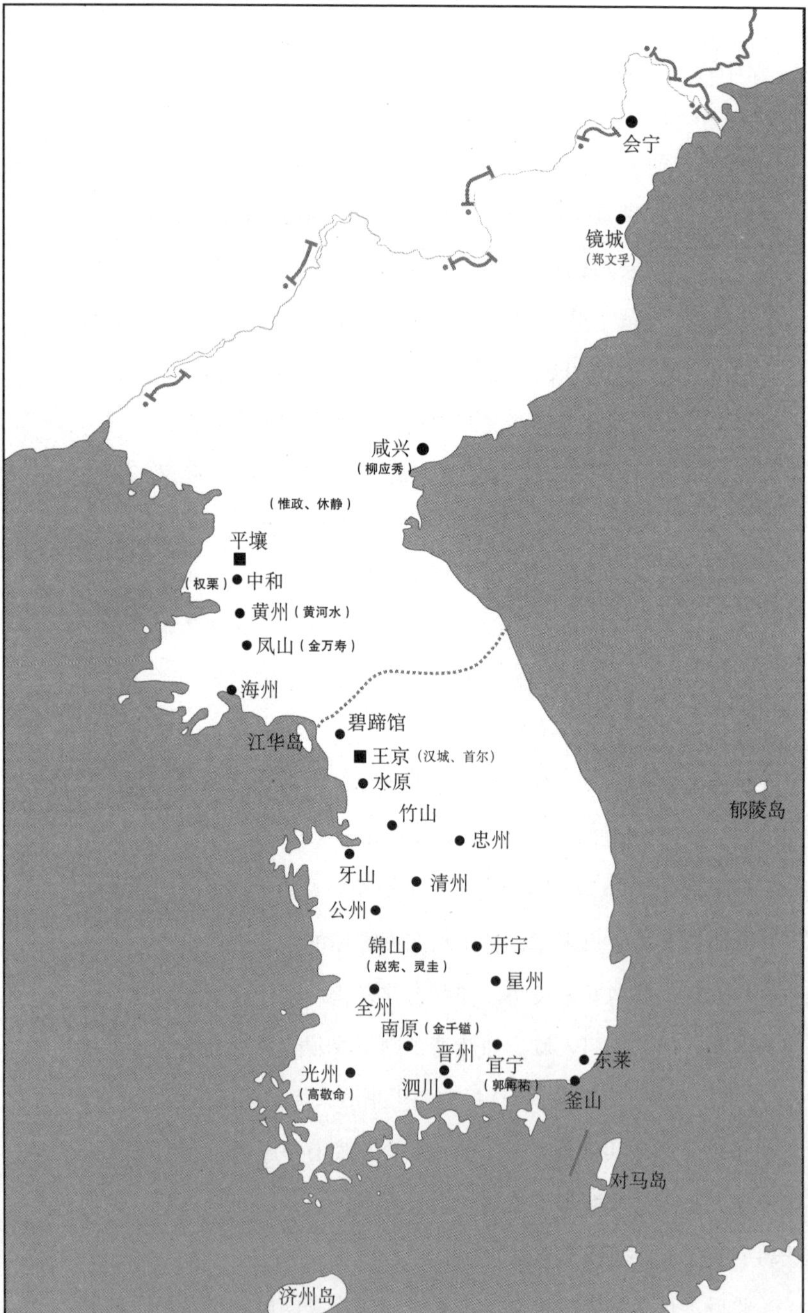

朝鲜义兵的活动（1592—1598）

清正向东进攻，占领咸镜道和江原道，黑田长政和小西行长向明朝边境追击宣祖和他的朝廷。一旦局势稳定，黑田将控制黄海道，小西将控制平安道，加藤控制咸镜道。小早川隆景负责控制开城周边地区，毛利吉成则控制江原道。黑田长政升任为朝鲜监督*，日军诸将开始着手征集兵粮。[47]

日军起初打算杀鸡儆猴，王京很快尸横遍地。不久，日军又严禁士兵侵害当地居民，试图让这座城市恢复正常。占领军鼓励男子重返田间，女子重回织机。王京周围的乡间贴出通告宣称，既然国王逃离并抛弃了子民，他们就该重返家园，重操旧业，服从新主人。[48]

农历五月中旬，丰臣秀吉接到捷报，欣喜若狂。他答复说，自己打算尽快渡海到朝鲜，命诸将为他准备下榻之地。征服亚洲的霸业，似乎要比预想的容易许多。丰臣秀吉计划定都贸易港口宁波，他将在此地指挥日军征服印度。秀吉还给他的继承人丰臣秀次写信，让他准备好明年移居海外。秀吉还着手安排在自己前往大陆后留守管理日本的行政会议。虽然太阁本人似乎真心打算尽快渡海，他的谋臣却意见不一。石田三成等人赞同他去前线。其他人，包括前田利家和德川家康都表示反对。秀吉起初推迟了启程时间，借口是入秋后天气不利于渡海，他计划于1593年农历三月抵达朝鲜。[49]

秀吉还向在朝鲜的诸将发出了一系列信件，对行政事务做了详细指示，认为可以轻易说服朝鲜民众接受日本式的封建制度。事实

---

* 通常来说，在日军的作战计划中，小早川隆景负责全罗道，负责京畿道并任朝鲜日军总大将的是宇喜多秀家。“朝鲜监督”为英文 Overseer of Korea 直译，在《征韩伟略》中未见对应职位，仅说黑田长政与小西行长、加藤清正共为先锋。

证明，他设计的定额不切实际，大量朝鲜人逃入山林，无法达成充分的生产力。不久，秀吉就接到了日本水军失利的悲惨报告，但是，他还等待小早川隆景等人的来信，他们应该在仲夏报告，日军已平定朝鲜全境。秀吉显然还沉迷于将日军的成就归功于八幡神，为他宣称的天罚张目。[50]

但是，日军的挺进速度太快，战线拉得太长，后方留下的驻军不够。日军占领王京之时，金诚一和李洸率领的朝鲜军队也从南边赶到，但在进攻前就撤退了。郭再祐开始袭扰东南沿海和沿江地区。尽管金诚一招致了某些批评，但他们很快认识到，此时最好的战术是在深山老林设伏。许多官员还建议，散播大明会出兵来援的消息也能鼓舞人心。[51]

日军进入王京当天，宣祖也带着狼狈不堪的随行官员抵达了开城。此时，开城已经荒无人烟。宣祖听说了李阳元的怯懦行径，将他免职，改命柳成龙代之。同时，全罗道巡查使李洸据说收集了大约 70000 人的军队，打算率军北上，后来听说王京已经沦陷，军队就解散了。权栗和白光彦集结了约 50000 人，在王京南边的龙仁进攻了日军。日本守军击退了最初的进攻，又趁朝鲜军撤退发起了反击，让对手损失惨重。权栗和白光彦第二天就溃退了。与此同时，晋州、泗川二城之间也发生了激烈的战斗，朝鲜军取得了少数战果，并为秋季的一系列战役做了铺垫。[52]

刚到开城，宣祖就召集朝臣商议战事。承政院都承旨李恒福说："可以驻驾义州，若势穷力屈，八路俱陷，无一寸干净地，则便可赴诉天朝。"左议政尹斗寿（1553—1601）说，如果我军能够坚守临津江，或许能赢得足够的时间来集结军队，收复失地。他自信北道士马精强，足可扭转败局。尹斗寿还担心，明朝援军也可能危害朝鲜，因为明军中蒙古兵很多，素称野蛮。[53]

有些人此时甚至建议干脆内附明朝，或者躲入东北部的山岭。柳成龙出列，警告说："大驾离东土一步地，朝鲜便非我有也。"几番争执，柳成龙的建议最终胜出，朝鲜决定向明朝请求援兵，但不内附。难以解释的是，金命元屡战屡败，却仍然奉命监督临津江的防务。尹斗寿在开城指挥拼凑成的数百军队，宣祖则在聚集在南门的一群官员前下诏谢罪。[54]宣祖颁布的这些任命，显示出对西人党的偏爱，只有柳成龙是一个醒目的特例。宣祖害怕日军已经逼近，又在6月14日半夜逃离了开城，6月17日进入平壤。

六天后，小西行长和宗义智率军抵达临津江南岸。小西军团最初进军受阻，因为朝鲜人焚毁了岸边的所有船舶。与朝鲜军略为交火后，日军就后撤了，派使者前往朝鲜军营，以和议为借口，实为刺探朝鲜的防御。日方的正使解释，日本与朝鲜并无仇怨，他们只打算和明朝作战。他补充说，"灭朝鲜者，朝鲜也"，又指出，如果朝鲜人同意，日本将同明国议和，撤出朝鲜，允许宣祖重返王京。[55]朝鲜人答复，双方已经交兵，难以议和。6月25日，小西行长派来另一名使节，朝鲜人拒绝接见如此卑微之人。日军等了三天，没有得到回音，于是焚毁了岸边的营寨，佯装撤退，企图借朝鲜军的反击探查渡江地点。

金命元猜中了敌人的意图，却无法劝阻其他踊跃复仇的同僚出战。他们率军渡江，直接闯入了日军在山林中设下的埋伏。朝鲜军的兵刃再度不敌武士刀，被迫撤回江边。在临津江北岸，金命元眼睁睁看着那些急切出战的朝鲜将士或在陆上被砍倒，或溺死江中。最终，日军在 6 月 27 日成功渡江，捕虏了 50 艘船。朝鲜人试图阻击，但被火炮击溃。日军此战冲锋在前的是松浦党，据说斩首 230 级。[56]

7 月 11 日，秀吉相信明朝援军已经出动，下令向朝鲜增兵。已有 60000 日军待命。秀吉提醒日本诸将，注意保护所有战略要地，使营寨首尾相接，以便相互应援。他还期待平定朝鲜后充分利用该国的资源。此时，规模最大的日军营寨从忠州北至原州，西至王京。秀吉强调要保持补给线畅通，下令部署火炮，加强城市防御，应对围攻，并为守军提供更多弓箭。秀吉期待的防御体系从来没有完成。一方面，朝鲜军继续袭击日军在南方的主要据点，甚至获得了一些小捷。[57] 更重要的是，入侵造成的最初冲击过去后，日军很快就发现，他们正持续受到地方义兵的袭扰。

这类军队一般由地方官或僧人召集和统率，后者又称僧兵。僧人如此频繁地卷入军事活动似乎有些奇怪，但在东亚绝不罕见，日本的僧兵和中国著名的少林僧人都是如此。在日本入侵期间，朝鲜僧兵既受到爱国主义的感召，或许更重要的是，也受到提高社会地位的欲望驱使，因为当时僧人的地位之低微前所未见。一些寺院被改建成马厩，僧侣也常被拉去充夫役。[58] 由于亟需援兵，6 月，宣祖在义州召见僧人休静，任命他为都总摄（统领全国僧兵），让他召集朝鲜国内的僧人。休静对僧人发布的檄文，强调忠君爱国，提醒佛法旨在救世。他还批评了文官党争，甚至批评了武官指望明朝来援。最后，休静说:“救国救民者，唯吾僧兵，日夜修道，超生越死。

孑孑我身，菩萨护佑有加。”[59]

1592年6月至12月间，休静召集了8000余名僧人。不过，僧兵希望朝廷保证恢复他们失去的文牒和其他特权，来换取他们的效劳。尽管有官员不同意这些要求，宣祖最终在战争后期颁布了一系列政策，履行了协议，其中包括正式承认两大佛教教派。甚至连沙弥和沙弥尼也被招募为僧兵，在最排斥佛教的各道，取得的成果最显著。[60]

很难确定在某一时期究竟多少朝鲜义兵在活动，不过，有学者估算，义兵共有22000余人。他们来自本地的各阶层和阶级，尽管对乡土的忠诚逐渐扩展为对朝廷的更广泛的忠诚，他们还是更在意保护各自的家庭、财产和村落。[61]和僧兵一样，义兵也会请求朝廷蠲免力役等负担。

吴希文建议，这些小分队如果由当地的儒生指挥，且全部由志愿者组成，就能发挥最大效力，因为可以齐心协力投入战斗。他建议各州尽力给义兵提供2匹马，5张弓和900支箭。不过，与描写义兵的民俗文学相反，这些军队并非出于本地民众或官员自发的同仇敌忾之心。事实上，朝廷屡屡勒令地方官积极征集民兵来袭扰敌军。这些义兵不久就成了官军的重要附属，往来的文书讨论了如何调遣义兵切断日军的补给线，迫使他们留下更多兵力保卫后方，比如王京，许多朝鲜间谍也混入了该地。1592年7月，金千镒就率义兵15000余人突袭了王京，但缺乏足够的兵器和物资，只好撤回顺安。[62]

朝廷试图通过许诺丰厚军饷、记功给赏、向难民发放救济，鼓励民众踊跃参军报效。宣祖和随行官员沿途都派人大力募兵。8月3日，权栗在全国发出了参军檄文。在檄文中，他还提出了光复朝鲜的计划，要求守卫各处要害，调遣更多官军，组织义兵，并利用水陆两军“瓮中捉鳖”。权栗希望通过一系列胜利鼓舞士气，让日军的处境越来越危险。[63]

尽管如此，众多朝鲜官员还是丢弃印信，躲进深山。日军也会进入山地，并以铁炮将朝鲜人从藏身地驱赶出来。前官员们互相帮助寻找避难所，互通战局进展的消息。吴希文设法藏好了祖先牌位和其他贵重物品，然后躲入远离官道的深山。他写道，自己披荆斩棘，没走几步就得停下来歇息。他和仆人最后走到了一群流淌着冷泉的洞窟里，此处曾是佛教石窟。周围建筑早已坍塌，人迹罕至，于是他们将此地辟为避难所，又用树枝在洞穴入口处搭了一个凉棚。吴希文从此处派仆人外出刺探日军的动向。后来，其他难民、逃奴、婢女也前来避难。由于夜里湿冷，吴希文又派仆人从他的某处住所取回藏好的衣服，显然因为此时他获悉日军正在撤离该地区。明军即将发起反攻的传闻，仲夏时已在朝鲜南部流传，或许影响了日军的动向。[64]

金诚一仍努力在东南召集民众，他听说有朝鲜人伤害本国人，或在协助和教唆日军，感到义愤填膺。金诚一的部下李鲁说，山路浸透鲜血，家家空无一人。李鲁的战时日记《龙蛇日记》也是一种珍贵的一手史料。他还非常关心日军俘虏的朝鲜民众的数量。有记载说，朝鲜人其实给日军将领献上了许多朝鲜女子。前朝廷官员也特别受日军重视，他们能够提供有关官府和当地资源的详细情报，又能够担任行政人员为占领军服务，不少人显然已经这样做了。针对这些消息，金诚一发布告示，谴责民众不顾朝廷和宗庙的福祉，并指出也有人置生死于度外，尽职尽责："奋忠揭义，一呼而州郡响应，比来军声大振，恢复之功，庶几可图。"[65]

至于流亡朝廷，朝臣认为，朝鲜的上策在于依靠高明的箭术和游击战术，因为步兵显然无法抗衡日军。他们还建议运用地方官领导的地方义兵和游兵，因为民众熟悉并信任他们。目前最大的困难是为这些农家新兵提供训练和补给。新兵如今正在接受射箭和战术的速成训练。尽管朝鲜最优秀的将领已经战死，朝臣仍然相信，大量培养勇士必定会革新朝鲜军队，扭转劣势。朝廷还对能够从北方各道征集何种物资做了合理的估算，并一再强调必须守卫王国的重要粮仓，即位于半岛南部和西南部的湖南地区。不过，元均的战报传来了喜讯，声称击沉了30艘日本船只。[66]在宣祖看来，更重要的是，明朝使节终于进入朝鲜查探情况。

日军刚一登陆，朝鲜就派人向明朝求援。大约在小西行长和宗义智从王京向开城进军的时候，明朝辽东巡抚郝杰报告兵部：朝鲜形势十分危急。他说："倭贼过大同江，朝鲜君臣即遁，恐国王兵败入辽，拒之不仁，纳之难处。"郝补充说，入侵者将一切付之一炬，百姓也莫能幸免。[67]

万历帝接到报告，迅速做出了回应，下令辽东沿海和山东的官员备战。万历帝了解到，朝鲜武力弱小，宣祖已逃入平壤。他下令兵部就相关情况呈报意见。由于朝鲜的抵抗迅速崩溃，有人怀疑朝鲜和日本暗中勾结。万历帝派人前往平壤，查明这些怀疑是否属实。

明朝使节与宣祖会面后，对朝鲜求援的诚意深信不疑，请求万历帝发兵。万历帝决定“即刻”出兵朝鲜。不过，明朝此时在军事上也有困难，最精锐的军队被调去宁夏，镇压哱拜叛乱。万历帝只好先嘱咐宣祖，尽可能集结军队，与日军苦战，并保证明军将尽快出动。万历帝在给宣祖的诏书说：“倭贼陷没朝鲜，国王逃避，朕心悯恻。援兵既遣，还差人宣谕彼国大臣，着他尽忠护国，督集各处兵马，固守城池，扼控险隘，力图恢复，岂得坐视丧亡？”[68]

与此同时，兵科都给事中许弘纲建议，派文武官员各一人，前往朝鲜担任军事专员，击退倭寇。文官为经略，武官为都督，权力相当。这个方案当年稍后被批准。此外，宣大总督萧大亨还报告，他已集结军队 16000 人，准备援助朝鲜，但需十万两白银充军饷。他的请求很快得到批准。[69]

由于朝鲜军在临津江畔作战不利，宣祖和朝臣日益焦虑。他们考虑进一步北撤，到明朝边境鸭绿江边的小城义州避难。宣祖还提出要彻底离开朝鲜，内附大明，去辽东，甚至京师。宣祖说，他感觉自己如同钩中之鱼。不过，一些大臣劝阻宣祖，至少留在朝鲜境内，以免失去一切。宣祖听说，城东的林中抓获了日军细作，于是决定逃离平壤。尹斗寿等官员担心丢弃平壤会让防御全盘崩溃，朝廷在朝鲜再无立足之地，还抛弃了更神圣的宗庙。宣祖的车马准备出城时，众人潸然泪下。据说民众怒喊：“既欲弃城，何故给我辈入城耶？独使鱼肉于贼手！”[70]

朝廷离开平壤后，李德馨乘船在大同江上会见了日军将领。会场气氛友善，李德馨和敌将聊天饮酒。日本人再次解释，入侵只因朝鲜拒绝协助进攻明朝，并表示希望达成某种协议。如果朝鲜让步，日军就会停止劫掠。李德馨回答，只有日本撤兵，朝鲜才会议和。[71]

当宣祖前往义州时，李镒、金命元、李元翼和尹斗寿奉命留下来守卫大同江。宗义智暂时退兵，等待黑田长政率领援军到来。当晚，日军数千在南岸聚集。起初，平壤城中还有朝鲜人三四千，眼见敌军实力强大，他们一哄而散。日军沿南岸部署铁炮队，在后方安营扎寨。金命元从城墙上望见敌人，下令高彦伯对日军发动一次大胆的夜袭。夜袭起初获得了成功，日军陷入混乱，朝鲜军斩杀了日军百余人，缴获了马 133 匹。当日军试图追击后撤的朝鲜军时，又有 30 余名日军士兵掉入江中溺死。此后，江中一个小岛的居民害怕得逃走了。李镒命令数十人登岛，从岛上向敌人射击。士兵畏怯不敢上前，直到李镒威胁要将一人斩首，他们才遵令。此时，日军正靠近江岸，被朝鲜军用弓箭射退。[72]

宗义智在战斗中也奋力作战，亲手斩杀了几名朝鲜人。黑田长政率部加入战斗时，另一支朝鲜突袭队也被击溃。由于接应的船队不等友军就逃跑了，不少朝鲜士兵溃退时溺毙江中。日军最终成功渡江（部分是因为雨水不足，河流水位较低），并重创了朝鲜军。朝鲜军陷入了恐慌，眼见日军横渡大同江，他们几乎一矢未发。日军不清楚城内状况，不敢贸然靠近。然而，金命元再次弃城而逃。7 月 20 日，日军占领了几乎空无一人的平壤，夺得 100000 余担（6667 吨）的粮食和军需。[73]

宣祖继续逃往明朝边境，沿途竭力征召军队抵御日军，掩护逃亡。不过，他往往没能达到目的。有史料记载，当朝廷决定放弃平壤时，山路上挤满了逃难的男女老少。朝中大臣坦率怀疑祖宗和民众是否会饶恕他们的怯懦。宣祖一行抵达安州，前来迎接的只有寥寥几名官员，其余人都躲入山中。宣祖命令世子承担国王的所有职责。小西行长和黑田长政闻讯而至，继续追击宣祖。后来，朝鲜军在战斗中击伤了黑田长政，多少迟滞了日军北上的势头。[74]

此时，北方各道暴动四起，民众劫掠府库，屠杀牲畜，逃入山林。由于北上道路几乎无兵守卫，日军可以轻易攻陷西北各道的其他城市。朝鲜人发动的零星袭扰使得日军十分头疼，却并未造成严重伤亡。宣祖再次提出希望内附，又被柳成龙劝阻。随从大臣也鼓励宣祖，指出平壤军民比王京军民更精强，必定能够坚持到明军抵达。不过，由于各道音讯断绝，众官仍然惶恐不安。[75]

等到了义州，走投无路的宣祖痛哭失声，向西稽首，作了一首诗："国事苍黄日，谁能李郭忠？"柳成龙正确地看出，此时朝鲜的上策是充分利用日军的惊人成功。日军全然不曾料到可以这么快穿越半岛，战线过度拉伸。柳成龙认识到了这一点，力主从海、陆两个方向大肆袭扰日军补给沿线，减轻在义州的宣祖的压力。同时，李德馨被火速派往明朝，报告战况，催派援兵。虽然日军此时在朝鲜如日中天，他们和朝鲜人同样清楚，自己的处境不利。日军诸将相信，明朝必定会出兵。此外，尽管秀吉表面上轻视明朝，其实日本人似乎清楚明军的真正实力。如果日军诸将得悉明军正在忙于镇压宁夏叛乱，或许会催促秀吉尽快进军中国。[76]可惜，他们只打算巩固巨大的既得利益，坐等明军抵达。

还有一件事超出日军的预计：李舜臣指挥的朝鲜水军战力惊人。

李舜臣是朝鲜历史上最伟大的人物之一，堪比同时代英国的德雷克爵士（Sir Francis Drake）。他被塑造成一个战无不胜的英雄，还在娘胎里的时候就注定要一鸣惊人。据说，李舜臣儿时就喜欢玩打仗的游戏。李舜臣文才非凡，本可成为大儒，却倾心刀剑而非笔墨。他忠孝义勇，被认为无可挑剔。不过，并非全部重要史料都将李舜臣刻画成圣人。后世的朝鲜作者则倾向于认为，不那么光彩的李舜臣形象源于党争，这样的史观同样带有偏见。[77]

5 月 25 日，李舜臣接到了元均、朴泓各自发来的报告：日军已在釜山登陆。李舜臣当即给宣祖送去了急报，并简述了自己的作战计划，无非是下令所有沿海水军戒备，招募更多士兵。得知日军“连陷巨镇，又犯内地”，李舜臣写道：“极为痛惋，愤胆如裂，罔有所言。为臣子者莫不欲殚竭心力，拟雪国家之耻。”[78]

由于没有收到朝廷的进攻命令，李舜臣先留在原地待命。李舜臣建议：“贼船前后之数，多至五百余只，在我威武，不可不严备。扬示掩击之状，使贼震怖。”[79] 李舜臣感到，麾下水军分布太散，实力弱小，下令各地将领率船来水军基地集结，此地位于全罗道和庆尚道之间的要害地区。不久，李舜臣接到了元均的报告，称他的基地已经沦陷，无力抵抗日军。李舜臣向南海求援，但该城也已沦陷，李舜臣的部下报告：

> 南海县城中，公廨闾舍，举皆一空，烟火萧然。仓门已开，谷物颓散。武库兵器，亦尽虚竭。军器外廊，只有一人，问其所由，则贼势已迫，一城士卒，闻声逃溃。县令佥使又从以奔出，莫知所向。

又有一人，负米石持长箭，由南门走，出箭一部许给云云。[80]

李舜臣痛斥步军将领怯懦，下令烧毁所有遗弃的仓库，以防资敌。李舜臣还下令严肃军纪，处决逃兵。最终，6月9日，李舜臣和元均率领85艘战船出击，寻求与日本水军会战。李舜臣沿途收集各地的散兵、船只，联合舰队在6月16日拂晓启航，在东南沿海列岛的玉浦（距安骨浦不远），遭遇了藤堂高虎指挥的日本水军。朝鲜水军大获全胜。李舜臣报告，日军“以其舟中所载之物，投水不暇。逢箭者不知其数，游泳者亦不知其几，一时溃散，攀上岩崖，犹恐居后”。李舜臣的舰队击沉了26艘日本船。此后，“一海大洋，烟焰涨天。登山贼徒，窜伏林薮”。[81]

接下来数日，李舜臣和诸将继续追击日军，又击沉了数十艘船，迫使幸存的日军弃船逃往陆上。李舜臣看到沿途的难民，十分不忍，下令广发救济。不少难民还提供了日军阵地的宝贵情报。李舜臣和元均此时得知，宣祖正向西北逃离，此举动让李舜臣既悲又愤。李舜臣在向朝廷提交的报告中罗列了从日军船只上虏获的战利品，包括粮食、弓箭、袍服、红黑甲胄、铁兜、马鬃、金冠、金色羊毛、羽织、鸡毛掸、螺号、各色珍奇饰物、撞锤、铁索、铁炮。[82] 他将一些物品和几只斩获的日军耳朵转呈宫廷。

李舜臣随后返回基地，令部下略事休整。7月8日，他再次出海与日军交战，在泗川附近与敌遭遇。李舜臣发现，岸边停泊着11艘关船，在俯瞰港口的峭壁上，数百日军以长蛇结阵。时值退潮，李舜臣判断己方船只无法靠近炮轰，决定佯装撤退，将倭人诱出港口。元均希望在敌军出击时即刻交战，李舜臣劝阻了他，下令等待时机成熟。李舜臣描述："余督令诸将，一时驰突，射矢如雨，放各样铳筒，乱如风雷。贼徒畏退，逢箭者不知几百数，多斩倭头。"李舜臣在战斗中肩膀受伤，据说弹丸入肉两英寸。他神色自若，继续指挥战斗直至最后胜利。战斗结束后，他把弹丸剜出，若无其事。[83]

紧接着，李舜臣率领舰队转向东南，驶往唐浦，与得居通幸（来岛通幸）* 麾下的日本水军交战。日军阵中有一艘华丽的旗舰，得居通幸端坐其上，成了醒目的靶子。日军战船集中停泊在小港口和众多小岛之中。随后的战斗尤为惊心动魄，这是朝鲜人首次投入著名的龟船进攻日军。[84] 李舜臣这样描述龟船作战的情形：

> 臣尝虑岛夷之变，别制龟船，前设龙头，口放大炮，背植铁尖，内能窥外，外不能窥内，虽贼船数百之中，可以突入放炮。今行以为突击将所骑，而先令龟船突进其贼船，先放天、地、玄、黄各样铳筒，则山上岸下，守船三屯之倭亦放铁丸，乱发如雨。间或我国人相杂发射。臣益增愤励，促橹先登，直捣其船，则诸将一时云集，铁丸、长片箭、皮翎箭、火箭、天地字铳筒等，发如风雨，各尽其力，声振天地。重伤颠仆者，扶曳奔走者，不知其数。仍以退屯高陵、无敢进战之意。[85]

---

* 此处人名英文原文为 Kurushima Michiyuki，直译为来岛通幸，因养家为得居氏，后世多称其为得居通幸。他出身来岛村上氏，兄长来岛通总在父亲村上通康死后继承家督之位，来岛为后来丰臣秀吉赐姓，但未赐给得居通幸。

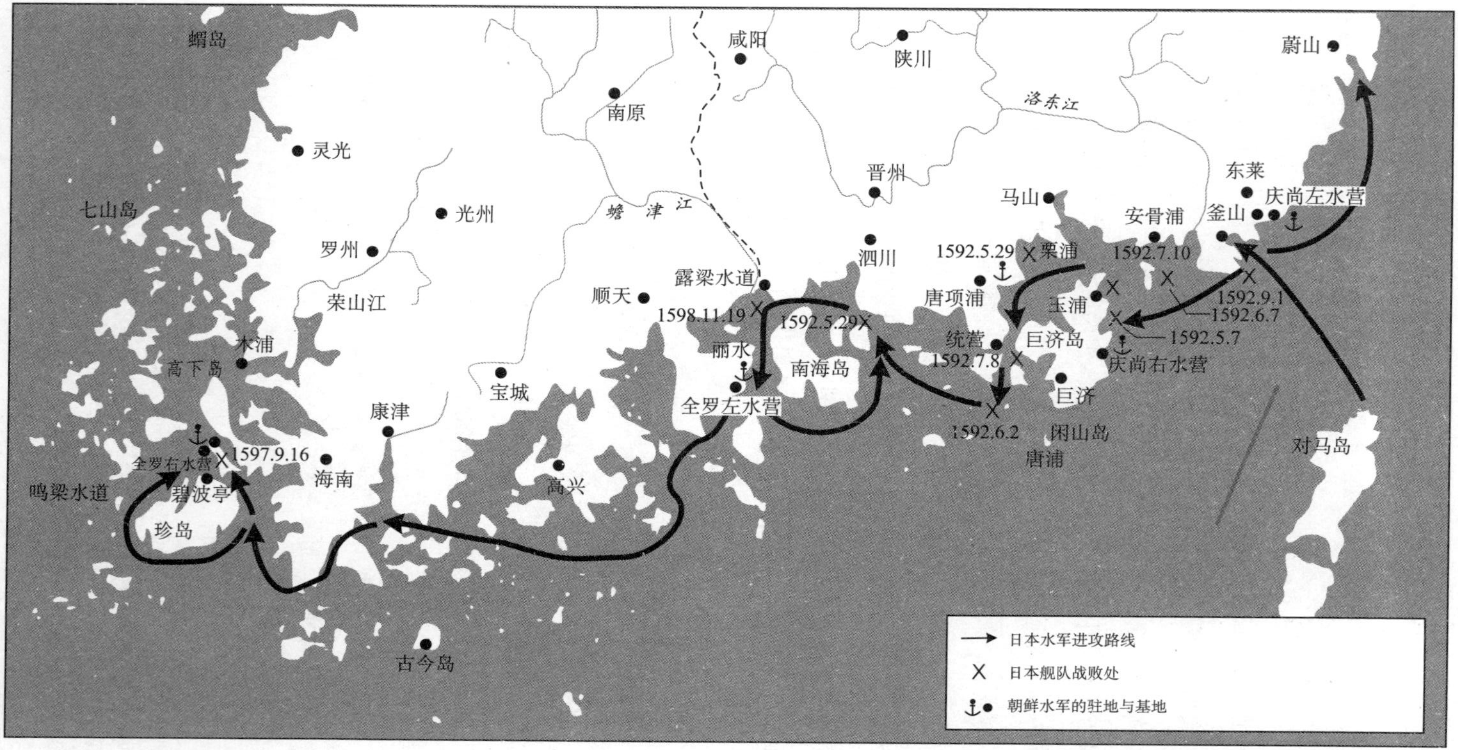

1592—1598 年的海战形势图

李舜臣本想上岸追击，但担心寡不敌众，他不希望在海上取得大捷却在幽暗的山林中惨败。李舜臣此战又受了轻伤。得居通幸战死，究竟是被朝鲜军斩杀，抑或切腹自杀，史料记载不一。次日，朝鲜水军又在附近的码头击沉了约 21 艘倭船，龟船居功至伟。朝鲜水军继续前往唐项浦，在此遭遇了大小倭船 26 艘。李舜臣吸取了连日战斗的教训，不打算给敌人上岸逃生之机。因此，刚一交锋，他又佯装后退，将日军诱入海湾，然后围歼之。敌船除一艘外全被击沉，不少日军士兵来不及逃往岸上就被杀死。少数日军士兵爬上剩下的那艘船，第二天企图逃走，仍然被朝鲜军击沉。李舜臣报告，这艘倭船的指挥官身中十箭才倒地身亡。朝鲜军从日军遗物中捞出了军籍、甲胄、长枪、刀、弓、枪管、虎皮和马鞍。[86]

朝鲜水军赢得上述战斗，多亏了龟船的强大火力和机动性。虽然存在争议，但多数现代研究者估计，龟船长约 35 米，宽 9 米，船底到甲板高约 2.5 米。两侧舷墙都开有铳穴。龙头长约 1.5 米，宽约 1 米，填满了硫磺、硝石等物，混合后可产生烟幕。龟船共有 24 舱，5 个用于储备火炮、弓矢、枪剑和工具，余下则是军兵休息之所。两侧各有 10 面橹，可装备 40 多门火炮、一到二门重炮、火矢，以及用于抛掷的炸弹和燃烧物。[87]

不过，不仅龟船的作战性能优于倭船。倭船的横帆远不如明船和朝鲜船的前后帆，机动性也就相差甚远。朝鲜海防的多样性和复杂性至少在理论上证明了朝鲜人素来重视以海上交通为生计。这也反映了朝鲜和明朝之间长期的和平关系。明朝对朝鲜并不构成严重的军事威胁，朝鲜完全不必维持庞大的军队。结果，朝鲜保留的陆

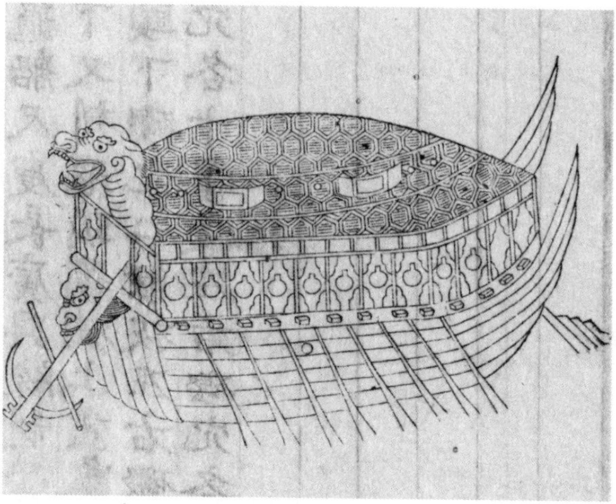

李舜臣统率的龟船（引自《李忠武公全书》）

军只够应付来自满洲女真部落的次要威胁。

久野义三郎如是评论日军："他们在陆上勇如猛虎，但在海上与朝鲜水军作战，无异于猛虎同鲨鱼在水中相斗。"[88] 入侵如要成功，秀吉就必须确保海路畅通，运输补给和兵员。日本水军将领九鬼嘉隆、加藤嘉明、胁坂安治赶赴釜山，企图歼灭朝鲜水军。日军先在朝鲜南部和东南沿海水域进行小规模试探。随后，水军主力驶入见乃梁的狭窄海峡，企图奇袭朝鲜水军。他们并不知道，李舜臣的船队已在唐浦停泊，就在地峡另一侧。一名牧人报告了日本水军停泊的情况。翌日清晨，1592 年 8 月 14 日，朝鲜水军打响了一场决定性会战。

既然了解日本水军此前的遭遇，胁坂安治等人为何在闲山岛海战中重蹈覆辙，令人疑惑。原因或许有两个：毫无海战经验，缺乏统一指挥。李舜臣记载，朝鲜水军发现，约 82 艘倭船在见乃梁中排成一线，但是，见乃梁狭隘，朝鲜船难以靠近战斗。李舜臣再次采取佯装撤退之计，将敌人诱入开阔的外洋。不过，这一次，李舜臣令战船排成著名的“鹤翼阵”，朝鲜水军以此阵转身包抄前来追击的日军主力并歼灭大部。战果的准确数字因不同记载而有分歧，李舜臣报告，日本水师仅有 14 艘脱逃。400 余名日军士兵逃入岸上山林，疲惫的朝鲜军决定不再追击。闲山岛海战被朴允熙称为“朝鲜的萨拉米斯海战”，是有利于朝鲜争夺制海权和振奋士气的关键战役。闲山岛大捷之后，李舜臣又在安骨浦与另一支 42 艘船组成的日本水军交战。这一次，日军没有被引诱出击，李舜臣只好将麾下战船分成小股突击队进攻敌人。最终，日军几乎损失了全部船只，伤亡惨重；朝鲜军一船未失，但伤亡了百余名士兵。朝鲜军还斩获了 250 多个首级，缴获了许多武器和粮食。[89]

由于连战连捷，李舜臣决定直接进攻釜山的日军大本营。同时，日本水军也获得了许多增援，但行动仅限于渡海运送补给，或对孤立的朝鲜村庄发动夜袭，避免与朝鲜水军直接交战。李舜臣暂时退回丽水大营，继续加强操练水军。9 月 29 日，朝鲜水军启航前往釜山，总兵力约有 166 艘战船。元均率领另一支舰队，同李舜臣的舰队在海上会合。他们很快就知悉，有近 500 艘倭船停泊釜山浦。朝鲜水军击毁了 4 艘先锋倭船，然后冲入港口，开炮轰击。日军拼死反击，从周围山麓上向朝鲜水军施放弓箭、铁炮和火炮。百余艘倭船被击沉，日本士兵死伤无数。李舜臣报告，麾下忙于击沉倭船，来不及斩首。李舜臣再次决定不上岸追击逃亡的日军，因为朝鲜军缺少马

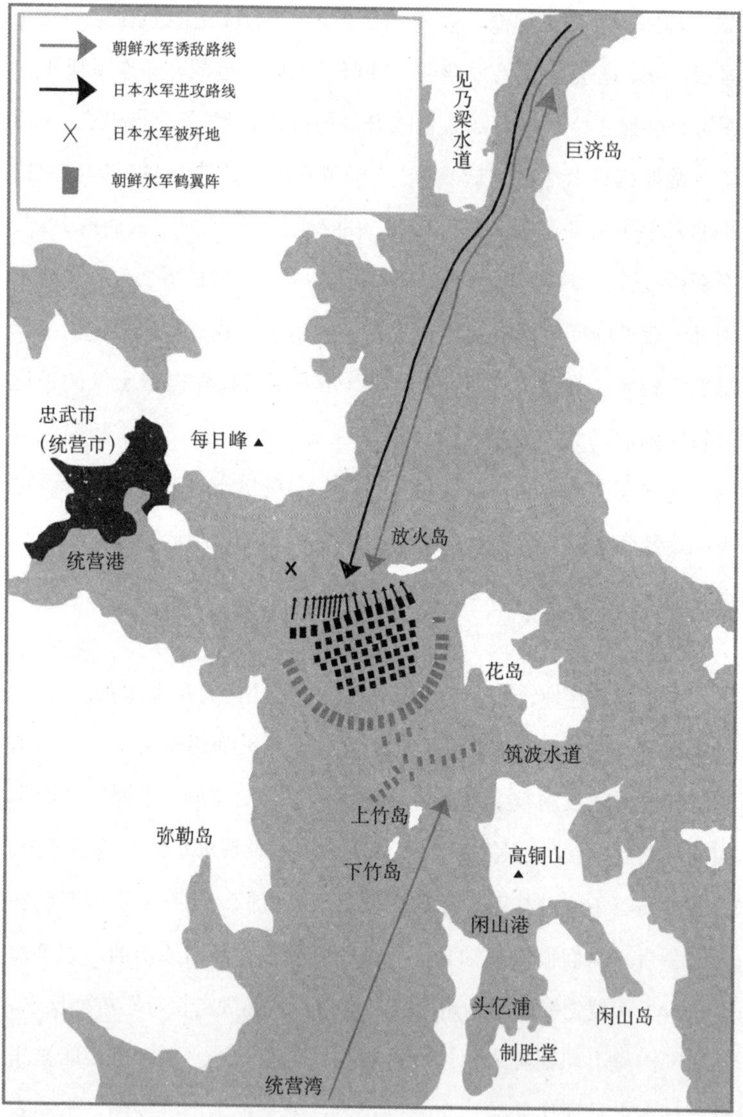

闲山岛海战（1592 年 8 月 4 日）

匹，而且釜山的倭城（他形容如蜂巢）十分坚固。李舜臣察觉许多倭船似乎正在向南逃去。他本想全歼残敌，后来又放弃了，担心日军困兽犹斗，给当地百姓造成更多破坏。李舜臣决心等待陆军发动大规模攻势驱逐敌人。[90]

10 月 6 日，李舜臣返回水军营地，整个冬天忙于各类支援任务。他的奏稿提到了宣祖在义州的流亡宫廷，因为他将武器、纸张、粮食和其他物资送往该处，当然还有最新的战报。这些物资经由陆海两路运输，这表明李舜臣的海战确实非常有助于维持朝鲜的海上补给线，同时切断日军的海上补给。李舜臣还寻求僧兵的支援，委派他们驻守当地要塞，并在陆地上同日军作战。[91]

返回平壤后，小西行长通知诸将，他已准备渡过鸭绿江。小西还给宣祖写信说："未知大王龙驭，自此何之？"然而，此时宣祖已获悉，日军的破竹之势令明朝大为震撼，明朝准备出兵讨伐。当然，这支明军不仅是为了保护藩属，也是为了保卫本国边疆。当时宋应昌就敏锐地指出："朝鲜固，则东保蓟、辽，京师巩于泰山矣。"[92] 然而，一些现代学者倾向低估朝贡关系的重要性和明朝对朝鲜的责任感，这是不对的。明朝的势力范围不仅包括朝鲜，还包括琉球和南海诸国，明朝官员对于日本没有认清这一点而倍感恼火。

朝鲜起初请求明朝发兵 100000。尽管明白朝鲜的战略意义很重要，必保朝鲜，但明朝当时来不及调遣如此规模的大军。明朝大多数精锐的军队和将领仍在宁夏同哱拜作战。其次，尽管日军的入侵迄今大获成功，尽管本世纪初倭寇大肆劫掠明朝海岸，明朝对日本的军事实力仍然不屑一顾。明朝判断，将倭贼赶出朝鲜，用不着十万军队。于是，明朝决定先派辽东副总兵祖承训和游击将军史儒仅率领 3000 人前往查探平壤周边情况，如有机会便将侵略者赶出平壤。祖承训是一位经验丰富的将领，在北边同女真、蒙古作战，声威颇著。[93] 他完全瞧不起日本人，认为仅凭麾下这支军队足以夺回平壤。

明朝采取的第一波反击措施，是送去 20000 两白银支付军饷和装备。同时，命骆尚志率南军 3000 把守鸭绿江，查大受率兵 3000 负责巡防。明朝给宣祖送去了冠服，或为了让他在流亡期间保持一国之君的体面。更重要的是，明朝还给朝鲜流亡宫廷送去了火铳等武器。随后，李德馨求见郝杰，恳求援助，直到郝杰允诺发兵 5000 援助朝鲜，他才离去。[94]

1592 年 7 月 23 日，史儒率领明军 1029 人、战马 1093 匹进入朝鲜，这是祖承训麾下的先锋。此后，祖承训率领明军 1319 人、战马 1529 匹抵达，他与柳成龙商议，柳成龙保证，义州地区可供给大军万人一月粮草。祖承训安慰柳成龙："上国与尔邦，唇齿之国，有急当相救。"尽管朝鲜人对明朝援兵的规模感到失望，明朝官兵的出现还是令他们备受鼓舞。祖承训预计可一战歼灭倭人，吹嘘百万倭人也难敌天兵。柳成龙提议派一名朝鲜将领带路前往平壤。他希望明军能同平壤周边的勤王军会合，攻占平壤后夺取城内的粮草和装备，便于联军发动反攻。有人提醒，日军装备了大量铁炮，祖承训依然毫不在意。开战前夕，祖承训举杯大呼："必天使我成大功也！"[95] 史儒、郭梦征率军 1000 人前出侦察。他们一无所获，坐等祖承训的主力抵达。

祖承训向上天献祭，坚信会在平壤遇到日军将领。8 月 22 日，他兵分三路，向平壤进发。明军不明地形，仍自信前进。祖承训和史儒发现，平壤城门洞开。尽管黎明时分阴雨笼罩，明军还是奋力冲入七星门，却陷入了部署在城楼和高塔上的日军铁炮足轻的交叉火力，他们“如鬼魅”般现身。史儒为首的前锋 300 人作战英勇，但寡不敌众。更糟糕的是，当日大雨，明军战马无法在狭隘泥泞的城内疾驰。明军突击队及其战马遭到弹丸和箭矢的迎头痛击。有史料记载，3000 明军仅有数十人幸存。史儒死于松浦党之手，祖承训竭力逃生，日军追奔 10 里（近 4 英里）。[96]

回到义州，祖承训宣称他杀死了众多倭人，只是战局不利。他退兵辽东，等待更多增援，同时向朝廷报告败讯。也有朝鲜人指出，祖承训一战胆破，不愿再同日军作战。双方互相指责，朝鲜人责备明军掉以轻心，计划不周，明人指责朝鲜人懦弱。祖承训辩解，天雨阴霾，严重妨碍了他指挥战斗。至于泥泞和雨水，朝鲜一方的见证者指出，部分明军战马在城内街道中深陷泥泞。祖承训保证，一旦增援抵达，定会再次发起进攻，特别是即将到来的南兵，装备了火铳，且经过戚继光式的训练，擅长与倭人作战。他还安慰朝鲜人说，6000 名装备火铳的南兵已经在路上。[97] 令人疑惑的是，平壤之战也让日军颇受震动，因为他们正确地估计此战不过是明军的初次试探。平壤遭袭后，日军几乎再未去周边烧杀抢劫，但仍然继续蹂躏其他地区。

万历帝和朝中大臣对祖承训战败感到震惊。不过，朝中仍有主和派援引 200 多年前明军干涉安南失败的先例，反对出兵。其他人则反驳说，今非昔比：朝鲜十分顺服，朝鲜半岛距离也极近，从鸭绿江到朝鲜王京不过1200里（413英里）。大军可以从陆、海两线获得补给和增援，粮草只需三四日即可运抵前线。万历帝支持主战派，表示对朝鲜处境感到愤慨，决定尽快发兵，鼓励宣祖坚持抗战，切勿轻弃社稷。自诩“受天明命，君主华夷”，万历帝许诺，大明将动员暹罗、吕宋和琉球等朝贡国来援助朝鲜。他们共要发兵十万，上述军队与明军会合后，将“如举泰山压鸡卵”，击溃倭人。[98]

万历帝决定发兵援朝，既是履行大明和朝鲜（也包括日本）关系中的宗主义务，也是在宣示明朝在亚洲的军事和政治霸权。事实上，面对朝中党争，万历帝“先发制人”，“迅速采取行动维护权威和法度”。万历帝许诺从远方的暹罗等国调兵，后来却并未批准属国的援助，其实，不妨将这一举动视为针对丰臣秀吉吹嘘已迫使东亚诸国臣服的直接驳斥。[99]万历帝的援朝诏敕清楚说明了这一点：

> 尔国世守东藩，素效恭顺，衣冠文物，素称乐土。近闻倭奴猖獗，大肆侵凌，攻陷王城，掠占平壤，生民涂炭，远近骚然，国王西避海滨，奔越草莽。念兹沦荡，朕心恻然。昨传告急声息，已敕边臣发兵救援。今特差行人司行人薛藩，特谕尔国王：当念尔祖宗世传基业，何忍一朝轻弃？亟宜雪耻除凶，力图匡复。更当传谕该国文武臣民，各坚报主之心，大奋复仇之义。朕今专遣文武大臣二员，统率辽阳各镇精兵十万，往助讨贼，与该国兵马前后夹攻，务期剿灭凶残，俾无遗类。朕主天明命，君主华夷。方今万国咸宁，四溟安静，蠢兹小丑，辄敢横行。复敕东南边海

诸镇，并宣谕琉球、暹罗等国集兵数十万，同往日本，直捣巢穴，务令鲸鲵授首，海波晏然。……夫恢复先世土宇，是为大孝，急救君父患难，是为至忠。该国君臣，素知礼义，必能仰体朕心，光复旧物，俾国王还都，仍保宗庙社稷，长守藩屏，庶慰朕恤远字小之意。[100]

这段话无比清楚地表达了大明对日本侵略及其影响的看法。同时，这段话还深刻揭示了万历帝的心态和主见。宣祖从明朝收到的其他文牒还显示，万历帝经常提到党争、皇室腐败和懒惰等弊病会削弱朝鲜，其实这些正是万历帝本人在国内常被指责的缺点。不过，万历帝在朝鲜很容易被视为救星，他或许很中意这个形象。申炅记载，宣祖集众臣于河岸，宣读完万历帝的诏敕，众人皆喜极而泣。[101]

当然，这不是说明朝发兵纯出于无私。明朝也在乎本国的沿海安全和完善本土的防御。御史彭好古主张，上策是在朝鲜进攻倭人，中策是在沿海与之作战，坐待其进入中国乃是无策。有些官员回忆起16世纪五六十年代的倭寇袭扰，警告必须不惜代价保卫东南沿海。还有人建议从海路封锁倭人，倭寇猖獗之际就有将领提出过类似建议。其他人则赞成陆上作战，甚至建议武装沿海岛屿的农民作为第一道防线。究竟是否该依靠本地军队或从其他地方募兵，明朝官员也意见不一，必须反复衡量成本和效率。[102]

撇开在何处同倭人作战这一战略问题，明朝官员确实商议或制定了具体的海防措施。沿海每隔3里（1英里）就要建立一座墩台，防备入侵，每座墩台配备一层望楼和兵丁20人。各县招募10名志愿者巡逻海岸，沿海每隔一里设大炮两门，炮手一队负责看守和操作，每 50 丁中抽调 6 丁。其余人则分别负责维护设备、烽燧等。一旦发现敌人就点燃烽火。此外，还要修整石工，以便更有效地利用火炮进行防御，因为大多数墩台是木结构，兵部官员认为，这些花费可以由地方负担。分发和操练火铳也被认为至关重要。理论上，半数明军部队配备了火器。官员还指出，倭人很难在中国崎岖的海岸登陆，而明军的优良火炮，如大将军炮、虎蹲炮或子母炮，在这样的条件下便可大展神威，只要抓紧生产就可顺利部署。最后这一点尤其关键，因为许多官员承认倭人剑术高超，质疑地方团练能否在近战肉搏中取胜。[103]

天津是京师近旁的港口城市，也是明朝北部海防的枢纽。共有 18000 明军驻防这一地区的要地，拱卫京师，另有 3000 余人作为机动预备队。供养这些募兵虽然相当昂贵，但南兵被认为更擅长对付倭人，颇受青睐。辽海道守杨镐要求追加钱粮和马匹，以维持补给，按时发饷。[104]

明朝官僚制度设计缜密，要求按照规定标准和指定材料兴造一切物品。例如，榆木、柳木和槐木指定用于建造兵车，连板材的宽度也有规定。这种兵车还要用铁加固。竹矛和硬铁木棍要从南方运往北方。明朝公文甚至详细收录了火药的最佳配方。[105]

明朝还有些官员怀疑朝鲜与日本暗中勾结，宣祖抗议："若为向导，则三都岂陷于贼手耶？"石星打算亲赴前线统军，万历帝没有批准，而是在 10 月任命宋应昌总督蓟、辽、保定军务，准备大肆讨伐倭人。万历帝还拨白银万两悬赏丰臣秀吉的首级，景辙玄苏的悬赏则少一些，斩获倭将首级者赏世袭勋爵。[106]

宋应昌当即偕吴惟忠及南军 3000、辽军 10000 赶赴辽东。另从其他北边重镇调遣 26000 明军前来，更偏远的省份也要调兵。很快，明朝将派出两支精锐之师，携带武器和粮草，不过，明朝希望朝鲜协助提供补给，尤其是粮草。万历帝按一贯作风，授予宋应昌以便宜行事之权。[107]

宋应昌履职十分认真，下令大军立即开始打造兵车 360 辆。他估计需要各型火炮 72000 门，弓弩 27000 把，各式盾牌数千，箭矢和弩箭数百万，火药和弹丸多多益善。不久，宋应昌又请求拨银 20 万两购买战马，向天津、永平、辽东等地的作坊下达订单，增造运输车、大型车载火炮、小型火炮、可靠的野战兵刃、弩、毛毡、布罩、弩箭、弹丸以及其他军需品。一旦发现兵员和物资没有及时到达，他就催促石星。[108]

明军对后勤的重视，明朝和朝鲜官僚机构计算运输时间和损耗的精明程度，令人咋舌。[109] 宋应昌的奏议包括运输路线的规划、成本估算、对各地贫富程度及筹运物资能力的看法。他也强调地方利益。例如，宋应昌向登州东北地区征调补给，就强调战局的紧张、国家利益的需要，以及该地离朝鲜较近等理由。[110] 明代审计制度的分权特点，意味着有多个机构负责为军事行动采办补给和装备。军饷也由户部和兵部共同负责。

宋应昌不断得到有关兵员和物资的许诺，却不能够立刻兑现。宋应昌自己也难辞其咎，因为他强调放缓军队的行进速度，以免抵达前线时疲惫不堪。明朝发布了大量命令，从各地调集军队并安排

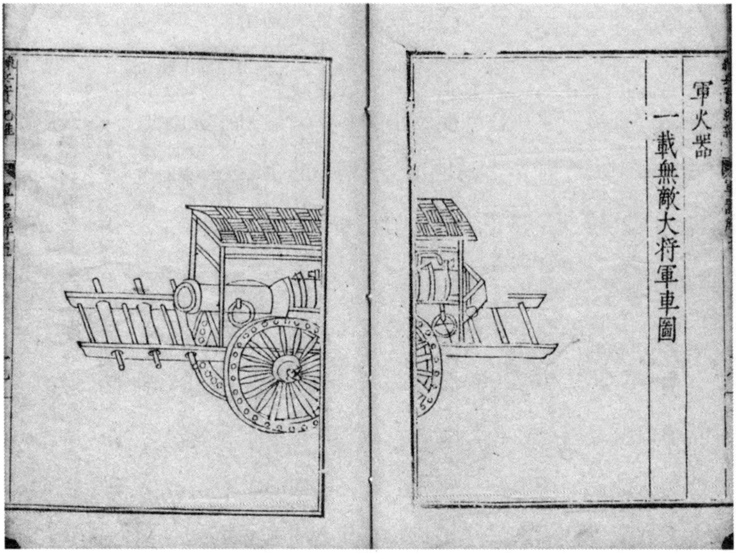

车载无敌大将军炮（引自《练兵纪实》）

驻扎地点，还指定部分军队进驻特定地方，接受火铳战术或沿海战斗等方面的专业训练。明朝还尽力将最优秀的将领派往战区，以便他们尽快操练军队。宋应昌不断催促同僚加快备战，应对接下来的冬季攻势，希望总兵力至少达到 50000 人。[111]

尽管宋应昌付出了相当的努力，却仍然遭到了急不可耐的同僚的指责。由于御史郭实的弹劾，宋应昌请求辞任。万历帝驳回了他的请求，并训斥了这两名官员：

应昌特遣经略，止为郭实一言，畏避不去，沿海边务责成何人？浮言重于朝命，国纪谓何？倭报已急，着即启行。九卿科道官依违观望，不必会议。郭实逞私阻挠，降极边杂职用，再有渎扰并究。[112]

不过，宋应昌的任命还不是明朝当时做出的最重大决策。在石星的请求下，1592 年农历九月，一位籍籍无名的商人沈惟敬（活跃于 1540—1597 年）奉命前往日本。沈惟敬是浙江人，据说老家恰好与石星小妾之父相邻。明朝征募才干之士平倭，沈惟敬致书石星，毛遂自荐。石星举荐了沈惟敬，给了他一个游击将军的虚衔。沈惟敬据说能够说流利的日语，还在 16 世纪 60 年代同倭寇作战。他年少从戎，还有史料记载，他曾在京营服役，精通火器。这一爱好让他结识了石星的岳父，后者也对火铳感兴趣。据说，沈惟敬已年逾七十，但仪表堂堂，口齿伶俐，也有许多人认为他为人奸猾，不值得信任。获得任命后，沈惟敬索要额外的资金，以便购买蟒袍赠送日本使节。[113] 石星还派给了他几名随从，以壮行色。

在与日本人会面前，沈惟敬前往义州同宣祖商议。到了义州，沈惟敬安慰朝鲜君臣，皇上已发 700000 兵马来援救藩邦。宣祖请求立即发兵 6000 至 7000 人。沈惟敬回答，他必须先见小西行长，还说："尔国以礼义之邦，不知兵法，故如是强请也。凡用兵之道，不可轻易。且辽兵自经战后，其弓箭遗失颇多，今方改造矣。"宣祖说，倭人若得知明军到来，必不敢冒险出平壤城。沈惟敬安慰说，已有 3000 南兵越过山海关，距朝鲜不过 70 里（24 英里）；他又说，解救朝鲜之前，大明绝不会安寝。接着，沈惟敬就开始同宣祖饮茶对弈。[114]

据说，初次会晤时，沈惟敬骑马直奔平壤，他的大胆和傲慢给日本人留下了深刻印象。沈惟敬对小西行长宣称，明朝已经发兵百万压境。小西回答 :“本国久绝于天朝，欲假道朝鲜以求封贡，伊反集兵拒我，致有今日。”景辙玄苏坚持认为，通商是日本的主要目的——明朝和日本之间没有理由敌对。沈惟敬不为所动，要求日本撤军，等候天朝的命令，因为朝鲜是天朝地方。小西拿出地图 :“此明是朝鲜地。”沈惟敬回答 :“常时迎诏于此，故有许多宫室。虽是朝鲜地，乃上国界，不可留此。”[115]

小西行长执意认为，日本只希望与明朝重修旧好，却误用了“和亲”一词，这意味着秀吉和万历帝之间的联姻关系。他还重申，日本不想放弃目前占据的朝鲜领土，提议两国分割朝鲜。据称，沈惟敬回答 :“天朝以百万众来压境上，你等命在朝夕！”[116]

尽管沈惟敬言辞犀利，双方还是进行了简短的谈判和交换礼物，最后达成了为期 50 日的休战协议，日军不得出平壤城 10 里（约 3.5 英里）外，朝鲜军也不得入平壤 10 里内。沈惟敬报告，如允倭人通贡，将归还占据的朝鲜领土。这并非事实。小西行长提出，以大同江为界，分割朝鲜，江北属明朝，余下的分给日本，也就是日军当时占领的朝鲜领土。沈惟敬还派一名叫沈嘉旺的家人前往日军大营，明里是协助议和，实际是暗中监视。史料记载，沈嘉旺在日军大营颇受礼遇，常与日军诸将一起饮酒作乐。然而，到了 50 日后，也就是 1592 年 11 月 23 日，明朝一方毫无动静，小西行长才觉得不对劲，命令部下加强平壤的防御，防备突袭。[117]

由于朝鲜水军在南方大获全胜，日军在陆上的处境日益艰难，尤其是偏在东北的咸镜道。加藤清正在攻陷王京后就奉命征服该道。

7月，他率领锅岛直茂、相良赖房从开城出发，并带了几名朝鲜向导。[118] 加藤事先得知，该地的气候颇为恶劣，守卫本道的朝鲜将领还指挥着一支装备精良的军队。一开始，日军没有遇到什么抵抗，直到抵达海汀仓，这是一个重要的粮仓。

海汀仓由率领关北六镇兵的北道兵使韩克諴守卫。他召集了一支由经验丰富的老兵组成的军队来抵御入侵。双方交战后，朝鲜军最初占了上风，朝鲜骑兵将日军逐入仓内。韩克諴的部下请求连夜后撤，但韩克諴决心继续进攻。加藤军搬出仓内粮袋，堆成路障，躲避矢石。通向粮仓的道路狭窄，朝鲜军不得不以密集阵型突击，结果遭到日军铁炮的痛击。日军300人冲出粮仓，将朝鲜军逼迫到附近的山丘上，韩克諴计划次日清晨从山上发动进攻。[119]

拂晓时分，雾笼山区。加藤清正率部冲出仓库，发起大胆突袭，朝鲜军全然措手不及。加藤清正有意在包围圈上留下一个缺口，随着战局不利，朝鲜军自然会向此处聚拢。然而，缺口外是一片沼泽，日军大肆屠杀陷入沼泽的敌人，唯有韩克諴逃向北方。不久，8月28日，加藤清正抵达会宁，临海君、顺和君一直在此地努力集结民众。可惜，会宁之前是朝鲜宫廷流放政敌的地方，当地人不愿协助王子。朝鲜叛民向加藤透露了临海君、顺和君的所在，日军轻易就抓住了他们。除了两位王子，日军还俘虏了一些高官和宫女。韩克諴也被抓住送给日军。这些人都将成为战争后期议和的筹码。事实上，加藤一抓到王子，就给小西行长送信，让他转告宣祖，不过，这个消息只会坚定宣祖抵抗的意志。秀吉当然也收到了报告，连同日军占领的端川矿山出产的30块银锭。[120]

加藤清正看到自己离边境很近，决心试探一下令人生畏的女真部的虚实。农历八月初，他在本地向导的指引下，率日军 8500 人，渡过图们江进入满洲地区。在一次遭遇战中，女真人由于大雨而撤退，记录加藤朝鲜战功的史家宣称，此乃日本是神国的证明。据称，加藤军团作战英勇，打赢了几次小规模战斗，但加藤清正感到寡不敌众，决定退回朝鲜。他甚至下令不许带回首级，或是因为日军撤回咸镜道时受到了袭扰。尽管如此，加藤还是宣称自己斩杀了 8000 多女真人。[121]

此后，加藤清正试图稳定咸镜道的秩序，征收赋税来供养他的军队，此时，他又接到了秀吉的命令，让他进攻明国。加藤打算与小西行长会合，但西北的平安道尚未平定。此外，日军也没有完全控制通往朝鲜西部的道路，单独一支军团非常容易遭到伏击。因此，加藤清正决定亲自携带两位王子渡海回国，同时留下 20000 名士兵守卫咸镜道。他把明川委托给朝鲜叛民统治，然后向南前进，与日本诸将会合。这个决策并不理想，咸镜道各地的朝鲜官民纷纷掀起激烈的抵抗运动。农历十一月，郑文孚召集 7000 义兵，袭击了镜城的 1500 名日本守军，又成功包围了海汀仓。各地义兵蜂起，多数遭到镇压，却给日军造成了很大的困难。加藤清正被迫耗费更多精力来巩固防御，从各地征用更多物资，通过在当地征税来供养军队已经办不到了。[122] 到 1593 年初，郑文孚麾下义兵已成功将日军赶出了海汀仓和镜城。

再说南方的战事。1592 年 9 月上旬的清州之战，是标志着僧兵发挥重要作用的首批交战之一，灵圭率领的僧兵与赵宪、金千镒、高敬命率领的义兵会合。9 月 5 日，赵宪和灵圭的部队 3000 余人包围了清州城。僧兵进攻北门和东门，义兵进攻西门。最初，朝鲜军屡攻不果，入夜后，他们在清州周围的山林中点燃火炬，造成人数众多的错觉。日军深信城池难守，于是撤退了。这样的胜利令吴希文大呼："闻忠清僧兵，不畏其死，直入不退，故到处多捷云。若以此僧为先锋，则庶可成功矣。"[123]

8 月中旬王京附近的熊峙之战，又是日本铁炮与朝鲜弓箭的较量。朝鲜将领李福男在一座山的顶上竖立木栅，以弓兵守之。一番激战后，日军冲入隘口。但是，朝鲜军在周围山上竖立了旗帜，让日军误以为朝鲜军的增援即将到达。担心腹背受敌，日军向锦山方向溃退。接着权栗 8 月又在梨峙伏击了日军，南方的其他朝鲜将领也继续给日军施加压力，迫使日军进一步后撤，同时巩固了数个战略要点。梨峙之战也造成日军半岛两侧海岸之间的补给线一度中断。此战还表明，尽管朝鲜军初战不利，朝鲜将领仍有再战的勇气。[124]

清州大捷后，赵宪信心大增。他不顾友军的劝阻，决定只率 700 义兵前往锦山，进攻小早川隆景麾下约 10000 日军，这支日军还得到了梨峙败军的补充。事实上，高敬命和他的儿子都在上月对锦山发动的袭击中兵败丧生。有人提醒赵宪，此行必然徒劳无功，赵宪勃然大怒说："今日只有一死！"最终，灵圭只好随赵宪出兵，权栗拒绝加入。日军察觉敌军逼近，开城出击，朝鲜军来不及列阵就遭到夹击。眼见战局无望，赵宪部下请示是否应下令退兵。史料记载，赵宪大笑："丈夫死耳，不可临乱而苟免也。"[125]说完他冲入阵中战死。一名部下抢回了他的尸身妥当安葬。至此，这支朝鲜义兵被日军彻底歼灭。

尽管惨败如斯，宣祖派遣王子前往乡村地区，正是为了号召各地义兵起来抵抗。光海君经常发布告示，不但以祖宗社稷之名动之以情，还以悬赏官爵、钱财来激励民众杀敌。经常有一袋袋倭人耳朵，被当作战利品，随捷报一同送往义州的流亡朝廷。如果民众害怕参加战斗，朝廷也鼓励他们协助战斗。[126] 朝廷还努力发展有效的情报网络，密切监视日军动向。

义兵虽不能对日军发起大规模战斗，但他们熟悉地形，擅长伏击和扰乱后勤。他们常将小股日军诱入林中或谷地加以歼灭。日军将领毛利辉元在信中说："朝鲜人视吾如海寇，退入山中埋伏，往来的小股兵丁被害尤深。"结果，前往乡间时，日军通常只好派遣人数较多、装备较好的军队，大多数时候则盘踞在城市和要塞中。日军还新筑了许多倭城来驻扎军队，多数通过强征朝鲜夫役来完成。[127]

民众反抗越激烈，日军诛求自然越苛暴。许多史料记载，大批朝鲜女子被虏往对马岛，许多人为了不被日军凌辱而自尽。剩下的女子被遣送到王京等地，充当劳工、艺伎或仆妾。日军还强迫许多朝鲜人四处捕蛇，据说他们爱吃大补的蛇羹。一名逃亡女俘虏告诉朝鲜官员，倭人认为蛇贵如珍珠。[128]

当时，多数朝鲜民众尚不清楚本国的真实情况，谣言四起。宣祖询问入侵日军的兵力，得到的估计是多至 320000 人、少至 80000 人不等。平壤周边的日军人数预计在 1000 人到 50000 余人不等，多数人认为实际数字在 10000 到 20000 人之间。1592 年秋，明军将日军赶出半岛未果，显然日军要在朝鲜过冬了。1592 年末，吴希文穿越乡间，他描述说，满目唯见遭焚毁的屋宇和被奴役的国人，他最终还是设法同妻儿团聚。[129] 随着冬季降临，自兵燹中幸免的人多有死于饥寒之虞。

谣传日军将于 1593 年农历二月入侵辽东，这个谣言或许是有意促使明朝加快行动。明朝获悉，平壤城内的日军缺衣少食，出城劫掠的人经常遭遇流寇或义兵。[130] 朝鲜大臣请求明朝支援武器和教官，帮助训练朝鲜军队对抗日军。宣祖也公开质疑日军议和的诚意，称之为缓兵之计。

对明朝来说，调遣大军绝非易事。从一开始，招募军队和维持募兵的军纪都问题重重。明军惯于劫掠平民，抢夺粮食并侵占家舍，南兵、北兵将士之间的争斗也频繁爆发。这一弊端将在这场战争中始终困扰明军。有大学士因母患病而请辞，万历帝批答："东西倭寇交作，日夜焦劳，卿亦岂能坐视？"万历帝的号召确实得到了回应。10 月，浙江官员常居敬上奏，已有约 82 艘船、1500 名士兵、3600 余件各类火器兵刃、6000 斤（近 4 吨）火药、8200 两白银和物资上路。[131] 不过，宋应昌麾下还没有集结多少军队，而传言说日军已准备渡过鸭绿江。不少官员建议，只需再调兵在边境阻止入侵，勿在计划不周、准备不足情况下主动进攻。因此，第一批明军 13000 人驻屯在鸭绿江对岸，步骑各一半。明朝还将大量物资运到辽东，向这些新募军队提供补给。

哱拜之乱甫一平息，李如松等名将就启程赶赴朝鲜。李如松任钦差提督蓟、辽、保定、山东等处防海备倭使。有记载说，李如松上任时扬言："破倭复国，责在大将军矣。"他的副将则说："勉树鸿伐，以报主恩。”二人都领受了命令。李如松请求朝廷调拨更多军饷和粮草，帮助明军度过寒冬。为了鼓舞士气，万历帝宣布，击败日军后将发放100000两白银作为特殊犒赏。[132]

当明朝准备出兵朝鲜时，日军开始实施占领政策，并且获得了一些朝鲜人的合作。如前所述，早在1592年正月，丰臣秀吉就向诸将下达了关于统治朝鲜的命令。占领军禁止劫掠，军事长官则尽力征收合理水平的赋税，足以供养入侵的大军，又不至于引发叛乱。秀吉似乎相信，朝鲜王朝如此腐化堕落，朝鲜人接受他自己的开明统治是顺理成章的。后来，他下令诸将把所有俘虏的农夫送回家园，还赈济难民。日军还努力向朝鲜人灌输日语和日本风俗，并且“常常通过优待政策和安抚宣传，诱惑朝鲜人相信自己是日本子民”。[133]

尽管有些朝鲜人被迫加入日军或充当向导，但并不易分清楚谁是被胁迫者，谁是积极投靠者。日军找到不少愿意协助行政管理和征收赋税的朝鲜人。他们向日军提供义兵和勤王军的情报，换取其他朝鲜人无法获得的特权，并且获赏丰厚。[134]敢于抵抗日军占领的朝鲜人被公开处决并曝尸。这些暴行只能愈发激起朝鲜人的抗拒，并进一步迫使日军变本加厉。

朝鲜地方百姓或许越来越不情愿协助入侵者，因为官军仍然在陆上获得了一系列胜利，与海上的大捷相得益彰。1592年9月下旬，星州遭受威胁，郭再祐在东南仍然颇为得势。朴晋进攻庆州，最初被击退，后来他向城内抛掷了一枚震天雷，炸死了30名前来查探的日军士兵。城内日军只好退守沿岸的西生浦。收复庆州既有象征意义，又有战略价值，因为日军丢弃了大量军储。明朝将从海陆发兵来援的消息,以及明军收复平壤的谣言,也让义兵备受鼓舞。此外,日军俘虏还透露，他们的补给已经短缺。不过，朝鲜取得的战果还是太零散，许多被俘的朝鲜士兵和民众仍然不断被运往对马岛和日本本土。[135]

日军一度希望利用战略要地晋州，作为南方日军的主要交通枢纽。他们追击庆尚右兵使柳崇仁残部至晋州城外，切断其退路。柳崇仁呼吁晋州守将开城，金时敏拒不接纳，不想因此破坏防御。郭再祐赞同这一做法："此计足以完城，晋人之福也。"[136]

不久后发生的晋州之战，将成为朝鲜在整个战争期间取得的大捷，朝鲜将领金时敏凭借非凡的战术而一战成名。金时敏看到日军铁炮强劲，因此在城头部署了 170 门大炮。他的部下希望主动出击，金时敏清楚己方寡不敌众，仅在北面山丘上固守阵地，山边有河流穿过。细川忠兴率日军包围了晋州，随即大举进攻，他们试图用竹梯攀登城墙。朝鲜守军向敌人投掷矢石、炮弹和沸水，击退了进攻。金时敏夫妇还亲自以酒食犒劳守军。守将趁夜派人四出求援。他们很快就运回大批箭矢，守军士气大振。[137]

日军围攻不辍。他们尝试建造高大的攻城塔，以便铁炮足轻向城内射击。朝鲜守军则用斧头、石块、火铳、火炮和长矛反击，阻碍敌人。妇女也协助守城。在关键时刻，郭再祐率援军赶到。虽然麾下仅有百余名士兵，郭再祐将手下分散在晋州城周边的山林中，点燃火炬，擂响战鼓，造成大军来袭的错觉。郭再祐还大喊，翌日全罗义兵皆至矣。最终有近 2500 名义兵加入了晋州守军，再度鼓舞了城内的士气。[138]

日军决定在11月12日夜发起最后一次进攻，先以铁炮队猛攻北门和东门。虽然矢石不足，朝鲜人仍然英勇抵抗。此时，金诚一带着更多的弹药和补给抵达，沿着南江航行到晋州城边。金时敏亲自冲出北门指挥防御，结果头部左侧受了重伤。不久，日军在大雨的掩护下撤退。晋州城以3800余名士兵和平民，在长达6天的时间内，成功抵抗了人数多达5倍的日军，使敌军伤亡惨重，还在整个冬季一直控制着仓储丰厚的全罗道。朝鲜人声称在晋州斩杀了2600余名日军，血流成河，敌人尸体在城外堆积如山。[139]

各地的朝鲜抵抗势力也日益壮大。地处幸州和开城之间的延安城遭到黑田长政率领的日军围攻，日军企图用木柴干草修筑临时坡道登上城头。守军向敌军抛掷燃烧的火炬，成功守住了城池，日军猛攻持续了四昼夜。最终，黑田军在10月5日撤退。权栗占据了王京附近的德山城，据说他当着日军的面，将几桶粮食从马背上倒下，从而阻止了日军的进攻。远远看去，白米倾泻如水，日军以为城内水源充足，经得起长期围攻，知难而退。11月，元豪率1000名朝鲜军围攻春川城岛津忠恒军。尽管孤立无援、人数处于劣势，但岛津忠恒对部下说："吾等必以一当十。"日军冲出城堡，击退了朝鲜军，斩首70级，但没有继续进攻。[140]

尽管战局进展大体还算顺利，宣祖仍然提醒诸将谨慎行事，勿在明军抵达前耗尽粮储。由于渴望复仇，许多地方将领对此置若罔闻。赵宪的余部袭击了南方的日军营地，元均的兄弟试图将日军赶出王京附近的龙仁。同时，明朝的物资开始经由海陆大批运抵义州，明朝官员也陆续抵达，受到东道主的热情款待。[141]

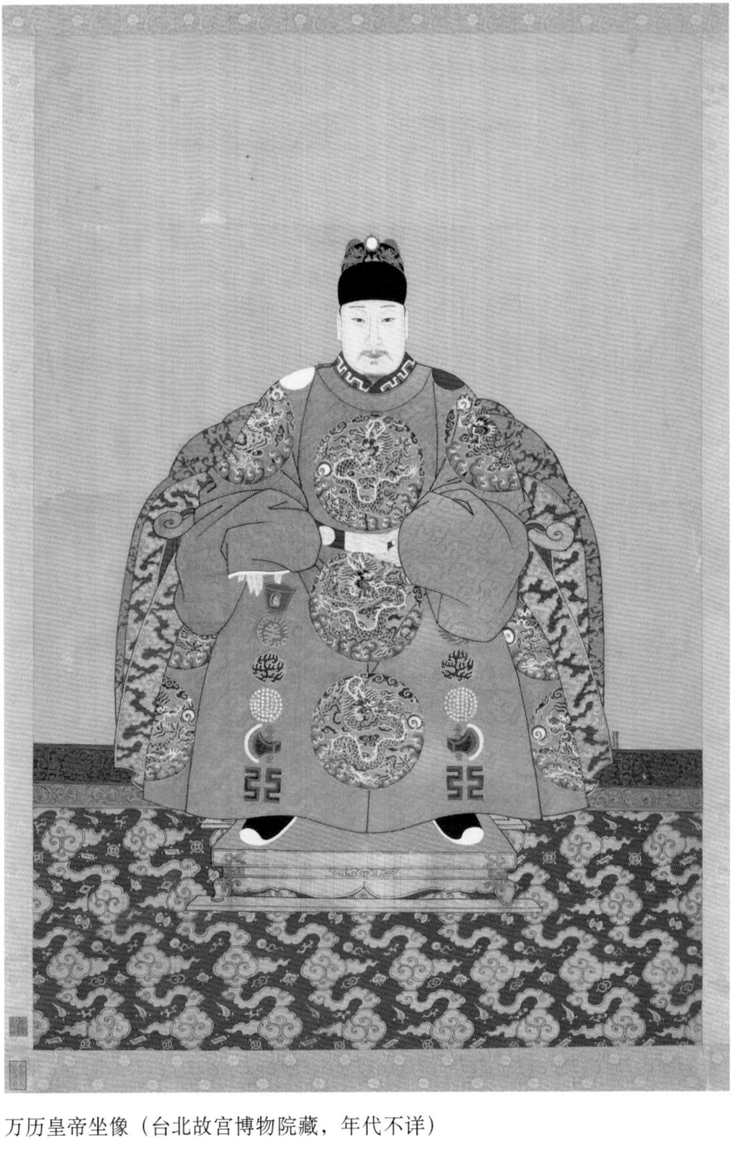

万历皇帝坐像（台北故宫博物院藏，年代不详）

狩野光信所绘的丰臣秀吉画像（日本京都高台寺藏，约 1601 年）

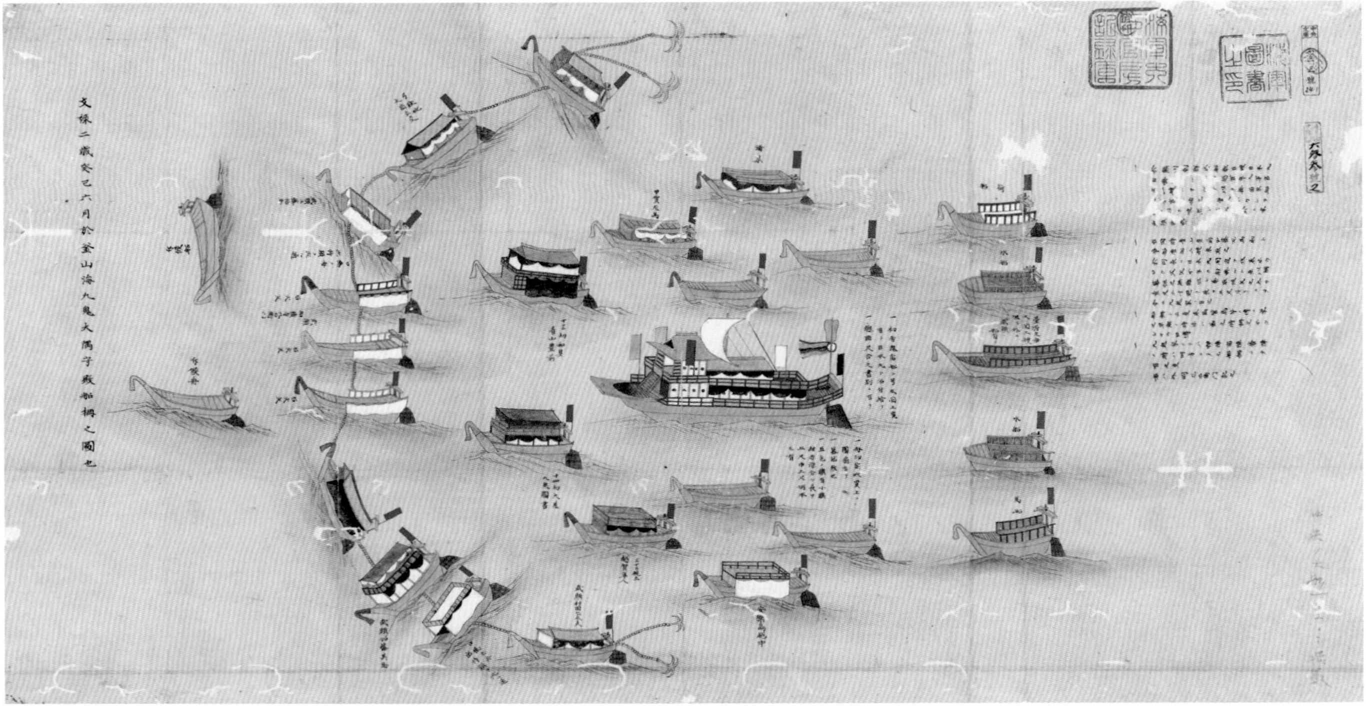

反映九鬼嘉隆所率日本水军于釜山海面结阵的画面。传闻此图为当时或稍后绘制，反映了日本侵朝水军的实况（东京大学驹场图书馆藏）

《釜山镇殉节图》（韩国陆军士官学校陆军博物馆藏，约 1760 年）

《东莱府殉节图》。书中提到的文官宋象贤在日军入侵时任东莱府使（韩国陆军士官学校陆军博物馆藏，约 1760 年）

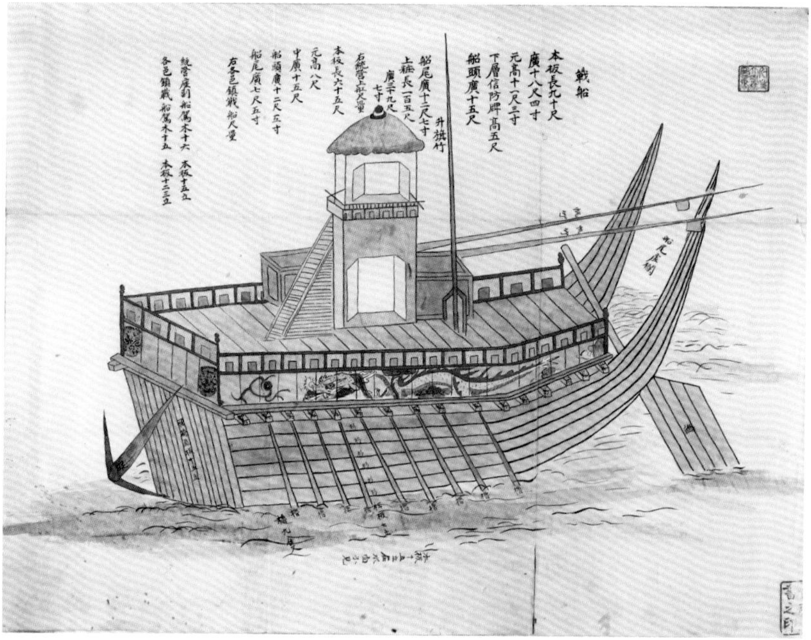

朝鲜王朝时代朝鲜水军的战船（韩国奎章阁韩国学研究所藏《各船图本》，年代不详）

福州建造的南京船，属于福船之一种（《唐船之图》，东京大学驹场图书馆藏）

《东莱府使接倭图》局部。战争过后，朝鲜与德川家康在 1609 年签订了《己酉条约》，规定在对马岛和釜山进行部分贸易，并在釜山建立新了新的“倭馆”，以接待日本官员，东莱府使主其事（韩国国立中央博物馆藏，年代不详）

《平壤城夺还图》局部。明军正在进攻平壤，有学者猜测图右上角骑棕黑马者为李如松。此图为屏风图，一共十幅（韩国国立中央博物馆藏，年代不详）

此时，约有6000士兵在义州拱卫宣祖，然而现有的补给能维持多久，值得怀疑。宣祖宣布，他要用小西行长的头颅制成饮器具，用景辙玄苏的皮制成鼓，还暗示自己或许会御驾亲征。王京等地爆发了勤王起义。柳成龙记载，各家各户在抵御日军时前赴后继，有些起义者在日军中威名甚著。尽管这些起义大多被迅速镇压，却提振了朝鲜人的士气，让日军疲惫不堪。[142] 南方有一支朝鲜军甚至一度孤立了日军的据点原州，可惜指挥此次作战的朝鲜军官死于日军伏击。朝廷试图领导这类起义，甚至命令民众上缴农具以便打造兵刃。

为援救朝鲜而调集的明军，主要是骑兵和配备了火炮的兵车。鉴于第一批入朝明军的遭遇，明朝决定待冬季封冻再继续派兵，冻土比泥泞更有利于机动。同时，各路明军陆续在山海关集结，在各营长官指挥下操练，宋应昌则居中总督。1592年农历十月末，辽东已集结了约30000明军及战马，储备了三月粮草。预计集结的总兵力也不过75000人。在十二月的一份报告中，宋应昌告诉石星，如有100000大军，便可在两月内解决战斗，但以现有兵力，战事或许会持续一年乃至更长。[143] 宋应昌奉命率部前往义州和平壤，一边南下，一边招募和训练更多的军队。

沈惟敬则继续扮演外交官的角色，奔走于三方之间。尽管沈惟敬让各方愿意坐下谈判，却也常常引发恐惧和猜疑。朝鲜人怀疑明朝不愿兑现承诺，因为沈惟敬在品茶时向金命元透露："主和为上策，讨贼则决不可为也。"不过，听说李如松被任命为东征军总帅，朝鲜人的疑虑颇有减轻。[144]

明朝官员刘黄裳上奏说，朝鲜人传言，宋应昌善谋略，“其心神鬼莫测”，李如松百战百胜，有“宿将之威”。李如松还是名将李成梁的长子，由于镇压刘东阳和哱拜之乱而声名大震，如今在朝中炙手可热。此外，李氏家族和朝鲜还颇有渊源。除了用人，刘黄裳还强调明军火炮在射程和威力上优于日本铁炮。[145]

万历给宣祖的圣谕*，重申了中朝一衣带水的文化关系，宋应昌称：“陛下深为悯恻，赫然震怒，命本部（宋应昌）以少司马秉节钺军。”万历帝将尚方剑赐予宋应昌，而明军很快就会与倭兵交战。除从粤、闽调派兵船，万历帝还承诺暹罗、琉球也会来援。宋应昌还称，哈密、安南等藩属也会追随，因为“今皇帝圣神，抚宁四海，安集蛮夷，独于德意甚厚”。万历帝指出，宣大、山西的军队足以令倭人胆寒，他们很快就会“龙骧虎贲”渡过鸭绿江，并“雷厉风飞”打击侵略者。”[146]

不过，宋应昌并不这么自信。他忧虑明军装备不足，尤其是甲胄和冬装。宋应昌发布了分配物资给各军的指示，巨细无遗，乃至炊具。明军火铳兵人均应配发500颗弹丸，然而宋应昌抱怨缺乏火铳，从各地调遣的军队在投入战斗前几乎没有机会共同操练。11月末，宋应昌报告石星，预计明军自山海关至辽阳需经7日。抵达后，明军将立即接受加强训练，尤其是使用火铳。所幸的是，辽阳地区足够开阔，可供大军集结，虽然未必能供养这样一支大

---

* 据《琐尾录》原文，此段除最后一句外，引用内容非万历帝的圣谕，而是宋应昌的《皇朝讨倭檄》。

军队。因此，宋应昌决定，除了陆路，还从山东经由海路运送粮食。他估计，100000 士兵和马匹的两月之粮，就需要 90000 担（6000 吨）粮食。[147]

尽管冬季降临，明朝依然忧虑海疆安危。大沽和天津周围 500 里（172 英里）内的所有岛屿都要修筑防御工事，严阵以待。每个哨所皆备火炬数十，用于传讯。各岛还准备了由平民操控的船只，他们平时则筑室耕田。各家各户要置备铜锣一面，随时敲锣示警。各地还要挑选忠勇之人担任把总，统率当地精壮。通过上述举措，预计可召集约 7000 名海防军和 200 艘船。[148]明朝又从南都调遣官军，协助本地民兵安置火炮，对付企图靠近海岸的贼寇。朝野普遍相信，建立海陆协防体系定能阻止倭人。

宋应昌注意到，倭人不擅海战，强调明军需要建造更多的大型战船。福船被认为性能最佳，其次是在浅水航行的仓船和沙船。兵部奉命将这类船只悉数调遣北上。若数不足额，工部要奉命督造。南直隶奉命提供 40 艘船。其他地方也要提供船舶，以便改造成兵船。例如，在天津和北方地区，官府征用盐船和渔船上缴。这类船只大多还是有用的，必要时还可用于哨探。宋应昌还请求万历帝下令浙江和南直隶再提供 100 艘福船、仓船，并请求工部为新造小艇拨款。他警告，大船遇风很难操纵，需要大量水手，故大船不宜太多。宋应昌预计共需要 17000 名水手，部分人手可从沿海渔盐之夫中招募。他总共需要 2400 多艘小船和数百艘大船。[149]

宋应昌还提到了一些与海战有关的实务。他发现，海上风涛易使水手患上疾病和晕眩，也妨碍在甲板上战斗。水军将领必须熟知

高大如楼的大福船，记载说它是“海战之利器”（引自《筹海图编》）

海流和浅滩。他建议，在同日军作战时使用长枪，在甲板上竖立布帏竹架，抵御铁炮倭刀。至于进攻，他建议使用烟雾来迷惑敌军，以火箭烧毁敌船。船上还要配备三眼铳、佛郎机炮和快铳。大型战船则只配备虎蹲炮、灭虏炮和大将军炮。桅顶挂悬信号旗*。宋应昌

* 英文原文如此。查作者所引宋应昌《议题水战陆战疏》，原文为“而又于桅竿斗上，用标枪飞镰刺之”。

解释，打造如此装备精良的战船，旨在威慑敌人，让其望风退避，最大限度地减少伤亡。[150]

万一日军突破海防，侵入内陆，明朝也制定了应急方案。有人希望把来犯之敌堵截在滩涂或海岸上。为此，天津周边的所有望楼都装备了各种型号的火炮。在防御工事周边，铺设了成排铁蒺藜和铁菱角，防备突袭；宋应昌还报告，他已着手定制铁蒺藜、菱角、大木、排椿、芦苇、硫黄等物。

最后，可用铁索横亘港口，李舜臣在朝鲜就是这样做的。在内陆，旗鼓和烽燧构成了重重辐射的警戒网络。要修葺现有的城墙，在防守薄弱的地区竖立木栅，还要疏浚沟堑，给百姓分发救火车和防御性武器。村民奉命在城墙的安全范围多储存水和薪柴。宋应昌提出，这些措施还有助于当地抵抗山寇海寇。此外，还有一个宏大的计划——自大沽口至郑家沟起筑长约 180 里（62 英里）、高 2 丈（23.5 英尺）的墙垣。宋应昌预计，工程用 30000 军士一月可完。[151]

预计有 18000 名士兵被调往天津及周边守卫，尽管如此，官员仍然担心京师的防御不足。宋应昌要求在塘头驻扎副总兵一员，统率 3000 至 4000 军马，以防万一。同样，他还让辽东时刻戒备倭人自对马岛来袭。最终的计划是让 40000 至 50000 兵马守卫东北港口要塞。明朝担心，一旦朝鲜沦丧，辽东百姓将“夜不安寝”。[152]

宋应昌汲取了平壤之战的教训，他在给明军诸将的通告中强调，不要急于深入进兵，一定要全面探清朝鲜的状况。他指出，情报准确及时和因地制宜，将给作战带来极大方便。为此，宋应昌要求他们派出探马和通事，与朝鲜军进行协同。他还向诸将表示了自己的忧虑，因为明军马军过多，朝鲜的地形恐怕更宜于步军，并且，明军的马刀不及武士刀那么长。宋应昌建议使用南兵，即用刀和竹枪作战的步军。不过，由于南方诸省地理遥远，他只好主要依靠北方的马军。宋应昌提醒诸将，日军擅长使用铁炮，但在 80 步（约 320 英尺）开外杀伤力不强。他还警告说，日军作战勇悍，建议在正式作战前，最好利用埋伏，或者偷走日军的驮畜或粮草，以削弱其士气。一旦交锋，宋应昌强调战斗机动，认为采用孙武和孙膑调遣各种马军的战术将会非常有效。[153]

1592 年 12 月 21 日，宋应昌禀告万历帝，已调集约 40000 名士兵，20000 匹战马，还筹集两个月的粮草。朝鲜史料还提到了辽东女真首领努尔哈赤率领的 40000 至 50000 精锐。朝鲜人相信，这些部队定能挫败日军包抄义州流亡宫廷的企图。不过，努尔哈赤显然没有亲自参加上一年秋季的对日作战，但他多次向明朝示好，提出率兵援助明军驱逐倭人。（最近有研究显示，努尔哈赤并未利用战争扩大自身在满洲的势力，而是谨慎对待他的明朝和朝鲜近邻，对这场战争对自身的影响没有把握。）[154]

明朝和朝鲜都非常担心难以保证大军得到充足的补给。宋应昌同尹斗寿商议后，在给朝鲜的书信中说明了自己的总体战略，但重申了明朝对盟友的期望。他说，朝鲜需要为 50000 兵马提供数月粮草。他建议朝鲜广兴屯田，以提供必需的粮食，还要求朝鲜向明军提供平壤、王京等其他战略要地的地图。朝鲜还必须委任一名官员，此人最初应驻在义州，负责监督征集和运输粮草，以供给大军士兵、战马和驼畜。朝鲜还要招募各色平民，以 5 到 10 人为一队，充当探子，为南下的大军提供当地的情报。最后，朝鲜应该着手招募和训练正规军。[155]

宋应昌最担心的还是粮草和兵器。他又索取了18000两白银，铸造大将军炮220门，半数将留在京师。缺乏火器的明军部队将优先获得新造的火炮。他还请求立即将京师武库中多余的火炮调往前线。宋应昌还建议雇用私人商船，以便尽快输送粮草。[156]万历帝对这些请求无不照准。

在关于军法的文章中，宋应昌严令麾下士兵，不得有损中、朝平民及其家畜等物。他解释说："朝鲜疆域即我土地，朝鲜百姓即我子民。将士有擅杀朝鲜男妇，并投降人役者，斩。"他告诉士兵，需要任何物件都要偿付价钱，并严令将领，禁止私商等人随军赚钱。畏惧不前或违命不从者斩，奸污朝鲜妇女者斩，临阵脱逃或丢弃军资战马者斩。军官若纵容旗鼓手逃跑，全队俱斩。窃水被捕者鞭笞一百。为了赏罚分明，宋应昌还重申，斩获倭将首级和作战勇猛都会论赏论功。[157]

明朝的辽东官员张三畏奉命前去催督大军粮草。朝鲜官员向他简要介绍了义军活动的情况，并建议利用僧兵搜集情报。东征将领吴惟忠、钱世桢率5000兵马，率先渡过鸭绿江。明军主力约44000人，军官60余人。[158]杨元统率中军，张世爵指挥右翼军，李如松之弟李如柏统率左军。明军多数是来自北方的马军，也有南方调来的步军，以及西南地区的骁勇土著。有史料提到，少林武僧也参加了这次远征。李如松的另一个兄弟李如梅奉命驻扎在义州抵抗日军。

入朝的明军装备形形色色的武器，身穿样式各异的军服，肯定让前来迎候的朝鲜人印象深刻。火炮纵列也必定颇为壮观，因为明军携带了 2000 多门大小火炮，通过兵车或驮畜运输。此外还有无数火药、箭矢、枪矛、铁蒺藜、引信、盾牌、鞭子、棍棒、斧头、刀剑和其他装备也穿过冰冻的辽东平原涌入朝鲜。[159] 尽管朝鲜人一开始对援军的规模略感失望，但明军将领安慰他们说，明朝还在从各地调集 100000 余人的大军。

史料记载，当李如松和他麾下的明军抵达朝鲜边境时，水天一色，众人望朝鲜万峰，出没云海，刘黄裳慷慨地说："此汝曹封侯地也！" [160] 李如松准备渡江之际，有人作诗一首：

将军一出电光飞，白马金鞍赤锦衣。
玉节高临云外逈，天戈遥指日边归。
胸中韬略无全敌，帐下雄兵藉虎威。
鸭绿江头雷鼓震，东人加额望旌旗。[161]

看到明军抵达，朝鲜人的恐惧应该一扫而空了。宣祖亲自出城迎接李如松，说："蒙皇上罔极之恩，得见大人。小邦一缕之命，惟托于大人。"李如松回答："既承皇命何所辞死。"他随后收到了许多赠礼，包括衣袍和弓箭。[162] 他送给柳成龙一个扇面，其上题诗曰：

提兵星夜到江干，为说三韩国未安。
明主日悬旌节报，微臣夜释酒杯欢。

春来杀气心犹壮，此去妖氛骨已寒。

谈笑敢言非胜算，梦中常忆跨征鞍。[163]

慰问宣祖时，宋应昌再次强调了两国的亲密关系，以及大明皇帝作为天下之主的角色。他估计，明军可在三个月内收复王京，光复全境也指日可待。他还告诉宣祖，朝鲜一旦复国，明军就要撤退（这与后来一些朝鲜史家宣称明朝打算吞并朝鲜的说法相左）。随后，双方商议了即将发起的突袭收复平壤之战的策略。探子报告，平壤城内有 10000 名倭人，王京则有 20000 名倭人，还有摸不清人数的敌军龟缩在各地的要塞内。[164]

就在数周之前，日军诸将在开城聚集，商讨和议方案。黑田长政成功从黄海道征集了 20000 担（1333 吨）粮草，然而，总的来说，侵略军的处境每况愈下。北方各道的日军将领尤其渴望从釜山轮调军队，并从本土得到更多增援。疾疫、饥饿和义兵的活动不断给日军造成伤亡。有人估计，截至 1592 年底，有 160000 余名日军驻扎朝鲜，但也有人认为，至 1593 年春，第一批入侵的日军已损失了约三分之一到三分之二。[165] 诸将毕竟已从咸镜道返回，不管秀吉对战局是否满意，战场上的众多将领都清楚，局势或许很快就会转变。黑水龙年对日本人来说是个吉利之年。但是，蛇年大概就没有这么幸运了。

第四章

蛇之尾

朝鲜获救（1593—1594）

李如松抵达朝鲜前，吴惟忠已领3000兵马渡江，钱世桢率2000兵马随行。尽管明朝希望调集70000大军，实际集结的兵力仅仅过半。万历帝向宣祖承诺，除了明军，他还向吕宋和琉球要求派兵；他还保证为宣祖光复全部旧疆。兵部重申了悬赏丰臣秀吉、“恶僧”景辙玄苏、小西行长、宗义智及其他日军将领的首级。[1]

朝鲜人对明朝援军的规模和编成不太满意，宋应昌大言：“我师如风雨，朝济江而夕破贼，必矣！”尽管语气自信，宋应昌仍有些沮丧，对麾下约36000军马不甚满意，“内多疲弱不堪临阵，所选精锐不过二万”。[2]

明军抵达后，诸将对朝鲜人也非常恼怒，因为朝鲜人没有告诉他们沈惟敬还在继续与倭人议和并赠送礼物。尤其是李如松，大为震怒，甚至想当场斩杀沈惟敬。李如松和诸将都认为，沈惟敬同倭人议和并无朝廷授权，乃是僭越。沈惟敬反驳说，他受命于石星。[3]

明朝诸将和朝鲜文武、沈惟敬举行了会议。他们讨论了众多事务，强调要出敌不意，并在关键地点部署装备火器的军队，防止敌军在撤出阵地后再次前进。明军要求提供水道交通的详细情报。鉴于朝鲜的商品经济不发达，明军将领试图确定丝帛和其他货物的交易比率，还要求朝鲜任命一名督查来保障交易。明军强调，他们不打算在朝鲜滞留超过半年，他们只打算驱逐倭人，光复旧京。[4]

李如松和宋应昌之间发生了龃龉。朝鲜史料记载，李如松对宋应昌态度倨傲，认为宋只是一介书生。李如松还觉得，宋应昌与石星、沈惟敬沆瀣一气，主张绥靖。其实，李如松的正史传记说，他素来倨傲文官，自诩有大将之才，对官仪不屑一顾，哪怕是面对高级官员。讽刺的是，宋应昌也不信任沈惟敬，后来还激烈反对石星的安抚政策。[5]

尽管如此，明军仍决定利用沈惟敬和小西行长建立的联络，指示他继续议和，好让日军丧失防备之心。参谋李应试提议，让沈惟敬携带伪造的国书去倭营。宋应昌和李如松都认为，此策可行，先派副总兵查大受南下，许诺沈惟敬将会尽快前来议和。宋应昌最初指示沈惟敬转告日军，欲求封贡，必须一直退入釜山，静候天朝恩命，当然，这个立场虚与委蛇，只为引诱敌人前来议和。[6]景辙玄苏听闻和议指日可成，欣喜若狂，赋诗一首：

> 扶桑息战服中华，四海九州同一家。喜气还消寰外雪，乾坤春早太平花。[7]

与此同时，宋应昌重申，明朝必将为朝鲜光复全境，李如松则派骆尚志等将士前去查探地形，建立先锋营寨。李如松对麾下部队纪律松弛感到不满，他还遣散了 400 名老弱疲敝的士兵。朝鲜人则表示，通过雪地运输军资存在各种困难，不过这些诉苦都被明军一一驳斥。朝鲜人还提醒李如松等人，去年明军就是未能听从朝鲜的劝告而兵败，日军的铁炮威力也不可小觑。李如松回答："倭但恃鸟铳耳，我用大炮，皆过五六里，彼何可当也？"柳成龙给李如松提供了平壤及周边地区的详细地图。尽管是败军之将，李镒仍然奉命统率驻扎在近旁的朝鲜军队，约有 20000 人。明军配备了大量火炮，截至那时，中、朝联军已储备了四个月的粮草。[8]

李如松提醒部下要准备应付日军的顽抗，并采取措施最大限度增强明军的战斗力。他将火炮平均分配给各营，命令他们谨慎守卫。李如松还加强军纪，下令临阵脱逃者就地斩首。他计划包围平壤，以烟、火为掩护，四面围攻。他提醒将士，对抗敌军的铁炮，关键在于在他们开火后来不及装填时奋勇冲上前去。在夜战中，火矢可用来照明。自平壤撤退的倭人将被逼入大同江中，侥幸未溺死者，由守候在岸边的部队斩杀。明军入城后，倭兵皆斩，倭将生俘。[9]景辙玄苏和小西行长被视为最重要的大将，必须俘虏，以便在和议中充当筹码。

李如松及其幕僚估计，平壤收复后，只要 10000 兵马就能收复王京。与丰臣秀吉的言论如出一辙，明朝官员刘黄裳预计，平壤可以一举夺下，然后朝鲜全国响应，扫荡倭寇。刘黄裳还说："天兵雄勇，势如雷霆，即一扫而破此倭奴矣。"宋应昌和李如松一样急于进攻敌军，他相信，继续议和只利于敌人。朝鲜探子提供的情报显示，平壤城内的日军可能多达 30000 人，而在朝鲜其他地方，日军兵力还高达两三倍。[10]

明军给小西行长送去消息，许诺在平壤城外设宴，正式签署上一年议定的和约。[11] 他们随后在会面地点设下埋伏，希望打小西行长和景辙玄苏一个措手不及。1593 年 2 月 4 日，按照明人的要求，日军将领毫无戒备地派出仅有 20 余名士兵护送的使团，前往与明人会面。当日本人走近指定的会场时，李宁下令明军士兵从隐蔽处冲出，打算抓住日本使节。使团的护卫击退了袭击的明军，3 人成功逃走，15 人被杀，3 人被俘。俘虏透露，日军正往平壤增调援军。[12] 小西行长获悉使团遭遇，大吃一惊。如今，他明白了对方的真实意图，赶回平壤备战。他还派家臣小西如安（中国史籍称小西飞，本名内藤如安），就是后来赴明的日本使节，求见李如松，质问为何背信。小西如安被李如松拒之门外。

中、朝联军自义州禡牙启程。大军一路小心谨慎，先在安州下营，才派出斥候上前搜索伏兵。明军先锋与小股日军冲突，遭遇轻微伤亡。平壤北部森林中发生了另一次小规模遭遇战，明军俘获马 15 匹，斩杀数十倭人。2 月 6 日晚，中、朝联军抵达平壤郊外。翌日清晨，小西行长尝试与李如柏谈判，请他入城商议，李如柏拒绝了。当夜，约 800 名日军士兵挥舞小旗，手握倭刀，进攻李如柏的营地，被警觉的明军射退。李如柏随后佯装退走，诱使少数日军冲出城门。在随后的小规模战斗中，明军杀敌 30 名。[13]

联军诸将部署军队之时，小西行长仍率领一支分队，驻扎在平壤城外的牡丹峰。2 月 5 日，僧兵统领休静率领 4200 人，自法兴寺转移到牡丹峰北面的仁王里；次日，他们进攻了屯驻该地的日军。联军试图围困小西行长，但他被宗义智救出，宗义智击退了吴惟忠的进攻。小西行长再次溜走，让联军诸将颇为沮丧，不过，他们仍然坚信，凭借重炮可一举夺回平壤。当夜，李如松派出几支精兵进行试探，却被日军的猛烈射击逐退。[14]

李如松最关心的是如何克服平壤的天然防御，平壤城在东、南两面临近大同江，西面紧靠险峻山脉。北面还有一系列要塞，自城下开始，绵延约二里（三分之二英里），最近又得到了加固，使得城池更加易守难攻。李如松希望，明军大炮可以集中火力，轰开城门，制造夺城的机会。李如松下令朝鲜将领李镒和金应瑞，率所部约3000人，攻击东面城墙，同时在其他城墙外部署了大小火炮，下令明军向城内施放火箭和烟雾。吴惟忠部署在朝鲜军的侧翼，准备进攻外城东南角。查大受和朝鲜僧兵仰攻牡丹峰。张世爵和杨元驻兵七星门外。祖承训、骆尚志率另一支明军，装扮成朝鲜军，驻扎在外城西南角。由于日军颇为蔑视朝鲜军，对此不屑一顾。李如松还下令，在每个城门附近埋伏百名“死士”，一旦明军攻破城池防御，就趁机突入。[15]2月8日凌晨，李如松焚香祈祷，下令诸将准备进攻。

拂晓时分，围城之中响起鼓声，日军发起反击，矢石弹丸如疾风暴雨扑向明军。大地震动，硝烟弥漫，双方厮杀一处，伤亡惨重。来袭的明军冲过冰冻的地面，用刀剑和长枪构成了一张金铁之网。金应瑞和李镒率先在东面发起进攻，宗义智率部手持长枪，泼下沸水，击退了朝鲜军。随后，李如松先对平壤东南角发起了一次佯攻，再率李如柏等攻打西面城墙。不久，明军阵线开始动摇，李如松亲手斩杀逃兵，整顿军阵，宣布最先登上城头者，赏银5000两*（约为普通士卒年饷的百倍）。平壤城四处烟焰涨天。骆尚志手持大戟，冲到城下，一队浙兵紧随其后，在朝鲜僧兵的协助下率先将明军旗帜插上城头。[16]

李如松率亲兵200余骑，在城外来回奔驰，指挥激战；他的坐骑一度被日军的铁炮弹丸击中倒地。他调集了一队勇士，使用云梯攀登城墙，又命令杨元突击小西门，李如柏则进攻大西门†，燃火放烟，扰乱敌军。火矢不绝如雨，城内火借风势，将一切木质结构烧成焦炭。日军用长枪和太刀顽强抵抗，一时城池的防御“森如猬毛”。[17]

几轮炮轰之后，明军趁势突破。杨元命家丁杨世隆打开小西门，接应中、朝联军。张世爵、钱世桢攻破北门，李如柏率军攻破西门。李如柏进城时丢掉了头盔，暂用一顶棉帽护住头部‡。他的堂弟李如梧左臂受伤，仍然奋不顾身，坚持战斗，在城内展开了一场血腥的巷战。朝鲜僧兵在战斗中表现出色，李如松评论说：“无意图功利，专心学道禅。”事实上，僧兵在战争前两年的多场大战中都做出了重要贡献，由于他们每战皆喜充当前锋，伤亡率惊人。[18]

中、朝联军从日军身上夺取首级、衣服和甲胄，用来请赏。不过，他们往往宣称斩获了日军大将，这样可以获得更多奖赏。将士们为

---

* 李如松许诺赏银数量，各史书记载也不同，《经略复国要编》云10000两，《再造藩邦志》云50两，《宣祖实录》也有5000两与300两的不同记载。

† 此处“小西门”“大西门”来自《明史纪事本末》的记载，小西门即七星门，大西门即普通门。另，关于攻打各门的明军将领，中韩两国史籍记载不同，难以考订。

‡ 根据《经略复国要编》的记载，原文为“李如柏头盔亦被铳击，幸有衬盔绵厚，未至重伤”。作者对原文理解有误。

收复平壤之战，明军用炮火轰击七星门（《平壤夺还图》局部）

荣誉而彼此激烈争夺，尤其是在北兵和南兵之间。尽管这种竞争有利于提高士气，也难免导致残暴的行为。不久就有人控诉将士杀良冒功，然而朝鲜和明朝的调查都未能证实此事。[19]

宋应昌率领援军，参与进攻平壤外城北、南、西三面。小西行长冒险突围，结果被明军的箭雨和炮火击退。日军只好调头进攻西南面的军队，以为该处是朝鲜军。不料，这些军队脱去伪装，竟是明军，据说让日军大惊失色。吴惟忠稍后也成功突破，但被弹丸击中大腿，血流如注。[20]

日军的抵抗非常顽强。小西行长虽然损失惨重，还是退到了城外的练光亭。李如松紧随其后，发射火矢焚烧练光亭，却无法驱逐日军。日军施放铁炮，明军死伤枕藉，李如松只好下令撤退休整。小西行长利用这次喘息之机，夜半渡过大同江，向南撤退。朝鲜史料记载，李如松与小西行长达成了协议，尽量减少两军伤亡。不过，中、日史料指出，小西行长趁着夜色掩护才安然脱身。[21] 还有史料显示，李如松甚至制止了朝鲜军发动伏击，随后又改变了心意，而李镒的失误又放跑了日军。据说，宗义智率部奋勇掩护小西撤退，连杀数十人而退。[22]

平壤败退，深深震撼了日军，此后不复有之前的锐气。平壤之战使日军确信，明朝一旦调遣大军参战，实难正面硬抗。据说，明军大炮"声震数十里，地动山摇"。炮轰产生的硝烟遮天蔽日，城内四处都遭明军火矢焚烧，周边山林也遭了殃。后续战争期间，日军更偏好对明军使用伏击和游击战术。估计此战日军阵亡约 1300 至 1700 人，另有 5000 人在烟焰中丧生，或许还有多达 6000 人在小西行长撤退时溺死大同江中。[23]日军撤退匆忙，一些人躲入民居，还有人躲入了寺庙，避免遭到朝鲜人的报复。日军还在平壤周边丢下了不少饥肠辘辘的伤兵，沦为中、朝联军搜捕的猎物。查大受和李宁伏击了日军，斩首362级，还俘获了三名军官。中、朝联军还俘获了马2985匹，缴获了452件甲胄武器，夺回朝鲜俘虏1225人。根据宋应昌的说法，明军仅阵亡796人，伤1492人。[24]

小西行长和下属军官紧急召集军议。大家惶惶不安，有人提议，一直退入釜山，等待援军和补给。原先镇守平壤南边的凤山城，负责支援小西的大友义统早已逃走，结果被丰臣秀吉罚没领地。诸将暂时决定退至王京。中、朝联军紧随其后。据说，小西一行人抵达龙泉城后，望见黑田长政军的白旗仍然在城头上飘扬，才松了一口气。[25]中、朝联军步步紧逼，日军粮草短缺。小西行长请求黑田长政从其驻地白川城运来更多粮草。

由于丢失平壤，又一路败退，黑田官兵卫上奏丰臣秀吉，以小西行长与诸将不和、作战不力为由，请求罢免小西。有人指出，平壤之战后，小西成为日本一方最积极的主和派，加藤清正则坚持主战。黑田长政感叹："如闻朝鲜败，则大明救兵来。"*这也是许多日本人的想法。朝鲜人也支持这种看法："贼不敢西向，皆天朝之力也。"[26]

---

* 英文原文意为："原以为朝鲜已经被打败，没想到大明军队前来救援。"为作者误译，现根据作者所引《明代中日关系研究》中所引《黑田记略》还原。引文上下文语境为总结平壤战败原因，日军早就料到朝鲜军战败后明军会来援，但未做好充分准备。此外，《黑田记略》记载这句话为黑田孝高所说，非黑田长政。

宋应昌看到，明军火炮让日军大为震撼，他请求尽快从海路运来各种火炮增援。此外，他还向国内索要钉耙、长枪、推车、引线、弓、箭、铁蒺藜、火药和铁鞭。宣祖也请求给朝鲜军配备火器。刘黄裳上书宣祖，介绍了火炮的铸造和部署事宜，提出火炮最好同弓箭手、长枪兵和刀手搭配运用。宋应昌许诺，明军的一流火器专家可协助训练朝鲜军在不同地形和条件下操演火器。最后，他要求从明朝运来丝绸等商品，同朝鲜当地人交易获得军资。[27]

宋应昌邀请宣祖在3月6日重返平壤，他说："恢复平壤，不逾一日，此实我圣天子神武布昭，天威赫奕之所致也！"他补充说，平壤是协调军事和行政事务的枢纽，宣祖应该尽快入驻，鼓励逃亡的朝鲜军民重返家园，加入战斗。明朝还希望宣祖召集"豪杰"，选将练兵，储粮置器，修理城池。宣祖回答，鉴于朝鲜世代效忠，大明天子慨然发兵援助，纾解危难，他感激不尽。[28]金命元将率兵8000，镇守平壤，等待明军的增援。

顺利克复平壤后，中、朝联军对粮草和后勤倍加重视。尹斗寿和柳成龙奉命负责协调后勤补给。明朝官员张三畏说，米45550担（3037吨）可供40000兵丁约50天之需。豆35560袋、草88090捆，可供战马30000匹约一月消耗。此时，朝鲜可从各道征集到约一月的额外粮草。全罗道和忠清道，因为遭到战火摧残较轻，或许能够征集更多。不过，前一年有大量农民逃难，粮草产出很难估计。因此，明朝要求朝鲜提供水陆交通和洋流等方面的详细情报，以便尽快从陆路和海路调集军资。由于朝鲜缺少驮畜，宋应昌要求再加70艘补给船，用来加强海上运输，还请求从国内运来更多牛、驴、骡，以便在陆路运输粮草。他同时要求朝鲜人为大军放牧牲畜。明军还要求朝鲜承担夫役，预计每 10 里（3.45 英里）需 200 名额外的运夫，才能供给 10000 人的军队。明军希望朝鲜从不适合从军的本地人中筹集 10000 名运夫。朝鲜僧侣也承担了运输军需的夫役，由于他们勤快而且不要求报酬，颇受青睐。[29]

尽管补给困难，中、朝联军决定继续追击，判断有必要在日军得到增援之前尽快收复王京。他们还期待与王京城中的内应建立联络。大军沿着半冰冻的泥泞道路南下，沿途散落着日军的尸体，道路状况有利于明军快速运送重型火炮。明军起初担心遭到东北方向日军的夹击，但有俘虏透露，咸镜道的倭人如今已不满万人，多数精兵已退入王京。李如松大言："我率十五万众直向京城，此后又有十万军马继来，渠能当我乎？"俘虏吓得磕头说："老爷威声震动，京城及咸镜之贼闻之必尽遁矣，何必动兵马如是之多乎？"[30]

尽管担忧天气不利，中、朝联军仍认为，必须保持主动权。李如柏、张世爵和杨元率领精兵 8000 率先南下，各营紧随其后。大军抵达开城，只见日军分三队列阵，左翼执绿旗，右翼执白旗，中军执黄旗。日军头目骑马挥刀，朝部下喊叫。不过，日军显然无心恋战，很快即被明军斩杀，头颅满地。日军弃城时，丢弃了大量兵器和粮草。2 月 19 日，李如柏克复开城，斩首 165 级，至此，大军已收复平安、黄海、京畿和江原四道。[31]（同时，朝鲜将军高彦伯指挥了北方的光复战斗，不过咸镜道仍在日军手中。）凯旋的中、朝联军，向饱经摧残的开城百姓发放了钱粮物资，然后穿过浮桥，横渡临津江。

大军初战告捷，宣祖顺利返回平壤。万历帝下旨给宋应昌："天讨方张，平壤已复，合行宣谕国王，督发军民防守，以广皇仁，以昭大义。"李如松赞成乘胜追击，其他人则认为应该谨慎，因为补给困难并且兵力有限。这是有道理的，因为尽管有人估计朝鲜军多达172400人，实际投入战场的兵力却少得多。相形之下，宋应昌向石星报告，日军在朝鲜仍留有大约200000人，能动员多达660000人。尽管担心兵力不足，也有人相信，大军如能克复王京，就能保障联军的海陆补给线，极大减轻后勤压力，巩固获得的军事成果。[32]

朝鲜人对明军的火器和战斗力印象深刻。宣祖赞叹："军数三万云，此不多，而素能所节制者，故能战矣！"宣祖向臣僚询问明军和日军的火器，他们回答："倭铳之声，虽四面俱发，而声声各闻，天兵之礮，如天崩地裂，山原震荡，不可状言。"宣祖说："军势如此，则可不战而胜矣！"[33]

不过，明朝仍然有难题要解决。要乘胜追击，吓退敌军，就必须快速推进。然而，诸将觉得不宜孤军深入，以免寡不敌众，粮草不继。李如松决定积极推进。他命令前锋部队侦察王京周边，寻找适合设伏和战斗的地点。数日后，杨元、李如柏和张世爵奉命率领2000精兵前往马山馆，此地在王京以北90里（31英里）。[34]

整场战争中最富争议的战役碧蹄馆之战由此拉开帷幕。李如松听闻倭人已从王京撤走，他留下炮兵辎重，率领前锋疾驰南下。他不顾宋应昌等人的反对，命令李宁和祖承训先行。明军在泥泞道路上艰难跋涉，李如松仍决心尽快击溃敌军，史料记载，他说："倭人在平壤已胆落矣，王京唯有弱旅一队，何惧之有！"[35]

查大受、祖承训、朝鲜将领高彦伯率领的先锋与一支日军遭遇，击溃了敌人，并斩杀百余人。他们继续南下，不料陷入敌人包围，在王京以北约 70 里（24 英里）的碧蹄馆附近，日军占据了山谷周围的山丘。李如松仅率 1000 骑兵，未携带火炮，急忙驰赴现场，增援部下。他们对阵的日军，据说有 3000 至 50000 不等，史料记载各异。日军从高处施放铁炮，随后挥刀冲向明军骑兵。[36] 李如松整顿战阵，试图边战边退。

交战从清晨一直持续到黄昏。李如松发觉自己陷入重围，日军大将是曾经反对从开城撤兵的小早川隆景。据说，有一名金甲倭将逼近李如松，李如柏等人和亲兵奋勇作战。李如松的战马第二次蹶倒，若不是部下李有升舍身拼死救护，李如松险些当场被杀或被俘。这一举动为李如松赢得了喘息之机，杨元和郑文彬率领援军抵达，前后夹击日军。金甲倭将正要对李如松动手，被李如梅射落马下。[37]

有些日本史料宣称，此战中、朝联军死伤多达 38000 人。不过，更可靠的史料表明，双方损失不相上下。无论如何，日军退回了王京，由于大雨妨碍了辎重和马匹运动，明军追击受阻。[38] 此外，日军在汉江沿岸的山林中埋伏了铁炮足轻，不时骚扰中、朝联军。鉴于上述困难，联军决定暂时退到开城。万历帝下旨，再拨出军费白银 200000 两，支应更多到来的明军，防备日军反扑。李如松命李宁、祖承训领 10000 兵马驻守开城，又命杨元守备平壤和大同江。日军焚烧了王京周边的草场，企图断绝明军的刍秣。[39]

有些论著认为，碧蹄馆之战是整场战争中规模最大或最重要的战斗，这是错误的。[40] 例如，久野义三郎认为，碧蹄馆一战后，李如松“斗志全无，一蹶不振，他判断明军在实力和战意上难以匹敌日军，坚信明军无法获胜”。不少中方著述同样指出，这次败仗严重挫折了明军士气，迫使明朝转而议和。他们还认为，多亏宋应昌见机行事，才让明朝获得了最有利的谈判条件。《明实录》确实记载，宋应昌感到明军消耗太大，忧虑明军像日军此前那样冒进。[41]

也有人认为，双方都渴望议和，因为双方都觉得自己没有必胜的把握。宋应昌麾下的将领钱世桢也声称，明军在碧蹄馆仅有 160 人死亡。申钦认为，日军在碧蹄馆之战后仍然撤离王京，就是因为畏惧明军的强大。[42] 因此，尽管这场战役很重要，暂时迟滞了联军的前进，也让李如松气沮，说到底，日军仍然被迫放弃王京，一直退到朝鲜东南沿海。这场战役的最大影响在于挫掉了明军在后续战斗中的锐气。

天气条件是明军战败并决心后退的重要因素。马车难以穿过泥泞崎岖的地形，换言之，粮草有时一日只能前行 10 里（3.5 英里）。由于缺乏刍秣，大量明军战马染病或倒毙。一些病马随后被饥饿的士兵宰食，结果使疾疫在营中传播。此外，由于天气寒冷潮湿，弓弩无所施其力。这些困难，李如松在解释他为何不愿在碧蹄馆之后发动攻势时都提到过。他还担心留在咸镜道的加藤清正趁机进攻平壤。出于上述考虑，李如松下令全军退至平壤，将王必迪留在开城。李如松还提议，朝鲜军也可考虑暂时退至临津江北，后者拒绝了。朝鲜人恳求李如松驻军开城。不过，宋应昌在同石星的通信中赞同李如松的担忧，强调最好暂缓进兵王京，除非获得足够的兵力和物资。还有人提议让朝鲜人引导明军通过困难的地形，加快进军。[43]

碧蹄馆之战也让双方都认识到火器和先进军事技术至关重要。日军起初之所以在半岛节节胜利，是因为倭刀更长、更锋利，还装备了更多铁炮。但是，一旦明军大军携带火炮抵达，日军就被迫向南撤退。北方的骑兵在朝鲜的山地无法施展。他们缺乏充足的牧场（冬季尤甚），机动能力在崎岖的地形中又严重受限。这部分骑兵通常装备弓箭和短剑，面对借助掩体射击的日本铁炮，以及适合近身肉搏的武士刀，往往居于劣势。有些明军将领抱怨日军的铁炮射击速度太快，难以招架。也有人说，铁炮射程远，但精度不高，坚持认为明军应该尽量接近敌人，利用这个弱点。然而，如果明军士兵采用这样的战术，还是得对抗倭刀。因此，随着战事延长，明朝抽调了更多的南兵赴朝，其主干是步兵，接受了戚家军的战术训练。[44]

南兵北兵之间的竞争，也成为这场战争的主要特色之一。朝鲜人大多认为，尽管北兵也很英勇，南兵对付日军更得力。这种成见部分归功于某些主要的史料记载，其中不少出自南人之手。例如，他们记载，在平壤之战中，南兵踩着阵亡同袍的尸体，步步攀登城墙，北兵只是骑马冲过城门（北兵和北将均否认这类指控）。李如松也承认南兵的战术能更好对付日军，他告诉宣祖："前来北方之将，恒习防胡战法，故战不利。今来所用，乃戚将军《纪效新书》御倭之法，所以全胜也。"[45]

史料记载，南兵的训练和军纪让朝鲜人印象深刻，他们认为，李如松应该放手让他们对付日军。南将吴惟忠慷慨地对朝鲜人说："若加二万兵，则使国王在阵后，亦无患矣！"一些朝鲜史料声称，宋应昌和南兵都希望在王京与日军决战，而李如松企图贬抑他们，不让他们建功立业。他们指责李如松击溃日军的承诺只是一句空话，讥讽他靠家族关系才跻身高位。一位朝鲜官员说："吾国存亡未卜，岂可议和？"李如松回答："此古来尊王攘夷法，汝国人不知。"宋应昌也同意："倭与他夷无异，亦不可信。慑于天朝之威，不敢复动。故与之和议可也，敌人必首鼠。吾邻不应以此为凿空之举，当怀天朝之恩。"* 朝鲜一方有些人不以为然，甚至建议用骆尚志代替李如松。他们还相信，李如松的麾下士兵在平壤城杀良冒功。李如松质问他们从何处听到这样的谣言，他们只回答："此是公论。"[46]

李如松也颇受部下非议。王必迪指责说："老爷不智不仁不信，如此而能用兵乎？"李如松怒问他何出此言，王必迪回答，平壤攻城之日，李如松不令而战，故军士不及炊食，还从后方指挥战斗，拒绝将许诺的赏金或军衔授予率先登城者。继而他又轻军冒进，陷入重围，导致大军挫气而退。王必迪总结道："是以言之，非不智而何？"李如松辩解说，朝鲜水田太多，不适合骑兵作战。此外，粮草短缺，营中疾疫流行，马匹倒死甚众。李如松还攻击宋应昌，

---

* 经与作者确认，朝鲜官员与李如松、宋应昌的问答，史料引用自《征蛮录》。查《征蛮录》，作者对这部分史料理解不确。为行文流畅，保留了英文原意。事实上，作者所引史料并无李如松等人的对话，而是《征蛮录》作者李擢英的心理活动。现将史料附于后："今见礼判书状，则提督欲为讲和云。此则彼此相生之说，不可取实。但今日提督之言，探识我意，极为可疑。和之一字，前代亡国之字，岂忍出口？不胜痛闷。设使和而不讨此贼，护送之，宁有为国之理乎？我国存亡在此。提督一行明日接见时，宜以大人剿贼之意，则小邦君臣，无不洞知感泣。但闻有讲和之说，自古和之一字，误人多矣。与夷狄讲和，宁有保国之望乎？况倭奴变诈百出，心悍叵测，非他夷狄之比。今以天威震之，则必惧伏而莫敢动。若与之和，则彼必凌侮，年年侵轶无疑。小邦不胜闷望，愿大人以此意，告于宋爷云云。此意措辞，略作揭帖，临别呈之可也。"

说宋应昌一介文臣，应该让娴熟军务的人来决策。李如松还训斥部下："汝等昔从我征西夏时，军不食累日，犹不敢言归，卒成大功。今朝鲜偶数日不支粮，何敢遽言旋师耶！汝辈去则去，我非灭贼不还，惟当以马革裹尸耳！"[47]说完，集合的诸将顿首谢罪，四出搜寻粮草。李如松还派张世爵去侦察在王京的日军。

明朝兵部敦促朝鲜不要过分依赖明朝的援助，又拨出白银3000两，奖励朝鲜的英勇抵抗。万历帝还责成兵部和户部调运前线所需的兵马粮草。尤其是刘綎很快将率10000大军前来，另外还有300000担（近20000吨）粮草将通过海路运抵。明朝向朝鲜君臣保证，如今丰臣秀吉不仅要面对朝鲜，还要面对大明的庞大资源，因此，朝鲜不必急于采取行动。他们还提醒，朝鲜存亡完全取决于大明的援助。毕竟，明朝本可以和倭人划鸭绿江而治，如今却耗费巨额白银，不远千里驰援朝鲜。[48]

宋应昌指责朝鲜说：

> 八九月之间，何不复尺寸之地？何不却咸镜之贼？取天威一振，数月之内，两京既复，北贼已逃，此非大验耶？我天朝九边皆蛮夷，今日入寇则讨之，明日款贡则许之，此无他，好生恶杀之心，此天地之道也……彼既震慴求款，我姑许之，以宁波旧路，使服恩而退。量留天兵或一万，或四五千，防守要冲，尔国君臣，一二十年间，卧薪尝胆，选将练兵，炒银富国，措备而强兵，力能自守，然后止本撤回，则战守皆万全，保无后患矣。[49]

宋应昌接着向朝鲜东道主保证，应允通贡无非缓兵之计。王京倭人的防御或许十分坚固，明军的准备尚不充分，但绝不会任凭倭人长期盘踞。宣祖回答，天朝自来以战胜为上，议和为下。明人解释，倭人虽遭震慑，补给困难却一直在迟滞明军前进的步伐。朝鲜人也提醒说，倭人打算求和也是缓兵之计。为了安抚宣祖，宋应昌答应，他将允许精熟的朝鲜工匠来观摩明军的大规模武器制造，这样朝鲜将来就能自力更生。他还建议朝鲜推广屯田。明朝官员还告诉朝鲜民众，如能斩获倭人首级，就可获得赏金和官爵。[50]

明军和朝鲜军诸将期待朝鲜民众踊跃投身反抗侵略者的行动。他们希望，受困王京的40000余名朝鲜人能为明军刺探情报，并在攻城时提供协助。朝鲜官员还命令南方的朝鲜民众竭力破坏对马岛驶来的倭船，不论是在海上，或是通过岸上的炮台。朝鲜人在陆上是优秀的弓箭手，可以部署在侧翼的射击点杀伤敌军，明军则以重型火炮猛攻中央。全罗道在补给和兵源方面对整个朝鲜至关重要。如果该地的粮草储备不落入敌手，朝鲜军队就可从南方对日军持续施压。在朝鲜宫廷看来，若要恢复宣祖的统治，地方利益一定要服从全国大局。兵曹奏议估计，现有条件下，朝鲜可为明军提供6个月的补给。[51]

就在碧蹄馆战役之前不久，明朝还派使节前去和加藤清正联络。当时，加藤清正表示，释放朝鲜王子的最低条件，割让朝鲜八道的四道给日本。明朝使节当场拒绝。明使称丰臣秀吉为“日本秋津洲小国王的臣下太阁”，并告诉加藤，百代以来，诸小邦一直受惠于天朝之恩。如今，天朝只好调集大军来惩罚日本的狂妄，另有

400000 大军已在辽东集结。加藤回答，日军可在短短 40 日内击溃 400000 大军，还说，即使以玉山（为赂）也不足以阻止日军。他发誓要进军北京，焚毁宫殿，将万历帝像朝鲜王子一样俘虏，并以此受封明国四百州。[52]

加藤清正虽大言不断，日军虽在碧蹄馆小胜，处境仍然十分艰难。各军团都遭受了明显的兵员损失。小西行长军团减员 60%—65%，小早川隆景军团减员 44%。到 1593 年春，第一批登陆朝鲜的 160000 余名日军士兵，大概剩不到 100000 还保持战斗力。朝鲜的冬季对日本占领军来说漫长而难熬，许多士兵死于冻伤、饥饿和疾疫。企图固守王京的日军遭受严重的粮草短缺，此后还会继续恶化。[53] 朝鲜义兵发动的袭击也让日军十分苦恼。从东北各道向南退入王京的途中，一些日军士兵甚至丧生于饿虎之口。

中、朝联军得知这些消息备受鼓舞，开始考虑进攻王京。查大受率领一小队人马前往王京，烧毁了 100000 担（6666 吨）粮储，击杀日军 3 人，俘虏 1 人，由此也了解到日军处境确实岌岌可危。王京城内当时约有 30000 至 40000 日军，他们打算弃城，却不得不等候秀吉的命令。尽管预计会有 200000 人的援军渡海，守军并不知道他们到底何时抵达。宋应昌判断，10 日内泥泞地面就会干燥，便利明军将火炮运抵王京城外，像在平壤城下那样猛轰敌军。[54]

此时，中、朝联军希望和王京南边的朝鲜义兵建立更密切的联络，主要是因为亟需粮草。然而，义兵中不少人对朝鲜宫廷能否长时间恢复和稳定秩序心存怀疑，态度并不积极。[55] 郭再祐等义兵领袖对朝廷的掣肘十分不满。其他人一心只想将倭人首级呈给朝廷领赏。还有些人指望从朝廷得到补偿，虽然他们作战并不踊跃。此外，明军和朝鲜官军在北方取得胜利，往往加剧日军在南方肆意报复，不少朝鲜民众也对此感到不安。

弃守王京之前，日军试图占领附近的幸州山城。加藤清正和锅岛直茂在王京与友军会合，日军诸将打算迅速攻克该城，给士气正盛的朝鲜人当头一棒。幸州城距离王京西南不过 14 公里，地处汉江岸边的一座小山上，由权栗负责守卫，他麾下共约有 10000 人，包括 1000 名僧兵。权栗还获得了一批制作精巧的“火车”，其中有一种双轮木车，顶着一个多管部件，可发射火箭百支或小箭两百。[56]这类武器虽然笨重，但能对密集的阵型造成毁灭性打击。幸州城地处陡峭的山崖上，是部署这种武器的理想地点。

日军于 3 月 14 日发动进攻。由于攻方占有明显的兵力优势，可分批轮流攻城。权栗命令朝鲜弓箭手向日军发射箭雨，协防的军民则投掷石块。城中妇女也用裙裳将矢石运上城头。“火车”的作战效果极佳。日军尸积城下，据说还妨碍了攻方的进一步行动。朝鲜守军矢石耗尽的关键时刻，恰逢其时地得到了增援。日军连续发动九次突击，都被击退；山城内四处火起，也让守军疲于奔救。防御山城西北角的僧兵战斗尤为英勇。朝鲜守军击退日军后，共斩获首级 110 颗，缴获了 727 件武器。驻王京的大将宇喜多秀家也在交战中负伤。日军得知明军正在逼近，又看到一支朝鲜援兵也赶到了汉江岸边，便放弃进攻，撤回了王京。[57]

幸州山城之战，被誉为壬辰战争三大捷之一，加上朝鲜人对日军粮仓的英勇袭击，还有忠清道、京畿道的义兵造成的压力日增，日军的处境确实变得颇为不利。欢呼雀跃的朝鲜人将日军士兵的首级挂在开城的城门上，明朝军官见状惊呼："朝鲜人今则取贼首如割毬矣！"李如松派查大受与权栗接触，查大受称赞权栗为"外国有如此真将也"。[58]鉴于日军打算增援王京，迎接中、朝联军的进攻，权栗不久就撤往坡州。日军诸将中有人提议再次进攻权栗，以雪幸州之耻，但看到坡州也易守难攻，只好作罢。

宋应昌再次召见沈惟敬，指示他去王京同小西行长谈判。不过，由于朝鲜人并不十分信任沈惟敬，还派了一位同级别官员陪同他前往日军大营，提出全面撤军、归还俘虏的朝鲜王子、保存王京的粮储等要求。双方在王京南大门以南10里（3.5英里）的龙山会见。由于缺乏粮草，又屡次受挫，小西行长决定撤退，交出王京城，以便正式开启和谈。有史料记载，日军"悔祸之深"，如今一心只求封贡。[59]不过这种说法不可靠，因为日军撤出王京时大肆破坏和洗劫，乃至发坟掘墓。

无论如何，在与宇喜多秀家、石田三成商议后，小西行长和加藤清正再次会见了沈惟敬。日军暂时同意释放王子，逐步撤到釜山一带，在此地进一步和谈，条件是明军撤回开城并派使团前往日本。就因为小西行长的一次战败，日军就不得不放弃目前的全部战果，显然让加藤清正十分恼怒。他还担心，一旦被秀吉召回本国，他就无法再影响朝鲜的局势。他还一再宣称，自己单凭两三万兵马就能攻占北京。[60]

不出所料，朝鲜人对这些会谈颇为不满。有一位朝鲜官员见到了两位王子，确认他们安然无恙，可见倭人或许真心渴望和谈。其他官员则表示怀疑。由于几乎无人信任倭人，加上朝鲜人亟望报仇，朝中爆发了激烈的争论。有人建议，在朝鲜军和明军的见证下，日军释放朝鲜王子及陪臣以示诚意，但日军拒不让步。李如松派人到朝鲜大营商议，然而双方无法就最佳对策达成一致，由于朝鲜人拒绝参拜明军旗牌，双方还发生了一场争吵。最后，明人告诉朝鲜人，日军只要送回王子和大臣就可撤军，但明军会尾随追击。朝鲜人仍不满意，钱世桢则讥讽朝鲜人，刻意提到前一年宣祖弃城逃避之举。[61]

5月9日，沈惟敬乘船再次在汉江上与日军诸将会面。他告诉日本人，他们必须撤退，否则有全军覆没之虞；不过，如果送回王子及陪臣，明朝就允诺封贡。太阁若一意孤行，大明天子将调集明朝各省和藩属的大军，使用秘密武器来讨伐倭人。在日本一方的内部商议中，日军诸将抱怨补给困难，秀吉的命令传达不及时，将援军从国内转运到朝鲜再穿越整个半岛更成问题。他们还清楚，明朝的确可能调集更多军队通过海陆路进攻。《朝鲜征伐记》说，秀吉“痛哭流涕，自怨生长于小国，兵力寡弱，无力入明，委实可悲。他扼腕切齿，左右匍匐哭泣”。[62] 事已至此，只有加藤清正反对释放王子。宋应昌任命谢用梓、徐一贯为使节。两人于5月17日抵达王京，正好遇到日军退兵。使团奉命前往名护屋，探明丰臣秀吉的真实意图，返程后再商讨对策。

1593年5月18日，日军撤出了王京。李如松和宋应昌联辔入城，沿途惨状触目惊心。日军从平壤败退后，普通朝鲜民众就一直备受蹂躏。民众饥饿不堪，“面色如鬼”。腐烂的人马尸体恶臭扑鼻，入城军队只好掩鼻而过。查大受眼看一个饥饿的幼儿还在吮吸着死去母亲的乳头，大为震动，将此儿抱回明军营地，交士兵抚养。收复王京的朝鲜军向民众发放了约 1000 石（67 吨）粮食。柳成龙任命了一名赈济专员，叮嘱他设法全活百姓，必要时可食用松叶。明军发放了更多粮食，但仍然不够，柳成龙念及死难者的亡魂彻夜哀号，夜不能寐。[63]

在僧兵的全力协助下，朝鲜开始重建王京。官员前往祖庙哭拜。李如松入驻了小公主宅，此处原是宇喜多秀家的总部，也是城内寥寥几座较为完好的宫室之一。柳成龙追问李如松，何时追击贼兵？李如松推脱说汉江无船。柳成龙自告奋勇前往江面整备船只，李如松答言："甚善！"[64] 朝鲜人凑齐了 80 艘船，并派人报告李提督。

看到虚张声势未能奏效，李如松下令部下出发追击，李如柏率万余人渡江追击敌军。然而，日军安然撤退了。李如柏回来报告，明军半渡之际，日已向暮，自己又突患足疾。宋应昌上奏，中、朝联军收复王京时斩杀倭人 149 人，生擒 1 人。李如柏放弃追击后不久，权栗就赶到了，催促明军追击贼人，并说自己将亲自率军。李如松称赞权栗的英勇，却告诫他不要破坏议和。李如松最终被宋应昌说服了，宋应昌下令明军追踪日军南下。但是，日军扣留了两位朝鲜王子，将他们交给殿后的部队，明军只好远远遥遥跟随，并未出击。[65]

宋应昌嘱咐中、朝联军，要与日军保持一二日的路程，要近到足以查探情报，又不至于挑衅敌人来战。朝鲜人请求明军在大城市和东南要道留兵镇守，防止日军反扑。这些明军或许还能协助训练朝鲜军队。5 月 31 日，李如松率大军 30000 渡过汉江，4 日后，刘綎也率军 5000 抵达清州，不过此后不得不坐等东南运来的粮草，并建议搭造浮桥加速运粮。朝鲜人不满意这种安排，敦促明军尽快采取更积极的作战行动。乡间的吴希文也痛惜明人“大损天威”。[66]

明军依然行动迟缓，因为李如松担心遭到埋伏。日军再度来袭甚至入侵明朝海岸的谣言四处流传。鉴于中、朝联军兵力仍然不足，诸将判断，最好不要贸然采取行动。既然有更多军队正从国内赶来，明军相信，必要时不妨择机而战。至少，他们足以建立牢固的防御体系。例如，有 8000 名士兵被派往鸟岭，一年前申砬就在此地战死。宋应昌还提议，朝鲜人应效仿明朝采取海防措施。许多朝鲜人听到明军接到命令勿杀倭贼，十分气愤。[67]

尽管目睹了王京收复后的惨状，宋应昌还是写信恭贺宣祖：“藉诸将士之智谋，三都已归，八道尽复，虽王之二胤尚在播迁，而我之大兵尚在追击，破其思归宵遁之卒，计当朱明阳盛之时。”根据朝鲜人的说法，至少李如松如今希望归国，认为自己的任务已经完成。他写信告诉宋应昌，一旦倭人撤退，他就回师。[68]

加藤清正挟持着他作为谈判筹码的二位朝鲜王子，与诸将一同撤退。明军告诉他，若有任何一位王子受伤，明军将消灭全部入侵的日军。尽管丰臣秀吉已下令增派援军和粮草，但又改变了心意，允许前线诸将进行战略撤退，直到站稳脚跟。不少日军留在朝鲜，加固倭城。[69]事实上，日军多是在原来朝鲜山城的基础上，以加固的内堡为中心，一圈一圈增修土石防御工事。在形式和功能上，这些倭城同当时日本本土的城堡很相似。由于城堡的外墙矗立在高地上，攻击一方就暴露在铁炮和火炮的远射火力下，甚至常常使明军难以将重型火炮部署到前线。

这些倭城位于朝鲜海岸线和近岸岛屿上。这使得日军诸将在遭遇进攻时可以互相支援，也便于从对马岛和本土获得补给。加藤清正率日军 6790 人，在熊川城外布阵。小西行长、宗义智、锅岛直茂进驻西生浦周边的三座倭城，兵力有 15000 余人；毛利辉元驻扎在釜山浦，兵力有 17000 余人；小早川隆景驻扎在熊川，兵力有 6600 人。到 1593 年年中，上述倭城中的日军总兵力约为 78000 人。较大的兵营估计有 5000 至 7000 人，较小的兵营大约是这个数字的三分之一。除了弓、箭、刀、矛、甲胄、火药、铅、硫磺和硝石等，这些日军部队皆装备了至少数门大口径火炮，加上更多的铁炮。[70] 丰臣秀吉从国内派来了医师，僧人和牧师也都来到朝鲜前线，鼓舞军队的士气。这些倭城通常由朝鲜奴隶劳工，或者随军渡海的日本杂役负责修筑。朝鲜的厨子、艺人，包括妇女，都被带入倭城提供享乐。

明朝和朝鲜坚信己方在接下来的和议中处于优势地位，因为他们收复了三京，然而，日本一方并不打算完全放弃主动权。此时，晋州城位于日军沿海据点的势力范围内，由于英勇战死的金时敏的功劳，日军在上一年秋季未能攻下该城。此时若能攻克晋州，不但可以报仇，还能挽回一点日军失去的荣誉，让日军在谈判桌上更理直气壮。1593 年 3 月以来，丰臣秀吉就屡次下令进攻晋州城。于是，宇喜多秀家、加藤清正、小西行长、毛利辉元和小早川隆景率 90000 余名士兵前去进攻晋州，他们还得到了本土援军的增援，这部分援军本来要驻守王京，可惜来迟了一步。就在日军再度来袭之前，权栗和金命元率领的朝鲜军已主动进逼日军阵地，想趁敌人虚弱时先发制人。朝鲜军一直推进到咸安，发现此地已是空城一座，对进一步行动犹豫不决。不过，中、朝联军占领了庆尚道和全罗道的一些要塞，以阻止日军袭击王京。李如松允诺，一旦晋州遭到袭击，他将从南原发兵来援，认为晋州坚守一阵不成问题。[71]

刘綎写信告诉加藤清正，大明天子对倭人入侵感到愤怒，一旦和议不成，将发兵百万，一举荡平。加藤清正看出刘綎只是虚张声势，率军前去参与围攻晋州。都元帅金命元意识到晋州岌岌可危，四处征兵，但应者寥寥。由于副将事先逃走，李宗仁只好独自坚守，他下令："义兵诸将今方来会，轻易弃城者斩！"郭再祐认为孤城难守，提议撤出晋州。晋州的城池确实非常坚固，南临南江，北有深广的护城河掩护。不过，日军还是在东面集结了60000余人的大军，大肆围攻。晋州城原本的驻军有4000余人。李宗仁派人去向刘綎求援，刘綎却没有及时赶到。7月17日，朝鲜将领金千镒以及一小队明军入城协助守御，并许诺还有更多援军。[72]

日军分兵数千，部署在晋州东北的山峰上，主力则将晋州重重包围。朝鲜军并未主动出击，只是撤入防御阵地。日军竖起高大的竹盾掩护进攻。一名日本探子报告，晋州城内几乎没有士兵，只剩民众，日军诸将中有人提议撤军。但是，宗义智和松浦镇信指出，朝鲜军队或许会潜入城市并设下埋伏。于是，加藤清正下令大举进攻。7月21日，日军正式开始攻城，无数士兵从晋州城外的土山上向不幸的朝鲜守军猛烈射击，弹如雨落。守军事先引水灌满了护城河，但日军设法掘开了堤坝，将水引走，然后用石头、干柴和泥土来填满壕沟。这一次，日军还吸取了去年围攻失败的教训，建造了大型攻城塔，设计了精巧的龟甲车，这种龟甲车在车顶盖有加固的防盾，掩护攻击者抵近凿城。朝鲜守军则从城头上抛下火把，焚毁木车并烧死车里的敌人。加藤清正又下令在龟甲车上蒙上防火的牛皮，继续进攻。[73]

金千镒坚持指挥守城，尽管他行动不便，多数时间都要人抬着，据说仍然亲手为士兵熬粥。接下来数日，朝鲜守军顽强抵抗，还有些朝鲜人越城而逃，穿过茂密山林，希望向明军求助，但多数被日军俘虏并杀害。朝鲜将领黄进被流弹击中阵亡。徐礼元代替他指挥守城，负责巡城支援。7 月 24 日，援兵从东面靠近，但未能解围。当夜，东门在惊天动地的爆炸中坍塌，日军一度攻入东门。双方发生了激烈战斗，日军被迫撤退。7 月 25 日，守军又击退了四轮突击，朝鲜军发射玄字铳筒，日军损失惨重。[74]

翌日，日军进攻晋州城北面和西面。至于东面，朝鲜守军部署了火炮，日军则在东门外竖起了大型木栅。加藤清正的士兵使用撞城锤攻城，又试图在城内纵火。这些策略最初颇有成效，城内大火四处蔓延，但接着就下了一场大雨。日军呼吁金千镒投降，他回答："我固战死而已。"不过，日军并未放弃，最终在 7 月 27 日破城，加藤清正、黑田长政二人率军同李宗仁及其亲兵在城内巷战。熄灭了城内大火的暴雨也隳坏了城墙，城墙开始坍塌。朝鲜人用棍棒、石头和木柴进行抵抗，但已经难以挽回败局，许多人落荒而逃。日军身披硬甲，举着大盾牌，试图强行突破，却被一位来自金海的朝鲜勇将击溃，他一人斩首 5 级，城内民众也朝入侵者抛掷装着沸油的木桶。朝鲜史料记载，至少有 1000 名日军战死。[75]

日军尸体在城外堆积如山，朝鲜守军的长矛和弓箭让进攻一方损失惨重。加藤清正似乎有意撤退，只等待翌日再发起一次突击。

然而，就在这个生死时刻，负责防守北门的朝鲜士兵，感到战局无望，纷纷弃城而去。日军趁机迅速冲入城中。金千镒及其子从城楼上目睹了这一切，绝望地相抱投江而死。徐礼元也在城破时被杀；当天一同被日军杀害的还有 20000 名朝鲜人。[76]

有史料宣称，日军破城时对城内军民进行了全面屠杀，只留下一个活口回去报信。据说，晋州城方圆约 5 里（1.75 英里）内，包括江河，都填满了朝鲜人的尸体。有一名幸存者提醒日军，明军正在赶来，但日军毫不在意，说："明人已退矣。"据说，日军的屠杀连牛、马和鸡也不放过。这是整场战争中最凶恶的一次暴行，导致 60000 余名朝鲜人丧生。当时的人普遍认为，这场暴行的罪魁祸首是加藤清正，目的是要讨好丰臣秀吉，压倒他的对手小西行长。据说秀吉得知日军攻破晋州，非常欣喜，并大大奖赏了加藤一番，因为他是第一个入城的将领。[77]

在晋州之战中，还发生了整场战争中最具传奇色彩的事件。传说，当战胜的日军诸将在晋州城内庆功时，一位名叫论介的朝鲜美女艺伎，将一名日将引诱到城楼上，拉着他一起跳下，摔死在山崖下。后来，朝鲜人在这处遗址上修建了一座"义妓祠"。今天韩国人仍为她举行祭祀活动，将她视为女性为国捐躯的榜样。[78]

晋州陷落前，李如松调遣麾下将士把守所有通往王京的要道。部分朝鲜军队与日军发生了小规模冲突，据说甚至伏击了敌人，将之击退。不过，刘綎并未参战，声称自己未奉明令。不过，刘綎确实给加藤清正写信，警告他："却乃复肆猖狂，攻陷晋州，屠戮甚暴。皇帝一闻，愈加震怒，除旧兵二十余万，新调精锐六十万，海船二千号，特命本部总督，剿杀汝等，以靖东方……汝等再三思利害，慎之慎之。”明人警告，日军的暴行可能会破坏任何现有的和议，并补充说，若日军全部撤出朝鲜，明朝或许就不必再增派大军。加藤清正及其麾下很快退入倭城，留下少量军队巩固防御，其他人则渡海回国。[79]晋州最终被骆尚志和李蕡重新占领。

令人吃惊的是，晋州屠杀并没有彻底结束双方的和议。朝鲜人自然很懊恼，希望双方停止谈判。不过，明朝使节已抵达了日本——6 月 13 日，他们已离开釜山前往名护屋。此外，据说应小西行长的请求，日军还释放了被俘的王子。不过，两位王子回归，究竟是在晋州之战前还是之后，史料说法不一。有人认为，他们是在晋州之战后被释放的，好让和议不至于破裂。也有人指出，两位王子是在晋州屠杀前被释放的，或许是为了麻痹中、朝联军。[80]后来小西行长为自己开脱说，日军破坏晋州城，是秀吉下达的命令，他本人与此事无关。据说，沈惟敬在加藤清正的大营时，听说日军打算进攻晋州，他试图给中、朝联军报信，又劝加藤不要进攻，可惜没能成功。宋应昌和李如松都不相信沈惟敬的说法。宋应昌解释为何沈惟敬未能劝阻日军时说：“其时彼尚在倭营，王子亦在倭人之手，此举不过为秀吉泄恨。”*小西行长说，如果彻底放弃晋州，日军就可以安心东去，他还说：“然止于晋州而已，保无他忧也。”此后，他派了

* 查《乱中杂录》，作者误读了这部分史料。为行文流畅，保留英文原意。《乱中杂录》记载，宋应昌因日军攻打晋州而迁怒于沈惟敬，令其与日军交涉：“你既以令倭下海，取归王子。而贼犹屯住，枪掠不已。你须还入贼营，分明晓谕。不然我将移咨兵部，重究不恕。”沈惟敬辩称，秀吉是“以泄前怨”。

家臣小西飞（内藤如安）和沈惟敬一同赴明谈判。内藤如安于 1593 年 8 月中旬抵达王京。[81]

朝鲜人颇为恼怒的是，据说明军粗暴地从朝鲜民户处征用粮草补给，包括贵重物品和牲畜。明军将领约束了此类活动。此外，有些朝鲜民众开始乔装成倭人，袭击本地的城镇和村落，让局势更加混乱。各道都发生了粮食短缺，雪上加霜。[82]

宋应昌在给宣祖的信中要求留下 20000 兵马。这部分军队分别部署在两个大营：一个在大丘，镇守庆尚和通往王京的要道，另一个在晋州附近，或许是南原。留守朝鲜的明军，按月领取正粮银 1 两 5 钱，外加盐菜银、衣鞋银等，总计达每月银 3 两 6 钱。照此计算，留守朝鲜的这支明军，一年需要耗银百万两。明朝官员担心朝鲜人无法全数办集这笔费用，他们指出虽然天朝物产丰富，但朝鲜矿产贫乏。因此，明朝允诺为留守明军提供 30% 的军费。[83] 此外，还拨出费用置备过冬衣装。大部分留守的明军是南兵，可协助训练朝鲜军和加固防御工事。

万历帝同意了宋应昌、李如松的请求，下旨全面撤军。李如松已分出 12000 余人用于留守，宋应昌尽力凑齐剩下的 8000 人。这 12000 名明军中，有 1000 人特别说明是擅长火器，预计部署在全罗、庆尚两道的要害处。得到南兵式样的训练和装备的朝鲜军也会增援他们。不过，上述补给问题很快迫使明朝将留守兵力缩减至 16000 人，当然，关键是明朝赴日使节不至于无功而返。[84]

明朝显然需要将李如松调往东北平叛。临行前，李如松给宣祖写信，叮嘱在朝鲜各道加固城墙，改善防御。他还告诉朝鲜大臣，明朝在孱弱的朝鲜危急存亡之秋出兵搭救，这份恩典朝鲜人应该牢记。[85]不过，尽管李如松自己多次请求回国，他还是惺惺作态地表示，自己在朝鲜未竟全功。出发时，李如松给一位朝鲜东道主写了一首诗：

> 闻道将军捲甲还，定知和代是非间。
> 朝廷若有班师命，不独唇亡齿亦寒。[86]

9月16日，大部分明军撤回了辽东。明朝甚至考虑为朝鲜制定未来20年的防御计划，提出即便训练20岁至40岁的青壮，朝鲜也能从一道征集10000士兵，八道合计80000。明朝官员呈交了大量奏议，记录了各类城墙的精确尺寸及修缮建议，详细说明了建材的种类和最理想的防御器械。明军诸将各司其职，协助训练朝鲜军：宋大斌负责训练朝鲜军铸造和安装火炮，刘綎负责定期操练。[87]明军诸将强调要充分利用朝鲜崎岖山地的战略价值。他们甚至主动提出帮助朝鲜人勘探和开采矿产资源，好给军队发饷。

宋应昌和宣祖就如何提高朝鲜的军事实力进行了多次商议。明人还告诉朝鲜人，正如戚继光所言，徒勇不足以致胜，必须先严格操练。他们强调，朝鲜的军事文化需要革新，提议先由宣祖任命一名都元帅，全权制定和执行军纪。他们指出，宣祖如能以身作则，臣下无不顺从。10月27日，宣祖最终回到了王京，下诏罪己，并在宗庙举行了一系列祭祀。万历帝也很欣慰，但还是警告宣祖，明朝不能总是出兵搭救。[88]

朝鲜人接受了上述建议。李舜臣升任全罗、庆尚、忠清三道水师统制使。朝鲜整个南部都抓紧征兵。举行了专门的武举，并且规定，上缴一个倭寇的首级，就可授予相应的军职，不过这也导致了杀良冒功的情况。单是1593年农历十二月，宣祖就陆续提拔了11名文官和1600余名武官。权栗挑选了另外900名武官戍守陕州。在防线上，朝鲜人重建了许多山城，在各要害地点部署了火器。宣祖还下令遣散义兵，担忧这些武装如今可能造成骚乱。许多义兵领袖拒绝解散，表示如今不再服从那些曾经擅离职守或没有参与反抗入侵的朝廷官员。[89]

整个秋季，两军之间不断爆发小规模冲突，这证实了宋应昌的忧虑。例如，刘綎就曾遭到日军包围，被朝鲜将领高彦伯所救。明军派出许多探子，希望探查沿海地区的情况。小西行长一再否认日军的袭击同他有任何关系，朝鲜乡间仍然传言，倭人将于春季再次来袭。这些说法显得颇为可信，因为它们往往来自倭营中逃脱的人，或是战役结束后中、朝联军放归的人。尽管朝鲜人承认，江原道和全罗道的确比较安全，因为有明军留守，但他们仍然担心，东南地区的日本占领军几乎可以自由行动，可以趁机加强倭城的防御，准备迎接新一轮收复失地的进攻。[90]

8月下旬，小早川隆景和毛利辉元奉命率军归国。不久，众多日军将领也紧随其后。初秋时分，朝鲜只剩下43000余名日军。在留守的主要将领中，加藤清正驻扎西生浦；小西行长、宗义智和松浦镇信分别驻守熊川周边的三座倭城。岛津义弘驻扎巨济岛的永登浦；岛津义久镇守济州岛的倭城。岛津义久在济州岛的倭城有2000

人。城上部署了 105 支火铳，其中有大口径一支，中等口径若干，加上 75 支小口径（二匁）短铳。火炮的弹药和配给，包括 400 斤（532 磅）硝石、400 斤火药、450 斤铅、40 斤硫磺和 4000 发弹丸。日本守军还装备了 100 张弓、2000 支箭、400 把刀、15 套具足、7 顶兜和 100 支长矛。[*][91] 这类储备显示，日军并没打算很快撤走，但这也不能说明他们计划长期占领。不过，次年，天主教传教士抵达小西行长和宗义智等信奉基督教的大名的营地，或许说明日军预期要停留较长时间。

事实上，耶稣会士塞斯佩代斯（Gregorio de Cespedes）可能是抵达朝鲜的第一个欧洲人。他先于 1577 年抵达日本，并且同日本的一些著名基督徒进行了联络。其中就有小西行长，他把女儿嫁给了宗义智，劝说他也皈依了。1593 年末，小西行长邀请塞斯佩代斯前来朝鲜，抚慰前线的基督徒士兵，这也让小西行长之女十分高兴，她显然随丈夫到了朝鲜。[92] 在小西行长麾下的全体大名中，只有松浦家不信基督教。可惜，耶稣会士和朝鲜人遭遇是在兵燹之后，他们的报告往往记录了日军的残暴。日军由于精神空虚，便以比赛、跳舞、唱歌、戏剧和猎虎来打发时间。加藤清正就很喜欢猎虎，不过，他禁止部下追逐戏剧这类轻佻的娱乐，虽然丰臣秀吉就很喜欢看戏。

沿海的倭城也充当了朝鲜物产的中转站，这些物产包括陶器、奴隶等等。大批妇女孩童也被掠往日本，叛投日本的朝鲜官员和平

---

* 岛津义久并未参与侵略朝鲜。与作者所参考的《朝鲜之役》比较，这组数据疑为岛津义弘在巨济岛倭城的武器配置。

民显然是奴隶的主要提供者。其中有些不幸之人将在日本滞留多年，甚至永久定居。不过，这类活动也产生了某些积极的影响。有些朝鲜官员同俘虏他们的日本人建立了友谊，并帮助将朱子学传入日本，这是此前未曾有过的。对于历史学家来说，姜沆等俘虏的日记提供了许多16、17世纪之交日本社会和文化生活的情报。[93]当然，这些积极的影响并不能够掩盖造成这一切的暴行。即使到了今天，朝鲜俘虏的后裔在日本也往往被视为二等公民。

正当日军不断加固防御并横加盘剥朝鲜民众之时，双方的和议也在继续。宋应昌对日军仍未完全撤离感到气愤，他在1593年末的书信中经常提及日军发起的袭击和乡村骚乱。他不断怀疑明朝撤军是否妥当，但又觉得束手束脚，难以施展。宋应昌指示刘綎，为朝鲜百姓提供武装保护，并告诉他让那些如今不愿从军的人复业。[94]明朝还考虑如何让曾被日军裹挟的朝鲜人回归社会，尽管他们的朝鲜同胞并不太信任这些人。更有意思的是，留守的明军不得不承担起类似今天国际维和部队完成的许多事务，只是完全没有进行真正的训练或承担明确的职责。

最终，宋应昌不得不因病请辞，认为自己健康状况恶化的原因是朝鲜的气候和缺少良医。事实上，他显然厌倦了朝中无休止的党争和掣肘，也烦透了那些不懂朝鲜战局的朝中官员的无端攻讦。一些史料记载表明，宋应昌其实是遭到弹劾而被罢免的，不过他回国后获得的许多奖赏似乎否定了这种说法。当代中国的历史学家也指出，李如松因为理所应当的战绩而备受嘉奖，这让宋应昌十分反感。朝鲜史料记载，因为不信任日本人，宋应昌力主在朝鲜至少留下一支象征性的明军保持威慑，并敦促朝廷不要轻易放弃既得战果。他认为，明朝与朝鲜唇亡齿寒，保护朝鲜仍是明朝的第一要务。万历帝批准了宋应昌的辞职，代之以顾养谦。顾养谦奉命直接赶赴宁远，同当地的诸将商议后勤事宜。李恒福和尹斗寿当即请求顾养谦重新审视明朝继续和议的立场。[95]

万历帝慰劳了宋应昌，赐予4袭大红蟒袍，白银100两，一子袭爵。他还被升为右都御史。其他立功的明军将士也获得了晋升和赏赐。为了缓解朝鲜的饥荒，万历帝下令，再从山东运去100000担（6666吨）粮食。时人日记显示，朝鲜饿殍满地，不少朝鲜百姓对军队消耗了大量粮食感到怨恨。[96]然而，一旦军营也发生饥荒，士兵就经常不顾明确的禁令，掠夺平民粮食。

李如松返回辽阳后，明朝内部在如何处理倭人的问题上仍分歧不断。许多人认为，哪怕不许通贡，只是册封丰臣秀吉已经非常糟糕，还有传言说大明要赐婚，此举绝对冒犯天朝的威严。此外，明朝也须顾及朝鲜和其他藩属国的感受。有些官员主张继续派兵，至少要赢得有利的谈判地位。其他人则希望采取更缓和的姿态。最后，石星建议，册封秀吉为没有通贡权利的国王（许封不许贡）。不少人对这个决定颇有微词。（上一年因平定哱拜而获得嘉奖的）萧如松*

* 英文原文此处作“Xiao Ruxun”，根据前文“上一年因平定哱拜……”可知，作者将萧如松误认为萧如薰，今改正，正文括号为校者所加。查作者所引《再造藩邦志》，有“南京陕西道御史萧如松”的记载，与萧如松官职合，肯定不会是萧如薰。此外，英文原文并未引用萧如松奏章原文，而是对其内容进行了概括。此处引文从奏章原文中摘录，尽量贴近英文原意。

说："臣闻日本遐在海岛，凶狡异常……今关白以亡命之徒，萌启强之念……皇上独不观款虏之事乎？我以厚利悦虏之心，虏以和好怠我之志。及虏渝盟，卒致边事。大坏极敝，不可收拾者，则以徒恃贡，而不修武备之故也。"[97]

朝鲜人同意萧如松的看法，认为明朝上述决定无异于"误国"，质疑石星和沈惟敬的动机。他们还批评明朝自以为是，质问明朝还准备同倭人达成多少交易，还说，有名无实的头衔不会填满倭人的欲壑。朝鲜人将倭人同蒙古俺答汗相提并论，认为自己"前有虎后有狼"。他们争辩说，要实现和平，只有断绝同倭人的一切来往，将入侵者赶出朝鲜半岛——此外任何让步都有损天朝威望。朝鲜人还指出，本国不擅战斗，若不彻底驱逐倭人，就需要一支规模更大、消耗更多的明军来保证半岛的和平。宣祖还抱怨说，朝鲜两百年的事大之诚并没有得到应有的肯定，倭人背信弃义亦未受到应得的惩罚。[98]

明朝兵部表示收到了宣祖的上书，但未即时一一回应，反而申诫朝鲜要整顿内政，不可一心仰仗天朝。顾养谦试图安抚宣祖，告诉他天朝已着手加强海防，刘綎诸军也继续留守朝鲜。一旦倭人再次来袭，天朝已做好准备迅速反击。刘綎等人必定能够坚持到明朝援军自海上抵达。在王京，柳成龙和其他朝鲜大臣继续讨论，并同明朝诸将商议。游击将军戚金把双方议定的条件透露给柳成龙，柳成龙当场拒绝。戚金和沈惟敬并未在意，告诉他倭人确实正从釜山撤退。不过，各地传来日军烧杀抢掠的报告，让朝鲜官员非常焦虑。对此，明朝官员援引了《孙子兵法》等，抨击朝鲜人不懂长期战略。[99]

尽管如此，宣祖和诸大臣仍怀疑日本人，并未放松加强防御和操练。他们还不断请求明朝加派军队和粮草。明朝则鼓励朝鲜自己大兴屯田，不过，1594 年初，明朝还是从沿海各县用船调运了 9000 余担（600 吨）粮草。明朝还批准输送大批火器。最关键的问题，仍是如何更快地运输需要的物资。尽管李舜臣和水师诸将似乎控制了海上，明朝还是担忧海上运输补给可能会被日军截获。日军战俘透露，援兵已经启程，于是李舜臣和元均奉命加强海上巡逻。[100]

农村的饥荒和骚乱，又给日本的军事威胁火上浇油。宣祖急切希望改善救荒粮食的发放，特别是因为经历上一年的灾难后，他的威望急剧下降。因此，宣祖不断催促本国官员和明朝的驻朝代表，请求加运粮食，遏制盗窃和抢劫蔓延。明朝官员答复，正是由于这些困难，明朝才仅在朝鲜留下这支规模有限的明军。其中一人解释说，驻扎更多的明军，徒然增加朝鲜百姓的负担。宣祖辩称，朝鲜如此困顿，多半是因为要为明军提供军需。明朝的回应是允诺再运粮 100000 担。[101]

议和过程中发生的种种误解和扭曲、导致战火重燃的恐吓，以及随后的朝鲜请兵，正揭示了在早期近代的东亚，中华朝贡体系是如何运作的。地位与合法性相辅相成，但二者都只能由一直处于体系顶端的中国来赋予。甚至丰臣秀吉也认清了这一现实，于是决心通过征服来赢得地位，这在中国的政治传统中是完全合理的。如果他成功击败了朝鲜和明朝，他就有权宣称拥有“天命”。丰臣秀吉的野心或不止于此，但这并不能模糊这一认识。

明朝出兵救援朝鲜，也凸显了后勤的关键作用。在冬季，明朝不得不在朝鲜崎岖的地形上调运大批粮草、武器和其他装备，这是一个艰巨的挑战。明朝的实际表现，证明了晚明国家及其军事机构的组织动员能力仍然可观。同时代的欧洲国家，在更短的距离内维持哪怕四分之一的兵力都极其困难。最终，欧洲君主通过军队承包商克服了后勤困境；相比之下，明朝和朝鲜则依靠精密的官僚组织，将兵员和物资输送到遥远的前线。[102]

我们尚未考虑从辽远的帝国各地征调人力和物资必需的筹划和努力（这本身就是一个值得研究的课题）。朝廷下诏援助朝鲜并得到各方配合，这说明万历帝操纵的国家机器的运转仍然颇有效率。尽管明朝一方有人试图将这场战争描绘成天朝对忠诚藩属的无私庇佑，除了出钱募兵，明朝并未打算“出售”* 这场战争。尽管军队发生过零星的哗变和脱逃，明朝政府似乎仍有足够的影响力迫使臣民采取行动。不过，这也是所有近代早期军队的特点。同时代的欧洲军队，在作战期间的损耗率每月至少为 2%，或许更高，在某些情况下高达参战军队的 90%。[103] 尽管朝鲜史料记载了明军的种种违纪行为，大部分明军仍然保持了齐心战斗的能力以及表面的纪律和秩序，这说明，就算得到了朝鲜的大力支持，明朝的官僚体系在外国领土上依然能够掌控、装备和维持本国军队。

党争在此时也初露峥嵘，在议和过程中以及日军的再次入侵中

* 此处“出售”意指同时代欧洲出现的将后勤工作交给承包商的行为。

会变本加厉。明朝官员分为主战和反战两派，双方党同伐异，互相掣肘。由此造成的混乱，持续破坏着军事领域的努力。前线同后方一样，也是矛盾重重，例如文武之争，南北之争，等等。明朝并非一个同质的帝国，各族群、各地区之间时常产生龃龉。这类琐碎的争执往往在明军中引发对峙，结果，各地军队如能和衷共济就可获得的优势可望而不可即。

至于万历帝，这场战争既证明了他的能力，也揭示了他身为君主的缺陷。万历帝不顾众多官员的异议，决意出兵保卫朝鲜。尽管出兵的决定无疑有着唇亡齿寒的考虑，但万历帝确实希望搭救忠诚的藩属。万历帝的决断力无疑将得到宋应昌的激赏，宋应昌也希望能忠实完成皇上托付的重任。万历帝自然感到了来自朝野各方势力的束缚。不过，强兵是他的夙愿，军务仍是他能够充分施展的领域。万历帝宵衣旰食，选拔他认为最称职的人来赢得这次远征，不在乎他们是否在官场上左右逢源。万历帝在批准远征军费时也毫不吝啬。他慷慨地批准对军队进行特殊赏赐，还下拨额外银两置备冬装。[104]

此外，万历帝也耐心收集全国各地官员的建议。他同派驻朝鲜的官员定期联络，尽力熟悉在朝鲜的最新进展。他还同宣祖频繁通信，始终以仁慈君父的面目示人，并执意贯彻自己的权威（他在国内恰恰缺少这种权威）。万历帝下达给宣祖和丰臣秀吉的诏令，表明他十分在意自己正统天子的地位，他期待宣祖顺从旨意，期待秀吉匍匐在天威之下。

当然，事情也有消极的一面，万历帝任人过专，还经常发出含混矛盾的旨意。他广开言路，却又惩罚那些敢于提出批评意见的人。好比一对夫妇其实并不情愿查清楚对方是否不忠，万历帝在同日本议和时也往往满足于表面上的浮夸，或相信十分离谱的说法。对此，石星、沈惟敬等人大概难辞其咎，万历帝本人也不能完全免责。在随后的议和过程中，这些问题将愈加严重。

第五章

困于龙与旭日之间

和议与占领（1593—1596）

“但倭情狡诈，未可遽称事完。”

——万历帝

回望历史，明朝和日本的和议注定破裂，其原因十分明显。双方在根本问题上分歧甚大，皆不愿退让。明朝对待丰臣秀吉的方式，与对待其他“蛮夷”滋扰的方式别无二致。不过，日本同杨应龙或哱拜的最大区别，在于日本的实力和狡诈。明人不是在和部落酋长或满腹牢骚的将军打交道。这次他们面对的是一个在外交和战争艺术方面相当老练的敌人，这个敌人没法轻易收买或击溃。

和议以彻底失败告终，但和议本身揭示了许多关于中华朝贡体系的辞令和运行的情况，也揭示了早期近代东亚国际关系的性质。朝贡体系的框架包容了不同性质的国际关系——战争、贸易和外交。就壬辰战争而言，明朝在军事和外交上都履行了对藩属的义务。朝鲜人完全有理由对谈判的进行方式感到恼怒，但毕竟明朝出兵挽救了朝鲜，朝鲜人绝未忘记这一点。同时，丰臣秀吉对自身权力和威望的认知，与明朝关于权力和威望的话语是一致的。秀吉渴望得到比大明天子更优越的地位，渴望创造一个结合了日本封建制和中华式普世君权的大帝国。

日军撤离王京后不久，沈惟敬在同李如松最初会面的时候，强调石星坚持主张议和。[1]沈惟敬在小西行长营中留下了一名代表，然后返回京师，同石星商议将来的和议条款。重返朝鲜后，他与小西行长和加藤清正进行了几次会面，讨论达成和议的条件。

根据小西行长的说法，日方开出了七大条件：

1. 和亲，就是万历帝将公主嫁给日本天皇。另外一个版本是册封秀吉成为明国国王。
2. 割让王京南部和东部的四道，划汉江而治。
3. 两国恢复通贡。
4. 明、日两国大臣互换誓词，永远保持和平。
5. 按照日本习俗，朝鲜送去一位王子和数位大臣作为人质，表明善意。
6. 被俘的朝鲜王子二人及陪臣移交给沈惟敬。
7. 朝鲜誓言永不破坏和平。[2]

这些要求显示，丰臣秀吉自认为是战胜的一方。他还规定，朝鲜必须允许一定数量的日军留守，直到议和彻底完成。不过，尚不清楚太阁殿下对前线战局有多了解，或许他心底已经承认，征服大明是不现实的，遑论远征印度。加藤清正和小西行长之间不断针锋相对，极大影响了秀吉对局势的看法。加藤或是完全认同主公的想法，也可能是渴望胜过小西，建立功名。史料记载，在看到和议条款后，金应瑞问小西行长："日本乃海隅褊小之国，岂敢仰告天朝以求许婚之事乎？……大明以无女子答之，则奈何？"[3*] 金应瑞确信，此等荒谬的要求是出自加藤清正的授意，因为他不愿意看到议和成功。不过，恐怕不应该过多怪罪加藤，也有可能是秀吉亲自口授了这些条款。

李光涛指出，小西行长的声明反映了秀吉的意愿，因为他才是日方的主要谈判代表。事实或许如此，但小西行长不断欺瞒秀吉和明朝，这大大削弱了他的信誉。如果小西真的获得了秀吉的充分信任并理解秀吉的意图，那么，1596 年秀吉从万历帝那里获得册封时，他必然明了其中的内情。当然，小西或许只是误解了秀吉，以为他对利润丰厚的贸易的渴望胜过其他一切考虑。若是如此，那么小西就应该加倍努力地推动正常的通贡，而不是最后仅争取来一个封而不贡的空洞头衔（日本国王）。或许小西和秀吉打算借这个头衔来挽回面子，并提高秀吉在本国相对于其他大名的地位。[4]

明朝拒绝了上述议和条款，他们也认为自己是战胜的一方。沈

---

* 本章注 3 所引原文是小西行长对金应瑞说的话，作者理解有误。此外，本章注 73 引文与此处同。此两处译文转引自李光涛《万历二十三年封日本国王丰臣秀吉考》的不同部分，注 3 处引文在李书中未标出处，注 73 处引文在李书中引自《乱中杂录》，为史料附注，并无上下文。查主要史料，也只有《乱中杂录》有此原文，乃甲午年（1594）十一月二十一日金应瑞与小西行长会谈之事。

惟敬告诉小西行长，一旦和议破裂，明军将围歼留在朝鲜的日军，小西严肃地权衡了这一威胁，沈惟敬说："天朝更发大兵，已从西海来，出忠清道，断汝归路，此时虽欲去不可得也……尔等若还王子陪臣，敛兵南退，则天朝当许封贡，而两国无战争矣。"[5]明朝开出的议和条件如下：

1. 日本立即从朝鲜尽数撤兵归国。
2. 日本承认朝鲜和日本皆为明朝属国。
3. 归还被俘的朝鲜王子。
4. 秀吉为侵略朝鲜之事悔过，天朝谅其心诚，或会准予封贡。
5. 日本誓言不再入犯朝鲜。[6]

上述条款是小西行长和沈惟敬商议确定的，因为小西已经同意归还俘虏的朝鲜王子，沈惟敬则承诺明朝赐婚，这样日本就能像邻国一样参与封贡贸易。然而，这里存在一个误解——小西行长所说的和亲，在沈惟敬那里则被说成是册封。这样的安排让丰臣秀吉的地位低于万历帝。小西行长显然认为能够瞒住秀吉，因为通商的诱惑实在太大了，或者他自认为能掩饰册封的真实含义。日本史料还记载，小西行长告诉太阁，他将被明朝册封为大明皇帝，这个保证显然很荒谬，秀吉居然欣然接纳。[7]

至于明朝一方，大学士张位、沈一贯都支持出兵，朝中大多数臣僚的想法也差不多。不过，很多人此时选择明哲保身，不愿意发表意见。不少人相信，议和不过是缓兵之计，好让明朝调集更多兵力和物资到朝鲜。主和派的领袖是石星，他认为倭人已被赶出了王京，可能会全面撤兵，特别是秀吉如能得到册封。石星指出，朝鲜已经获救，两都也光复了，天朝已仁至义尽，何必再兴师动众，劳民伤财。[8]

通贡问题也很关键。不少官员指出，对于秀吉，宜封不宜贡。有些人主张，日本在宁波的通贡等级应该低于蒙古人，同时应在沿海开放可以征税以支付军费的榷场。其他人则担心，要保护朝鲜周全，明朝就不得不持续投入兵力财力。主战派官员坚称，抛弃朝鲜毫无道理，且史无前例。他们抨击李如松怯战，认为只要为明军提供充足的补给就万事大吉。[9]

还有些官员认为，虽然明军可以帮助朝鲜训练新兵和屯田，朝鲜应为自身的国防承担应有的责任。石星表示反对，他主张在议和期间撤走所有明军，以示诚意。沈惟敬也反对姿态过于决绝，“吾官可去，兵必不可撤”。[10] 大多数人同意，即使只在朝鲜留下一支象征性的兵力，也能够让明朝在议和上获取更多筹码。明朝君臣普遍忧虑秀吉仍打算入侵明朝，明朝和朝鲜唇亡齿寒，不能弃之不顾。

尽管谈判双方各怀疑虑，小西行长仍在 6 月初护送沈惟敬抵达釜山。谢用梓和徐一贯是宋应昌指派的明朝官方使节。在日本史料中，二人常被称为伪使，鉴于沈惟敬与宋应昌、李如松的关系，二人的使命似乎更多是监视沈惟敬。他们给沈惟敬带来了送给小西行长和日本诸将的礼物和衣服。李如松看到了，大笑：“倭方畏寒，今给此，所谓赍寇兵而赏盗也！”宋应昌对倭人仍盘踞釜山周边表示忧虑，因为他们可以由此轻松进攻大邱和南原等城。不过，明朝仍不鼓励明军和朝鲜军主动发起进攻，以免破坏和议。[11]

6月13日，小西行长偕明朝使节从釜山启航，前往名护屋。6月21日，他们得到了秀吉的亲自迎接，还参加了太阁举行的宴饮。沈惟敬受到了礼遇，东道主向他赠送了礼物，日本史籍还提到了明朝使节似乎十分欣赏精巧的礼物。不过，礼仪问题仍未解决，因为使节就座次问题争论不休。景辙玄苏指责朝鲜人事实上帮助了日本人借道入明，谈判气氛一下子紧张起来。景辙玄苏希望朝鲜人受到惩罚，而明朝置之不理，指出如果日本人不相信明朝的说法，大可杀掉报信者。[12]

和议通过书写汉字进行，属于笔谈形式，据说对于和议的内容，连丰臣秀吉也被蒙在鼓里。明朝使节声称，万历帝不会容忍周边有人和明朝分庭抗礼，因此，秀吉必须接受较低的朝贡地位。玄苏协助写下了和议的条款，日本一方宣称，他们相信秀吉会接受和亲。一切都是朝鲜人的过错。然而，秀吉却相信，他将保住汉江南边和东边的四道，加上与明朝公主结婚。[13]

玄苏大概误解或有意扭曲了和亲与朝贡对秀吉而言意味着什么。在秀吉看来，这种关系意味着平等；在明朝看来，这意味着顺从。秀吉大概认为，对战败之敌，他已经足够宽宏大量，同强大的明朝结盟也很划算。毕竟，这正是日本国内彼此对立的大名之间打交道的方式。明朝的看法则完全不同。明朝认为，秀吉是一个悔过的蛮夷，渴望进入优越的中华文明，渴望在以明朝为中心的国际秩序中获得一席之地。

秀吉确实同意送回朝鲜王子，并向宇喜多秀家下达了命令。秀吉以盛大的典礼送走了使节，一众大名出席。[14] 在日本的和议持续了月余，正是在此时（7 月 27 日），加藤清正的军团血洗了晋州。此举当然激起了朝鲜人的义愤，也证实了明朝主战派的忧虑——即使倭人顺从明朝并撤出半岛，也不值得信任，不配通贡。尽管如此，主和的意见还是占了上风，明朝着手准备撤军。

然而，李如松依然在为接下来的战争做准备。刘綎率军 5000 驻扎尚州，把守住鸟岭关，而查大受和祖承训则奉命追击日军至釜山，他们确实执行了命令。日军退入釜山时，刘綎最终在大丘和忠州扎营。李如松还让李舜臣带领水师在东南沿海巡逻。李如松这些举动驳斥了当时某些人的指责，这些人后来一再声称，王京收复后李如松就一心想撤离朝鲜。[15]

权栗已命令僧侣重修泗川的城墙，但其他的重建工程却找不到足够的人手。在一些地区，房屋十室九空。朝鲜军的训练改革尚未就绪。赵庆男抱怨,朝鲜缺少令人生畏的大将或勇往直前的士兵——大多数人面对敌军望风而逃。在崎岖不平且满目疮痍的地区运送补给也艰难万分。日军在晋州之战后看清了对手这些弱点，发动了几次试探性进攻。在接下来数年间，他们还派出小股军队来试探朝鲜人，有点像棋手在开局阶段试探对手的防御。[16] 明朝和朝鲜进行了几轮内部商讨和宴请，结果是调遣明军和朝鲜军来回应日军的挑战。

这类行动促使兵科给事中张辅之上奏万历帝："倭聚釜山，原佯退，诱我撤兵，图渐逞。无故请贡，非人情。今猝犯晋州，情形已露，宜节制征剿。"他的提议被石星否决了。但宋应昌同意他的看法，称倭人"阳顺阴逆"，主张重新调遣明军。但在朝中许多臣僚看来，议和比昂贵的出兵更可取。他们甚至考虑，一旦明朝削减援助，朝鲜人或许能更快准备好抵御日军的再次进攻。[17]

盛夏时分，沈惟敬与日本正使内藤如安一同返回釜山。不难想见，晋州大屠杀的噩耗，加上日军在朝鲜南方仍咄咄逼人，无疑都给和议蒙上了阴影。万历帝得知晋州屠杀的消息，怒不可遏，打算立即彻底中断议和。围绕晋州之难的谣言迅速流传开来，例如，日军袭击晋州是因为饱受缺粮之苦。日军诸将仍然认为应该划汉江而治，因此他们觉得有权巩固各自在朝鲜的剩余战果。丰臣秀吉坚持，只有明朝使节赴日亲自和他会晤后才能开始议和。小西行长坦率地回应了明朝和朝鲜的忧虑，他反问："汝请和，而明兵入韩益众何也？"[18]

朝鲜军利用了明军入援的良机，如今在陆、海两方面给日军造成了严重的困难。朝鲜将领无心同入侵者媾和，打算随时趁机施压。李舜臣说："以舟师讨灭无策，水陆俱举，然后可能剿灭。故我国陆兵，互相移文约束。而天兵大军，请援无路，极为痛闷。"[19]明朝从不打算让朝鲜将领来指挥明军，相反，朝鲜军往往由明军将领调遣。在战术决策方面，明军将领在指挥系统中始终占据优势。除非亟需支援，他们甚至懒得将麾下的动向知会朝鲜人。

李如松和宣祖进行了多次商议，他解释，尽管明朝不能在朝鲜南边驻留大军，若倭人获得封贡，就会自行撤走，不再需要明军。他还补充，倭人胆敢再次入侵，明朝将调集一支更强大的军队，再次击败敌人。顾养谦估计，留守朝鲜的兵马有21000人足矣。即使是维持这样规模的军队，开销也不低，一月给养需银50000两。朝鲜人表示不满，他们打算继续进攻。李舜臣抱怨："天兵则悠泛度日，迄无进讨之奇。贼势则倍前炽盛，略无遁还之计。”[20]

不过，也有史料证明上述指责并不可靠。史料显示，刘綎负责训练朝鲜军队使用火器和修筑防御工事。在后续的战争中，朝鲜军在战术上采用了火铳、火车、火炮和毒火弹。宣祖设立了训练都监，命令诸将分发戚继光的《纪效新书》，将其教义付诸实践，创建了火枪部队，改良了各领域的训练。柳成龙建议恢复旧的防御系统，重新组建民兵作为辅助。从前免服兵役的男子如今被征入伍，组建新的营队。三队编为一哨，由装备剑、矛或枪的步兵、弓箭手和火枪手组成。由于缺乏组织力来创建和指挥一支大军，朝鲜人专心组建规模小、训练精的部队。[21]他们还竭力重修防御工事并改善通信。朝鲜将领也渴望获得更多的兵权和执法权。

这并不意味着朝鲜完成了彻底的军事转型。懦弱畏战和军纪松垮仍是朝鲜军最大的困扰。李舜臣就说：“我国之人，㤼者十居八九，勇者十中一二。”李舜臣比较了朝鲜军和明军，指出，明军虽自万里（近 3500 英里）之外调至，“暴露风霜，尚无愁叹，尽心讨贼，以死为期”。[22]

朝鲜军还困于军需不足，这很大程度上是由于日军对本地农业造成的破坏。朝鲜诸将指出，他们不得不穿过尸骸遍野的道路，营中士兵都饿得走不动路。李舜臣抱怨，水师士兵“饥困交极，控弦制橹，决不能堪当”。柳成龙看到：“非但食其死人之肉，生者亦相杀食。”李德馨也表示同意，感叹：“父子兄弟亦相杀食。”朝鲜官员不断恳求明朝，希望获得更多兵马粮草，认为这对明朝只是九牛一毛。[23]刘綎承认，明朝不缺兵、饷，但运入朝鲜十分艰难。柳成

效法戚继光训练的朝鲜步兵（引自《武艺图谱通志》）

龙建议从山东发船渡海。

援朝明军的行为有时会让这些困境雪上加霜，正如李舜臣所言："又仍天兵支待，凋瘵已极，有甚于经乱之地。而天兵南下，出人闾巷，刦掠人财，损伤野谷，所过板荡。无知之民，望风奔溃，转移他境。"刘綎等将领竭力约束部下。特别是刘綎，他在任上显示出颇为圆熟的手腕，他作战英勇，又尽心协助训练盟军，颇得朝鲜军心，他不喜欢沈惟敬，也很合宣祖的心意。[24]

双方的和议拖延到 1593 年夏，因为明朝一直在等待日军完全撤离，并诚心悔过，接受册封，虽然不是通贡。最终，明朝获悉，日军已于 8 月 28 日撤出釜山，小西行长在西生浦仅留下了一支小部队。不过，这一情报有误，实际上只有几名日将带兵渡海返回大阪，恭贺丰臣秀吉当时唯一的儿子丰臣秀赖出生。[25]

有人并不相信日军全面撤离的消息。但是，石星向万历帝保证此事属实，圣上深信不疑，恩准了册封，以为这就满足了秀吉的图谋。万历帝认为，太阁畏惧天朝之威，俯首悔过，焉能不准？此外，日方还送回了被俘的二位朝鲜王子，足见诚意。有史料记载，沈惟敬带回了一封秀吉的国书，请求恢复通贡。有人怀疑书信真伪，不过，从信中简单直率的措辞，以及讲实利不讲虚礼的风格来看，书信很可能是真的。不过，这封信如果真的存在，多半出自小西行长之手。[26]

不管怎样，明朝官员表示满意，认为可以继续和议。内藤如安率领 30 名家臣前往平壤，途中由两名朝鲜官员陪同，一行人于 1593 年 10 月 6 日进入平壤。但是，要等到明军全部撤回国内以后，内藤如安使团才会继续前往明朝。他最终到了辽东，但只能在该地等候沈惟敬的消息，沈惟敬已先期赶赴京师。沈惟敬清楚，石星力主议和，他也清楚，朝中不少人主张在朝鲜留下部分军队，以防万一。正在此时，朝廷下令撤出几乎全部明军，只留 16000 人。[27]

李如松离开朝鲜时，刘綎赋诗讥讽：

一将提兵万骑从，碧油幢暎锦袍红。
六奇未出陈平计，五利堪和魏绛戎。
髡丑海边凭桀骜，使君天下算英雄。
由来谈笑封侯易，奇骨生成不问功。[28]

明军余部 9 月 27 日渡过鸭绿江，10 月 25 日抵达山海关。顾养谦出任朝鲜经略，接过了李如松和宋应昌此前的大权。顾养谦是石星一派，主张恢复通贡，借此长久保持和平。[29]不过，万历帝对晋州屠杀余怒未息，还反对宁波通贡，担心当地百姓的安危。

同时，万历帝给宣祖送去了一封书信，斥责他偷玩细娱，信惑群小，不恤民命。他还说，宣祖不修守备，给了侵略者可乘之机，臣下如今对他十分失望。万历帝质问：“前车之覆，后车岂不戒哉？”他还指示宣祖返回王京，加强防御，确保朝鲜水师加强海岸巡逻。万历帝还告诫宣祖，采取上述措施后，明军将全部撤出朝鲜。万历帝最后指出，若倭人再次来攻，明朝难再伸出援手。万历帝还赐给宣祖一些祝贺“战胜”倭人的礼品，包括大红蟒衣二袭。[30]宣祖表示遵从告诫，感谢万历帝的建议和援助。1593 年 11 月，宣祖终于返回王京。

宋应昌仍不放心朝鲜的局势，上奏："有如倭觇我罢兵，突入再犯，朝鲜不支，前功尽弃。关白之图朝鲜，意实在中国；我救朝鲜，非止为属国也。朝鲜固，则东保蓟、辽，京师巩于泰山矣。今日拨兵协守，为第一策。即议撤，宜少需时日，俟倭尽归，量留防戍。"宋应昌补充说，鉴于敌兵众多，倭人尽撤之前，难有对等的谈判。万历帝对谈判的进展颇有自信，但也同意继续保持警惕。宋应昌"量留防戍"的建议受到了重视，1593年农历十二月，万历帝下旨大军撤出朝鲜，同时提醒："但倭情狡诈，未可遽称事完。"[31]

1593年农历十月，万历帝召集九卿科道会议，讨论是否允许封贡。朝堂上发生了激烈的争论，礼部的何乔远（1558—1632）等官员坚决反对通贡。有人指出，倭人自洪武通贡后就不断违反约定，深入内地劫掠。如今大明能够永远摒除倭人，显示天朝之威，机不可失。另一官员赞同这个意见："倭情未定，请罢封贡。"石星对此十分愤怒，请求继续和议。不过，石星也对朝鲜毫不留情，他提醒宣祖，天朝难以在朝鲜受困时屡施援手。尽管朝鲜承认受恩于明朝，仍然坚持从自身立场出发看待危机。此事攸关朝鲜存亡。此外，朝鲜也不断争取明朝主战派官员的同情。[32]

刘綎升任御倭副总兵，代理都督佥事，奉命偕骆尚志、吴惟忠留守朝鲜。不过，一位兵科给事中却感叹："綎虽勇，特裨将耳，兵卒特数千耳。前经略、提督统兵甲之众，挟粮饷之富，尚不能得志……綎数千之师，果能御数十万之众否？"宣祖在书信中抱怨朝鲜仍然岌岌可危，质问明朝如何在大局未定时考虑放弃朝鲜（不过，明朝解释，刚刚传来四川叛乱的消息，详见下文）。[33]

此时，日军诸将也很恼怒。他们不愿再在朝鲜过冬，遭受朝鲜民众无休止的袭扰。据说，若丰臣秀吉亲自渡海前来，有些将领甚至企图刺杀他。1593 年 12 月，加藤清正麾下的日军同刘綎麾下的明军发生了小规模冲突，但双方都没有准备好全面开战。秀吉嘱咐日军诸将加强防御，同时准备在和议失败后再度大举进攻。有些日军将领认为在明年会再次发动进攻，其他人则恼怒秀吉举棋不定，希望要么回国，要么重新开战。有人甚至主张直接进攻明朝。在无须忧虑战事时，日军将士就以赌博和戏剧自娱，有时还入山猎虎。诸将举行茶会和赛诗，或者举行舞会、酒会和蹴鞠。他们还外出抓奴隶带回营地服役，或者运送回国。[34]

1594 年初，宣祖派金晬率使团赶赴京师，感谢明朝出兵援助。朝鲜使节还报告了晋州之战的始末，这促使河南道御史黄一龙等大臣上奏，谴责沈惟敬勾结倭人。黄一龙还说，宋应昌失利罪小，欺君辱国罪大。金晬表示赞同，指出倭人并不打算议和，而只要求明朝屈服，他还补充，谈判只是倭人的缓兵之计，旨在麻痹天朝，秀吉则在准备新一轮进攻。他建议另委官员监视沈惟敬，沈惟敬通常被认为是一系列谎言的始作俑者，甚至牵连到石星。[35]

万历帝回答，在倭人完全撤离釜山之前，不应达成和议。他下令顾养谦亲赴敌营，催促倭人撤兵，诫勉他要展现出智勇，靠文笔口舌对付狡诈的倭人是徒劳的。万历帝继而警告，凡是不能尽言的官员都是逃避责任，严惩不贷。[36]

石星召集了一次高级官员的会议，规定只讨论是否准贡。众官员回答，若是如此，只要日军不撤出釜山，石星就应中断谈判。其他人仍然支持武力解决，请求调遣更多军队入朝。他们还详细询问了石星和小西行长的通信始末。看到这些书信，他们终于清楚了日本想要的不仅是封贡。万历帝向顾养谦重申了他的命令，并表示反对遣散军队。6 月，顾养谦派参将胡泽去朝鲜见柳成龙。柳成龙告诉胡泽，和议开始后，倭人仍继续四处肆虐。反复争论之后，明朝准备恢复敌对行动。[37]

大学士张位是主战派官员。他说倭人愚蠢好战，逆天而行，应该将之逐出朝鲜。张位提交了一份奏折，说明了明军和朝鲜军应驻兵的要地、应采取的进攻路线。同众多官员意见一致，他也主张在朝鲜广开屯田，用明军战法操练朝鲜士兵。他预计，如果朝鲜民众遵从明人教令，不到一年就可完全自给自足。张位还提倡运用明军火器，强调关键是要切断日军的补给线。[38]

此时京师朝中的混乱，反映出明朝制度和君主作风的某些缺陷。由于朝中没有一位臣僚能力压众议。因此，打破僵局的责任就落到了皇帝身上，可万历帝又不情愿。相反，万历帝将做决定的责任推给了石星，石星虽然立场明确，但他毕竟是少数派。石星追求达成和议的决定得到了万历帝的支持，这本身就有些奇怪。毕竟，万历帝仍不信任日本人，并且更倾向战争。或许他看到朝鲜的严冬使得明军难以继续征战，并认为日本人可能满足于封贡。然而，鉴于皇帝和文官集团之间的紧张关系，万历帝或许只是打算显示自己的专断，他清楚，这一决定会激怒许多臣僚。据说，看到有官员对继续和议表示怀疑，万历帝大怒。在这一时期，明朝内部的关系特别紧张，这是万历帝统治的后半期，他卷入了一系列人事方面的争议，这些争议严重损害了官僚机构和政府活动。[39]

10 月，万历帝诏谕兵部，要求呈报和议的现状。他对和议缺乏进展颇为不满，对继续扰乱和议的主战派官员表示愤怒。石星说，尽管他也认为，出兵将倭人逐出釜山是可行的，但是，调遣大军从辽东途经千里（345 英里）到釜山十分困难，上策仍是许贡。他认为，明朝不妨任命一名副总兵，统率 10000 人来威慑敌人，同时在沿海操练军队。与此同时，北疆的将领可再征集 30000 人，预备战时支援。于是李化龙和孙矿奉命选将练兵，征集粮草，打造兵器，以备不时之需。他们在辽东（广兴）屯田，为明人和朝鲜人提供额外粮食。[40]

同时，顾养谦上奏请求册封秀吉为日本国王；日军全部撤出朝鲜后，明朝就允许在宁波通贡。他当即遭到同僚的严厉弹劾，请求卸任，由孙矿接替，万历帝批准了。后来，连宣祖也主动请求明朝许贡，以免朝鲜再次遭受战乱之苦。然而，明朝仍举棋不定。石星继续主张议和，因为再次远征讨伐日本的代价太高。[41] 他认为，一旦达成某种和议，朝鲜至少有三五年时间整兵备战，如果达不成和议，至少会丢掉全罗道，明朝将再次被迫在朝鲜耗费宝贵的财力人力。石星还说，封贡事小，撤兵事大。

最终，万历帝还是应允了这些请求，不过，他下令日使内藤如安应前来京师面见明朝大臣，解释日本的举动，表明诚意。如果他不能说服明朝，和议就会破裂，明朝就会再度大举出兵讨伐。万历帝提出了三个条件：一，日军全部撤出朝鲜；二，册封秀吉为日本国王，但不得通贡；三，日本必须发誓不再侵扰朝鲜。[42] 内藤如安对上述条件全盘照收。

这一决定很快在朝中引发轩然大波。反对官员多达百人。万历帝下旨将他们罢黜。反对者的理由是基于如下事实，他们并没有得到日本完全撤出朝鲜的可信证据。此外，在他们看来，和议条款的措辞模棱两可。因此，他们主张，明朝派使者重回日本，与秀吉会面，确保全部日军撤退。万历帝向朝鲜保证，他真切关怀朝鲜的安危，如果日本未遵守和议条款，协议不妨随时修改。有些明朝官员心知秀吉的真实图谋，由于害怕遭到弹劾或杖责，三缄其口。[43]

尽管朝鲜通常被排除在和议之外，却并没有停止对日军作战。就在内藤如安赶往京师的途中，朝鲜水师在东南沿海的岛屿附近和日军发生了小规模战斗。朝鲜水师的第一轮进攻被岛津义弘击退，又再度发动猛攻，并在唐岛海域的战斗中成功击杀了岛津义弘之子。*（这类战斗促使一些日本将领请求轮换归国。）刘綎希望继续在陆上同日军作战，但为石星所阻。[44]也有史料记载，刘綎受到了加藤清正的误导，使刘綎相信战端即将重启。

此时，朝鲜国内也是盗匪蜂起。匪徒四处游荡，洗劫偏僻的城镇，偷窃粮食，烧毁奴隶文契。粮价飞涨，布匹短缺。民众不满朝中党争不断、萎靡不振，在乡间举行暴动，有时甚至遭到官军的镇压，这些官军名义上是派出来与日军作战的。在一场战斗中，3000 名盗

---

* 此处作者对史料理解有误。所谓“唐岛海域战斗”即通常所说的场门浦海战与永登浦海战，唐岛即巨济岛。根据作者所引《征韩伟略》，第一次击败朝鲜水军的是福岛正则，而非岛津义弘。岛津义弘嫡子岛津久保在巨济岛病卒，次子岛津忠恒赴朝鲜，并无岛津义弘的儿子被朝鲜军击杀之事。但《征韩伟略》的记载也不可靠，这两场海战的具体情况在日韩双方史料中记载差异极大，各种朝鲜史料之间的差异也极大，其过程、胜负，皆难以考订。

匪遭到 300 名官军包围，全部被斩首。沿路挤满了饥肠辘辘的难民，妇女孩童不敢独行，因为害怕遭遇打劫甚至宰食。最终，刘綎将粮食发放给饥民。疫病肆虐，很多人遍体溃烂。[45] 朝鲜各地官员还上报了暴雨、地震和洪水。

1594 年 5 月，由于不清楚明朝的动向，权栗派僧人惟政前往西生浦，求见加藤清正，这也是效仿日军派僧人充当使节的做法。此时，刘綎就在附近驻扎，监视加藤军的动向，而沈惟敬在小西行长营中。刘綎亲自会见了加藤清正 *，似乎表明军将领非常赞成议和。惟政问起日方的条件，加藤清正回答："割三道以属日本，则罢兵还国。"惟政大吃一惊，因为这与小西行长提出的条件大相径庭。一如既往，加藤清正向朝鲜和明朝的使节交代了秀吉的"真正"条件，包括割让领土，迎娶明国公主，朝鲜人正式道歉并交换人质。加藤清正反复重申上述条件，居然无人认真加以对待，很是怪异。不过，加藤清正明显厌恶小西行长，这或许让明朝和朝鲜使者不怎么信任他。他坚持认为小西行长的计划绝不会成功，惟政对此表示赞同。不过，惟政也没有积极反对议和。[46]

朝鲜人颇为怀疑沈惟敬和小西行长的计划能否成功。他们还说，日军在朝鲜焚掠宗庙，大肆屠杀，他们不可能将王子送往日本当人质。为了凸显自身的谈判优势，朝鲜使者再次以明朝大举出兵相威胁，强调可靠的补给线使他们对日军拥有巨大优势。朝鲜人在加藤清正面前大言，明朝已调集 300000 兵马，准备前往平安道，一旦

---

* 刘綎与加藤清正只有书信往来，并未直接会见。

日军入侵，还有后续兵力在近海准备登陆。[47]

惟政参观了刘綎的大营。刘綎告诉他，割土、和亲二事，明朝绝不会答应，朝鲜不必担忧。他重申，明朝素来尊重同朝鲜的长期密切关系。不过，刘綎也承认，明军并未轻易集结大军，并表达了自己对和议的疑虑。这些疑虑也传到了加藤清正耳中，加藤寻求亲自同刘綎会面，认为双方既然都不信任沈惟敬和小西行长，或许可以找到共同的谈判立场。加藤清正回顾了丰臣秀吉作为关白的地位，并指出，内藤如安带给明朝的国书中漏掉的那些条件，其实是秀吉最在意的。他还夸口，如果当时他在平壤，结果就会不同，明人就不敢讨价还价，只会一心求和。加藤清正还表示，小西行长正在利用虚假的和议来掩饰自己平壤战败之耻。朝鲜人对此不以为然，答复说，明朝和朝鲜两军联手是日军难以匹敌的，所以日本应该屈服。加藤清正反驳说，他会考虑让朝鲜和明朝中止同盟。[48]

朝鲜人强调明朝在朝贡体系中的优越地位，不过私下也承认，加藤清正提出的条件似乎更符合秀吉的心意。他们担心，提交给明朝的和议条件是小西行长拟定的。听到加藤这番话，惟政发布了一道通告，号召僧俗人众团结起来，组建民兵来防守要害地区，并期待在明军的协助下尽力驱逐倭贼。[49]

就在此时，福建巡按御史刘芳誉就倭人入侵提交了一份措辞严厉的奏疏。他指出，倭人悍然入侵并蹂躏朝鲜，让百姓死伤无数，一朝补给耗竭，便寸土未得就撤走了。之后，他们居心叵测，企图通过议和来占据上风，同时秀吉还下令建造更多船只，妄图再度入侵。刘芳誉接着说，倭人长期滋扰明朝东南沿海，以致官方贸易往来断绝，如今朝廷却给秀吉送去绸缎、木料、黄金和玉石。他说:“倭奴假作佛郎机番人，潜入广东省城，觇伺动静。”他还说，倭人求和，只是缓兵之计，若大明掉以轻心，浙江、福建、广东很快就会和朝鲜一样遭遇厄运*:“伏乞皇上大震天威，罢议封贡，明诏天下，以倭酋秀吉犯天诛，必不可赦之罪。”他补充说，事实上，任何主张册封的人都应遭到弹劾，秀吉及其属下应被处死，因为“朝廷不封凶逆之贼！”。[50]

刘芳誉驳斥那些出于通商理由而赞成册封的同僚：大明向朝鲜运去补给，比日本向朝鲜运输要容易得多。他建议万历帝拨出内帑百万，委任二三大臣，将资金发下各省，造船2000艘，选练精兵200000人。这笔费用看似不菲，若善加筹划，这一任务约可在一年内完成。万历帝将这封奏疏留中不发。[51]

内藤如安被明朝滞留在辽东，同时，朝鲜、日本两方也都没有闲下来。日本间谍要时罗正在朝鲜内部四处公开活动，散播种种未来战事的谣言，又向朝鲜一方提供某些情报。景辙玄苏也同朝鲜人会面商议，提醒他们明朝将允许通贡。在这些场合，日本人似乎都喜欢讥讽和恐吓朝鲜人，故意用秀吉册封的说法来加以挑衅。当金应瑞†询问小西行长，这些消息来自何处，小西行长回答：“大明石

---

* 此处作者对史料理解有误。引文处英文原文意为：“朝廷岂不闻倭人暗中制造佛郎机炮以谋取广东？”作者所引《再造藩邦志》中无类似语句。提到浙江、福建、广东时，《再造藩邦志》原文为：“浙江福建广东三省人民，被掳日本，生长杂居，居六十六州之中，十有其三。住居年久熟谙倭情，多有归国立功之地，乞恩筹策。”

† 英文原文为Kim Ungnam，似为“金应南”，查作者所引《乱中杂录》，应为金应瑞。

星老爷”通过辽东官员转达。小西行长让朝鲜人不必忧虑，三国很快就能相安无事，尽弃前嫌。朝鲜人对此嗤之以鼻，对日本人宣称入侵只为恢复通贡感到愤怒。小西行长将一切误解都归咎于加藤清正，他解释："清正素与我甚不相好，必是此人之言也，似闻前日朝鲜僧将惟政入去清正阵时，清正以求婚割地之言，恐吓天朝云。"[*52]接着，小西行长指责加藤清正为一己之私编造了秀吉的条件。

1594年农历八月，刘綎率军返回王京，在要害地区驻扎小股军队。每30里（10英里）设置望哨一座，各由5人把守。在海上，明朝派遣了一名水师将领在明朝和朝鲜之间的航路上巡逻。在朝鲜一方，李舜臣继续在海上与日军进行小规模战斗，权栗和郭再祐则发起了陆上进攻，取得了大大小小的胜利。[53]

明朝内部一边在争论册封的利弊，一边被迫应对杨应龙在四川造成的威胁。1594年5月，杨应龙在白石关设伏，用弩箭击溃了巡抚王继光的军队。11月，南京兵部右侍郎邢玠奉命总督川贵，平定杨应龙之乱。邢玠上任不久，另一支围捕杨应龙的明军又在娄山关遇伏覆没。朝廷紧急抽调刘綎、李如柏赶赴播州，协助平叛。刘綎是川人，与播州杨氏有交往，且在西南少数民族中声威颇著。1595年冬，明朝从朝鲜召回刘綎。应邢玠的请求，明朝恩准杨应龙以白银40000两赎罪，因此，四川暂时无须刘綎坐镇。[54]此后，1597年日军再度入侵，邢玠也被调往朝鲜。

---

* 此处英文原文对引文翻译有误，英文原文将“必是此人之言”译作“你们必定早有耳闻”，“恐吓天朝云”译作“我真的很担心”。译文改正。

1595 年 1 月，耽搁了一年多以后，内藤如安终于获准前往京师。他在京师停留月余，接受了明朝官员的款待，并被允许在城内自由骑马。1 月 20 日，双方代表聚在鸿胪寺行礼，三日后，条约文本公开宣读。明朝一方的议和条件再次被内藤如安接受：只要日本从朝鲜尽数撤兵并誓言永不进犯，明朝就允诺册封，但不许通贡；其次，明朝册封秀吉为日本国王，正式头衔是“顺化王”。[55] 除非完全履行明朝提出的条款，否则议和将告破裂，倭人将再次受到“讨伐”。明朝还告诉日使，他们将等待宣祖报告日军尽撤的消息，才举行册封典礼。

内藤如安在京师受到款待之时，宣祖正向朝中大臣表示自己对日本局势的忧虑。双面间谍要时罗透露，一支由 300 艘倭船组成的舰队已经准备再次进犯。要时罗声称，这是丰臣秀吉的命令，据说，秀吉得知朝鲜仍在阻挠通贡后勃然大怒。全罗道将首当其冲，受到日军再次进攻。宣祖并未轻信这些消息，他提醒朝中官员，倭人生性狡诈。不过，他还是希望将这些传言上报明朝，以防万一。明朝则提醒朝鲜加强海上巡逻和积累军储。[56]

明朝和朝鲜还商议了被虏往日本的朝鲜百姓的事情。明朝估算，仅釜山周边就有约 10000 至 20000 名朝鲜人被掠往海外，倭人并无意送还。此外，就算这些俘虏回国，朝鲜也打算将其中一大批人作为叛徒处决，这给这些不幸的俘虏又增添了一重悲惨。明朝劝告朝鲜不要杀死逃回或遣返的俘虏，而是让他们重返故里，安居乐业。甚至可以将他们训练成官军或义兵，这样不仅可以获得民心，也有利于收复失地。在上述问题上，朝鲜接受了明朝的建议。不过，朝鲜宫廷尤其怀疑那些一度同日军合作的原朝鲜官员，认为他们叛国求荣。因此，一切降敌的朝鲜人只有经过彻底的审查才能官复原职。[57]

在京师，万历帝及大臣对内藤如安进行了一系列质询。有人问他，日本为何进犯朝鲜，内藤如安回答："日本求封，曾教朝鲜代请，朝鲜隐情骗了三年，又骗日本人来杀，因此举兵。"内藤如安还说，日本人想在朝鲜建立和传播佛教，却屡屡遭到欺骗，只好进攻。他补充说，日本绝无进犯大明之意，唯求封贡，1593 年攻占平壤后，他们已经明确表达了这一立场（这是小西行长一年前告诉金应瑞的话）。内藤如安坚持认为，明军进入朝鲜后，日军事实上甚至避免与之交战，反而边战边退。问及晋州事件时，他回答，朝鲜人遭到屠杀，因其欲阻止日军安然退兵。[58]

明朝官员又问："秀吉既平六十六州，则应自为王，为何来求封耶？"内藤如安回答，秀吉不想因与明智光秀的关系受到牵连，并且"日本亦如朝鲜，得天朝之封号，人心安，国家太平可知也"。明人接着质问："汝之国已称天皇，又称国王，不知天皇为是国王乎？"内藤回答："天皇即国王，已为信长所弑。"[59]

最后，明朝同意授予秀吉一些藩属的优待。不过，他们告诉内藤如安，天朝不允通贡，因为倭情难测，晋州大屠杀就是证据。内藤如安欣然接受了全部条件。明朝要求他返回朝鲜，听候天朝进一步的指示。明朝尽管答应册封，仍然心存犹豫。朝廷讨论了册封足利氏的先例，并将丰臣秀吉与俺答汗作了对比。[60] 礼部进一步澄清此事，结果发现丰臣秀吉既非日本国王，也非幕府将军，这个消息引起一片喧哗，若秀吉连本国的合法统治者都不算，如何能册封为日本国王？明朝向内藤如安重申，日本不得在朝鲜留一兵一卒，包括在对马岛，不过尚不清楚他们要如何实现最后这条禁令。

宣祖不断向明朝施压，希望确保在任何形式的册封之前日军尽数撤兵。明朝许诺,只有日本履行这一条件后,才会册封。宣祖抗议，此事攸关朝鲜存亡，明朝却不肯调查清楚真实情况。在九卿科道会议上，何乔远再次反对册封或通贡。户科给事中也上疏反对，提醒万历帝，圣上已下令惩罚倭人，明军岂会因碧蹄馆一战而气挫？他还说："而盘据抢掳之众，接迹于朝鲜。是应昌以封贡愚倭者，终则反以自愚，今且以总督顾养谦往代矣。但此一事也，在经略征旆已还，凯歌无闻。倘议处之不当，何以服人心而励其后？"他继续争辩说，朝廷从未认真衡量过此举对朝鲜或明朝的长期影响，包括海防耗费。[61]

在朝鲜供养明军的耗费，一直是双方关心的主要问题。两个季度的战役，一名官军士兵的平均耗费约白银 17.52 两。此外还要加上运输补给的成本，以及置办典礼所需的香烛等杂物的钱财。明朝抱怨向朝鲜运输物资十分艰难；宣祖指出，即便生产力水平下降，朝鲜南部各道足以提供 3000 名士兵 8 个月的补给。他还说，朝鲜目下正在兴办屯田，将来这些军屯也不无助益，不过，朝鲜的土地事实上被认为"松软贫瘠"。宣祖还接受了明朝的建议，部署配备火器的将士，旨在阻止日军进犯。明朝估计，训练这些朝鲜军队需要 1300 名火器专家。[62]

在明朝的援助下，权栗和李舜臣二人分头负责陆、海两方面，全面整顿朝鲜半岛的防御。或是由于前一年解散了义兵，或是由于朝廷一直对独立武装保持戒心，朝鲜国内的实际兵力仍然不足。有人估算，官军加上所谓义兵（尽管已经解散），总兵力不过 12577 人。事实上，许南麟估计，朝鲜军在战争期间的总兵力几乎从未超过 25000 人，因为朝鲜社会有某些“根本缺陷”，最显著的是，朝鲜继续容忍各类免除兵役的特权，从而削弱了朝廷的征兵能力。3700 余名浙兵已经启程的消息，多少缓解了朝鲜对兵力不足的忧虑，不过，如何供养这些新调来的部队仍然成疑。[63]

小西行长坚持认为，日军将很快撤出釜山，而宣祖报告，至少仍有 15000 名日军驻扎在朝鲜东南。此外，近海发现倭船的报告也络绎不绝，一些倭船或许还与朝鲜守军交火。小西行长说，这些只是运送日本士兵回国的运输船。朝鲜人却不认同这种说法，指出小西行长自从与沈惟敬第一次见面后，就一直在撒谎。[64]

尽管朝中有人反对，明朝仍然继续准备册封，要求朝鲜人尽释前嫌，并派出了一名官员来确认和解释明朝的决定。获悉上述消息，宣祖的朝廷分成了两派。包括柳成龙内的一派认为，朝鲜除了接受，别无选择，正如柳成龙所言：“我国力弱，依天朝之援。天朝不许出援，则我不能自立。”另一派则态度强硬，宣称根本不应该给予倭人任何册封。宣祖也对明朝未能对藩属尽宗主的义务而深表遗憾。[65]

万历帝很快惩罚了某些乱提建议的官员，其他官员主张恢复军事行动。例如，王德完坚持认为，顾养谦欺君瞒上，倭人其实仍在搜刮劫掠朝鲜乡村。不少倭城仍有千余名士兵守备，这一事实足以取消任何册封协议。此外，王德完提醒朝廷，明军在晋州战死 200 余人。他继续诉诸万历帝的虚荣，指出秀吉认为自己比明朝优越，明朝的任何让步无异于再次邀请倭人来犯。然而，大局已定，朝廷已决意推进谈判，寄希望于沈惟敬和小西行长。不过，明朝确实恐吓小西行长，一旦发觉日本有欺骗的迹象，就将内藤如安斩首。[66]

明朝赐予丰臣秀吉及其下属各种文书，又按照惯例赐予其家臣和将领各种堂皇头衔。册封文书充斥着圣王、孔孟之道、孙子兵法等等的典故。文书回顾了自古华夏周边地区的蛮夷如何重译来朝，臣服于华夏文明的优越，华夏则以和为贵，非必要不用武。[67]万历帝册封秀吉为日本国王的诏书，写于1595年3月1日，堪称这批文书的代表。万历帝先谴责了秀吉的举动，接着说：

> 既悔祸矣。今退还朝鲜王京，送回朝鲜王子、陪臣，恭具表文，仍申前请。经略诸臣前后为尔转奏，而尔众复犯朝鲜之晋州，情属反覆。朕遂报罢。迩者，朝鲜国王李昖为尔代请，又奏，釜山倭众，经年无哗，专俟封使。具见恭谨，朕故特取藤原如安来京，令文武群臣会集阙廷，译审始末，并订原约三事：自今釜山倭众尽数退回，不敢复留一人；既封之后，不敢别求贡市，以启事端；不敢再犯朝鲜，以失邻好。披露情实，果而恭诚，朕是以推心不疑，嘉与为善。因敕原差游击沈惟敬前去釜山宣谕，尔众尽数归国。特遣后军都督府佥事署都督佥事李宗城为正使，五军营右副将左军都督府署都督佥事杨方亨为副使，持节賫诰，封尔平秀吉为日本国王，锡以金印，加以冠服。陪臣以下亦各量授官职，用薄恩赉。
>
> 仍诏告尔国人，俾奉尔号令，毋得违越。世居尔土，世统尔民。盖自我成祖文皇帝锡封尔国，迄今再封，可谓旷世之盛典矣。

> 自封以后，尔其恪奉三约，永肩一心，以忠诚报天朝，以信义睦诸国。附近夷众，务加禁戢，毋令生事。于沿海六十六岛之民久事征调，离弃本业，当加意抚绥，使其父母妻子得相完聚。
>
> 是尔之所以仰体朕意，而上答天心者也。至于贡献，固尔恭诚，但我边海将吏，惟知战守，风涛出没，玉石难分，效顺既坚，朕岂责报，一切免行，俾绝后衅，遵守朕命，勿得有违。天鉴孔严，王章有赫，钦哉，故谕。[68]

诏书行文规定了两国的相对地位，给了秀吉一席之地。但是，朝鲜人争辩说，倭人不懂这套修辞，亦不会守约。他们确信，倭人会再度来犯，提醒明朝加强海上守备。日方史料显示，内藤如安对明朝赐予的文书的措辞十分失望，只是无能为力。同时，朝鲜人继续接洽加藤清正，可惜双方的商议未得到明朝承认，也就无足轻重了。[69]

1595 年 2 月 8 日，万历帝任命临淮侯李宗城为正使，杨方亨为副使。使团携带了大量礼物，包括袍服、冠冕和印信。[70] 沈惟敬还挑选了约 300 匹马献给秀吉，明人认为日本不产良马，一定会十分赞叹。此次遣使依然无法避免私人龃龉，李宗城看不起沈惟敬，在沈惟敬眼中，李宗城则是一介无能的纨绔子弟。旧的册封印信此前遗失，需要新铸。此外，明朝还给小西行长、毛利辉元、德川家康、景辙玄苏等日方要员送去了礼物，这让朝鲜人十分恼怒，他们抗议说，朝鲜百姓正在忍饥挨饿，明人却向侵略者行贿。5 月 15 日，李宗城、杨方亨渡过鸭绿江，抵达义州。为了确保双方合作无间，沈惟敬被打发到前线公干。[71] 事实上，在同小西行长商谈后，李化龙和孙矿意识到，丰臣秀吉接受明朝开出的条件的概率很小；然而，印章冠服等物都已准备妥当，使团也已经启程，他们只能袖手旁观。李化龙和孙矿打算调集更多明军。石星依然指望沈惟敬，一心相信秀吉只求册封。

当年6月提交的一份奏章显示，明使已抵达南原，日军正在撤离釜山。沈惟敬很快也抵达釜山，朝鲜官员黄慎随行，此人据说是高丽王室的后裔。一行人刚抵达釜山，就发生了争座次的礼仪纠纷，这是个不祥之兆。由于沈惟敬和黄慎极力坚持，日军最终同意撤出熊川、济州和西生浦，以示诚意。加藤清正是率先撤离的一批。不过，李宗城、杨方亨抵达釜山后，却发现日军依然未撤，只是人数有所减少。8月，沈惟敬报告万历帝，日军终于烧城毁营而去。不过，朝鲜人仍担心再次遭到入侵，请求明朝准许日本在宁波通贡，明朝没有同意。[72]

李宗城和孙矿都上奏说，小西行长迟迟不见行动。虽然有几个日本军团已经撤走，留守的日军也不少，无法保证他们不会再度进犯。不过，一些关于军事活动的谣传其实只是日军士兵出营狩猎。小西行长继续剖白心迹，指责加藤清正仍在拖延。他还说，加藤清正不断挑拨离间，破坏和议，还怂恿秀吉请求和亲。小西行长又说："大明天下之大国，日本乃海隅褊小之国，岂敢仰告天朝以求许婚之事乎？……大明以无女子答之，则奈何？"[73*]

---

* 此处引文与本章注3同，见注3处校者注。

事实越来越明显，小西行长和沈惟敬歪曲了丰臣秀吉的真实诉求。明使意识到，日军既然将军队和武器都留在朝鲜，便没有真正打算撤军。小西行长坚持声称，他必须与丰臣秀吉再次会面。1595年秋，小西行长渡海回国，1596年初又返回朝鲜，却没有带回什么真实消息。沈惟敬表示打算同小西行长一同赴日，打探消息，并示意李、杨二使留在釜山。还没等二人回过神来，沈惟敬已盛服登船，还在船头竖起一面大旗，上书"调戢两国"。此后又有很长一段时间音信渺然。不过，沈惟敬最终还是见到了秀吉，送去蟒衣、玉带、翼善冠、大明地图、《武经七书》，但依然避免透露他此行的真实意图。[74]

事实上，自上一年开始，秀吉在给诸将的书信中就已经表明，他自认为是这场战争的胜者，一旦局势改善，就要重新开始作战。1594年初，秀吉下达诸将的命令，强调必须维持充足的补给和良好的交通。在这道命令中，秀吉质疑明朝的诚意，指出："因此，我们将尽力巩固城池，以备长期占领朝鲜。以朝鲜为内地，一如九州。"[75]

留守朝鲜的日军也度日如年。多数人的地位都不高，无法像加藤清正一样享受仆役、歌姬和猎虎。与同时代朝鲜人一样，日军士兵经常被迫从事艰苦的劳动，例如掘井和垦田。正如耶稣会神父塞斯佩代所言："朝鲜的严冬非常难熬，寒冽远甚于日本。一天到晚，我的四肢都冻僵了，清晨几乎无法活动双手举行弥撒，感谢神和我主赐予的果实，我得以安然无恙。我感到欢欣，不在意劳累和寒冷。所有这些基督徒都一贫如洗，饱受饥饿、寒冷、疾疫和其他水土不服的折磨。秀吉送来了粮食，可惜杯水车薪，无法供给所有人。此外，渡海前来的援军人数不足而且姗姗来迟。”[76]

恶劣的环境也导致不少日军士兵叛逃。某些人甚至进入朝鲜军中长期服役，战后留在当地，他们融入朝鲜社会的程度，那些跋涉归国的日本同胞远不能企及。朝鲜聘请投降的日军担任剑术教官。还有些逃兵投靠了明军，后来在明朝的边疆战役中表现出色。当时的兵员招募往往是强征入伍。因此，一旦有机会逃走并以自己的方式开始新的人生，许多日军士兵或许愿意留在朝鲜也不足为奇。毕竟，日本经历了百余年战乱，百姓多半厌倦了这种不得安宁的生活。何况，朝鲜在很多地方都比日本发达，对一部分日军或许也有吸引力。当然，高雅文化对足轻和辎重兵这类人的吸引力难以估计。尽管如此，朝鲜乡村的环境并不比日本乡村好多少。盗匪出没，尸横遍野。[77]明军士兵也经常强征物资，强行在民家寄宿。但是，一些逃兵一定会觉得逃到朝鲜人那边，生存机会远远大于在沿海倭城中忍饥挨冻。

李宗城在釜山苦等沈惟敬的音讯，据说，他心情抑郁，很想打道归国。石星指责孙矿企图再次破坏和议，孙矿反驳说，倭人正在利用他们来嘲笑天朝。有些朝鲜人甚至担心，明使在日本已遭囚禁，敌人趁此机会不断向朝鲜增兵。丰臣秀吉召回岛津义弘和锅岛直茂后，局势有所改善。宣祖致信日本统治者，感谢他善待被俘的朝鲜王子。小西行长指出，丰臣秀吉的想法是一旦使节渡海，日军就退兵。日方还坚称，他们尚未归国，主要是因为风水不利。明朝官员听后揶揄说：“数年岂无一日顺风乎？”[78]

鉴于这些无法摒除的疑虑，明朝兵部又派出更多官员赶赴朝鲜。

宣祖也很不放心："若许册封，后患无穷；若断之不许，仍可择机出兵。"* 他还说，倭人但留一兵，对于朝鲜来说也是一场灾难——他们只想窥视弱点，准备蚕食朝鲜。宣祖争辩，如果明朝要体现仁慈，就该许日本在宁波通贡。[79]

不过，朝鲜兵曹的一份报告显示，16 处倭营已有 11 处遗弃，5200 余名日军士兵的营舍今已经空无一人。最终，1596 年 2 月，明朝获悉，倭船正从名护屋出发，将明朝使节送往日本。李宗城仍表示怀疑，再次请求免职。朝廷拒绝了他的请求，不过，就在次月，朝廷批准了加拨银两来供给李宗城的随员。朝鲜朝野也动荡不断。由于官员无力平息民乱，纷纷遭到弹劾、笞杖甚至处决。湖南地区也饱受骚乱之苦。宣祖厌倦了朝中党争，退居东宫，官员的一切上奏皆置之不理。此时，秀吉也起了疑心。册封迟迟毫无进展，让他恼羞成怒。此外，他渴望将权位传给心爱的幼子，心态变得失常。[80]

此时，石星回京后也在忙于平息朝中的反对声，他指出：和议尽管没有进展，倭人也没有变本加厉劫掠朝鲜。他呼吁朝中同僚稍安勿躁，使命必定会成功。万历帝多少被说服了，只有孙矿仍在煽风点火，呼吁断绝和议，调兵再战。一般认为，李宗城是沈惟敬的

---

* 经与作者确认，宣祖这句话概括自《壬辰倭乱史料丛书》之《对明外交 2》，乃《事大文轨》中的内容。与原文核对，作者理解不确，为行文流畅保留英文原意。史料原文为宣祖向明朝阐述朝鲜对日本贡道的看法："今若许令倭使经由小邦，则倭益生心一番谢恩之外，托称贡献，继来不绝，其船只人数不定多少，非小邦所得钤束。许之则或不可测，不许则彼以抑绝贡道为辞，欺小邦残破之极，取蓟辽便近之路，凌海万端，贯穿腹里，窥见虚实，更造兵端，则必为后日无穷之祸，而圣朝东顾之忧，殆未艾也。"

对头，而沈惟敬坚决站在石星一边，因此对于和议进程不大可能和盘托出。1596年5月，李化龙证实，在朝鲜只剩下16座倭营中的5座，余下的日军似乎也在撤离。不过，刑科给事中徐成楚说："釜山之倭，百十余年矣，祖宗坟墓，谁不系心，安土重迁，情难遽割，乃十数万之众，颐指沈惟敬之一语，而不难东徙，岂一封之力所能制乎？"[81]

就在明朝获悉和议达成的喜讯之际，发生了整场战争中最离奇的事件之一。李宗城半夜放弃了使命，在要渡海的前几天消失不见。李宗城出逃的详细情形，史料众说纷纭。根据他本人的说法，他目睹倭人全无归顺之心，实则图谋发动奇袭。他明知使命必然失败，又担心自身安危，于是逃入釜山周边的山林中躲避，不过，没过几天，他又在庆州露面，衣衫褴褛，饥肠辘辘，报告倭人阳奉阴违的消息。李宗城说，秀吉实有七项要求，不止册封。他说，太阁"虎狼蛇蝎"。[82]日本人四处搜寻李宗城，最终在梁山的石桥处折返。杨方亨安抚他们，寄信给朝鲜，请他们不要轻举妄动，并保证册封一切顺利。

还有一种说法：李宗城是一介纨绔，成日沉溺于歌姬舞女。在釜山寻乐时，他似乎迷上了某倭将的爱妾。[83]由于放浪成性，李宗城表示希望能得到此女，倭将勃然大怒，率部围捕李宗城。大明特使只好夜半仓皇逃命，不但弃使命不顾，还将整个国家置于再次遭袭的危险之中。李宗城藏身树上，躲过了搜寻，数日后抵达了庆州。另一种说法则是：沈惟敬写信给李宗城，告诉他和议必定无成。据说李宗城一怒之下，半夜只身逃走。山东巡按李思孝声称，李宗城听说，沈惟敬被倭人扣押，半夜出逃，连册封印信都丢了。此后，他在朝鲜山野徘徊了六日，粒米未进，最终在6月3日进入庆州。[84]

明朝担忧这件事会阻碍和议。徐成楚宣称："沈惟敬坠关白术中，枢臣（石星）又坠惟敬术中，以致溃败决裂，不可收拾！"御史周孔教说："今以天朝全盛之力，何其畏倭如虎？强之以封，而贻国家必难报之耻乎？臣窃料今日倭情，不封固变，即封亦变……故今日惟有守朝鲜为上策。朝鲜，吾之藩篱也，朝鲜失则辽阳危，辽阳危则神京震。或谓朝鲜当弃之者，谬也。臣窃谓，封可无成，朝鲜必不可弃。"[85]

万历帝震怒，下旨备战。李宗城之父李言恭任京营将领，受到李宗城的连累，遭到免职。万历帝下令户部拨银300000两，又令太仆寺筹银100000两充当横赐。各地也奉命运输补给并集结军队。最后，他还下诏缉捕李宗城。[86]

李宗城出逃前就心怀疑虑的杨方亨，如今愈加坐立不安。沈惟敬安抚他说："人臣当国难，正宜努力捐躯，徒泣何为？"杨方亨抱怨说，自己上有老下有小，只欲归国。沈惟敬回答，杨方亨若欲回国，绝无难处。杨方亨相信了，他后来写信告诉石星，沈惟敬足以办事，不必惊慌。此外，小西行长已下令日军撤出西生浦和济州岛，这意味着釜山只剩下四座小营。明朝决定听从沈惟敬，将杨方亨提拔为正使，沈惟敬为副使。尽管朝中一片用兵的喧嚣，石星仍自告奋勇前往朝鲜完成议和，万历帝拒绝了。同时，沈惟敬向石星府中送去了礼物，有贿赂之嫌，让石星大为恼火。如今，连石星都怀疑沈惟敬了，要求釜山的几名亲信监视沈惟敬。他们报告说一切正常，石星才安心。[87]

几乎在同时，工部主事岳元声上章激烈弹劾石星。他指出，从

1592年夏祖承训带领一支小部队入朝，到会见内藤如安，再到驻朝明军的补给不足和一片混乱，皆应归于石星在判断和战术上的失误。[88]岳元声还请求万历帝召集廷议，讨论和战问题。岳元声没能达到目的，反而激怒了皇上。万历帝将这位倒霉的主事免职，贬为庶民。不过，此举并没有吓住其他官员，弹劾石星等人的奏章纷至沓来。御史曹学程对石星的绥靖政策的批评尤为激烈，他相信李宗城的说法，认为沈惟敬不过是倭人的棋子。曹学程的直言，最终导致他被锦衣卫逮捕并判处死刑。虽然有些官员试图为他求情，万历帝一概不理。最后，曹学程之子上了一封血书，请求以身代父，此时曹学程已在狱中备受荼毒。其他官员则希望以万历帝标榜的孝道来求情。曹学程的老母年逾九十，处死曹学程，其母便失怙恃。最后，万历帝被打动了，判处曹学程监禁十年。[89]

石星再次报告了达成和议的前提条件，万历帝仍同意遣使，同时也下令整兵备战。朝中官员分为三派——主张册封、主张固守、主张再战。同之前一样，明朝最关心的还是后勤问题。不过，如今朝鲜军和明军至少控制了半岛大部分地区，并为海路运输做好了周全准备，因为许多水师营寨都处于戒备状态，船舶也建造完毕。明朝官员忙于筹划朝鲜的防御要害，并研究可能的进军路线。明朝告知宣祖，着手征集军队，巩固城防，一旦倭人来袭，就等待明军出兵援救。户部报告，筹措战费十分困难，眼下可动用的经费只有120000两。不过，他们预计，从州县和行省的税源还可筹集更多资金。[90]

1596年7月10日，在漫天谣言和紧张气氛中，杨方亨、沈惟敬率领400名随从渡海前往日本，册封秀吉为明朝藩属。临行前，使团还在请求朝廷颁赐新的礼服和文书，因为使团长期滞留釜山，原来携带的礼服早已敝旧。石星认为，这意味着和议圆满告终，不过，万历帝要求使节一回朝鲜就汇报册封情形。使节一行先抵达对马，在该岛短暂停留后，7月20日在堺港上陆。不久，应沈惟敬的请求派出的朝鲜使团也抵达了。宣祖及其大臣本不想派出任何使节，不愿意看到秀吉获得合法身份。最后，朝鲜派出军官李逢春作为通信使。但他缺乏外交经验，朝鲜只好临阵换将，改命黄慎。[91] 黄慎与日本人打过交道，颇受欢迎。朴弘长则出任副使。

使节在堺港上岸后，受到了一个名叫正成*的大名及众多日本要人的款待，不过秀吉没有出面，据说有急务要处理。其实，看到对方没有派出朝鲜或明朝皇族来进行册封，秀吉颇感沮丧。册封典礼原定在伏见城举行，但该地遭到地震的严重毁坏，据说有400余名女子惨遭压死，秀吉本人勉强逃脱。结果，典礼只好移到大阪举行。明朝使团终于在10月22日抵达大阪。小西行长和沈惟敬清楚，一旦秀吉得知真相，可能会有麻烦，于是二人竭力弥缝其间，造成秀吉的要求均得到满足的假象，还试图让其他人成为同谋。沈惟敬还必须减轻朝鲜的疑虑。[92] 因此，当使节一行出现在盛装武士簇拥着的丰臣秀吉面前时，他们的紧张心理是不言而喻的。杨方亨立于使团之首，沈惟敬捧着册封的印信。

川口长孺描述："黄幄开，秀吉出，侍臣二人执佩刀，侍卫警跸，

---

* 正成即寺泽广高，又称寺泽正成。

诸臣肃然，惟敬惧，持金印匍匐。”看到礼服和冠冕，秀吉起初颇为高兴，使节五拜三叩首，山呼“秀吉万岁！”沈惟敬恭敬地双手呈上印信和礼服。秀吉向使团发表了一番讲话，重申战事全因朝鲜阻碍日本通贡而起。此后，他善意送还被俘的王子，朝鲜人却毫无感恩之意。[93]

沈惟敬带着一名朝鲜通事，与几名僧人会见，商量明朝文书中罗列的条件。黄慎听到传言说，由于朝鲜未对秀吉表示足够的敬意，日本打算再次进犯朝鲜。黄慎寸步不让，表示只有日军尽撤，才能全面恢复邦交。[94]

接下来三日，使团在气势恢宏的秀吉城堡内留宿，享受宴饮歌舞的招待。明朝使节还将日方赠礼分给地震灾民。在宴会上，秀吉总是身穿明朝礼服，踞于高座。日方出席的要员也自豪地穿着各自的明朝礼服。不久，明朝使节就请求归国，因为适于渡海的天气很快就要结束。最后，秀吉退入山中，请僧人西笑承兑宣读万历帝的诏书。小西行长暗中将诏书的真实内容透露给了西笑承兑，央求他变通措辞，避免激怒秀吉。西笑承兑拒绝了，他准确翻译了诏书，诏书结尾一锤定音*，“封尔为日本国王”。[95]

秀吉听完诏书及其屈尊俯就的措辞，怒不可遏。史料记载，秀吉惊呼：“封我为日本国王者，何哉？行长云：明主封我为明帝，我为之班师。行长非徒欺我，私通于明，其罪不小，速召行长，斩

---

* 后世流传的史料对此场景的描述几乎都为：读诏书至“封尔为日本国王”处，秀吉大怒，而非结尾处，与“封尔为日本国王”类似的表述也并未出现于诏书结尾处，作者在此应该是运用了文学化的描写。

其首而甘心焉。”据《日本外史》记载，秀吉听完册封诏书，勃然变色，起身脱去冕服，一把扯过册书撕碎，且咒骂："吾掌握日本，欲王则王，何待髯虏之封哉？且吾而为王，如天朝何？”[96]

僧人试图平息太阁的怒火，告诉他这是中华自古以来的对外之道。秀吉召小西行长至前，厉声责骂。小西行长诿过于另一位家臣，甚至声称有书信可证明他的指控。秀吉还召见了加藤清正，清正说："明主册封不满我意。"因此，秀吉决定断绝和议，下令再次出兵，彻底灭亡朝鲜。[97]加藤清正和小西行长再次奉命担任先锋，统率入侵大军。不过，这一次，秀吉绝不幻想自己能一超直入大明国。他似乎只想报复从朝鲜和明朝受到的奇耻大辱。

秀吉还打算处死使节，以儆效尤，另一僧人出来安抚劝阻。沈惟敬还希望能做最后一次努力，要求再次会见秀吉。秀吉令小西行长转告："惟敬不遂我所求，但为朝鲜谋，我不再见彼，汝速迫逐焉。"*小西行长还表示，自己对局面恶化感到悲哀，二度出兵是错上加错。他还指责朝鲜人破坏了和议。[98]

丰臣秀吉究竟何时察觉和议的真相，史料记载各异。一些日本史料记载，接见明使的次日，西笑承兑宣读了册封诏书，秀吉才发觉自己是被明朝册封为藩属。另一些史料说，秀吉大为恼怒，但从一开始就疑心重重。得知朝鲜和明朝派了一批低级使节来举行册封（他的感觉是对的），他怒火中烧。秀吉期待至少有朝鲜王子出席册

---

* 根据作者所引《征韩伟略》与《两朝平攘录》，沈惟敬请求在此面见秀吉后，有秀吉的回复，小西行长向沈惟敬等人转告了此回复。作者误以为此句为小西行长的直接回复，现根据秀吉回复还原。

封，承认他的霸主地位。毕竟，他已把被俘的王子及陪臣和占领的各道归还朝鲜。据说，太阁叱责使节："朝鲜当使王子来谢，而使臣秩卑，是慢我也！"他要求道歉，并以一名朝鲜王子充当人质。朝鲜拒绝了，秀吉于是大怒。此后，秀吉将杨方亨和沈惟敬打发回国，"亦无谢恩天朝之礼"。[99]

回顾这段历史，令人惊讶的是，秀吉竟然确实不曾认清当时的实情。若是如此，这可算史上最大的外交失误之一。然而，还有一种可能，就是日本人不明白接受册封并被纳入明朝的东亚秩序的真实意义。贝瑞（Mary Elizabeth Berry）推断，秀吉极度渴望获得敬重，以及对自身作为日本统治者地位的认可。她认为，秀吉纵容毫无进展的和议一再拖延，因为他宁愿装糊涂，也不甘心自认失败或低人一等。[100] 册封诏书不仅证实了明朝和朝鲜看不起秀吉，还在秀吉军事失利的伤口上又撒了一把盐。如果由朝鲜王室来主持册封，或者诏书措辞更委婉一些，秀吉或许会接受册封。如今，秀吉已走进了外交斡旋的死胡同，他别无选择，只得用战争来证明自己。

李光涛认为，由于派遣低级使节赴日册封，秀吉觉得颜面无光，明朝和朝鲜在和议中铸成了大错。此后，秀吉不再信任小西行长，只相信加藤清正，加藤的格言就是"行胜于言"。这个想法恰恰得到了宣祖的证实，他上书万历帝说，由于朝鲜拒绝派遣王子向秀吉致敬，倭人必定再次来犯。如果明朝对日本的政治局势了解得更深入一些，或许应该采取不同的对策。[101]

有些人认为，秀吉最看重的是通贡，他觉得有必要借助控制海外贸易来维系自身权威。郑樑生断言，小西行长和加藤清正误以为主公只想求得一个体面的头衔，所以他们在贸易问题上让步，满足于封而不贡。如果万历帝的册封中包含通贡，秀吉很可能会接受；可惜结果不如人意，秀吉只好再度出兵，企图获得利润丰厚的通贡关系。朱亚非声称，日本一方在其他问题上退让，却坚持希望获得通贡，这证明了通贡极其重要。但是，他也指出，小西行长或许出于私利而故意强调通贡。明朝明确表示不许通贡，然而无人将这个消息转达给秀吉。尽管这一看法不无道理，秀吉颜面大失也是诱发第二次入侵的主要因素。秀吉本人的言论很少提到通贡。不过，一些当时的观察者——包括耶稣会传教士弗洛伊斯（Louis Frois）——都指出，秀吉迫切渴望得到同侪的认可。他反复声称朝鲜拒绝前来致敬，就证明了这一点。[102] 当然，这并不意味着通贡无足轻重。在 17 世纪前后，大多数东亚统治者都越来越重视广泛参与国际贸易而获得的政治和军事利益。

杨方亨和沈惟敬返回朝鲜后，当即上报明朝，宣称日方接受了册封的条款。仿佛这个谎言还不够逼真，二人还从中国南方和东南亚诸蕃采购了一些物品，包括黄金、珍珠、天鹅羽，甚至还有一头猩猩，将这些物品伪装成秀吉上贡的“方物”送往京师。显然，杨方亨和沈惟敬打算说服朝鲜派出一位王子渡海，承认秀吉为日本国王，一方面把朝廷蒙在鼓里，又巧妙地缓和危机。[103] 他们甚至拒绝了一名朝鲜官员的提议，即在援兵抵达之前，先对釜山一带的倭贼阵地发动突袭。

明朝并没有被谎言蒙蔽，因为朝中也在朝鲜安置了眼线，并与朝鲜特使保持联络。朝廷质问，为何秀吉要将广东土产作为贡品送来，还有人讥讽说，“小事之欺如此，大事无所不欺可知”。所有相关人员都虚与委蛇，杨方亨诿过于沈惟敬，沈惟敬诿过于石星。二人声名扫地，被朝廷下令逮捕入狱。石星恳请万历帝，派他去朝鲜议和，但遭到拒绝。邢玠出任兵部尚书，总督蓟辽保定等处军务，经略御倭。邢玠提议在倭人进犯前在海上对之发起进攻，万历帝没有批准。[104]

尽管沈惟敬企图装作一切正常，但很快就传来了一封秀吉的书信，宣称意欲再次入侵朝鲜。秀吉在信中说明了出兵的缘由，包括：其一，以私事遣明使；其二，接受送归的朝鲜王子，不感恩效顺，反而派遣低级明朝官员为特使；其三，违背了多年来明朝为朝鲜确立的协议。日本人最恼怒的是，宣祖或王子没有亲自渡海前来。小西行长也派了另一名家臣，竹内吉兵卫向明朝输送情报：“我兵在朝鲜者才十之一，良将劲兵屯于名护屋者犹许多，况明兵孱弱，非我敌，如出兵本邦，徒送死耳。”[105]

明朝朝中的主战派得知这类消息，重振旗鼓。周孔教声称，石星犯下的一系列错误应拨乱反正。他继而指责万历帝判断有误，指出皇上有八蔽四误：误信沈惟敬；撤回朝鲜信赖的川浙之兵；李宗城逃走后未下旨调兵；在倭人增筑堡塞、增兵朝鲜之际，偏听和议，解散大军。不过，周孔教也承认：“亟选文武忠赤大臣一员，代管枢事。急修战守，更置将吏……庶可内治既固，外侮自绝。”[106]

明朝只好着手准备另一场耗费巨大的战役，此时，朝鲜人还试图给日本人送礼来延缓战事。不过，丰臣秀吉再次要求朝鲜派出一位王子前来致歉，朝鲜人拒绝了。传言说，准备入侵的军队超

200000 人。这一次，朝鲜的求援迅速得到了回应，明朝着手加强海上防卫，并调集军队。万历帝再次下旨征兵备战，尤其是南兵。如今，朝鲜也拥有了更多经过战火洗礼的将士，其中一些人在明军教官的指导下训练了多年。然而，遗憾的是，李舜臣和政敌发生了冲突，遭到免职。[107] 如果李舜臣当时指挥朝鲜水军，后续战事发展或许会大不相同。明朝打算再任命一位专员来经略朝鲜事务。但是，朝鲜怀疑明朝另有图谋，打算吞并朝鲜。麻贵临时出任备倭总兵官，杨镐经略朝鲜军务。

尽管丰臣秀吉虚张声势，事实证明，他对再次出兵朝鲜的前景并未盲目乐观。众多大将皆不赞成出兵，尤其是德川家康和小西行长。日本还向宣祖送去了一封书信，告诉他，只要他渡海前来道歉和致敬，秀吉就会回心转意。宣祖坚决拒绝了，答复说这有违朝鲜祖制。加藤清正讽刺说："王子渡海，宗社可保。不然，我兵今毁宗社，宗社何为哉？"朝鲜人依然无动于衷，加藤清正干脆扬言："王子既就擒，当戮之。"[108*]

说到底，和议或许注定失败。因为，谈判双方在最初的诉求上分歧巨大，谈判代表也缺乏足够的权力来实现各方的意志。何况，日本和明朝互不了解彼此的内部局势，不愿适应现实环境。小西行长和沈惟敬企图向秀吉隐瞒明朝的真实条件，不仅考虑不周，还执行拙劣。明朝主导的朝贡体系，在某些方面或许有些落伍了，但是，

---

* 此处作者对原文理解有误。《征韩伟略》中加藤清正原话为："王子既就擒，当戮之。太阁怜而放还焉。夫可杀而不杀，日本谓之恩，贵国谓之仇乎？"并非威胁。英文原文意为：我们若抓到国王，会杀了他。

当时的东亚贸易就是以这种方式运行的。朝贡体系内部不乏某种程度的适应性，如果遵循明朝的游戏规则，丰臣秀吉很有可能争取到明朝的通贡。然而，秀吉真正的图谋，是以另外一套规则取而代之，至少在游戏中他要占据东亚世界秩序的顶点。在这场大博弈中，朝鲜才是真正的输家，他们几乎没有决定自身命运的发言权。谈判自始至终把朝鲜排除在外，加剧了谈判双方之间的严重误解。[109] 和议破裂后，丰臣秀吉所做的一切，包括他致力于第二次入侵朝鲜，最终只能创造一种源源不断的敌对和恶意，其影响且波及今日。

第六章

重返鬼门关

日军最后的攻势（1597—1598）

吾之所为，唯造出千万海外孤魂。噫，吾当如何？

——丰臣秀吉

明朝和朝鲜两国的官僚体系，从应对第一次入侵的经验中吸取了教训，尝试协调双方的防御行动。宣祖国王命令朝鲜官员“卿与诸将勠力效死，毋以贼遗予再有龙湾之厄也”。李元翼着手在部分要害地区增修防御工事。各处要塞获得了更多的粮食和武器，以备民众入城避难。这一次，宣祖朝廷打算坚壁清野，彻底让侵略者得不到任何资源。在明朝一方，杨镐出任朝鲜经略。兵部从国库获得了白银约 140000 两，用于最初的作战，同时还下令各省上供额外资金。明朝的户部和兵部将共同担负起为大军提供补给的责任，并由朝鲜东道主全力配合。兵部还下令从明朝边疆征调军队。[1] 明朝的计划是从海陆两个方面调集各地军队，这些军队的武器、军服和作战风格五花八门，定能让倭人望之胆寒。

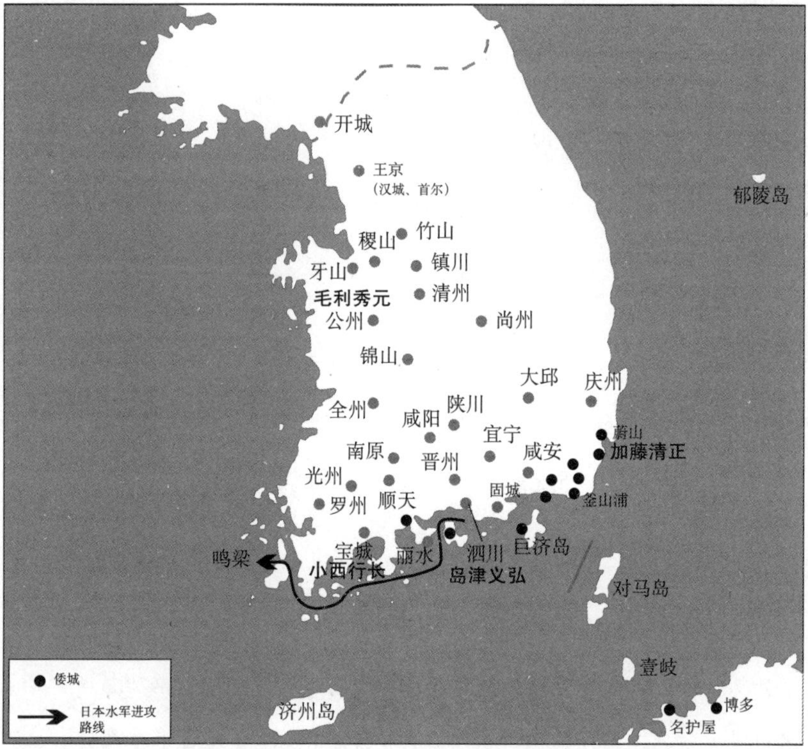

日军第二次入侵（1597—1598）

明朝和朝鲜讨论的重点是朝鲜的地理形势，以及这一形势如何影响明朝向朝鲜运输兵员补给和对日防御。明朝强调，必须保持海道通畅，还应该委任干练的地方官员负责后勤。根据东南地区提供的情报，宣祖向明军统帅麻贵汇报了总体形势。朝鲜官员开始在南方各地进行动员，15 岁以上 60 岁以下的男子都要征调去修筑山城。逃避服役者严惩不贷。然而，待权栗在大丘集合全军时，发现一共只有 23600 人。[2]

1597 年 3 月 1 日，日军的第一波入侵部队抵达朝鲜海岸，补给船队则在釜山和西生浦停泊，朝鲜军队入保各处山城。小早川秀秋占领了釜山，立花宗茂占领了安骨浦。明朝收到的最初报告显示，入侵日军约有小船 200 艘，每艘最多搭载 100 人，共计不过 20000 人。间谍报告，小西行长等人计划穿过庆尚道向王京推进，但丰臣秀吉本人显然打算沿海岸向北推进，而不是从釜山向西穿过半岛。[3]

明朝自信足以应付这样一支敌军。事实或许如此。但是，在第一波入侵之后，还有更多的日军和大量的物资涌入朝鲜半岛。李亿祺和元均率领朝鲜水师，在海上同一些日军战船交战，并在一次激烈的海战中击毙了 40 名日本水军，此后，在济州岛附近又击毙了 52 人。不过，朝鲜人无法阻止上陆的日军主力，他们与留在朝鲜的友军会合，着手巩固现有的防御工事。[4]

因为中、朝联军没有决心先发制人，进攻留守日军，新抵达的日军才得以轻松站稳脚跟。梁山城最先遭到进攻。翌日，小西行长部署军队展开，占领前进阵地。两日后，日军攻陷西生浦。无辜的庆尚道民众再次被迫背井离乡。小西行长驻守釜山，准备打消耗战。同时，柳成龙奉命向遭到日军威胁的其他城市（例如尚州）提供粮草。

僧人惟政又一次承担起外交使命，赶赴加藤清正的大营，设法和平解决 5 月初新爆发的危机。加藤清正告诉他，朝鲜要再次因为“拒给日本假道”入明而遭到惩罚，但如果朝鲜屈服，便可安然无恙。加藤还辩解，此前日本恪守信义，送还了朝鲜王子，朝鲜却不感恩。丰臣秀吉十分恼怒，因为宣祖非但不遣使致谢，甚至没有派遣王子渡海前来表示谢意。加藤重申，只要朝鲜让步，如此大动干戈就毫无必要了，如今朝鲜只是“自取灭亡”。加藤还告诉惟政，日军仍然计划穿过山海关入侵明朝，各军团将齐头并进。惟政回来报告，加藤清正措辞激烈，恶意昭彰。[5]

宣祖给丰臣秀吉送去了一封回信，谴责他在天朝派遣特使渡海册封之后还无礼寻衅。他指责秀吉渴望让自己的凶名传遍日本诸岛和海外，无视明朝天子的仁慈。宣祖提到，既然日军再度进犯，他已遣使向明朝报讯，天子震怒，于是派出更多大臣来处理新的威胁。他还说，日本上一年发生的地震，无非显示上天不悦：“尚不安静祈福，而欲日寻干兵乎？尔已六十余岁，寿命几何，子未十龄，孤弱何恃？”宣祖声称，朝鲜仍在明朝羽翼之下，明朝已发大兵前来。[6]

双方之间这些沟通的核心内容，让人不禁猜想日军第二次入侵的目标究竟是什么。有人认为，挽回秀吉受伤的自尊、残酷蹂躏朝鲜才是真正的目标。其他人则认为，1597年日军再度来犯，是为了确保朝鲜的南方各道，根据秀吉期待与明朝达成的协议，上述各道应该割让给日本。[7]

还有一种可能，就是秀吉和诸将的目的并不一致。塞缪尔·霍利（Samuel Hawley）注意到，秀吉麾下的一些大名，尤其是加藤清正，一心渴望征服和吞并南方三道，为主公的大业增添荣耀，也为自身谋取更大、更富庶的领地。但是，丰臣秀吉本人只想让日军蹂躏朝鲜数月，挽回他的面子，并用实力来震撼明朝。[8]惟政和加藤清正的交谈显示，至少加藤表示希望“完成征明大业”，他是否真心如此，无法确定。从丰臣秀吉下令再次进犯的心理状态看，他一心只想复仇，希望从战争中尽可能捞取利益，但缺乏明确的长远目标。

取代顾养谦的明朝官员孙矿上奏说，宣祖担心军队的给养问题，尤其是硝石。他也承认，光靠朝鲜无法给大军提供补给，但他仍然告诉宣祖，朝鲜必须供应部分粮草。他还请求太仆寺划拨更多款项，并建议沿着大军的行进路线开放市集，便利贸易，后来清朝也采取了类似的政策，也符合同时代欧洲的趋势。随后，孙矿提交了一份详尽的取胜方案，包括广泛利用防御据点，整合明朝和朝鲜军队，全力扼守日军可能的前进路线。他还提议组建一支机动部队，以便迅速派往危急地区，这是中国古代的传统战术。宣祖指示朝中大臣依照孙矿的建议行事，不过他不愿意改变现行官制。中、朝联军还开列了一份与朝鲜主要城市相关的山城名录，并划定了适合屯田的地区。[9]

吴惟忠率麾下南兵 3785 人，从辽东增援的杨元率麾下 3000 人，将作为第一道防线，扼守关键阵地，直至更多援军抵达。宣祖下令将这些部队在南方地区交错部署，其中许多朝鲜军刚成立不久。[10] 朝鲜向明朝请求拨给火炮（或是加农炮）500 门和火铳 1700 柄，并培训朝鲜人使用和制造。

与上一次朝鲜危局一样，万历帝广开言路，在 1597 年农历三月召开了九卿科道会议。有人禀告皇上，朝鲜人瞒报了和议失败，如今却宣称自己有亡国之虞。万历帝对这些谬论不理不睬，他质问，为何派往釜山的官员不老实报告，随后下令将他们逮捕下狱。朝廷决定，立即调遣 3000 至 4000 名辽兵，扼守鸟岭关和通往王京的道路。明朝官员还报告，南兵善于同倭人作战，故应调遣南兵；但是，除非尽快打造更多船只，便难以迅速调兵北上。港口城市旅顺被指定为明军运输兵员和补给的主要集结地。[11]

某些官员以西南有杨应龙之患为借口，不愿两线作战。但是，兵部给事中徐成楚上奏警告兵部主官，倭人已深入朝鲜领土。他指出，朝鲜安危再次遭受威胁，必须尽快出兵救援。他感叹，朝中党争猖獗，才导致事已至此，因为如果朝廷一开始就采取坚定的立场，将倭人逐出朝鲜，事情早就解决了。徐成楚提醒，这次不能再有任何犹豫。其他官员也表示赞同，强调朝鲜是明朝重要的忠诚藩属。他们争辩说，如今袖手旁观，便会前功尽弃。与此前一样，朝鲜对明朝国防的战略重要性也被反复强调，有官员表示，"又谓中国与北虏仅隔一墙，业二百余岁，即倭得朝鲜何害？又非也"。[12] 历史先例也被用作证据，中国在汉代（公元前 202—公元 220 年）也干预过朝鲜事务。此外，唐朝也征讨过高句丽，这在第一次入侵期间早就提到过。

这次九卿科道会议也揭示了朝中党争激烈。那些主张积极行动的官员全力攻击对手愚蠢地相信沈惟敬和小西行长。他们声称，一切"误国"之辈都必须受到严惩，并下令逮捕沈惟敬。杨方亨也被下令逮捕并遭到审讯。孙矿也受到牵连，因为他受命监督和议期间的朝鲜事务。兵部尚书石星被罢免，田乐继任。邢玠接替了孙矿，协助杨镐处理朝鲜军务。宁夏之战的老将麻贵出任总兵。[13]

有些官员还借机批评万历帝派矿监四出，横征暴敛，不过，朝中官员一致同意，朝鲜危机是当务之急。事实上，这些活动和在朝鲜的战争的关系，或许比通常认为的要更加密切。哈里·米勒（Harry

Miller）认为，万历帝派出宦官担任矿监，其实是对豪民征收某种“奢侈品税”，加派这项赋税是为了获得军费等等。赞同出兵的明朝官员认为，明朝若不搭救友邻，就连被蛮夷欺侮的宋朝都不如：“全罗既破，则东可以犯登莱，东北可以犯天津，东南可以犯淮扬，岂止朝鲜尽为吞噬，辽左不得安枕乎？”[14]

自 1597 年以来，加藤清正获得了秀吉更多信任，如今时间十分关键，他也变得更加咄咄逼人。加藤清正得势，或许是日军第二次入侵极为残暴的原因，其程度远超第一次。秀吉的怒火发泄在了诸将身上，诸将显然不愿卷入另一场旷日持久的拉锯战。不少幸存的朝鲜人被抓入日军大营，沦为奴隶。秀吉希望展现他全面掌控朝鲜的另一个象征，是他对朝鲜土产的兴趣，比如虎皮和人参，他希望这些土产能恢复他日渐衰老的身体。[15]

有一种记录，对日军的第二次入侵作了骇人听闻的忠实描述——僧人庆念在朝鲜时写下的日记，后来作为《朝鲜日日记》出版。这本日记在丰后国的安养寺里被遗忘了数百年，明治时期才被发现。日记按编年简单叙事，夹杂了 330 多首诗和一些禅语。其中有 70 首诗与宗教有关，其他诗歌则多反映思乡之情、民众苦难和战场环境。最多的部分（90 多首）表现的是人道关怀和日军造成的破坏。[16] 当然，其中最令人印象深刻的叙述是关于奴隶的，还有朝鲜人被强行送回日本的故事。

庆念的日记虽然晦涩，却提供了一个来自日本的人性化视角，这是很罕见的，与不少浮夸的大名家年代记恰成鲜明对照。庆念是太田一吉的私人医生，他对自己亲眼目睹的暴行感到震惊：“日本渡海来的各类商人中，有些人是做生意的，他们跟随军队活动，从军营里购买朝鲜人，不分男女老少。他们用绳子套住这些俘虏的脖子，将他们绑成一串，驱赶到前方；还从后面用鞭子和棍子猛打那些无力行走的人。我以为，在地狱折磨罪人的夜叉和魔鬼也不过如此。”年龄太大或者太小的人，因为用处不大，干脆被杀掉。60000多名朝鲜人被送到日本，其中不少是工匠。他们将来对日本艺术和文化的贡献，算是第二次入侵为数不多的积极影响。[17]

在1597—1598年的日军入侵中，还有一件恶名昭著的暴行，就是割掉朝鲜人的鼻子，这些鼻子用盐腌好，用来请功。数量巨大的鼻子被运回日本接受检核,有时多达万只。仅1597年的6周时间，锅岛直茂就送回了5444只鼻子，吉川广家的部下一月内就送回了18350只鼻子。最高纪录据说是30000多只鼻子，是1598年泗川之战后岛津义弘提交的。据称这些鼻子都埋在耳塚。这样做似乎主要是为了大大羞辱朝鲜人一番，因为他们冒犯了丰臣秀吉的尊严。朝鲜人缴获了一批书信，据说秀吉在信中下令大肆蹂躏和俘虏朝鲜人，或许佐证了这一推测。[18]

鉴于第一次入侵的教训，日军大大加强了水军，至少兵力上是如此。尽管战船技术没什么改进，武器装备却更精良了。[19]根据丰臣秀吉的指示，加藤清正命令部下固守南部和东部沿海的各据点，确保补给线畅通无阻。他还打算再次向王京挺进，不过这次是从南方，企图绕过中、朝联军在第一次入侵沿线部署的防御。加藤清正还希望麾下全军巩固目前的防御，尽快修筑新的工事。日军的计划是在明朝援兵抵达之前就攻占主要城市。加藤清正十分忌惮朝鲜义

日军的首实检（引自《朝鲜征伐记》）

兵，还认为此次入侵或许会遭到朝鲜官军更顽强的抵抗。

尽管事先有所防备，不少朝鲜将领和士兵还是当即不战而逃。向明朝求援的书信宣称，日军已有 13 个军团共超过 1000000 人涌入朝鲜，权栗的估计更加合理——入侵部队的兵力约为 130000 人。不管怎样，明朝已决意向朝鲜派遣大军，这份报告只是加速了明朝的行动。[20]

明朝担忧无法迅速调遣第一批军队 40000 至 50000 人入朝。于是，他们计划派遣一支小部队去占据最要害的防御据点，扼守通向王京的道路。朝鲜人则请求明朝行动更快、更果决。明朝官员认为，朝鲜人在防御战中表现英勇，或许不必过于担心。他们还告诉朝鲜人，明军中的北兵也会接受南兵的战术训练，更擅长对付倭人。同时，万历帝又申斥宣祖未能改善朝鲜的战备，明确提醒他，明朝不打算每次都伸出援手。[21]

中、朝联军将领仍对补给问题感到忧虑，还担心由于朝鲜缺乏耕地，军屯难以开展。明朝还希望朝鲜提供更多马匹作为驮畜，宣祖则禀告朝鲜也缺乏马匹。不过，明军多少占了一些便宜，因为日军十分警惕战线延伸过长，比第一次入侵时尤甚。事实上，一些史料似乎显示，在1597年头几个月里，日军并不真的打算交战，且十分庆幸明朝大军尚未抵达。因粮于敌的策略如今行不通，因为经过长年兵燹，朝鲜各地一片萧条。[22]日军仍然依赖渡海补给。

元均在朝鲜史料中备受指责，不过，他不久前接替李舜臣出任三道水军统制使，确实设法对日本水军进行了某些干扰，推迟了日军的全面入侵，而此时朝鲜义兵正从陆上猛攻日军据点。李舜臣罢官的内情不太清楚，当时朝中党争激烈，众说纷纭，他身后又因为功绩获得了种种赞誉。通常的说法是，朝鲜官员从双面间谍要时罗那里获得情报，加藤清正已率一支庞大的水军船队从日本渡海，朝鲜水军可以轻易半道拦截和歼灭之。李舜臣不信传言，怀疑这是一个陷阱，不愿出兵。要时罗随后告诉金应瑞，加藤清正已经登陆，也就是说李舜臣错失了战机。于是，李舜臣遭弹劾下狱，水军兵权交给了元均。据说，李舜臣的老母听闻这个噩耗忧伤而死。朝中有人主张处死李舜臣，鉴于他之前的功劳，最终，朝廷发配他到权栗麾下充当行伍。[23]尽管有人指责李舜臣怯弱畏敌，但实施海陆联合作战的进一步请求，要么被置之不理，要么迁延不决。

直至 1597 年 4 月，日军才将充足的补给运抵朝鲜，得以认真准备攻势；即便到这时，日军的总体补给和装备能力，也不敌明朝的一个大省。入侵日军携带了两月粮草，但加藤清正判断，他的军团只要不断挺进，绝不后退，同时保持补给线不断，便能持续作战一年之久。[24]不过，连加藤对胜利的希望也不太乐观。日军大举进犯的传言，已经在朝鲜各地引起了恐慌，当时许多民众好不容易恢复正常生活。

不过，这一次，中、朝联军行动更加果断，并且对调遣军队粮草到亟需的地方更有信心，这部分是因为授予了地方官员更广泛的权力来加强后勤。明朝考虑派遣明将出任朝鲜八道的总帅，进一步提高效率。朝鲜人不同意，理由是本国律令不允许任何官员兼统一道以上地区。他们还担心，这种安排会导致明朝吞并朝鲜。宣祖请求万历帝改变主意，因为朝鲜缺乏足够资源来给予明朝官员以适当支持。毫无迹象表明，明朝考虑过吞并朝鲜。不过，在《明实录》里有一条记载显示，明朝承认，朝鲜人对由单独一名官员总领朝鲜八道的民政军务感到担忧是有道理的。[25]

明朝采取的第一个积极行动，就是派出 3000 名水军在天津周围海域巡防，戒备日本水军入侵大陆，又调遣 3000 兵马渡过鸭绿江。明朝向朝鲜保证，将增派更多援军，明军将领也奉命“昼夜兼程”赶赴朝鲜。邢玠将调兵命令转达宣祖，向他保证有 13900 人的大军将从陆路抵达。明朝还敦促朝鲜继续操练新兵，设立军屯，为大军提供补给。杨镐还责备朝鲜人私囤粮草，结果明军不得不反过来向朝鲜军提供补给。这一指控激怒了朝鲜人。明朝还要求留守朝鲜的将领训练朝鲜军“举以汉法，教以汉战”，提高朝鲜军的士气。[26]他们的策略是阻止敌军越过鸟岭关，将日军扼制在南方，直至援兵抵达。明朝担心，将全部军队和物资调回朝鲜半岛，可能要耗费长达一年的时间。

麻贵奉命总督军务。邢玠提醒朝鲜人，夏季的雨水导致行路艰难，可能会延误最初的部署。邢玠发布的第一道命令，是从王京派杨元和吴惟忠驻守在南原、大丘和庆州一带。1597 年上半年，他们几乎没有参加实际战斗，只是从忠州对日军保持威胁之势。直到 6 月 23 日，麻贵才抵达辽阳。9 日后，他渡过鸭绿江，麾下军队仅有 17000 人。麻贵担心兵力不足，上奏兵部请求从各省募兵。他还申请从福建和吴淞调遣水师，因为朝鲜军兵力不足。[27]同时，朝鲜军一边接受操练，等待明军增援，一边据守防御阵地。

刘綎率领 6700 名汉人和土人混编的川军，已经作为援军启程。或许因为刘綎此前在朝鲜有作战经验，又和朝鲜人相处融洽，这次他的地位更加稳固。在等候刘綎军抵达时，麻贵上了一封密折，请求先发制人，楔入东南部的加藤清正和小西行长之间。就在夏天雨季开始之时，麻贵抵达碧蹄馆附近。此时，杨元驻扎在南原，茅国器驻扎在星州，陈愚衷在全州，吴惟忠在大丘。中、朝联军打算借助朝鲜的地形，利用自身在海战中的优势。他们判断，绝不能让日军进入西海岸。[28]

不过，就在中、朝联军准备进攻时，日军也终于发动了攻势，迅速孤立了朝鲜军和明军各支部队。不久，日军就攻陷了庆尚道的一半土地。在通往日军重兵把守的要塞的沿路，日军还设下了埋伏。

梁山一带的防御尤为巩固。入侵的日军围守着海岸线，从朝鲜东部沿海向南部沿海运输补给，并不急于同中、朝联军在海上交战。另一方面，明朝和朝鲜希望尽量迟滞日军，以便从海、陆两面包围敌人，速战速决，歼灭敌人。[29]

明军将领希望调遣朝鲜军更多参与攻势作战。但是，文官们担心，让所有朝鲜军队都准备好作战，时间不够。在兵力方面，朝鲜人宣称，在庆尚道约有 17000 人的军队，包括水军。明朝重申打算委派同一批明朝军官（比如吴惟忠）来训练全体朝鲜军，让训练标准化。他们还建议，朝鲜人应该在各州县设立练兵场，同时组建募兵和民兵。宣祖答复，这些举措在平安、咸镜和江原三道难以实现，因为这些地方偏远且贫瘠；在庆尚道，因为有倭贼，亦不可行。不过，他保证在其他地方推行这类举措。[30]

南方传来的情报显示，日军正在釜山和加德岛登陆。传言日军计划从三路向心对王京发动进攻。还有消息说，日军间谍曾在乡间大肆活动。目前，在朝鲜南部驻扎了明军 12000 余人，足以产生某种震慑。但是，连宣祖也承认，朝鲜军队仍不可靠。中、朝联军不得不推迟海陆联合作战，等待明朝运来更多粮草。[31]

日军的攻势始于 7 月。他们取道泗川和南原，兵锋直指王京。一些日军将领仍对这次入侵感到不安，他们获悉明军也在大举调兵。丰臣秀吉嗤之以鼻，指出日本军队同样强大，并且这次他们占据的阵地并不孤立。秀吉下令，系统蹂躏朝鲜全境，并告诉诸将，为了方便运输，应该割掉敌人的鼻子而不是首级。双方的第一次战斗发生在东南沿海的群岛。朝鲜将领安弘国退入竹岛，继而战死，许多部下溃散。此时，沈惟敬仍未被捕获，他带领一大批随从来到釜山，希望安抚日本人。结果一无所获，最后他到了会宁，在该地被明朝逮捕（不过有史料记载，沈惟敬其实是被日军抓获并交给杨元的）。万历帝下旨，沈惟敬着锦衣卫审讯，指控他企图叛国投敌，罪上加罪——他至少要受到杖罚。[32]

此时，元均已放弃了闲山岛和巨济岛，把朝鲜南部沿海完全暴露给了日军。据说，元均一控制水军，就放弃了李舜臣的战略，罢免了李舜臣的亲信，成天借酒消愁。他责罚军人，黑白不分，激起了众怒，结果士兵拒绝再在他麾下服役。日军逼近闲山岛时，权栗命令元均出战，他迫于无奈，只好服从，因为当初正是他指责李舜臣怯敌畏战。

1597 年 8 月中旬，元均在闲山岛附近遭遇了藤堂高虎率领的日本水军。海峡很窄，日军从海、陆两边发动了进攻。他们从小船上施放火炮，同时岸上的岛津义弘指挥铁炮队猛烈射击。战斗呈胶着状态，元均率领朝鲜水军驶向绝影岛。然而，夜色浓重，大风呼啸，朝鲜船队有分散之虞，元均只好撤退到加德岛。元均一行还没登岛，就遭到了日军伏击，损失了许多水手和官兵。[33]

岛津义弘派兵 2000 人前去斩杀泅到岸边的朝鲜水军。藤堂高虎连战连捷，俘获或摧毁朝鲜战船 60 艘，朝鲜水军死伤数千，多数溺死海中。在日军第一次入侵时给敌人造成了极大困难的朝鲜水军，经过这些战斗后便百无一存。尽管如此，元均依然进退两难，遭到权栗的严厉斥责。权栗告诫元均，举国存亡取决于他。元均害怕自己因为怯战而免职，只得硬着头皮继续指挥。[34]

8 月 28 日拂晓，元均率领水军退到巨济岛。在此地，他遭到藤堂高虎和加藤嘉明的夹击，加藤嘉明战斗尤其勇猛，他跳上一艘朝鲜战船，连杀数人。朝鲜人渐渐围住加藤嘉明，他试图逃到另一艘船上，不料落入海中。加藤嘉明气势不减，拼命爬回甲板上，甚至又俘获了一艘船。此战共有 16 艘朝鲜船只被俘，多名水手阵亡。元均的旗舰被风吹进了敌阵中央，不过他还是设法带领残部逃入了永登浦。目睹日军紧追不舍，元均指挥部下逃入加德岛，不料再次遭到日军伏击。随后，元均逃到了漆川岛，在岛上，他再次发现自己陷入围困。这一次，他不再拼死逃走。元均登上一座山丘，痛饮大醉。他告诉诸将，事已至此，难以脱身。部下主张突围，元均怒斥：“死而后已，汝勿多言！”元均酩酊大醉，行动不便，只好坐在山顶松树下，将手杖和剑放在一侧，人事不省。一名部下冲到他身边请求下令，已分不清统制使是死是活。凌晨，元均苏醒了，下令进攻，然而部下寡不敌众。李亿祺投海自尽，郡守安弘国中弹身亡，右水使裴楔逃入闲山岛，纵火烧营，疏散当地民众，不过带走了十几艘战船。漆川梁之战，不仅导致日军占领了南海和顺天，也迫使朝鲜在 1597 年 9 月 13 日重新起用日军的死敌李舜臣。[35]

麻贵认识到这一地区的战略重要性，派水军 3000 人在闲山岛附近海域巡逻，不过无法阻止日军调兵进攻南原。日军沿途烧杀抢掠，9 月 22 日在南原城下会师。据说，藤堂、岛津、宗家和小西行长的军队共计 60000 余人。同时，其他日军也在忠清道发起进攻。杨元麾下的明军及朝鲜友军仅有 4000 人。麻贵眼见处境艰难，不想削弱王京的守卫，仍然不愿向南原增派军队。[36]

杨元并非毫无准备。朝鲜友军曾建议退到附近的蛟龙山城，杨元拒绝了，但派了1200人来加强南原现有的防御，加固城墙，安置了三门大炮。另有1000名士兵负责机动支援，与朝鲜军协同作战。[37] 杨元还在周边田地周围修筑了栅栏，挖掘了壕沟。不过，民众一看到日军到来，大多四散而逃，城中只剩下杨元和麾下辽东兵。杨元请求全罗道兵使李福男派兵增援，李福男率领数百名士兵入城，但日军阻截了后续援兵。逃散的朝鲜民众四处散布恐慌。

为了进攻主要目标，日军绕过了防守严密的城市和要塞，迅速挺进。小西行长和松浦镇信是日军先锋，最初在南原东南45里（15英里）扎营。日军会师后，营火彻夜不灭，城中守军焦躁不安。日军得到更多增援后，在9月23日发动了第一轮突击。起初是约百人的铁炮队齐射。在新竖起的栅栏的掩护下，日军绕城旋转，三五成群发动攻击，城头的胜字火炮难以命中。[38] 随后，日军退到守军火炮的射程之外，企图引诱兵力不足的守军出城作战。

杨元担心守军无法抵御一轮接一轮的突击，从而暴露出城池防御薄弱。但是，他判断，如果主动出击，或许可以唬住围城敌军，造成援兵即将到达的假象，趁机全身而退。朝鲜友军反对说，坚守待援尚有一线生机，出城进攻无异自杀。杨元又一次无视朝鲜人的建议，拣选了死士1000人出城。日军将他们诱入郊外一座石桥的埋伏中。明军损失惨重，仓促撤退。[39]

第二天，日军三面围攻南原，推出了大型攻城云梯。日军还着手在城市周围的树林中砍伐木材，搭建临时桥梁，翻越护城壕。当夜，日军又利用城外被烧毁的残垣断壁做掩护，试探性地进攻南门，守军损失惨重。次日，他们又开始芟刈野外的稻草，打包成捆，还在篷车掩护下逼近城墙，重点进攻西门，松浦党就驻扎在西门外。当天夜里，日军又一齐向城内射箭和发炮。由于人数的压倒性优势，日军能够长时间保持这种压力。城内守军得不到片刻的喘息，而日军则是生力军，又是第二次入侵中的首战，争先踊跃，轮番上阵，朝不幸的守军持续射击。甚至天气也不利于守军，月光从周边的青苗田地反射回来，令夜晚“亮如白昼”。[40]

某日，小西行长派遣一名使者，呼吁杨元弃城投降。明军登上东门，还没来得及答话，朝鲜军就开火打死了对方三人。小西行长大惊，又派了一名使节。这次，杨元回答：“吾自十五为将，横行于天下。今承天子命来守此城，未闻退保也。”听闻此言，小西笑答：“千余残卒，非可敌百万雄兵，朝鲜何恩于公，而自贻后悔耶？”[41]

尽管实力悬殊，处于劣势的守军竟千方百计抵御了敌军整整四日的围攻。他们不断向来犯之敌投射矢石。杨元趁夜派人出城，在地上布置铁蒺藜等物。日军彻夜燃炬，并制造烟幕来掩护逼近。城内民众注意到明军似乎准备逃跑。当天夜里，日军大吼大叫继续强攻，城上弹丸箭矢如雨落下。守军死死躲在防御工事后，没过几个时辰，城外就偃旗息鼓了。最终，日军设法越过了护城壕，他们冲到城墙最高但防御最薄弱的一段，将成捆的稻秆堆积起来，搭建了一座人工坡道。待守军发现敌情，日军已搭好云梯攀登城墙了。尽管日军的突击一开始被击退，还是有少数人设法突入了城内并大肆纵火。松浦党最先登上西墙，竖起战旗，斩获了第一批守军的首级。[42]

最后，城内守军打开城内的牲畜圈，将牛马放出来，企图在日军阵中制造缺口。一场暴雨过后，日军又发动了一次炮轰，南原城在交火的巨响中颤抖。无奈之下，守军打开城门，试图突围，却遇上了日军的重重包围。马匹受惊，在泥泞里“马足如束”，让试图突围的明军也阵脚大乱。有些士兵干脆垂首等死。杨元见大势已去，率领 18 名亲兵徒步逃走。其余诸将皆死。藤堂高虎率先登上城墙，冲入城内，得到了秀吉的表彰。[43]

总之，南原之战，中、朝联军约有 3900 人被杀，近 2000 人被俘，尽管有些日本史料提到的数字高达10000 人。一种明朝史料宣称，城内逃生者不过百人。僧人庆念提到，日军入城后大肆屠杀，不分男女老少。他指出，这类行为轻率且无谓。庆念的感受源自一种万法皆空的禅悟。事实上，松浦家和岛津家的家谱等，详细罗列了大名及其家臣斩获的首级、耳鼻的数量。目睹如此恐怖的现实，庆念只好不断从信仰中寻求慰藉。[44]

在某些朝鲜人看来，尽管实力悬殊，南原之败似乎生动地说明，明军中的北兵难以抗衡日军。他们认为，浙兵的战法也许胜过倭人，杨元麾下的北兵却不熟悉这些战法。此时，陈愚衷驻兵全州，吴惟忠驻兵忠州。南原陷落后，全州开始恐慌。其实，杨元曾经召唤陈愚衷来协助守卫南原。全州与南原仅相距 100 里（35 英里），他依然不敢率部驰援。如今，他甚至打算丢弃全州，只是全州附近有一个重要仓库，朝鲜人不想丢给日军。随着当地民众和朝鲜军的撤离，陈愚衷决定 9 月 30 日从全州撤退。[45] 麻贵非常担心王京的防御，他清楚，己方必须守住忠清道。于是，他派游击将军牛伯英协助陈愚衷守卫全州以北的公州。日军继续北上穿过全罗道，直指王京。他们沿途十分戒备，四处征集粮草，并非常谨慎地守卫补给线。在全州，加藤清正的军队和南来的友军会师，从此北转，挺进王京，所至之处，朝鲜民众惊恐四散。

宣祖指出："贼若势小，则可请送陈将于顺天，若鸱张，则陈兵不过三千，何可当也？"* 麻贵报告，大明水军已转运大量援兵和几位名将前来。宣祖颇为欣慰，他对麻贵说，朝鲜已在重组本国支离破碎的水军。[46] 麻贵又请求宣祖增兵守卫闲山岛，他肯定这是朝鲜南部防御的枢纽。

遭受伤亡的中、朝联军向王京边战边退，沿途主要据点由于日军压倒性的兵力优势而相继沦陷。杨镐驻扎在平壤，急忙赶往王京。麻贵打算退到平壤，甚至退到义州，后来还是决定在汉江建立防线。他命令部下日夜建造木筏，以便将军队和粮草运到汉江对岸。麻贵还派兵前往王京南边的稷山。朝鲜都体察使李元翼从鸟岭向忠清道挺进，威胁日军的右翼。这一行动有助于重振岌岌可危的联军士气，后来证明相当重要。有人问邢玠，有什么总体对策，他回答："阳战阴和，阳剿阴抚。政府八字密画，无泄也。"麻贵随后提议发动反击。[47]

随着日军渐次占领全罗道，掠夺补给并建造防御工事，王京的局势日益紧张。宣祖命令地方官，坚定民心。邢玠痛斥朝鲜一举抛弃数代人的辛劳，还觍颜说忠义之类的话。他告诉宣祖，当务之急是重振士气，其次是新受命的朝鲜诸将必须坚守岗位。全罗道至关

---

* 此处作者对史料英译有误，今根据其所引《朝鲜壬辰倭祸史料》及《朝鲜王朝实录》原文还原。英文原为大意为：人人皆言依靠天兵，然今倭贼已动，数千天兵岂能抵挡？

重要，中、朝联军必须确保该地区的秋粮。邢玠还建议，派光海君巡视南方，收拢民心。他主张朝鲜军采纳明军的军法，还建议将任何擅离职守之人就地处斩。[48]

就在此时，朝鲜从东北各道为明军运来了关键的补给。这些物资尚不足以支撑长期战争，但确实救了燃眉之急，以待后续物资通过天津海运抵达。另外，还有更多粮食正从义州往南运输。王京的守军还被告知，明朝正在南方征募军队，还有一些女真部民和琉球岛民希望加入联军。这一形势令明朝十分宽慰，明朝认为，如今终于可以运用古老的以夷制夷之策了。明军的训练方法也似乎颇见成效，朝鲜军的表现让日军刮目相看，他们还切断了日军在海陆上的补给线。联军清楚，他们不一定要在战场上击败敌军，只要保持日军的补给线被切断即可。等到日军放弃战场并撤离半岛，联军还能够在他们渡海回国时在海上歼灭之。

中、朝联军战败的消息传回明朝后，朝中官员十分忧虑。张位给邢玠送去一封急信，罗列了各自反击日军的策略。他强调，必须在中国北方各地大举征兵，还补充说，这些新军应该在天津附近集结，交由一人统领，扼守通往京师的要道。张位还建议打造更多兵船，训练更多当地军队，大规模使用火器，建立军屯。他还建议大力悬赏加藤清正和小西行长的首级。张位以为，倭刀和铁炮皆无法匹敌大明军队强大的火力，所以训练和部署更多火器是当务之急。[49]

张位算是一位称职的官僚，他敏锐地意识到，自己的提案必须获得经费支持。他认为，南船是明朝最好的船舶，按照他的计算，建造 100 艘这种适于航海的船只来对抗倭人，只需要 60000 贯钱。

赡养一名水手的家小需银 5 两，装备一船人手需 1000 贯钱。装备 100 艘战船需 10000 人，最好是闽人，招募和装备共耗银 150000 至 160000 两。万历帝也有此意，下旨驻防东北沿海的官员设立练兵所，为海战做准备。最重要的是，水军老将、火器专家陈璘奉命统率明军水师。[50]

张位还建议召集西南的土兵。这部分士兵要提前发给衣装、甲胄和兵器，并许以额外的奖赏，以酬战功。已授世袭职衔的酋帅，若募兵有功，还可获得晋升。不少学者将这一点视为明朝军力衰微的表现。不过，现代学者对明朝应该审慎判断，即便是在现代，也有将边缘人口征召入伍的做法，据说就因为这些人生性粗暴。[51] 此外，即便需要凭借这种军队部分表明了明朝军事世袭制度的瓦解，这同时也说明了明代国家的后勤能力，因为这些军队是在帝国的遥远边境招募的，又千里迢迢运往朝鲜，并且表现尚可。这些军队常由当地将领指挥，这些将领渴望建功立业，往往自告奋勇。

张位在奏议末尾语气乐观，他宣称，尽管倭人以大兵 350000 余再度进犯，但其补给日益恶化，只能在釜山周边的倭城迟徊。他强调，必须让朝鲜人尽其本分，最后，他称赞圣上的慷慨，并说："以朝鲜之民力，守朝鲜之土地。中国不利其一丝一粟，以示天子无私。"* 按照张位的建议，邢玠继续从湖广、四川等南方诸省招

---

* 此处作者对张位的奏议理解有误。所谓"大兵三十五万"之言，原文为："惟留清正行长二枝，尚在釜山，以待夷使回报消息。彼久戍思归，人心多懈，倘以精兵三五万，择勇敢之将，径趋釜山，乘其不备，出其不意，一鼓而歼诸海上。"引文"以朝鲜之民力……"之英译为概括性翻译，今以史料原文为准。此外，引文也非奏议末尾。

募汉人和土人。太仆寺拨银 257000 两，充作未来三月的粮饷和赏赐。此举大受欢迎，因为邢玠苦恼于朝鲜人不断丢弃或烧毁粮仓。他担心，等到他请求的援兵抵达，也无法养活这些军队。邢玠还看到朝鲜的地形更适合步兵而非骑兵，请求调集更多南兵，甚至希望全体北兵都接受南将的操练，因为南将擅长在这种地形下战斗。万历帝批准了上述建议。[52]

然而，1597 年 7 月，邢玠抱怨自己麾下仅有 38000 人，而宋应昌在 1593 年都有 70000 兵马（实有 40000 余人）。这部分是由于各省官员纷纷借口要留兵守卫地方。邢玠说，许多官吏名为镇压盗匪和土人冲突，实则不愿交出自己的私人仆从，这些人“以兵为业，以战为事”。不过，仍然有不少官员积极响应邢玠，特别是沿海地方官，因为担心辖区受到威胁。邢玠还发出一系列指示，提拔李如松之弟李如梅为御倭副总兵、署都督佥事。邢玠还训斥朝鲜人：“你国王切勿轻弃国都，以死守之，以待天兵之至。”如果宣祖再次放弃王京，后事将如何发展，将会很有趣。对朝鲜人来说幸运的是，此事并未发生。[53]

补给和兵员仍然成问题。一位朝鲜大臣感叹：“更将何力，可以抵当大贼？”有人问，朝鲜到底有多少军马，这位大臣回答：“小邦残破已极，军民几尽死亡，兵马从何调出？仅得收拾残卒，防守要害。即今庆尚道诸将所领，共计才万余，全罗道亦仅数万，而率皆怯弱恇怖。”[54] 这位官员补充说，本国和百姓的命运全系于明军能否迅速抵达。明朝答应向朝鲜出售硝石、弓箭和其他装备，好让朝鲜坚持到援军抵达。

麻贵试图在王京提振士气，让军队准备好决战。他派李元翼前往忠清道阻截日军先锋，随后亲率牛伯英、解生到稷山，在城外河口附近设伏。1597 年 10 月 17 日，这场伏击战及后续战斗，史称稷山之战，是第二次入侵中的一次决定性陆上战役。

中、朝联军正准备保卫王京，此时，日军在占领南原后继续向北推进。9 月 26 日，加藤清正、锅岛直茂和黑田长政都参加了夺取黄石山城的战斗。27000 余日军包围了黄石山城，李元翼派前金海府使白士霖守卫该城，结果他弃城而逃。咸阳郡守赵宗道和安阴县监郭䞭只好承担起守城之责。二人作战英勇，为守城而牺牲，郭䞭的女婿和赵宗道家人也死在城内；郭䞭之女听闻丈夫已死，于是悬梁自尽。日军斩获了 350 个首级，还有数千人在山城脚下的山谷中丧生。[55]

日军诸将议定，由毛利秀元、黑田长政和加藤清正率 64000 余人占领全罗、忠清两道，同时对王京形成威胁。黑田长政率部直逼王京。谋划进军时，日军诸将指出："壬辰之役，八道皆陷，而朝鲜扶持至此者，水路相通，两湖之力，以及西路之致。为今之计，莫若分兵水陆，以梗援路。"他们还试图夹击王京，大军从东、西两路进逼，小西行长则保护后方。朝鲜乡村民众在日军来袭之前就四散奔逃，不过无法提供日军的准确兵力数字。听到这一消息，宣祖考虑撤退到开城。小西行长麾下的士兵劫掠数日，就在 10 月初退回顺天。其余诸将则前往曳桥，着手建立城寨。两路日军都从朝鲜民众那里劫掠补给，张贴告示强征粮米。亲历者回忆，此次入侵军队实施的暴行比 1592 年严重得多；朝鲜老少无一幸免。[56]

杨元一到王京，就同麻贵和邢玠会商，决心阻击日军的攻势。[57]他们共同议定了作战计划，命令解生率领部分精兵充当前锋。明军用浮桥渡过汉江南下。到了稷山地界，明军在一条河流附近的狭道中设下埋伏。在随后的战斗中，同这场战争中的许多次战斗一样，火炮和地形是两大关键因素。稷山周边多山，是设置火炮进行伏击的绝佳地形。此时，陈愚衷已弃守全州，遭到日军追击。午后三时左右，日军主力进入解生的阵地。明军开火后佯装撤退，进一步引诱日军入伏。日军试图后撤，半途又遭到另一次伏击。警讯突起，火炮轰鸣，旌旗飘舞，枪矛猬起，日军死伤惨重。[58]几番苦斗之后，日军只好撤退。不过，加藤清正打算对明军实施一次大胆的夜袭。解生调动麾下反击，日军决定等到天亮。

双方都计划抢占江岸高地。日军凌晨就发起了进攻，朝阳下刀枪炫目。明军则以炮轰和铁骑冲锋予以回击。双方都未能占据上风，日军在日暮前被迫撤退。麻贵决定放弃追击，担心遭到传闻进逼王京的日军包抄。不久，事实就证明，这场规模不大的战斗，是整场战争的转折点之一。黑田家谱记载，当日军翻过山岭时，看到一支朝鲜军和明军正在山下过桥，约有五六千人。尽管敌众我寡，黑田军还是决心与敌交战。黑田长政的家臣后藤基次声称，每战死十人，就能有一人幸存并向后世讲述他们的壮举。[59]不过，战斗激烈之际，日军未能夺桥，只好后撤。

中、朝联军此战获胜，很大程度上得益于火炮的运用。不过，当他们打算追击日军进入山地时，重型武器就成了累赘。明军在河流附近一片云雾笼罩的平原上消灭了更多日军，一举奠定了战果。

在稷山之战中，明军的铠甲也引人注目，明军采用了一种更坚固的式样，甚至可部分抵御铁炮弹丸。毛利秀元、黑田长政也承认，日军敌不过解生军，因为铁炮无法射穿明军的铁盾。日军的伤亡约有600人，明军只斩获了30个首级。解生一人就斩获二级。随后，两军在稷山周边的山地篁林中继续接战，明军又陆续获胜，不过，史料记载日军阵亡近10000人的说法无疑是被夸大了。[60]

不久，麻贵命令部分援兵留在边境附近的后方阵地待命，并发布榜文，抽调700000人的水师，以便在海上歼灭日军。尽管明朝无力组建一支如此庞大的水师，据说日军获悉了榜文内容，害怕退路被敌方水师切断，犹豫不前。[61]日军诸将分散行军，最后退入了各自在东南海岸沿线占据的倭城。此后，日军再未发动攻势，而是在抗住了中、朝联军屡次围攻后，在次年撤离半岛。

事实上，日方史料显示，入侵军队之所以撤退，是出于畏惧明军水师抵达。其中有些史料也记载，明军的伤亡高于日军，声称撤退的是明军。川口长孺还提出，明朝其实是主动向日本求和，声称自己无心为朝鲜而战。[62]

有些明朝官员怀疑麻贵的捷报是否真实，他们争辩说，水师进攻的威胁才是迫使倭人撤退的原因，而非稷山之捷。[63]按照明朝的官方规定，明军有监军御史随行，负责报告战况，检核赏罚。理论上，这套制度的目的是要防范党争和违纪，实际上却常常适得其反。不过，这些监察官员偶尔也能阻止前线官吏以权谋私，谎报战功。这种情形和当代美国警察系统的内务部门差别不大。

确实，在稷山之战后，有些监察官员发现捷报颇为可疑。其中一人说："稷山未交一矢，何言功？"同日方记载类似，他也争辩，倭贼撤军，其实是由于一封据说是沈惟敬写的信，信中威胁要调动水师大举反击。一如既往，万历帝将这些奏章留中不发，依然支持自己简拔的官员。韩国学者朴允熙则认为，日军撤退，是因李舜臣再度出任朝鲜水军统帅。[64]

不管事情真相如何，从第二次日军入侵的经过看，稷山之战的意义十分显著，这是日军距离王京最近的一次战斗。入侵的第一阶段自 1597 年年中持续到年末，包括了日军攻入朝鲜以及对中、朝联军的攻势。入侵的第二阶段，自 1597 年年末持续到 1598 年秋，这是中、朝联军反攻和围攻的时期。最后一个阶段，自 1598 年年末到 1599 年农历二月，标志着日军最终的完败和撤兵。这样看来，稷山之战确实是一个转折点，此战过后，朝鲜君臣的畏葸一跃转为决心，居于守势的中、朝联军的士气也为之一振。稷山之战还在朝鲜盟友面前展现了明军将士的忠勇。中、朝联军在随后的小规模战斗消灭了更多日军，甚至引得欣喜若狂的朝鲜官员赋诗一首，以志"东征第一奇功地，万马攒蹄先夺气"*。据说，一名朝鲜将领在向南撤退时用弩箭齐射杀死了日军五六百人。在光山以南的另一场战斗中，日军又损失了约 9600 人。[65] 朝鲜人听说，700000 明军援兵已经启程，也备受鼓舞。

此外，9 月中旬，李舜臣官复原职。对于李舜臣来说，筹集出

* 此处原诗为："忆昔王师破岛夷，前军突将领熊罴。至今战血川原染，当日威名草木知。万马攒蹄先夺气，长鲸授首早封尸。东征第一奇功地，却欠书生为勒碑。"作者只引用其中两句，且未按原诗顺序排列。

战的船舶和兵力十分困难，不过，他确实立即派出探子，搜集附近日军诸将的部署和兵力情报。据说，李舜臣听到属下回报朝鲜百姓的悲状，心急如焚，因痛哭不止而眼疾发作。最终，他还是想方设法凑齐了十来艘战船，出海作战。不过，他显然弄到了充足的粮草，甚至铸造或搜集了几门火炮部署在船上。朝鲜请求明朝再支援 130 艘战船，甚至指定了需要的样式。不过，尽管寡不敌众，李舜臣之前的战术仍然奏效，他指挥朝鲜水军在倭船之间穿梭，又借助龟船制造混乱。他击毙了一名日军水军将领，还险些杀掉另一人。据说，当日军看到李舜臣再次统率朝鲜水军，“失色痛哭”。[66]

海上战役的转捩点，是 1597 年 11 月 2 日珍岛水域的一次交战。朝鲜水军知道日军瞧不起他们，先佯装撤退，随后乘顺风从四面八方逼近追击的倭船，烟雾弹、火炮和小型火器齐发。日本水军阵亡数百，整支舰队的 133 艘战船几乎全部被歼。此役被誉为“鸣梁大捷”。日军还损失了大将来岛通总，据说他的尸体被从海中捞起并被斩首，头颅被悬在桅杆顶端，以沮敌气。在后续战斗中，朝鲜水军又击沉了 11 艘倭船。李舜臣预先让部下在海中拉起一条铁索，横断敌军退路。日军撤退时，李舜臣下令拉起铁索，掀翻逃走的倭船。[67] 他又在岸边部署了 8000 人，杀死或俘虏任何游到岸边的幸存敌军。借助这次大捷，李舜臣不仅切断了日军西侧的补给线，还夺回了大量粮食、补给和船舶，补充了朝鲜水军的实力。据说，此役之后，日军因为畏惧朝鲜水军而不敢在西部海域活动，1597 年 12 月陈璘率领的明军水师抵达之后，更是如此。

李舜臣在海上连战连捷之际，明军诸将也开始商议预期年底发动的海陆联合攻势。麻贵转告宣祖，天子已经下令，从南部沿海诸省调遣300000大军，从明朝和朝鲜同时进攻对马岛。其余部队将从王京出发，三路齐下。被俘和投降的日军可以提供倭城的情报。宣祖指出，稷山之捷挫败了倭贼的攻势，他强烈主张迅速发起进攻以扭转战局。朝鲜军和明军又开始密集磋商，解决运输补给和火器的问题。[68]

就在此时此刻，杨镐登上了历史舞台。杨镐是一个悲剧性的历史人物，因为在1619年未能击败满人入侵而备受指责。就在20年前，他在朝鲜任职期间也引发了争议。不过，朝鲜史料指出，杨镐在挫败日军的攻势方面发挥了关键作用，其中说他"才兼文武，精敏沉毅"。在经略朝鲜事务时，杨镐指出："心定则气壮，心乱则气夺。"值得注意的是，日本史料也称赞杨镐赏罚严明，推行先攻后撤的战术，令日军疲于奔走，并进一步对日军过度伸展的补给线造成压力，由此扭转了战局。[69]

杨镐同宣祖及其大臣讨论了战争形势和如何恢复百姓元气。他首先提醒朝鲜君臣1592年的灾难事件，接着说："伏蒙圣天子曲加哀怜，出师来援，天威所临，凶丑自溃，克平壤，收都城，贼兵远遁。"他还说，朝鲜由此尽复失地，百姓重回家园。不料，倭人再度大举入犯，朝鲜文武百官必须和衷共济，召集流亡。杨镐还列举了日军犯下的诸种暴行，以及郑拨和宋象贤等人的义举。[70]*

邢玠负责总领中、朝联军，万历帝赐予尚方剑。正如明军第一

* 本段内容实为宣祖对杨镐所说的话。

次援朝之战，邢玠强调要严明军纪，官兵若骚扰百姓，皆处死刑。盗窃粮食军资处以杖刑，强奸罪也处以死刑。各营都委任了监军，纠劾不法行为。宣祖下令，在所有市镇张贴告示，申明约束，要求全体明军将士知晓奉行，不得重蹈数年前的覆辙。但是，这些举措并非十分有效。时人记录了明军士兵洗劫民宅的行径，提醒民众将金银细软窖藏妥当。[71]

双方还深入讨论了训练朝鲜官军、准确搜集日军部署情况等事务。邢玠提议，招募从倭营逃亡的人作为潜在的细作。海边的倭城连成了一条 700 至 800 里（250—275 英里）长的地带，从蔚山向西南一直延伸到顺天，其中，釜山地区防御最为坚固。中、朝联军攻入日军防御阵地，在陆上赢得了几次遭遇战，多少平衡了李舜臣在海上创造的大捷，日军感到要深入朝鲜内地就更难了。不过，乡村地区仍然一片狼藉，人烟凋零。据说，在有些地方，行百里（34 英里）不闻鸡犬之声。[72]

日军不止是执行了丰臣秀吉蹂躏朝鲜的指示。侵略者和朝鲜人产生了各种各样的接触，无一令人愉悦。许多女子被迫卖身，男子沦为奴隶。还有一些朝鲜人只好投靠敌人求生。不少朝鲜人被圈禁起来，协助在沿海建筑倭城，据说要日以继夜，赶在朝鲜军和明军发动进攻前完工。庆念描述自己目睹的种种恐怖，仿佛如临地狱。传言双面间谍要时罗也大肆从事人口贩卖。[73] 日军部队经常奉命前往山中抢夺人口牲畜。

万历帝得知南原战败的消息，下令将人在王京的杨元处死。他还同意了邢玠的进攻方案，下令在敌军重振旗鼓之前尽快将粮草运往前线。麻贵奉命统率中、朝联军，穿越鸟岭关，向庆州方向进军，进攻加藤清正。邢玠还下令水军出海迎敌，切断敌军从海上逃跑的机会。据说，宣祖本欲御驾亲征，杨镐不许。[74] 农历十二月初，杨镐也率军从光州南下。此后，中、朝联军佯攻顺天，以转移小西行长的注意力，同时坚定地向加藤清正的驻地进军。加藤一面派兵扼守通往蔚山的要道，一面派人求援。明军判断，等到冬季降临，他们将会再次大胜，因为届时骑兵就可以大显身手，日军也无法再利用河运。

杨镐还同宣祖商议了中、朝联军联合进行海上作战的事宜。他清楚，朝鲜海岸处处有浅滩和激流，或许会造成很大困难，因此，杨镐希望让朝鲜人作向导。他还建议，两军带着炮船参加联合演练。明军将先航行到江华岛，随后转舵向南。到了 1597 年农历十月，李舜臣麾下的水军已约有 2000 人，还补充了一些船舶，不过，朝鲜水军仍然需要明军的支援才能巡视整个海岸。[75] 麻贵补充说，必须改善沿海防御，保障补给线，加强双方合作。权栗奉命负责陆上的操练和动员。

前线的日军诸将对长期作战完全不抱乐观想法。他们清楚，己方的补给日益短缺，明军又来势汹汹。由于在稷山之战中吃了苦头，他们也畏惧明军的火器。一位将领写信给国内的父亲说："军队从甲斐国来时，务必多带铁炮，余物不须。严令诸人及武士携铁炮而来。"[76]

为了度过严冬，入侵的日军蜷缩到戒备森严的倭城中，这些要塞通常坐落于陡峭山口的尽头，明军很难把火炮运上去。杨镐和麻贵率军从王京出发，与加藤清正的军团交战。李如梅率部进逼尚州，日军继续后撤，并与南下的中、朝联军纵队发生了小规模冲突。一些日将对后撤的命令十分不满，认为朝鲜人一看铁炮齐射的火光就望风而逃，如果坚决抵抗，定能取胜。但是，考虑到天气恶劣，且人数劣势，日军还是决定撤退。

到 1597 年 12 月末，明军诸将准备发起预定的三路攻势。一路进攻蔚山的加藤清正，一路突袭南边的小西行长，最后一路则进攻釜山。朝鲜军也配合这三路明军作战，但李芳春强调，朝鲜军要采用明军的编制和军纪。中、朝联军希望自身实力足以分割日军防线，防止倭将互相支援。水军则配合陆上部队作战。李如梅统领明军左协 13000 人，高策统领中协步、骑 11690 人。李芳春、解生统领右协 11630 人。麻贵和杨镐为督左、右二协，追击加藤清正，而中协负责进攻顺天的小西行长。这些明军还得到不少朝鲜军支援，最有名的是从黄海调来的郑起龙部 1000 人，从王京周边调来的高彦伯部 2300 人。必需的补给，包括 1000 多门火炮、118000 支火箭、69.745 斤（93 磅）火药、1796967 斤（1195 吨）大小弹丸，从辽阳运往朝鲜。他们面临的最大困难是粮草几乎不够一月消耗，尽管可以就地征用部分物资。宣祖估计，朝鲜还可再征集二到三个月的粮草。邢玠报告，明朝正往朝鲜运输更多粮草，只是由于海波凶险，或要延误。[77]

邢玠向朝鲜君臣强调，必须鼓足余勇，决心将倭贼逐出半岛。小规模部队在各地展开，消灭孤立的日军。李舜臣和明军水军发起了钳形攻势，把日军赶出了一些沿海岛屿。朝鲜官军得到了义兵支援，义兵仍然极大地削弱了日军的士气。宣祖再次对

明朝支援的兵马、白银和粮草表示感谢，指出："天朝倡义，以讨贼为本。"[78 *]

中、朝联军准备行动，邢玠祭祀天地，请求佑护诸军。麻贵、杨镐二人随大军南下，邢玠留在王京镇守指挥。1598 年 1 月 26 日，大军抵达庆州。麻贵得知，蔚山周边的崎岖山地为日军提供了额外的掩护，担心日军从釜山派兵支援，于是派高策、吴惟忠前往堵截，又派兵去海边戒备敌军援兵登陆。杨镐和一位老宦官率先抵达蔚山附近，派人去给权栗和李德馨传信，让他们率兵会师。[79] 半夜，麻贵到达了日军的外围防线，距离蔚山倭城约 60 里（20 英里）。摆赛、杨登山、颇贵三将奉命率领先锋，遭遇了守军的火箭袭击。

1 月 28 日，中、朝联军逼日军撤回山上，摧毁了倭城外围的防御工事，着手正式围攻蔚山。进攻一开始，箭矢漫天，火炮齐鸣。风助火势，烈焰遍地，日军大恐，许多人被大火烧死。第一轮突击确实出敌不意，明军枪炮一响，日军将领还以为是麾下士兵在捕猎附近沼泽里的天鹅。第二日，李如梅和杨登山率领精兵进攻蔚山本城。明军骑兵在日军反击前就后撤了，引诱他们进入致命的埋伏，至少导致400名日军丧生。李德馨感激明将，（明将回应）："此是小捷，看我剿灭西生釜山之贼，可言其喜。"[† 80] 日军再次后撤，李芳春和解生悄悄潜入蔚山脚下，企图纵火制造混乱，但被守军察觉，仓促撤退。

---

* 宣祖这句话，原文为"明大义，正伦纪，诚今日讨贼之根本"。这是上万历帝的陈情表，因有人诽谤宣祖与日军有勾结，宣祖上表辩解，并非感谢明军。本书为行文流畅，保留英文原意。

† "（明将回应）"为校者所加，作者错将引文当作李德馨之言。

蔚山倭城的攻防战（引自《朝鲜征伐记》）

进攻的一方也颇为混乱，不清楚加藤清正是否真在此处指挥。尽管如此，明军还是派了一名官员前往敌营劝降。

日军诸将就如何应对进攻产生了激烈争论，因为他们兵力严重不足，补给也几乎断绝。中、朝联军多达800000的说法过于夸大，实际兵力约有55000人。日军守军约有20000人。后勤供应十分严峻：日军缺少淡水，只好收集积雪融化饮用。粮食不足，士兵只好夜里悄悄溜出倭城，在尸体间搜寻残食，其中许多人被明军捕获，遭到严刑拷问，以获取情报。再后来，绝望的日军甚至将纸张、泥土当食物充饥。庆念的日记生动叙述了守军遭受的痛苦，他确信自己也很快就要“往生极乐”。[81]

1月30日，麻贵、茅国器袭击了一个得到加强的日军前哨，焚毁了周围的栅栏。此战又有500余名日军死于大火，残部退保城中。中、朝联军的损失也不小。次日，明军袭击了守卫森严的突山要塞，日军向来袭的敌军凶猛射击，又造成了严重损失。最终，围攻的明军，以茅国器麾下的浙兵为先锋，攻占了外围工事，再次斩杀日军661人。次日，明军继续进攻内城，但是，加藤清正亲自从西生浦率兵500人来援，令明军大吃一惊。史料记载，加藤的战船“如龙神般飞入海中”。太田一吉诸将看到援兵抵达，大喜过望。城内日军派出一支150人的小队冲上前，在围攻军队中杀出一条路，引导加藤和他的军队进入城内。尽管猝不及防，颇为沮丧，中、朝联军仍控制着倭城外围。[82]

此后，日军便紧闭城门，坚守待援，期待恶劣的天气能迫使敌军解围。明军继续进攻，陈寅亲冒矢石，架起云梯。在城内，加藤清正一身白袍，策马督战。年轻的武士浅野长吉*在城头挥舞长枪，斩杀多人，让友军赞叹不已。李如梅稍后才赶到前线，中、朝联军再次为高耸坚固的城墙所阻。诸将聚会商议，决定彻底切断山城水源，加强对周边阵地的控制，用饥饿拖垮日军。麻贵担心日军会从釜山派出援兵，派高策、吴惟忠前往梁山，董正谊前往南原，另一将领奉命扼守西生浦外出的水道。接连十昼夜，明军在城头的猛烈炮火下围攻不懈。不过，在崎岖的山路上，明军调动重型火炮十分艰难，士兵每推进一步都要遭受敌军火力的猛击。日军负隅顽抗，

---

* 浅野长吉即浅野长政，但此处人物应为浅野幸长，又名浅野长庆，为浅野长政长子。

废弹壳在城内堆积如山，明军身穿红甲白盔，显然成了极佳的靶子。[83]然而，麻贵认为，日军很快就会由于缺乏食物和水而丧失战斗力。

中、朝联军加紧进攻，用大炮轰击山城，然收效甚微。日本守军不断用铁炮和火炮给敌人增加伤亡。一位明军军官好不容易登上了城头，只坚持了片刻就被杀退。1 月 31 日夜，战场上空乌云笼罩，雨雪交加，山城周边化为一片泥泞。中、朝联军强攻不休，其间又损失了明军 700 人，朝鲜军 200 人，日军的伤亡不相伯仲。杨镐接到情报，据说加藤清正打算只身突围。中、朝联军接下来的围攻又造成了更多的日军伤亡，他们甚至一度突入山城内而后被击退。有人报告，倭船 40 艘正沿太和江靠近，于是明军派出步军 2000 人，马军 1000 人守卫江岸。日军俘虏透露，加藤清正早在两天前就趁夜逃脱了，但仍不妨遣使与之谈判休战。杨镐要求与加藤会晤。吴惟忠提议设伏杀掉加藤，而杨镐希望尽量活捉他。加藤清正最终接受了手下的劝告，拒绝亲自赴会。李德馨和权栗希望，由于连日雨雪，倭人会很快投降。但是，据说加藤清正虽然突围了，还打算重新返回。[84]

次日入夜，围攻再次开始。守军发射铁炮，弹如雨下，中、朝联军损失惨重。杨镐一度下令明军撤回休整，而让权栗指挥朝鲜军继续进攻。权栗遵命行事，也被日军的铁炮击退，死伤枕藉。不过，日军俘虏报告，城内的形势日益恶化，围攻一方似乎仍有希望。俘虏还说，加藤清正本人仍留在城内。[85]

2 月 5 日，日军传书给城外的中、朝联军：“欲为讲和，而城中未有知文字者。船上有僧，若使出送，则欲修和书。”考虑到敌军的现状，中、朝联军决定不再谈判。战场上吹起了西风，仿佛预示发起最后一次大火攻的时机已经成熟。日军仍抱有些许希望，一是据说援兵已经启程，二是探子报告明军营中不见炊烟，说明敌人也短缺粮草。[86]

最终，2 月 8 日，就在守军意志动摇，打算开城投降时，小西行长率领一支可观的援兵由海路抵达。起初，小西行长眼看围攻军队人多势众，不愿前进。他先派出 3000 精兵沿江而上，查探中、朝联军的防线是否存在漏洞。李德馨发现这一情况，连忙传讯给杨镐。杨镐询问李德馨应该如何应对。李德馨回答，我军应当能够阻拦小西行长，直至攻陷山城。杨镐并无把握，他指出，连日来，我军并力攻城无果。雨雪不止，也严重妨碍围攻，大量马匹由于饥寒而倒死。杨镐还认为，明军伤亡过重，最好暂时休兵。[87]

接下来，杨镐下令撤兵，显然害怕陷入敌军的夹击，结果中、朝联军一溃而散。日军冲出蔚山，追击逃跑的敌军，根据一些日本史料记载，日军斩杀敌军 60000 余人。[88]撤兵之际，中、朝联军丢弃了大量甲胄兵器。若不是麻贵和另一位明军将领（一般认为是吴惟忠）英勇殿后，伤亡或许会更大。不过，李如梅宣称，尽管我军伤亡 3000 至 4000 人，日军也损失惨重，只好收兵返回蔚山。杨镐退回王京，派麻贵前往安东，李芳春和牛伯英前往南原，祖承训、茅国器、卢得功前往尚州。[89]

还有一种稍微不同的说法，小西行长率援兵抵达时，当即遭到守在江岸的中、朝联军的袭击。战斗持续了数小时，双方相持不下。此时杨镐找来权栗，告诉他："你国之军虽不得焚陷贼营，冒死攻城以助声势，极为可嘉。"他还说，若佯装谈判，就可出其不意。日军的答复很干脆:“欲战则当相战，欲和则开一边，使之出城，且遣一将官，则当议和事。”故事还有一个更加精彩的版本，据说加藤大笑:“麻老爷以战为主，必不见我，杨老爷若求相见于中路，则当于明日午则去拜。”川口长孺说，加藤清正识破了杨镐的诡计，因为杨镐在佯装撤退之际，忘了部署殿后。诱敌之计于是未能成功。杨镐继续催促朝鲜军一起纵火烧城，因为吹向山城的风势强劲。正当他们准备着手执行这一策略时，又有倭船26艘搭载援兵抵达，城内日军一片欢腾。中、朝联军起初击退了这支日军，但发觉自身陷入后方射来的日军炮火。麻贵和杨镐决定退回来，打算以饥饿困死守军。但没过多久，明军担心越来越多的日军来援，己方部队却伤亡严重，索性决定撤兵。[90]

尽管蔚山之战显然是一场大败，邢玠报告，此役堪称胜仗，我军斩杀倭将120人、倭兵1200余人，只是由于倭人援兵从各处来袭，不得不先撤退。这种说法自然在朝中颇受欢迎，因为这说明日军已经处于崩溃的边缘。全体将官都获得了赏赐和荣誉。然而，不久之后，自相矛盾的战情报告便纷至沓来。[91]

中、朝联军前脚返回王京，后脚就开始争吵不休。朝鲜人清楚，尽管明军宣布大捷，事实恰恰相反。他们质问麻贵，为何围攻蔚山的报道前后龃龉，麻贵愤怒地回答:“俺有功于尔国如此，而国王必欲掩我功，而归之他人，有何仇怨，而诬之若此？”这个答复让宣祖不悦，转而质问杨镐。杨镐辩解，由于粮草不足，缺乏增援，加上倭人援兵众多，只好撤军。宣祖指出，将军当准备万全。他又问杨镐为何弃军而逃，杨镐回答，可择日再战。他还说，预计前来增援的明朝水军能够增强我军的实力。接着，杨镐指出，倭人畏惧明军铁骑，希望得到更多战马。宣祖问:“只患小邦，马难多得，岂敢受价为哉？”杨镐回答，朝鲜历来就有贡马的义务。宣祖则说，战火之下牲畜残存无几。[92]

此时，朝中言官纷纷弹劾首辅赵志皋奸诈贪贿，赵志皋只好请辞。朝廷派出监军前往前线。其中一人是丁应泰，他强烈反对明朝1597年的战争政策，很快就在前线找出了弹劾杨镐的证据。经略杨镐推说生病，请求辞职，万历帝问明情况，不准他回国。[93]

为了自保，杨镐写信给大学士张位和沈一贯，请他们代为缓颊。但是，他仍然遭到罢免，由天津巡抚万世德接替。宣祖上书为杨镐求情，请求允许他留任，直至结束战事。宣祖还举出了杨镐在稷山的功劳。万历帝没有答应，丁应泰则强烈抨击杨镐及其亲信，列举了杨镐的28款罪状。在这些罪状中，最严重的是指责杨镐故意犯下战术错误和谎报军情，目的是要提携李如梅，而杨镐和李如梅关系十分密切。[94]

朝鲜朝野皆担心丁应泰的弹劾会导致明朝援助朝鲜彻底失败，纷纷表态支持杨镐，甚至在他奉诏离开王京之际攀阻马车。尽管有些活动是朝鲜官员组织的，但也有些抗议活动似乎是真情流露，感激杨镐对朝鲜的帮助。其实，他们多数人都不清楚明朝的宫廷政治和朋党关系的错综复杂。他们只看到，杨镐的抵达扭转了战争局势。这就足够了。对杨镐的声援持续到了下一整年，从朝鲜波及明朝边境城镇。[95]

万历帝不为丁应泰的弹劾所动。他写信给宣祖:“连年用兵发饷，以尔国素效忠顺故也，毋以人言自疑。”尽管如此，杨镐被下令解职，返回河南老家。[96]

杨镐依然保持乐观，他向朝鲜君臣保证，由于名将刘綎等即将率师抵达，倭人撑不过一年。不过，私底下，杨镐对自身和朝鲜的未来都没有把握，尽管他仍然宣称愿意鞠躬尽瘁。某夜，杨镐和部下对饮，感叹：“贼平，我死于朝鲜，贼不平，我死于朝鲜。”接着，他告诉一个家丁：“为我买七尺之柩，葬我于朝鲜之土。”1598 年 7 月 6 日，完成使命回国后，丁应泰向万历帝提交了弹劾，罗列了杨镐的 28 款罪状，包括他并未参与的战斗失利、狎妓、行贿张位等。在这些罪状之首，丁应泰还列举了杨镐的十大耻。[97] 邢玠和李德馨都认为，这些指控完全是捕风捉影，还指出某些科道官员只会无端生事。他们还指出，丁应泰与如今声名扫地的主和派有牵连，所以才抨击杨镐。

李德馨安慰杨镐说，他看过了丁应泰的奏折，满纸破绽和荒唐言论。杨镐也认为，一切都要归咎于沈惟敬的谎言：“天生沈惟敬，误了许多事，误了许多人！”接着，他仰天长叹：“外边有倭贼，内边有奸贼，贼党亦多，未知天下事如何！”朝鲜人还以为，小西行长也参与了密谋，因为他希望拯救同胞。有一位官员说：“行长极有才……其才真过人矣。打破南原，杀天兵三千者……如是而都说行长守约。”[98]

朝鲜还专为杨镐之事召集了廷议。李德馨提出，杨镐在蔚山之战中的表现之所以遭到误解，皆因明军中的南兵北兵处处争功。这或许是事实，不过朝鲜人也清楚，为杨镐开脱，还需要更坚实的理由，否则，丁应泰的弹劾就会破坏明朝对朝鲜的所有战争援助。宣祖就说："莫非天也，莫非数也。既生平秀吉于日本，又生沈惟敬于中原，莫之为而为也，岂人力之所可为也？……一小人足以坏天下之事，丁应泰予一见而知其人险诐。"宣祖还警告，杨镐的离去恐将打击朝鲜的士气，杨镐为协和朝鲜民众与明朝做了很大贡献。[99]继而，宣祖询问，为何李如梅上章辩护没有产生更大效果。朝中官员回答，陈寅的意见更有分量，不过没有详谈。李氏家族在明朝朝中并不太受欢迎，杨镐与诸李的交往或许反而对他不利。

丁应泰也弹劾了李如梅，指责他与杨镐、沈一贯、张位勾结，谎报蔚山之战的战况。他还说，因为李氏兄弟的恐吓，辽兵无一人敢言。丁应泰罗列了李如梅的六大重罪和十项轻罪，包括与加藤清正关系可疑，未得到授权就与倭将议和。他指责李如梅和杨镐玩忽职守，宿醉帐中，纵容倭贼偷偷出入蔚山。丁应泰还控告，李如梅派兵出营为自己购买酒食吃喝，无视麾下军队冻饿僵仆。据说，李如梅还纵容部下洗劫朝鲜民居、凌辱民妇。[100]张位、沈一贯、李如梅和麻贵，被指控暗中结党，企图破坏明朝的军事援助，污蔑南兵。后来证明，张位和杨镐之间的书信往来并无勾结的迹象，丁应泰的弹劾由此失去了不少说服力。

随着争论在朝鲜的持续，更多阴暗的情节浮上水面。有官员报告，陈寅和杨镐之间有宿怨，因为杨镐曾经责罚过他。还有人宣称，有一名反对杨镐的低级官员，将众人灌醉，好套取不利于杨镐的言论，并报告给丁应泰。朝鲜人清楚，全部真相难以廓清，但他们更愿意相信同杨镐并肩在前线作战的李德馨的证词。最终，尽管朝鲜君臣并不认为杨镐是完全清白的，仍然决定起草一份上书表示支持，并将书信送到京师。丁应泰再次奉命前往朝鲜。在边境重镇辽阳，他遇到了朝鲜使节，后者当即向王京报讯，警告在朝鲜的明军和朝鲜人，丁应泰即将抵达，并且这次他罗织陷害的范围比上次更大。[101]

1598年9月9日，战争已经接近尾声，消息传到了王京。丁应泰抵达后，徐观澜继至。徐观澜是一位更加沉毅公正的兵科给事中。他竭力查探朝鲜战事的确凿详情，尤其是明军的死伤人数。同时，丁应泰仍在指责杨镐的支持者，甚至指责宣祖本人。他谴责宣祖轻率为杨镐求情，胆敢质疑天朝的决定。在调查期间，丁应泰还犯下了种种恶事，包括逮捕拷问朝鲜官吏，为了搜寻罪证而查抄私宅和官厅，等等。[102]

丁应泰的弹劾最终走过了头。他没能达到预期目的——对杨镐及其党羽进行全面彻底的调查，却引起了几乎全体朝鲜官员和大多数明朝官员的不满。宣祖遭到指责，十分沮丧，只好罢朝数日，甚至发誓以性命为杨镐担保。最后，邢玠告诉宣祖，徐观澜准备提交一份奏议，为所有干涉人员洗雪罪名，宣祖这才恢复理政，不过很长时间不再接见明使。[103]

朝鲜继续请求明朝彻底洗雪杨镐的罪名，起草了一份正式的抗议书，一一反驳了丁应泰提出的指控。明朝认为此事已经基本了结，当前还有更紧迫的事务。不过，朝鲜人非常重视这一问题。1598年11月19日，李恒福率领一个使团从王京启程前往京师，正式抗议和反驳丁应泰对朝鲜君臣的指控。丁应泰和徐观澜则继续留在朝鲜担任监军，双方作风迥异：徐观澜清廉审慎，丁应泰嚣张跋扈。战争结束后，宣祖对丁应泰十分冷淡，而在丁、徐二人返回王京时接见了徐观澜。会晤时，徐观澜坦陈，他认为丁应泰的指控毫无根据，保证回朝之后定为所有干涉人员脱罪。[104] 最终，1599 年 3 月 31 日，万历帝颁布了免罪诏书。

尽管在蔚山之败后围绕杨镐的争论日益激烈，中、朝联军仍然清楚，他们在战争中依然占据上风。一支庞大的明军水师正在旅顺口集结，等待运输更多兵员和补给。到 1598 年初，中、朝联军在陆上的兵力空前强大，超过 140000 人。明朝在南方大力打造船只，以满足军事需求；明朝官员四处搜刮钱粮，用来支付军饷和筹集军资，因为战费预计每年要消耗白银 800000 两。明朝加派了新税，尤其是针对商业和航运的附加税。1598 年秋，杨镐着手谋划第二次三路齐下的攻势。宣祖屡次询问明朝官员未来的进攻计划，下令朝鲜官员继续操练和建立军屯。在麻贵、刘綎、陈璘、李如梅的指挥下，中、朝联军进行了整编。1598 年春，李如梅之兄李如松遭遇蒙古鞑靼部的伏击阵亡，明朝派董一元替换了李如梅。邢玠还整顿了运输补给，更加重视海路，又驱逐了一些沿途盗取补给和其他物资的转运贩子。[105]

明朝大规模扩充水师，是最终击败日军的关键。这样一来，中、朝联军就能控制海路，比敌人更有效地输送兵员补给。陈璘被任命为明朝水师提督，不过朝鲜史料认为陈璘无足轻重，只是多亏了李舜臣气度宽广才得到认可，李舜臣十分尊重陈璘，几乎言听计从。还有史料宣称，陈璘“凡事一咨于舜臣，出则与舜臣并轿，不敢先行”。鉴于陈璘在明朝的声威，以及他此前在广东同海寇作战的经历，他似乎不太可能将指挥权拱手让与李舜臣。事实上，其他史料显示，陈璘和李舜臣之间产生龃龉的根源，在于陈璘素来以军律严明闻名，他对朝鲜军训练不足、纪律松弛十分不满，朝鲜人则厌恶陈璘试图加强他们的合作精神。[106] 陈璘的副手是长期和他共事的吴广和邓子龙，邓子龙曾随陈璘在西南服役，年届古稀而老当益壮。

日军取得了蔚山之捷，却没有发动大规模攻势，而是抓紧巩固防御，迎接敌军下一次进攻。不少将领提议准备撤退，因为战争前景黯淡。加藤嘉明对此嗤之以鼻："未睹明人之旗而逃，何面目复见太阁哉？"许多人表面上同意他的看法，然而，就连丰臣秀吉也开始怀疑留驻朝鲜的必要，尤其是他自己的健康每况愈下，开始担心他的儿子和他的霸业在他去世后的遭遇。据说，秀吉说："勿使我十万兵为海外鬼！"[107]

丰臣秀吉向诸将询问朝鲜战局，他们回复："朝鲜大国也，冲东则守西，击左则聚右，纵使十年为限，了事无期。"他们还估计，要想重新发动进攻，就需要更多增援。太阁不禁感叹："吾不幸生于小国，兵力不足，使我不克遂耀武八表之志，奈何！奈何！"他还抱怨自己年事已高，日暮路远，他问诸将："与朝鲜休兵议和，如何？"诸将回答："幸甚。"[108]

因此，从朝鲜撤兵的决定，其实是丰臣秀吉亲自做出的，并非他逝世后的摄政者的主意。这条记载和通行的看法相左，因为一般认为，明朝和朝鲜已经计无所出，多亏秀吉去世才扭转了局面。[109] 日本撤兵有许多现实理由。虽然在蔚山获胜，日军的粮草补给仍然岌岌可危。苦战不休，加上朝鲜的寒冬，也削弱了日军的战斗力。

正如韩国学者李进熙所言："日本侵略军因丰臣秀吉之死而撤出朝鲜的说法并非事实，不过，到 1598 年 5 月，也就是秀吉去世前三个月，留守朝鲜的日军从最初的 147000 人减少到 75000 人，在战斗上确实难以为继。"丰臣秀吉强调，他希望全体日军渡海归国。他告诉浅野长政和石田三成，携带撤退命令，火速赶赴九州，口传秀吉病重的消息。显然，秀吉逝世后，近臣决定隐瞒秀吉的遗命，以便请求停战，这样一来，兴许还可以为自己开脱战争责任，显示主动议和的姿态。于是，国内的诸大佬向留守朝鲜的诸将下令，若不能从明朝获得朝贡特权，就中断谈判，立即退兵。[110] 显然，这道命令造成了普遍的误解，让人以为丰臣秀吉本人从未下令从朝鲜撤兵（这个神话类似德国军国主义者如鲁登道夫关于第一次世界大战结束的神话）。

无论丰臣秀吉当时的心理状态如何，他依然是一位出色的统帅，面对绝望的战局，他心中清楚。为军队提供补给，是留在朝鲜的诸将面临的最大困难。自第一次入侵开始，秀吉之所以采用分兵数路的战略，充分调动那些能力出众的将领就是原因之一。然而，这一战略也有弊端，因为日军必须同时在多条战线上保持补给线通畅，这即使是在最顺利的情形下也很难做到。然而，尽管日军疲于应付四面八方的进攻，秀吉仍拒绝改变这一原则。在实力和威望上，侵朝的日本诸将几乎势均力敌，这让秀吉策略原本的弊端更加严重。进行这样的战争，需要一个总统帅，最理想的人选就是太阁本人。斯特拉米焦利（Giuliana Stramigioli）就这样认为，他指出："[日本] 失败的主要原因，乃是丰臣秀吉未能亲征之误，加上缺少水军来持续向朝鲜运送补给。”[111]

丰臣秀吉的同时代人和传记作者都认为，秀吉最大的优点是坚韧的意志以及对周围人的影响力。秀吉能够凭借自己的个性来鼓动和驱策麾下。这是不能委托给他人的，甚至不能传给后裔。当然，即使秀吉按原计划亲征朝鲜，也未必能改变失败的结局。不过，毋庸置疑，战争的发展进程会完全不同。尽管如此，这并不意味着久野义三郎的说法是正确的，即若秀吉长寿几年，朝鲜和明的国运“无论如何都会终结”。[112]

1598 年夏末，福建巡抚金学曾报告，秀吉死于 8 月 10 日。[113] 日军自春季陆续撤兵，早在 1598 年农历五月，30 名日军大将中已有 20 人被召回，剩下大都在撤退中。事实上，日军的袭击和劫掠似乎在整个夏季更加活跃，或许是为了掩护大军撤退。不过，由于明军的存在，他们造成的祸害有限。此外，由于缺乏粮草，日军人心浮动，不少营地面临哗变。还有不少士兵投靠了敌方。尽管如此，传闻众多倭船在东南沿海靠岸，由于不清楚这些是用来运送日军渡海回国的船只，朝鲜民众仍然陷入了恐慌。许多将领在 7 月中旬接到了秀吉的撤兵命令。事实上，小西行长甚至试图和明朝交涉，但没有结果。要时罗的努力也没有成功，最终在王京被捕，遣送到京师受罚。[114]

丰臣秀吉逝世的消息，在朝鲜和明朝引发一片欢腾，宣祖还敦促明军在倭人逃走之前乘胜追击。万历君臣也决心推动攻势。至此，留守日军总计 65000 余人，主要盘踞在四个要塞。加藤清正率 10000 余人驻守蔚山倭城。岛津义弘驻守另一个重兵把守的泗川倭城。小西行长则率 13700 人驻守顺天倭城。此外，日军水军拥有多达 500 艘船和 12000 多名水手，驻扎在釜山。[115]

整个夏季，中、朝联军向日军施加了有限的压力，同时竭力建立和维系自身的后勤补给。军事征调常常给当地百姓造成困扰，尤其是农忙季节开始以后。还有零星的报道反映明军殴打朝鲜人并抢走货物。仲夏时节，明军主力 28000 余人抵达王京，宣祖下令全体地方官员为大军筹集粮草，或自掏腰包捐助。不过，由于连年战火不息，征调不上来多少物资，饥民遍野。老虎趁机潜入村庄，袭击牲畜和软弱无力的难民。最终，从山东运来约 100 万担（66665 吨）大米，极大缓解了粮食困难。这批粮食专门用于供养军队，救助饥民。[116]

中、朝联军本来计划在 6 月发起进攻，不过，辽东的一场军事叛乱使行动推迟到 9 月。联军将再次采用分兵数路的进攻方式，如今还得到水军统帅陈璘和李舜臣的支援。朝鲜官员仍听从明军调度。吴广、曹希彬率步军 6000 人前往南原，另外 5000 人向顺天进军，刘綎率 10000 人从全州出发，后续还有更多兵员粮草。朝鲜僧兵也参加了这些作战行动。他们希望，这轮攻势在冬季降临、转输艰涩之前就结束。邢玠还向京师请求调拨更多战马和役畜，最后，他不但获得了用来采购的拨款（大概是在朝鲜当地购买），还获得了马匹数百。[117]

明军和朝鲜军的主力 30000 余人，由麻贵率领，直奔蔚山。麻贵依然相信，要将倭人逐出朝鲜，关键就是要击败加藤清正。中、朝联军的进攻颇为顺畅，因为麻贵很好地利用了己方的兵力优势，还吸取了当年早先战斗的经验。在一系列交战中，明军斩杀了日军2200余人，还在日军败退到海岸时烧毁了其粮仓。可惜，麻贵并未获得大捷，他的部下最终落入陷阱，不得不退兵，而明军还一直担心日军可能再次发动进攻。12月14日，加藤清正军团在深夜登船渡海，此时此刻，日本水军正驶向露梁海峡，即将大难临头。[118]

董一元率领中、朝联军15000余人，奉命进攻泗川倭城的岛津义弘、岛津忠恒父子。泗川之战是一场激动人心又饱受争议的战斗。在日本一方的记载中，泗川之战是一场名垂后世的大捷，李光涛则称之为千钧一发的转胜为败。泗川倭城实际包括两大主要堡垒和一些外围工事。泗川旧城是朝鲜人建造的，1597年日军血洗南原后，被岛津家占据。新城则是日军在1597—1598年间在旧城后方俯瞰大海的山丘上建造的。[119]通往新城的道路狭窄，易守难攻，正是日军刻意规划的。这两座堡垒都有石墙和木栅加固。外围工事在主城周边绵延40余里（14英里）。

茅国器远眺日军的防御，指出这些工事看似一条长蛇，蜿蜒伸向大海，当务之急是斩掉蛇头（即岛津义弘）。中、朝联军从晋州启程，穿过南江南岸，利用夜色掩护稳步挺进。在昆阳城附近的一场遭遇战中，明军前锋斩杀了日军12人。进攻起初十分顺利，中、朝联军先后攻占了一系列小型堡垒，直抵泗川。董一元希望谨慎行动，等候其他几支友军的消息，随行的朝鲜将领郑起龙催促他积极行动。最后，11月6日，中、朝联军派遣7000人推进。尽管在泗川旧城外围遭遇顽固抵抗，中、朝联军还是斩杀了日军130人，加上金甲倭将一人，据说是一箭毙命。[120]

泗川城内有人向明军通风报信，提供帮助。趁此，明军设法烧毁了日军在城外河岸上囤积的补给。明军还获悉，城内敌军唯有一口水井，无法长期坚守。日军边战边退，一直撤入海边的倭城，董一元的部队陆续占领了许多外围工事和两座城寨。岛津忠恒渴望领兵出战，但被父亲制止，不过还是用弓箭从城墙上射杀了一些敌人。[121]

中、朝联军将领还商议了作战方略。有人主张等待增援。郑起龙提出，既然城内水源不足，最好顺势而为，等待城内守军士气崩溃。最终，绝望的守军要么出城战斗，要么在城内饥渴待毙。茅国器表示赞同，他指出，倭城内尚有不少日军，胜算不足。董一元一反此前的谨慎态度，主张速战速决，他捋须说道："疾雷不及掩耳，此将不战而下也。"[122]

中、朝联军的总攻始于 11 月 9 日，他们不断用火炮轰击城墙。日军也从城上发炮回击。尽管日军仍然坚守一座外围堡垒，董一元决定，集中兵力进攻倭城。游击茅国器、彭信古、叶邦荣率部进攻正面。马军部署在两翼的支援阵地。郑起龙与彭信古一同充当先锋，用木杠炮猛轰城门。日军眼见处境危急。岛津义弘对下属感叹："吾若覆军而畈，族灭而必矣。此我塚也。"[123]*

终于，11 月 11 日，中、朝联军成功突破了城墙。正当他们冲入缺口大肆杀敌时，一门火炮的子铳突然爆炸，尚不清楚这起爆炸

---

* 此处作者对引文英译有误，根据作者所引《朝鲜"壬辰倭祸"研究》还原。英文原文意为："援军若不速至，此地将成我塚也。"

是明军失火，还是守军的策划。大部分明朝史料都指责彭信古，据说他此前虽在京营服役，却不熟悉火器。当他用火炮轰开城门之际，意外引爆了火药。也有史料指出，这实际上是日军为进攻者设置的陷阱。岛津义弘知道自己寡不敌众，于是派出一些亲兵，趁夜悄悄潜行出城外，在城门前的地下埋入火药罐。日军先是竭力守住城门，但眼见城门很快就要被攻破，他们引爆了火药罐。明军的火炮“大将军木杠”本身也装填了火药，容易失火，或者在关键时刻可以引爆。[124]

无论真相如何，爆炸让中、朝联军乱成一团，他们试图突破的缺口如今烟雾弥漫，烈火熊熊。日本守军趁势反击，给敌人造成了惨重伤亡。尽管如此，斩首 30000 余级的说法肯定是被大大夸张了。不过，有记载显示，彭信古一营的 3000 人中只有五六十人从敌袭中幸存，茅国器部则伤亡了六七百人。从军事角度来看，更糟糕的是，日军夺回了宝贵的粮草补给。董一元随即下令，全军退到尚州，等待增援。由于兵力不足，加上缺乏补给，日军没有出城追击。后来，明朝派监察官员前来调查，要求处决被判定导致战败的士卒，董一元戴功赎罪。[125] 彭信古还诿过于朝鲜友军。

为了争取时间，董一元派茅国器找岛津义弘谈判。见到明将，岛津义弘洋洋得意地宣称：“我今大捷，当先破星州，次取王京，鼓行而西，尔可见我于辽东也！”董一元听到这个消息，颇为忧虑，派人提醒西边的邢玠。邢玠大怒：“勿复言和，我先斩汝矣！”邢玠还宣称，自己正在调集更多军队来对付岛津军。上述警告促使岛津义弘撤离泗川，日军一边战斗一边冲向岸边停泊的船只，起锚驶向顺天，郑起龙趁机斩杀了 50 人。董一元进入日军撤离的要塞后，发现城内丢弃了大量珍贵物资，包括从朝鲜人那里抢来的黄金、丝绸、扇子和豪华马车。[126]

刘綎率领中、朝联军24000余人，进攻顺天倭城的小西行长。刘綎军还得到了陈璘和李舜臣统率的20000余名水军的支援，这支联合水军刚刚在巨济岛获得胜利，击沉了50艘倭船，杀敌数百。对顺天的联合进攻在10月下旬开始。小西行长据守的倭城守备完固，又有山海掩护。刘綎打算先诱骗守军投降，他派人邀请小西带50名随从出来会晤，商议投降事宜，承诺让日军全身而退。小西行长并未起疑，答应带家臣50人相见。同时，刘綎在大帐附近埋伏了士兵，让他们一听到信号就冲出来，杀掉随从，生擒小西。小西行长抵达后，刘綎举酒相劝，二人交谈了片刻。可惜，信号并未按约定时间发出，双方突然混战在一起。刘綎发觉自己身陷险境，直到一队朝鲜士兵赶来，护送他回营。小西行长跃马疾驰而去。日方史料宣称，松浦镇信察觉了埋伏，提醒部下保持警惕。松浦镇信在战斗中负伤，但英勇协助了小西安然逃脱。[127]

尽管中了敌人的计策，第二天，小西行长仍对刘綎十分恭顺，还给他送了一名歌妓。后来，有人据此指责刘綎被小西行长收买了。小西的拉拢没有奏效，因为刘綎依然进攻了倭城。中、朝联军击毙了日军92人，占据了通向倭城的桥梁。刘綎在城外建造了攻城器具，然而日军的铁炮火力凶猛，明军无法靠近。在第一轮突击失败后，刘綎悬赏白银60两，奖励首位登城的勇士。副总兵李芳春在倭城外纵马奔驰，向日军搦战。城内守军则以铁炮、礌石回应他的挑战。[128]

明军再次用攻城器械进攻倭城西北角，彻夜猛轰。拂晓时分，日军从城内冲出，给明军造成了大量伤亡，炮车也被焚毁，浓烟蔽日。仅这一日的战斗，明军就有约800人阵亡，不过仍集结了足够的兵力，将日军赶回倭城内的隐蔽处。刘綎久攻不下，焦躁不安，开始找朝鲜友军商量其他对策。[129]一种方案是调遣更多装备重甲、盾牌的军队上前，耗光守军的弹药。最后，刘綎让陈璘从海上同时发起进攻。等水军上陆并部署完毕后，陈璘的军队听到刘綎以号角为信，就从后方冲入倭城。

陈璘最初进攻顺天还算顺利，率领水军歼灭了一支庞大的日军补给船队。他和李舜臣还救出了朝鲜俘虏1000余人。为了扬长避短，陈璘率水军穿过狭窄的岩礁，打算在敌军后方登陆。日军并未丧气，努力集结兵力，趁落潮时分陈璘船队大量搁浅，击退了进攻者。陈璘本人也一度陷入险境，侥幸生还。当夜，陈璘怒气冲冲，与刘綎在岸上会面，而刘綎无法安抚对方。日军利用这段喘息之机加固了防御。次日，中、朝联军穿过狭窄的山路，进攻倭城，双方陆续发生了小规模冲突。不过，这次进攻也被击退。日军企图从倭城东北角突围，但未能成功，只有少数几人逃到别处求援。小西行长升起烽火，期待从海上得到增援。朝鲜史料记载，中、朝联军将领在协调进攻方面意见不合，因为刘綎不顾权栗和李德馨的反对，下令暂时撤兵。这又给了日军一个喘息的机会，撤退的中、朝联军还丢弃了一些粮草给敌人。[130]

数日后，刘綎率军返回顺天。他率领军队再次进攻倭城，当明军登上城头时，又被挥舞长刀的日军击退。日军还发动了夜袭，焚毁了更多攻城器具。小西行长虽然暂时安然无恙，也不欲久留朝鲜。不久前在泗川获得所谓大捷的岛津义弘已经渡海；此时，留守朝鲜的诸将也都接到了秀吉的死讯。小西行长试图找刘綎和陈璘谈判，争取一些时间。小西派使者给陈璘送去刀剑和酒肴，还数次拜访他。[131] 中、朝联军并未理会小西的示好，而是在露梁海峡集结船队。露梁海峡是穿过南海岛和大陆之间的一条狭窄水道，日本水军若要从釜山来援，这是唯一的要道。顺天倭城的日军在相当长一段时间内拖住了陆上的中、朝联军，好让士兵登上留在当地的船只。朝鲜历史上最著名的战役——露梁海战由此拉开帷幕。

12 月 14 日，岛津义弘统率的日本水军驶入露梁海峡，第二日，双方开始交战。不过，海战开启的确切时间，史料说法不一。水军老将邓子龙充当前锋，换乘一艘朝鲜战船，率领 200 名明朝水兵投入战斗。混战之中，邓子龙的战船被友军炮火击中，开始倾斜，日军趁机靠近登船。邓子龙英勇奋战，击毙了不少敌军，最终还是船毁人亡。后来，人们寻回了他的尸首并妥善安葬。[132]

李舜臣一连击沉了 10 艘倭船，其中一艘上面坐着一名金甲倭将。李舜臣看穿了敌人的意图，打算阻止小西行长突围。此刻，陈璘也奋不顾身地投入战斗。目睹邓子龙的遭遇，陈璘一马当先，率主力船队冲锋，不料遭到倭船重重包围。李舜臣冲入阵中支援陈璘，成功冲破了包围，救出了他。遗憾的是，激战之中，一枚流弹击中了李舜臣的左腋，夺去了他的性命，这或许是友军的误伤。据说，李舜臣担心折损主将会导致士气低落，咽气前留下遗言：“战方急，慎勿言我死。”李舜臣之侄接替他在旗舰上指挥了后续战斗。后来，李舜臣被谥为“忠武公”，朝鲜各地都竖立了纪念李舜臣的牌位。[133]

海上的较量（引自《朝鲜征伐记》）

同时，陈璘的大炮击沉了多艘倭船，还亲自在近身战斗中击毙了不少企图登船的日军士卒；陈璘之子陈九经为保护父亲而战死。此时，副将陈蚕率余部抵达，日军大溃。中、朝联军以虎蹲炮向日军猛烈开火，倭船应声而碎。共有200余艘倭船被击沉，数千日军阵亡；史料描述，日军的鲜血染红了海面。岛津义弘乘坐的战船上箭如猬集。幸存的日军企图泅到岸边躲入洞穴，仍然遭到中、朝联军火力的痛击，死伤惨重。后来，陈璘估计，在顺天倭城和露梁海峡的战斗中，阵亡日军多达20000人。[134]

战局的转变给了小西行长西和岛津义弘一线逃生的机会。一些日军士兵甚至边逃边争抢首级和战利品。后来有人借此指责刘綎，认为他在最后一次进攻倭城时，只顾自己和部下的性命，畏缩不前。中、朝联军确实缴获了大量兵器、盔甲、粮食、牲畜和其他物资，但权栗不满于刘綎的优柔寡断，因为他的迟疑导致日军焚毁了3000石（200吨）粮食。（刘綎反驳，他担心像在泗川那样陷入埋伏。）刘綎报告，自己攻占倭城时斩杀了敌军160人。一些朝鲜人对这个说法表示怀疑，他们说，等刘綎入城后，城内只剩几个朝鲜人和几匹马。宣祖据此指责明军："虽小儿可以入据。"关于明军受贿的谣言也四处传播——据说，陈璘也对刘綎放走了小西行长感到愤怒——但此事无法证实。[135]

接下来，中、朝联军在顺天附近的山中搜寻日本溃卒，清扫行动持续了数月。往后数年，朝鲜当地对日军的恐慌仍然偶尔爆发，明朝甚至派出一支小部队前往台湾，清除战后躲到当地的散兵游勇。久野义三郎宣称："日军既已获胜，尽管中、朝联军在他们撤退路上拼死进攻，为他们七年来经历的苦难复仇，但是，日军并未遇到太大困难就顺利撤退了。”[136]不过，日军撤退的事实同这一说法大相径庭。

虽然李舜臣战死的消息为露梁海战的捷报蒙上了一丝阴霾，朝鲜君臣仍然欣喜若狂。确认战胜以后，朝鲜国王便设宴款待陈璘，表彰他的功绩。邓子龙也获得了追封，谥为“忠武”*。后来，陈璘获得的荣誉远高于在朝鲜的其他明军将领，其次是刘綎和麻贵。尽管丁应泰指控多数明军将领收受了倭人贿赂，万历帝深知官兵劳苦，额外拨出了100000两白银充当特殊犒赏。[137]万历帝显然对党争攻讦十分厌恶，一怒之下，罢免了几位弹劾征东诸将的监察官员。邢玠加授太子太保，赐一子世袭。麻贵晋升右都督。董一元官复原职。茅国器、陈寅、彭友德皆获得了赏赐，杨镐也得到复职，但此后赋闲十余年。

露梁海战为这场战争画上了一个圆满的感叹号，因为中、朝联军的火炮再次战胜了日军的铁炮。一位日本编年史家说：“予观诸国兵船，唐船为上，琉球国次之，朝鲜为下。”[138]为何日军不在战船上部署重炮，仍然很难解释。他们自然见过西洋人装满火炮的巨舰。丰臣秀吉还打算为入侵朝鲜购买几艘西洋战船，但被婉拒了。在第二次入侵时，日本人曾经也试图扩充水军，但似乎仅限于增加人手和船舶数量，而非改进技战术。日本水军头目更谙熟陆地作战，这也带来了问题。他们从没有真正适应海战，更愿意抵近和抢登敌船，

---

* 邓子龙死后并无谥号，此处疑为作者误将李舜臣谥号“忠武”认为是邓子龙谥号。

发挥倭刀的长处，近身搏战。乍看起来，这似乎有些奇怪，因为倭寇早在16世纪就横行一时。不过，应该注意，所谓“倭寇”，其实不少是中国人。此外，即使是倭寇，也更偏爱某种两栖作战，沿海登陆和劫掠。

比起日本诸将，李舜臣、陈璘皆是经验丰富的水军将领，十分了解制胜的战略战术。颇为讽刺的是，早先16世纪的倭寇横行，正是导致日本入侵朝鲜失利的直接原因。倭寇屡屡劫掠沿海，迫使明朝和朝鲜扩充水师，建造装备了先进技术的新船，保护沿海民众及其商业利益。明朝水师的技术进步发生在16世纪后半期，大概并非偶然，正是在这一时期，明朝官方再次重开海外贸易，跨国贸易在东亚海域再度兴盛繁荣。[139] 如果海盗由此可以劫掠更多船货，那么商人和官府也更有动力来保护之。

战争结束之后，明朝似乎对自身的成就颇为满意。万历帝通过万世德将几道诏谕转达给朝鲜宫廷。诏谕强调，朝鲜人应该效法明军的操练和军屯，主动提议派出教官并鼓励朝鲜的所有低级文武官员参加。此后，万世德也傲慢地告诉朝鲜人，若采用明朝的建议，将来就能轻松避免类似困境。在随后的交流中，万历帝强调，全体朝鲜文武要和衷共济，为国纾难，并告诫他们切勿纠缠于党争，这是万历帝熟悉的教训。[140] 如今，明朝终于能够集中精力来平定播州杨应龙之乱。至于朝鲜，漫长而痛苦的休养生息开始了。

第七章

余波与回响

历史语境下的第一次东亚大战

日军撤退后，明朝也打算尽快从朝鲜撤军，转身应对播州土司杨应龙日益增长的威胁。李化龙奉命总督湖广、川、贵三省军务。明军大将陈璘、刘綎、麻贵等人，奉命从朝鲜前线径直赶赴遥远的播州。他们麾下的军队中还有不少日本降卒，现代研究者认为，这些日本降卒对火枪在17世纪明代的传播做出了重要贡献，他们的铁炮在西南山林这样适宜近战的地形中特别有效，这正是杨应龙之乱的战场。据说，刘綎在同杨应龙叛军的战斗中大量使用了日本铁炮足轻。[1]

朝鲜请求明朝留下马步军7000人、水军3000人，外加充足的火器和火药储备。明朝同意了，决定留下将领一人，以及一名来自山东的监察御史。随后，万历帝下旨发放白银100000两，充当特殊犒赏。在讨论分发赏赐时，朝廷强调了天子的威严如何溥及四海，肯定万历帝在东亚国际秩序中确立了自身对秀吉的优势，恢复了“适当的”平衡。[2]

朝鲜对明朝感恩戴德，第二年就派李恒福率使团来京师朝觐，并在紫禁城的武英殿接受赐宴。李舜臣和李恒福等几位朝鲜官员，由于在战争中的功绩受到明朝嘉奖。宣祖亲自给万历帝上表表示感激。他在信中说，天子视藩属如本国，爱朝鲜之民如赤子。随后，宣祖正式宣布光复社稷，光海君被正式册封为储君。[3]

朝鲜各地都为凯旋的明朝诸将建立生祠。李如松的雕像被安置在平壤。朝鲜还为万历帝举行一年一度的谢恩典礼，1704 年又在王京为他建造了一座祠宇。感恩大明的象征符号在朝鲜十分普遍，以至于后来朝鲜人接待清朝使节时不得不小心翼翼，以免这些遗迹冒犯到新的宗主国。不出所料，大部分遗迹在 20 世纪日据时期遭到破坏。朝鲜确实应该感激明朝，正如雷德雅（Gari Ledyard）所言："必然的结论是，尽管朝鲜人有勇气和龟船，明朝的援助才是保全朝鲜最重要的军事因素。"朝鲜人对此一清二楚，并且从未忘怀，还在 1619 年派兵支援杨镐、李如柏和刘綎抗击满人。1991 年，韩国学者郑海成（Chong Haesung）说："若无明朝援助，早在 1592 年朝鲜就成了日本殖民地！"他还说："如果选择性地挑出壬辰战争的历史著述的某些部分，对史实作断章取义的解读，或是低估和忽略明朝的军事援助，这种做法并不能培养本国的自主意识，只会使民众沦为不知感恩的禽兽。"[4]

1599 年初，沈一贯上奏万历帝，建议天子依照宁夏战役的先例，向全国宣布平定倭乱，彰显神武。万历帝欣然同意，下旨礼部择吉日举行典礼。1599 年 5 月 3 日，明廷终在京师昭告天下，平定倭乱，61 名日军俘虏在宫阙前被凌迟，尸首传送九边。就在同一天，沈惟敬被押赴西市处斩。[5]

万历帝谈到倭贼的奸诈，还有倭贼如何在明军和朝鲜军齐心协力、多路齐下的攻势下一败涂地。中国派出如此大军救援藩属，可谓史无前例。明朝声称，中朝两国共付出了 100000 人的牺牲，外加白银 1000 万两的耗费（超过大明王朝一年财政收入的四分之一），尽管如此，两国休戚与共，友好关系善始善终。四海之内，唯有大明和朝鲜近在咫尺，亲若比邻。万历帝还安慰朝鲜人，艰难困苦，玉汝于成。同时他也提醒宣祖，勿忘国耻，要小心翼翼重建家园、巩固国防。不久，明廷就下令取消为援朝抗日而加派的税收。[6]

此后，明廷发布了一系列命令，确定了驻朝明军的屯驻地点和补给方式，重申留守明军不仅可威慑倭人，还可协助朝鲜军操练和筑城。命令还强调了维持一支强大水军的重要性。起初据说将有军队 34000 人和马 3000 匹留驻朝鲜，预计每年耗费白银 918000 两。不过，在朝鲜半岛驻扎这么多军队的成本很高，况且，明朝其他边地还有更紧要的军务，因此，户部和兵部皆建议，将驻留明军减至 10000 人。此外，朝鲜经济饱受战争蹂躏，为军队提供补给很困难。万历帝同意大臣的意见，并敦促朝鲜努力自力更生，不要在防务上过于依赖天朝。明廷还表示，不打算在朝鲜留驻经略官员，那些忧虑朝鲜被明朝兼并的朝鲜官员听到这个消息，必定如释重负。主要是因为军事补给困难，明军早在 1600 年 5 月就开始陆续撤军，同年农历十月下令全体明军撤回国内。[7]

1599 年农历二月下旬，万历帝下令召开廷议，丁应泰由于在朝鲜犯下的卑劣勾当和渎职行为，被罢黜为民。徐观澜也遭到申斥，召回京师请罪。朝鲜派往明朝的官员李恒福等人听到消息，十分高兴。宣祖再度上书，对天朝感激涕零，进贡长袍、丝绸和豹皮。他还在王京南大门外举行了谢恩典礼。[8]出席典礼的明朝官员焚香礼拜，叩谢天恩。

然而，朝鲜本国遭到了战火的无情摧残。伤亡和被掳的人口，据说多达200万，占总人口的20%。这些人大多目不识丁，但也有姜沆、郑希得、鲁认这样的人，他们受过教育，后来在日本颇有名气，有记述被俘经历的日志传世。一位当代韩国学者描述，朝鲜俘虏用“文化的子弹”回击了日军的铁炮。其中或许最重要的文化传播，就是宋明理学传入日本，理学后来成为德川时代最重要的一项学术进展。还有学者指出，入侵的日本诸大名携带本国僧侣前来朝鲜，主要是为了掠夺朝鲜的典籍。岛津忠恒就带回了48卷汉籍，有日本学者估计，掠回日本的典籍总数接近2600卷。[9]

被掳往日本的朝鲜人姜沆，出生晋州，早在1587年就通过科举考试，任职成均馆。姜沆先后就职于刑曹、户曹，随后出任刑曹佐郎，在1597年奉命守卫南原。南原沦陷之前，他就逃离了该城。1597年11月2日，他举家打算从海路前往李舜臣的营地，途中被藤堂高虎抓获。他先被送回对马岛，后来又被送到藤堂高虎的领地四国大洲。1598年6月，姜沆又被送往大阪，继而到了伏见，在该地结识了藤原惺窝。藤原是相国寺僧人，认识朝鲜特使金诚一。二人一见如故，共同讨论理学和诗歌。姜沆的日记《看羊录》记载了日本的气候、历史、神话、语言和地理等各种珍贵信息。他希望将来为朝鲜提供有用的情报，所以在日记中还记录了日本一些名将的来历，讨论了日本的政治，注明了一些城堡的强弱形势。尽管（或也由于）《看羊录》在韩国广为流传，在20世纪日据时期，此书常常遭到日本审查官的没收或焚毁。[10]

即便是普通的朝鲜俘虏，也为近世日本社会的发展做出了相当的贡献。有的俘虏带来了改良的种植方法。一些新的作物，如南瓜、烟草、红椒先后传入日本，更晚的还有土豆。岛津家掠走了大批朝鲜陶匠，在萨摩建立了独具特色的窑口，传承数百年。其他大名也纷纷效仿。朝鲜瓷器很快就广受青睐，成为日本贵族在茶道上品味精致的象征。此外，从日本归国的朝鲜人，由于掌握了军事技能，在本国也很受重视，朝鲜人指望他们协助铸造武器、训练军队，当然，前提是这些人同曾经的日本主子不再有任何瓜葛。然而，并非所有朝鲜人都留在了日本或返回朝鲜。有些俘虏被意大利商人购买，带到印度甚至意大利才重获自由，这是这场战争的另一个国际维度。事实上，某个姓“科雷亚”（Corea，高丽）的家族，迄今仍居住在意大利南端，相信自己是移居来此的朝鲜俘虏的后裔。[11]

除了人丁减耗，朝鲜还有多达80%的耕地遭到破坏。战后一连数年，粮食产量都不到战前几年的三分之一。全罗道受灾最严重的地区，产量甚至仅六分之一。许多宫室在数十年甚至数百年后都没有得到恢复。朝鲜社会一片混乱，盗窃和暴动横行，朝廷几乎收不上税。战争结束不久，王京的集市就爆发了商品短缺，因为粮食都被明朝的驻军消耗掉了。还有人指控明军士兵盗窃朝鲜民居。不过，明军中确实有不少人定居当地，和朝鲜女子通婚，他们的后裔由于父辈的功绩而颇受尊敬。[12]

更广泛地说，这场战争也刺激了朝鲜国家的改制。不少文人纷纷撰文，反思朝鲜社会面临外敌入侵时暴露出的弊端和不公。各级官员也努力改善财政收支，改善广泛存在的奴隶的境遇，消弭朝中党争，整顿官制，促进土地和财产的公平分配，等等。朝鲜僧侣再次获得朝廷发放的度牒，不过这类举措本意在于遏制而非振兴佛教。还有人筹划改革武举制度，提高武人的整体待遇。[13]

改制的最大障碍，是朝鲜长时期缺乏充足的资源来重建军队或基础设施。不过，仍然举行了明军和朝鲜军的联合操练，亲历者还报告，大量民众聚集在山头，围观两军操演，啧啧赞叹。明朝向朝鲜出售武器，指导朝鲜建造性能更优越的铁甲船（日本则缺乏这种技术），因为先进技术被视为这场战争中克敌制胜的关键。倭贼卷土重来的谣言，明朝边境麻烦不断，朝鲜盗匪在明、朝两国之间流窜作恶，进一步提高了军事改革的紧迫性。朝廷的努力并非毫无成效，1602 年的报告显示，军队征召了新兵 17000 余人，其中至少部分装备了新式火器。遗憾的是，朝鲜人还没来得及完成军政整顿，很快就沦为了另一个野心家垂涎的目标，此人就是努尔哈赤。他注定如愿以偿，最终成为中华帝国的末代王朝清朝的开国君主。早在 1607 年，努尔哈赤就开始袭扰朝鲜边境。此后不久，明朝和朝鲜官员就女真对两国造成的日益严重的边患进行了磋商。[14]

壬辰战争最令人惊讶的后续事件，就是朝鲜和日本之间的贸易和外交关系恢复得极其迅速。这或许是因为战争的始作俑者丰臣秀吉已经作古，朝鲜人希望从海外贸易中获得利益。有意思的是，在当时人的讨论中，对马岛民的需求得到了极大的关注，无论哪一方宣称自己拥有对马岛的主权，他们都承认对马岛不可或缺的作用。朝鲜人仍自视甚高，要求日本一方主动示好。朝鲜还要求日本引渡那些亵渎朝鲜宗庙的人，以顾全朝廷体面，哪怕送一些人回来顶罪也好。战后日本首次派往朝鲜的使团被当即拒绝。[15]

对马岛的宗家在恢复朝、日之间外交和贸易关系上最为积极，因为他们由此获利最多，无足讶异。尽管修复关系进行得很快，过程却并非一帆风顺。1598 年，宗家派出了的第一位使节，一去便杳无音信。1600 年夏，宗义智遣返了 300 余名朝鲜男女，表示善意。作为交换，朝鲜宫廷派出兵曹和礼曹官员代表开启谈判，并遣使恢复同琉球的官方联系。在致琉球国王的书信中，宣祖指出两国在天朝朝贡体系中的处境，要求琉球往后继续监视倭人："贼罪盈恶积，天将之罚。此非但敝邦之幸，实是天下之幸。贼蚕食者，亦已俱被官兵驱剿过海去讫。烦乞贵国日后凡有贼情，不拣缓急，须径报天朝，以转示敝邦。"[16]

当德川家康开始巩固他对日本诸岛的控制时，也认识到贸易的重要性。在开启同朝鲜人谈判时，德川家康强调自己不曾参与入侵，"未遣一兵一卒"渡海。不难想见，许多朝鲜人对此十分怀疑，认为日本给朝鲜造成了百世之患，不值得信任。他们还担心明朝得知此事后的反应，明朝要求朝鲜每两月就提交一次倭情咨文。他们怀疑，明朝若得知倭人背信弃义，是否真的会再次出兵救援。德川家康后来下令交换战俘，缓和两国间的紧张局势。1603 年，奉家康之命，景辙玄苏和宗义智前往朝鲜，不久后，日本遣返了数百朝鲜俘虏。1604 年，对马岛民再次获准在釜山进行贸易。1601 年至 1605 年，共有 5000 余名被俘的朝鲜军民被遣返。此外，僧人惟政利用此前和加藤清正的联系，促使日方遣返了更多朝鲜俘虏，他屡次前往日本，1604 年至 1605 年还到访京都。1605 年农历三月，德川家康在伏见城会见了惟政一行。丰臣秀吉曾经的外交谋士西笑承兑也参加了这些会谈。惟政先带 3000 俘虏返回，在江户城进行再度会谈后，另外几名朝鲜使节在 1607 年末又带回了 1240 名俘虏。[17]

1607 年至 1608 年，日本又遣使朝鲜，请求恢复关系，同时引渡幕府抓获的倭寇，交由朝鲜处决。朝鲜恢复正常关系的最终条件，是合法的“日本国王”的正式承认，加上送还亵渎朝鲜宗庙的贼人。李德馨等大臣对日本的意图保持警惕，因此，指定对马岛成为会谈的中间地带。宗家又一次伪造了“日本国王”致宣祖的书信，使用明朝正朔，并指定德川家康为新国王。景辙玄苏再度出任日本正使，幕府授权他派出使节并进行贸易。在上述努力下，更多的朝鲜俘虏遣返回国，但双方仍未恢复正式外交关系。有意思的是，景辙玄苏等人显然也向明朝上书道歉，请求恢复朝贡贸易，但并未成功。[18]

在这些书信中，德川家康都强调，自己同入侵毫无干系，1615 年丰臣秀赖死后，德川家康甚至遣使告知朝鲜，他已经为朝鲜报了仇。最后，两国在 1609 年签订了《己酉条约》，规定由宗家负责，在对马岛和釜山进行部分贸易，在釜山建立新“倭馆”。这个固定贸易场所一般可接待百余名日本官员，并为在朝鲜的日本人提供社会和经济服务。两国的正式关系直到 1617 年才恢复。值得注意的是，上述协定是由宗家和朝鲜官方谈判达成的，幕府几乎没有干预。在朝鲜人看来，对马岛依然是遭到外寇占领的朝鲜土地。德川幕府一直拒绝以“日本国王”的名义交往，因为这就意味着自己低明朝一等。不过，1635年，在同朝鲜国王的国书中，幕府接受了“日本国大君”的称呼，最终消除了矛盾。出于同样的理由，日本再未与明朝重新确立直接的贸易关系。因此，日本重新进入了东亚世界秩序，“然而依然在同中华的关系上处于模糊的位置”。例如，日本人的活动限于釜山周边，不允许遣使径至王京。相比之下，朝鲜遣往江户的使团则是一件铺张的大事，幕府鼓励村民沿着特别规定的路线前往致敬。事实上，穿过东海道的大阪—京都—江户路线，俗称“朝鲜人街道”。每当朝鲜使节抵达江户，总是会得到七昼夜的盛宴款待。[19]

日本在1609年入侵了琉球，迫使这个小王国屈服，但名义上仍是明朝藩属。从那些旨在确立以日本为中心的国际秩序的外交书信和使团看，德川幕府也认为琉球属于外国。[20]后来幕府也没能和明朝重建正式的贸易关系，因为双方无法就幕府将军的地位达成一致，德川家康显然情愿对宗家在对马岛玩弄花招睁一只眼闭一只眼，但是绝不愿意接受明朝附庸的地位。1619年，浙江巡抚致信长崎奉行，主动提议开放正常的贸易通道，日本人拒绝了。

历史学家罗纳德·托比（Ronald Toby）认为，日本拒绝重新加入明朝的东亚秩序，这对“日本的民族意识，以及日本处理国际关系和外交活动的方式”都产生了深远影响。[21]托比指出，这个举动意在强调日本的独立，但又可以视为中华主导的东亚秩序难以撼动的表现，这一秩序直到19世纪才被打破。然而，从长期看，丰臣秀吉憧憬的那种日本主导的东亚秩序，一旦真的实现，或许会播下泛亚细亚主义的种子。同丰臣秀吉如出一辙，20 世纪日本帝国主义也企图建立一种新秩序，以便攫取他们自认为应得的资源和地位。既然有丰臣秀吉作先驱，他们就不是第一个为了自身目的而利用和歪曲历史的人。

事实上，在许多方面，第一次东亚大战的记忆和这场战争本身一样争议重重。在朝鲜，这场战争被看作彻头彻尾的灾难，是朝鲜民族不断为摆脱外国影响支配而进行的长期斗争中的一段悲剧。有些学者认为，战争引发的心理冲击，甚至超过了单纯的物理破坏。此外，后来满人进犯明朝并取而代之，朝鲜人不得不面对一个严峻的事实：他们曾经熟悉的世界即将终结。朝鲜是一个野蛮世界中文明最后的堡垒。明朝对朝鲜抗日的援助，进一步加强了两国的亲近感，结果，满人入侵就给朝鲜人造成了双重创伤。[22] 朝鲜一直对满人“蛮夷”表示轻蔑，19 世纪 90 年代清廷无力对抗日本侵略、保全朝鲜，很容易让人联想起 300 年前明朝的成就并加以对比。

到了近代，朝鲜人首先记住的是李舜臣的英勇事迹。不过，他们必须面对本国遭到日本占领和掠夺足足七年的现实，这种民族记忆在日据时期（1910—1945）再次复活。事实上，正如序言提到的，日本殖民政府特意提出了丰臣秀吉早先的征韩大梦；关于所谓“征韩论”的争论，19 世纪 60 年代以来就在日本民族当中甚嚣尘上，因为军国主义者正在寻找一个能让曾经的武士群体发泄情绪的出口。在吞并朝鲜半岛后不久，日本人就刻意考察和修复了一些原来的倭城，作为殖民政权的总部，将它们作为研究日本光荣历史的重要史迹；更过分的是，为了纪念岛津家等武士家族的战功，日本还在泗川倭城等遗址上修建了纪念碑。对倭城建筑进行系统调查研究，也得到了殖民当局的资助。当代日本学者太田秀春指出，其中某些研究带有赤裸裸的民族主义色彩，旨在证明日本人是建筑城堡的大师，展示日本人历史上在朝鲜的一切善行。[23]

通过研究壬辰战争，殖民当局还尝试总结帝国军队应该如何占领和治理朝鲜的教训。他们期待，通过彰显日本过去的胜利，既能振奋日军士气，又能恐吓朝鲜人。在第二次世界大战后期，日本出版了一部描述岛津家如何以寡敌众、击退明军的著作，旨在激励日军克服压倒性的困难和匮乏。这是值得注意的，因为中、朝两国的作者也在做同样的事情，激励本民族坚持抗战。在平壤的日本殖民当局的工作，试图将 1593 年日军战败一笔抹去，聚焦于 1894 年日清战争更晚近的胜利。李舜臣在朝鲜的历史声望，其实主要归功于日本海军军官的努力，这一点更有意思，也有些出人意料。据说，在日俄战争前夕，这些日本海军军官曾祈祷李舜臣保佑他们旗开得胜。后来，在日本统治朝鲜时期，关于李舜臣生平的研究也得到了复兴。[24]

带有民族主义倾向的朝鲜人，更喜欢谴责“封建”李氏王族抛弃子民，一味向发兵来援的明朝摇尾乞怜。[25]有些人认为，明朝出兵，无非图谋借助日本来控制朝鲜。本书研究表明，这一指控毫无根据。[26]壬辰战争还象征了坚忍不拔和迎难而上的意志。朝鲜人完全有理由为李舜臣和义兵的壮举而感到自豪，在朝鲜各地，他们的功绩都得到了详细的记载和纪念。李舜臣的战争日记和状启是少数译成英文的朝鲜基础史料之一，礼品店里也随处可见李将军及其龟船的小型雕像，这绝非偶然。

在中国，壬辰战争常常被看成导致明朝灭亡的关键事件之一。这个看法无疑源于清初史学，当时，明遗民和清朝的合作者纷纷探寻明朝衰败的原因。不少当代研究者也接受了这一看法。例如，乔治·埃利森（George Elison）在《剑桥日本史》中指出，这场战争对明朝来说是一场灾难："明朝财赋和兵员的耗竭，严重削弱了这个面临内忧外患而捉襟见肘的政权，使之更深陷入王朝衰落，直至半个世纪后崩溃。"唐纳德·克拉克（Donald Clark）在《剑桥中国史》中指出，这场战争对各方来说都是灾难，战争的主要受益者是努尔哈赤和德川家康。许南麟（Nam-lin Hur）也认为："民间贸易网络的扩大，加上新兴的日本军事强权，逐渐瓦解了明朝的世界秩序。"[27]

不过，这些解释均忽略了一个事实——明朝迅速调集了二十余万大军，用来平定全国各处的叛乱。有人会说，播州之乱本身就反映了明朝的荒疏或无能，但在某种程度上，这其实是明代国家依然保持活力的表现。明代国家并未收缩和僵化，而是继续开疆拓土，对新开发的土地征税，代价则是牺牲了当地土著，他们自然敌视这种国家建设的努力。单就军事局势而言，有能力在不同环境中应对形形色色的敌人并有效化解这类威胁，这一事实本身就证明了明代国家当时出众的官僚体系和战术复杂性。[28] 我们已经看到，尽管不时受到资源或政治制度的掣肘，明朝对敌人的挑战做出了创造性的反应。用现代标准来评判 17 世纪的军队，必须格外审慎。

万历帝的领导能力也值得关注。何宝善等人在《明神宗与明定陵》一书中同意《明史》编纂者的看法，认为明朝政府腐败堕落，官员邪恶自私。他们还认为，如果丰臣秀吉活着，战争就会继续，明军和朝鲜军有可能失败。但是，他们也指出，万历帝虽有诸多缺陷，但在应对日本入侵的危机时，却表现得严厉而果断，充满自信。这是神宗一生及其统治的巅峰时期。[29] 万历帝亲自决定派兵。他对事件进程充满兴趣，常鼓励臣下献计献策。他委任并支持那些自己看中的官员。丁应泰展开调查时，万历帝又派出另一名官员监督他是否滥用职权。他洞察朝中官员的勾心斗角，竭力做到实事求是（借用邓小平的名言）。

事实上，仔细阅读万历三大征的相关史料，很难指责万历帝怠政。他从张居正手中继承了丰富的财政储备，巧妙调动现有资源，设法增加财政收入来资助他的战争和其他事业。就连黄仁宇也承认："尽管不能为万历皇帝的自我放纵辩护，不过指责他一手破坏了帝国的财政基础也是不正确的。"[30] 考虑到本书提供的证据，指责万历帝自我放纵，这一点也需要重新考虑。万历帝虽然出名吝啬，但对于壬辰战争，他花钱十分慷慨，还经常批准拨出额外银两充当特殊赏赐。许多粮草和银两都运去专门救济朝鲜民众。给前线明军颁赐额外奖励，有助于减轻明军压榨朝鲜居民。

至于壬辰战争以及其他战役使明朝财政破产的说法，有必要指出，与同时代各大帝国的军事支出相比，这类军事开支不免相形见绌。即使考虑到明朝为臣民提供的服务远比同时代大多数帝国要多，万历三大征的总耗费也仅相当于明朝一年财政收入的三分之一左右。相比之下，英国在 17 世纪中叶的经费开支，占年收入的 90% 左右。[31] 诚然，这些数据出自欧洲军费开支猛增的时期，但在中国的趋势也是如此。就明朝而言，可以依靠兴旺发达的国际白银贸易带来的增收，以及一个本性吝财的高度发达的官僚体系。

谈到君主的个性，万历帝的资质，本可使他成为更称职的君主，这一点不免让人讶异。他绝非生性愚钝，但对批评十分敏感，缺乏历代先皇铁腕镇压桀骜官员的意志力。相反，万历帝采取了以守为攻的策略，但这不足以解决他统治期间面临的困难，尽管他取得了一些具体的军事成就。万历帝似乎疲于同朝中文官在几乎一切政事和礼仪上争执不休，他只好躲入深宫，消极怠政。在万历统治后期，只有真正重大的军事威胁，如满人的反叛，才能促使皇帝采取行动。虽然缺乏强大的中央权威，明帝国也能继续运转一段时间。但是，文武官员的党争到头来只能互相伤害，让明朝的敌人坐收渔翁之利。

言归正传，当代中国人也对壬辰战争充满了自豪感，因为是本国无私地援助了弱小邻邦。樊树志认为，万历帝援助朝鲜的仁慈无可厚非。史料显示，万历帝确实怜悯宣祖的困境，决心尽其所能保全朝鲜。这一说法在 20 世纪的抗美援朝战争后变得尤其流行。正如明朝的实际作为表明的，在当时不妨认为中国重视北朝鲜的安危，其实是忧虑唇亡齿寒。即便如此，明朝先后两次共派兵 167000 人，耗费白银数百万盎司，援助朝鲜，这也是无可反驳的事实。明朝朝中一向有主和派，但万历帝的意志最终占据上风，明朝履行了对藩属的责任，这种说法是当代中国学者中比较通行的见解。正如万历帝所言："朝廷不以损伤为拘，但期荡贼以安藩服。"[32]

在日本一方，对壬辰战争的记忆存在更多争议。尽管日军未能占据朝鲜寸土而退去，400 多年来，仍有人将这场战争赞颂为日本的胜利。他们坚持认为，若不是丰臣秀吉早逝，朝鲜八道乃至明朝，都会落入日本之手。日本和其他国家的当代研究者也响应这一说法。[33] 他们同样认为，壬辰战争削弱了明朝，直接导致明朝在约 50 年后亡于满人。久野义三郎甚至指出，由于日本展示了战无不胜的军事实力，壬辰战争之后 250 年间，没有外敌胆敢入侵日本，这完全忽略了更广泛的国际形势。

不少同壬辰战争有关的日本将领，被日本人奉为民间英雄甚至神灵。加藤清正在德川时代末期成为版画的热门题材，其事迹经常被搬上舞台，虽然清正自己厌恶这类浮华风气。更关键的是，到了 20 世纪，丰臣秀吉入侵朝鲜，一跃而具有了特殊意义，成为日本帝国主义者的骄傲、胆略和灵感的来源。丰臣秀吉征服明朝的计划，后来被 20 世纪 30 年代的日本侵略者继承。即便到了今天，日本和韩国政府之间的争端，偶尔也会提到这场战争。此外，大量关于壬辰战争及其参与者的著述，也继续维系着这一国民神话，当然，近年也有些学术研究并没有如此浓厚的政治色彩。日本各大博物馆也收藏了与壬辰战争相关的文物，它们一度只关心日军的功绩，如今也附带一些凸显朝鲜人遭受的苦难的展示和议论。

总之，丰臣秀吉入侵朝鲜，即使不是东亚历史上最重大的事件，也肯定可以算最复杂、最有趣的事件之一。这场战争是一个奇特的历史事件，误于极为严重的军事失误和外交错误。若非丰臣秀吉和宣祖的自尊心皆太强，固执不愿让步，第二次入侵或许完全可以避免。这场战争需要更深入的学术研究，特别是因为有大量可资利用的原始资料。参战三方都保存着这类史料，为研究者提供了观察近代早期的东亚国际关系的难得机会。

最后，在战略、战役和战术等层面，比较军事史的研究者肯定会对这场战争产生浓厚兴趣。无论是否承认杰弗里·帕克（Geoffrey Parker）及其拥趸提出的“军事革命”的概念，第一次东亚大战都为新兴军事技术的传播和运用，提供了引人入胜的个案。日军起初凭借先进的技术和更好的训练及军纪，一度占据上风。但是，明军参战后，技术平衡就发生了逆转，日军不得不改变战术。认清了自身在围城战中的优势，日本人试图改用另一种战略来增加胜算，那就是最大限度削弱明军重型火炮的作战效力。日军还尝试在战争后期增强水军，但仓促之间似乎无法缩小他们与中、朝联军之间的技术差距。在中、朝联军一方，明军改进了朝鲜军的训练方法，又交给他们更先进的武器。联军还设计了更坚固的甲胄来对抗日本的铁炮火力。双方也都利用了能够利用的外国专家和技术。中、朝联军在海战中使用船载大炮，从远处轰击倭船，这与英国海军击退西班牙无敌舰队制定的战术几乎如出一辙。[34]

这场战争还有一些其他的具体教训，包括后勤补给的重要性，以及官僚体系在应对外敌中的作用。中、朝联军有大量关于应对此类问题的史料传世，从中不难看出，补给的重要性丝毫不亚于良将，甚至有过之。中、朝联军的记录往往包含对运往前线途中可能损失的粮草数量，或若干粮草能供养若干马匹的周密计算。相比之下，日方的记录则较少详细描述此类问题，更多关注单个将领及麾下士兵的战功，这是一个有趣的区别。日军似乎认为，从当地百姓榨取所需的粮草补给，理所当然的。明朝和朝鲜的记录，强调要获得准

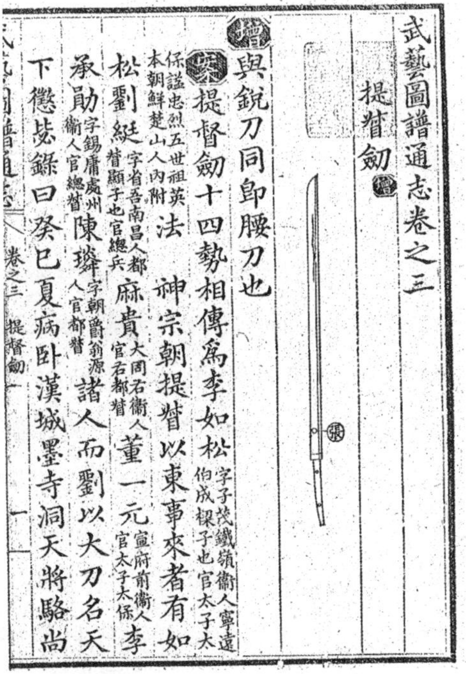
武藝圖譜通志卷之三

提督劒 增

增 與銳刀同即腰刀也

案 提督劒十四勢相傳爲李如松字子茂鐵嶺衛人寧遠伯成樑子也官太子太保諡忠烈五世祖英本朝鮮楚山人內附法 神宗朝提督以東事來者有如松劉綎字省吾南昌人都督顯子也官總兵麻貴大同右衛人官右都督董一元宣府前衛人官太子太保李承勛字錫甫處州衛人官總督陳璘字朝爵翁源人官都督諸人而劉以大刀名天下懲毖錄曰癸巳夏病卧漢城墨寺洞天將駱尚

武藝圖譜通志 卷之三 提督劒 一

李如松用刀的形制及刀法（引自《武艺图谱通志》）

确的情报和协调一致行动，日方的记录则往往突出个人胆勇。当然，我阅读的史料，更多来自明朝和朝鲜一方，因此，这些概括是有限度的，尽管如此，双方的差异仍然一目了然。

威廉·麦克尼尔（William Mcneil）描述了欧洲军队的“近代化”，他讨论了补给线由民政系统控制、从赋税中向士兵支付定期军饷、军队编制的分化，以及骑、炮和步兵的战术协同等多个因素。上述这些特征，当然都可以在第一次东亚大战的各方军队中看到。研究者还认为，反复操练、训练技术的标准化，对于建立近代军事力量十分关键。明将戚继光的练兵手册被引入朝鲜，重要性非凡。后来，朝鲜效法戚继光，编纂了本国兵书《武艺图谱通志》，书中还收录了李如松带来的刀的形制。此外，中、朝联军还进行了复杂的两栖作战和海陆协同进攻。联军使用地图和创建联席战役策划，甚至都比欧洲军队的类似活动早了近 200 年。[35]

本书的叙述浅尝辄止，首要目的是将壬辰战争还原到万历三大征的历史背景中去，并将万历帝的统治视为第一次东亚大战的一个部分。在本书终卷之际，有必要重新提醒读者序言中讨论过的对这场战争的不同称呼。在朝鲜，这场战争被称为“壬辰倭乱”和“丁酉再乱”。在中国，这场战争被称为“援朝之役”。但是，为了凸显战争的实质和影响，或许更应该采用日方的一种命名。在日本，这场战争有时被称为“龙头蛇尾”，意思是开场轰轰烈烈，结局草草而终。[36]鉴于这场战争的实质，以及战争在东亚世界的当代回响，这个描述竟然颇为贴切。

注 释

注释中的缩写

BOC	B. Choi, *Book of Corrections*[CBR in translation] 崔炳贤译 :《惩毖录》英译本
CBR	Yu Sŏngnyong, *Chingbirok* 柳成龙 :《惩毖录》
CHC 7	Mote and Twitchett, *Cambridge History of China, Volume 7* 牟复礼、崔瑞德编 :《剑桥中国史》第 7 卷
CHC 8	Mote and Twitchett, *Cambridge History of China, Volume 8* 牟复礼、崔瑞德编 :《剑桥中国史》第 8 卷
CHJ	J. Hall, *Cambridge History of Japan Volume 4* 约翰 · 霍尔编 :《剑桥日本史》第 4 卷
CMN	Yi T., *Chŏngmannok* 李擢英 :《征蛮录》
CNE	Kuwata and Yamaoka, *Chôsen no eki* 桑田忠亲、山冈庄八监修:《朝鲜之役》
CPC	Sin Kyŏng, *Zaizao fanbang zhi* [*Chaejo pŏnbang chi*] 申炅 :《再造藩邦志》
CS	Hon Kyôan, *Chôsen seibatsuki* 堀杏庵 :《朝鲜征伐记》*
CXSL	Li Guangtao, *Chaoxian "Renchen Wohuo" shi liao* 李光涛:《朝鲜"壬辰倭祸"史料》

* Hon Kyôan 为作者抄录错误，《朝鲜征伐记》作者堀杏庵的罗马音应为 Hori Kyoan，即通常所说的堀正意。

DMB	Goodrich and Fang, *Dictionary of Ming Biography* 富路特、房兆楹主编:《明人传记词典》
ECCP	Hummel, *Eminent Chinese of the Ch'ing Period* 恒慕义主编:《清代名人传略》
FGYB	Song Y., *Jinglue fuguo yaobian* 宋应昌:《经略复国要编》
GQ	Tan Qian, *Guoque* 谈迁:《国榷》
HMJSWB	Chen Z. et al., *Huang Ming jingshi wenbian* 陈子龙等编:《皇明经世文编》
IC	Lee Chong-young, *Imjin Changch'o* 李崇英编辑:《壬辰状草》
IWSC	Han et al., *Imjin waeran saryŏ ch'ongso* 韩明基等编:《壬辰倭乱史料丛书》
MHY	Long, *Ming huiyao* 龙文彬编:《明会要》
MS	Zhang T. et al., *Ming shi* 张廷玉主编:《明史》
MSG	Wang H., *Ming shigao* 王鸿绪主编:《明史稿》
MSJSBM	Gu, *Ming shi jishi benmo* 谷应泰:《明史纪事本末》
MSL	Yao et al., *Ming shilu* 姚广孝等:《明实录》
MTJ	Xia, *Ming tongjian* 夏燮:《明通鉴》
NC	Cho Kyóngnam, *Nanjung chamnok* 赵庆男:《乱中杂录》
NI	Sohn, *Nanjung Ilgi* 孙宝基编辑:《乱中日记》
NYI	Chŏng T., *Nakp'o yongsa ilgi* 郑琢:《药圃龙蛇日记》
PBQS	Li H., *Ping Bo quan shu* 李化龙:《平播全书》
PRL	Zhuge, *Liang chao ping rang lu* 诸葛元声:《两朝平攘录》
PXGJ	Zhi. *Ping xi guanjian* 支应瑞:《平西管见》
SDZK	Mao R., *Wanli san da zheng kao* 茅瑞征:《万历三大征考》
SI	Kawaguchi, *Seikan iryaku* 川口长孺:《征韩伟略》
SMR	Ô, *Swaemirok* 吴希文:《琐尾录》
STS	Yujŏng, *Songun Taesa Punch'ung sŏnallok* 惟政:《松云大师奋忠纾难录》
WBZ	Mao Y., *Wubei zhi* 茅元仪:《武备志》
WGL	Qu, *Zuben Wanli wu gong lu* 瞿九思:《万历武功录》
WKSL	Zheng L., *Ming dai Wokou shiliao* 郑樑生编:《明代倭寇史料》
WLDC	Qian Y., *Wanli dichao* 钱一本:《万历邸钞》
XZJ	Mei, *Xi zheng ji* 梅国桢:《西征集》
YI	Yi N., *Yŏngsa ilgi* 李鲁:《龙蛇日记》
YM	Chŏng T., *Longwan wen jian lu* [*Yongman mun' gyŏnnok*] 郑琢:《龙湾闻见录》
ZDSJ	Qian S., *Zheng dong shiji* 钱世桢:《征东实纪》

前言

1 近期出版的关于这场战争的两种英文著作：Turn-bull, *Samurai Invasion*; and Hawley, *Imjin War*。我关于这些著作的评论见 Kenneth M. Swope, "Perspectives on the Imjin War," *Journal of Korean Studies* 12.1 (Fall 2007): 154–161。

2 黄仁宇对万历三大征的评价见 CHC 7, 563。

3 张海瀛：《张居正改革与山西万历清丈研究》，第 29–32 页。张居正的传记见 Crawford, "Chang Chü-cheng's Life and Thought"; R. Huang, 1587, 1–41; and *DMB*, 53–61。更多相关研究见 Miller, "State Versus Society," 98–184。有关银及其在明朝经济中的作用，见 Moloughney and Xia, "Silver and the Fall of the Ming," 51–78; Atwell, "International Bullion Flows," 68–90; and Atwell, "Notes on Silver," 1–33。

4 MS, 295. 中国皇帝通常有三种称号：姓名、年号和庙号，明清时期，中国皇帝一般只有一个年号，常常用来指代该帝，但技术上是不准确的。因此，万历是朱翊钧的年号，其庙号为明神宗。我在博士论文中对万历帝的传统评价有详细讨论，见 "Three Great Campaigns," 1–39。

5 Harry S. Miller 也对万历帝做了重新评价，颇有与我相同之处，但更关注万历帝与内廷宦官的关系，见 "State Versus Society," 185–343。

6 Lorge, War, *Politics, and Society,* 178; E. Park, *Between Dreams and Reality*.

导言　难忘之战

1 Turnbull, *Samurai Invasion*, 195; 金洪圭编著：『秀吉・耳塚・四百年：豊臣政権の朝鮮侵略と朝鮮人民の闘い』，第 66 页；McCormack, "Reflections on Modern Japanese History," 276。丰臣秀吉的标准英文传记见 Berry, *Hideyoshi*. 秀吉的日文传记汗牛充栋，代表性著作见桑田忠親：『豊臣秀吉』、『太閤記の研究』及『豊臣秀吉研究』。"关白"的头衔表示成年天皇的摄政，1585 年被授予秀吉。他随后又获得"太阁"的称号，意即"退休的摄政"，而在 1591 年任命他的侄子和继承人丰臣秀次为关白。Berry, *Hideyoshi*, 178–181。

前近代的东亚军队统计军功的习惯做法是搜集割掉的敌军左耳，这种做法往往流于杀良冒功。将官则奉命上缴首级。关于战后数十年中朝鲜南方常见鼻子残缺的朝鲜人，见 NC, 8:137。

2 北島万次：『秀吉の朝鮮侵略』，第 83–85 页；CNE, 305。关于日军斩获的鼻、耳和首级的简略名单，见北島万次:『秀吉の朝鮮侵略』,第 83 页；及金洪圭編著:『秀吉·耳塚·四百年：豊臣政権の朝鮮侵略と朝鮮人民の闘い』中琴秉洞的一章，第 69–73 页。这些数据来源于参战的诸大名家的各种家谱。

3 "壬辰战争的跨国历史：东亚维度"研讨会由首尔西江大学的郑杜熙博士组织，论文集在 2007 年出版。

4 金洪圭編著：『秀吉 · 耳塚 · 四百年：豊臣政権の朝鮮侵略と朝鮮人民の闘い』; Kristof, "Japan, Korea, and 1597" (accessed online)。塞缪尔 · 霍利（Samuel Hawley）称这次战争的记忆乃是"朝鲜人对日本人 1910 年至 1945 年间占领朝鲜半岛表示怨恨和敌意的潜在原因之一"。Hawley, *Imjin War*, 134。

5 Han, "Evaluation of the Activities of Ming Forces," 391; Neves, "Portuguese in the Im-Jim War," 20–24; Cory, "Father Gregorio des Cespedes" ; Turnbull, *Samurai Invasion*, 172–174。丰臣秀吉试图通过在日的耶稣会士采购战船，至少有几名欧洲传教士伴随大军渡海到了朝鲜，为日军士兵做告解，由此给欧洲读者留下了第一批关于朝鲜半岛的亲历记载。

6 CXSL, 1。金滋炫 (Jahyun Kim Haboush) 用了一个稍合适的名称，认为这次战争是亚洲的第一次地区性全面战争，我认为其实表达了相同的意思。见 Haboush, "Dead Bodies in the Postwar Discourse," 415。

7 北島万次：『秀吉の朝鮮侵略』，第 1 页。日本帝国军队在据韩时期对旧的倭城进行了大量考察。太田秀春：「軍部による文禄 · 慶長の役の城郭研究」，第 35–48 页。

8 CXSL, 1.

9 王崇武和李光涛发表的各种论著跨越 40 余年，从 20 世纪 40 年代到 80 年代。

10 CXSL, 1.

11 Elleman, *Modern Chinese Warfare*, 233–309.

12 布鲁斯 · 巴顿（Bruce Batten）将公元 598—663 年唐朝和高句丽的战争称为"东亚世界大战"。*Gateway to Japan*, 18–23。肯尼斯 · 罗宾逊（Kenneth Robinson）在与笔者的几次交流中强烈主张同一观点。关于高句丽之战与隋朝灭亡，见 Graff, *Medieval Chinese Warfare*, 138–159。

13 Batten, *Gateway to Japan*, 22–23; Graff, *Medieval Chinese Warfare*, 198–200. 后世日本军国主义者和扩张主义者常将伽耶视为日本在朝鲜的殖民地，布鲁斯 · 巴顿指出，最好视之为一个贸易前哨，朝鲜的优质货物与日本的军事服务在此交易。*Gateway to Japan*, 16–17。

14 Batten, *Gateway to Japan*, 24–31.

15 这些书信中许多已有译本，见 Kuno, *Japanese Expansion*, 1:300–326。

16 池内宏：『文禄慶長の役』，第 1 页。明治时代带有民族主义论调的学术研究，可见中村德五郎：「日明媾和破裂之颠末」，第 957–983 页。

17 关于朝鲜改革的详细讨论，见 Palais, *Confucian State- craft and Korean Institutions*。戚继光最著名的兵书是《纪效新书》与《练兵实纪》。关于戚继光在朝鲜的影响，见范中义：《戚继光传》，第 579–582 页。关于朝鲜战后的军事改革，见 E. Park, *Between Dreams and Reality,* 50–60。

18 除了我本人关于这个问题的论著，还可见 Kye, "Indirect Challenge," 423–429。关于这场战争对明朝的破坏性影响，最常见的解释见 Han, "Evaluation of the Activities of Ming Forces," 391; and Hawley, *Imjin War*, 565–567。

第一章　疆场未宁

1 努尔哈赤的小传，见 *ECCP,* 594–599。关于后金的崛起，见 Wakeman, *Great Enterprise*, 49–66。李成梁的传记，见 *ECCP,* 450–452; 及 Swope, "A Few Good Men"。关于努尔哈赤与李成梁的关系，见 Crossley, *Translucent Mirror*, 169–172。关于努尔哈赤与明朝的附属关系，及其对朝鲜的影响，详见 Kye, "Indirect Challenge"。

2 R. Huang, "Liao-tung Campaign," 30; MS, 6196. 注意黄仁宇采用了威妥玛 - 翟理思式拼音拼写中文术语。这次战役详细的英文研究，见 R. Huang, "Liao-tung Campaign"。关于当时的评价，见于燕芳《剿奴议撮》。

3 Waley-Cohen, "Civil-Military Relations in Imperial China," 4–7. 明清易代之际的史料，见 Struve, *Ming-Qing Conflict*。

4 曹国庆：《万历皇帝大传》，第 233 页。晚明党争近来有不少研究。关于较为通行的解释，见 Dardess, *Blood and History*; and J. Zhao, "Decade of Considerable Significance"。关于一种修正主义的视角，见 Miller, "State Versus Society"。关于杨镐的小传，见 *ECCP*, 885–886; 及 Swope, "War and Remembrance"。研究万历帝的史学热，除了之前提到的著作，还可见曹国庆:《万历皇帝大传》;樊树志:《万历传》; 王天有、许大龄编：《明朝十六帝》，第 266–296 页。近来还出版了一种基于电视剧的历史小说：胡月伟、姚博初、钱法成：《万历王朝》。

5 Hucker, "Chu I-chün" [Wanli biography], in DMB, 324–338; CHC 7,511–584; Mote, *Imperial China, 900–1800*, 1026n3; R. Huang, *1587*. 牟复礼还指出，万历帝"沦为一个最荒唐的君主，沉湎酒色，无比贪婪，对朝臣粗暴任性"。见 *Imperial China*, 733–734。 对万历帝的这种解读的持续影响力的另外一个例子，见 J. Zhao, "Decade of Considerable Significance," 112–150。

6 万历帝与朝臣的持续争论，可见 *MS*, 261–292; *WLDC*; 及 *MSL*。关于历次主要争论的传统叙述，最简单的版本见 *MSJSBM*, 2386–2411。英文著作见 Dardess, *Blood and History,* 1–30。

7 Lorge, *War, Politics, and Society*, 2–3.

8 雷海宗、林同济 :《中国文化与中国的兵（外一种）》，第 94–103 页。

9 认为明朝的特征是防御性和保守性，见 Perdue, *China Marches West*, 56–72; 及 Waldron, *Great Wall*, 122–164。David Graff 和 Robin Higham 在最近的回顾性论著中将“积弱的明代中国”同带有胡化色彩的唐朝做了对比。*Military History of China*,7。还可见 Farmer, *Zhu Yuanzhang*, 17。龙沛（Peter Lorge）在 *War, Politics, and Society* 中反驳了这一描述。

10 Gernet, *Chinese Civilization*, 431. 又见 Chan, *Glory and Fall*, 187–210。

11 范中义 :《明代军事思想简论》，第 38 页 ; Johnston, *Cultural Realism*, 27, 30。《孙子兵法》就是其中一种经典兵书。

12 Chase, *Firearms*, esp. 150–171. 关于晚明中国的外来火器的研究，见李映发 :《明末对红夷炮的引进与发展》，第 45–50 页。

13 范中义 :《明代军事思想简论》，第 38–39 页 ; Sun Laichen, “Military Technology Transfers from Ming China,” 495–517; Sun Laichen, “Ming–Southeast Asian Interactions,” 31, 32, 35; Chase, Firearms, 166–171。军事革命源于西方的最坚定主张的经典论述，见 Parker, *Military Revolution*。他认为，火枪的三段击直到 1575 年才在日本得到采用（丰臣秀吉的君主织田信长），直到 1594 年才在欧洲得到采用。（校者注：此处与前文矛盾，核查 Parker, *Military Revolution* 原书也确实有此表述。）*Military Revolution*, 19–20, 140–141。关于清代军队采用火器，见 Di Cosmo, “Did Guns Matter”。

14 Needham et al., *Science and Civilisation*, vol. 5, pt. 6, 29.

15 戚继光 :《纪效新书》; Swope, “Cutting Dwarf Pirates” ; 范中义 :《明代军事思想简论》，第 41 页。关于明代世兵制的详情，见 *MS*, 2193–2234; 于志嘉 :《明代军户世袭制度》; 及 Swope, “Three Great Campaigns,” 43–54。关于后来欧洲在这方面的努力，见 McNeill, *Pursuit of Power,* 125–140。戚继光对不同兵器的运用，见《纪效新书》，第 195–218 页。文艺复兴时期欧洲的技术和战术之间的关系，见 B. Hall, *Weapons and Warfare in Renaissance Europe*, 210–216。

16 戚继光 :《纪效新书》，第 219–281 页 (esp. illustrations); 范中义 :《明代军事思想简论》，第 42 页。

17 R. Huang, “Military Expenditures,” 40; R. Huang, *Taxation and Finance*, 67. 关于明代用来补充兵力的“勾军”制度的创建，见许贤瑶 :《明代的勾军》。同时期欧

洲的逃军比例可资比较，新兵的七分之一到一半得到征兵补助但不登入兵籍。B. Hall, *Weapons and Warfare in Renaissance Europe*, 228。

18 Liew, *Treatises on Military Affairs*, 74–75, 364 (table); Swope, "Three Great Campaigns," 45–46; MS, 2204. Liew 的这部著作对明代官修史书中的部分军事内容作了译注。

19 王毓铨：《明代的军屯》；赫治清、王晓卫：《中国兵制史》，第 253–258 页；*CHC* 8, 52–62; Liew, *Treatises on Military Affairs*, 48–76; *MS*, 2179; Tsai, *Eunuchs in the Ming Dynasty*, 59–97; D. Robinson, *Bandits, Eunuchs, and the Son of Heaven*, 99–120; *CHC* 7, 162–68; *MHY*, 1119–1120。

20 R. Huang, *Taxation and Finance*, 67; MS, 2179. 关于驻扎京师的训练营和戍兵的详细回顾，见罗丽馨：《明代京营之形成与衰败》。

21 *MS*, 2180; Liew, *Treatises on Military Affairs*, 81.

22 Lo W., "Self-Image of the Chinese Military," 1–6; Struve, *Southern Ming*, 6; Hucker, *Censorial System*, 34. 其中讨论的许多统兵官显然都是文官，一些人和当时著名的艺术家和文人关系密切。

23 *MS*, 2180, 2230. 这就是马基雅维利的评价。见 Mallett, "Mercenaries," 228。

24 *MS*, 2232; Chan, *Glory and Fall*, 201; Mallett, "Mercenaries," 228–229; 赫治清、王晓卫：《中国兵制史》，第 258–263 页；*MHY,* 1143。欧洲关于雇佣兵的争论，见 McNeill, *Pursuit of Power*, 73–77。明代史料也提到著名的少林僧兵，据说他们在与倭寇的战斗中所向披靡。*MS*, 2252。关于地方团练与少数民族军队，见陈宝良：《明代的民兵与乡兵》。

25 例如《太公六韬》中的议论，译本见 Sawyer, *Seven Military Classics*, 33, 64–65。

26 R. Huang, *Taxation and Finance*, 25. 关于所谓万历帝的放纵与贪婪，见怀效锋：《十六世纪中国的政治风云》，第 298–299 页。

27 Crawford, "Chang Chü-cheng's Confucian Legalism," 367, 370; Miller, "State Versus Society," 87 (Zhang quote), 109–115; GQ, 4252; Crawford, "ChangChü-cheng's Life and Thought." 关于张居正，中英文都有不少传记研究。一个不错的导论，见 *DMB*, 53–61。关于晚明君主与官僚的关系，见 R. Huang, *1587*; Miller, "State Versus Society"；怀效锋：《十六世纪中国的政治风云》；樊树志：《晚明史》，第 476–627 页；及 J. Zhao, "Decade of Considerable Significance"。

28 张海瀛：《张居正改革与山西万历清丈研究》，第 29–60 页；R. Huang, *1587*, 16–26, 69–70; *GQ*, 4193。万历统治时期前十年的张居正改革，见樊树志：《晚明史》，第 204–310 页；及怀效锋：《十六世纪中国的政治风云》，第 237–255 页。张居正对同时代人只是将改革视为富国强兵之策感到懊恼，见 Miller, "State Versus

Society," 158。

29 Crawford, "Chang Chü-cheng's Confucian Legalism," 404. 关于张居正和党争的联系，见 J. Zhao, "Decade of Considerable Significance"；及怀效锋 :《十六世纪中国的政治风云》, 第 244–262 页。赵指责张居正的后继者申时行应该承担更多责任，见 "Decade of Considerable Significance," 141。

30 *CHC* 7, 520; Miller, "State Versus Society," 88–90. 关于万历朝的明代军事活动，详见 *WGL*。

31 樊树志 :《万历传》, 第 227 页。R. Huang 引用的万历帝 , *1587*, 233。

32 樊树志 :《万历传》, 第 227 页。关于 16 世纪 80 年代和 90 年代明朝军事活动的简单描述参见 *MS*, 267–271; Swope, "Civil-Military Coordination," 49–70; Swope, "Deceit, Disguise, and Dependence," 757–782; and Swope, "All Men Are Not Brothers," 79–129。

33 傅仲侠等编 :《中国军事史（附卷 : 历代战争年表）》, 第 397 页。关于明与俺答汗缔结的和约，见 Serruys, "Four Documents"。

34 樊树志 :《万历传》, 第 228 页。

35 *SDZK*, 13; *GQ*, 4667; 曹国庆 :《万历皇帝大传》, 第 233 页。

36 *PRL*, 116; 樊树志 :《万历传》, 第 228 页 ; *MS*, 5977。

37 *HMJSWB*, 25:30; *WLDC*, 648; *MSL*, 4585; *PRL*, 124; *MTJ*, 2719. 关于兵变爆发的详情，见 Swope, "All Men Are Not Brothers," 91–96。

38 *WGL*, 100a–100b; *SDZK*, 18. 麻贵之父在 16 世纪 60 年代曾与俺答汗作战，见 MS, 6199–6203。宣大是宣府和大同两镇的合称。

39 *MS*, 5977. 关于魏学曾的经历，见上书 , 5975–5977。在张居正当权之时，魏学曾是公开反对张居正且未受打压的少数官员之一。

40 *XZJ*, 1, 12a; *WLDC*, 660; *MS*, 5979.

41 *XZJ*, 1, 6b, 9b.

42 *MSL*, 4593; *XZJ*, 1, 3a; *HMJSWB*, 25:31–32.

43 *WLDC*, 660–662. 李如松，特别是李如柏，面对文官素有骄悍之名，包括掌掴官员。二人屡次遭到弹劾，但屡次受到万历帝庇护。见 *MS*, 6192。

44 *XZJ*, 1, 6b, 7b, 15a; *WLDC*, 661–662; *MSL*, 4602; 张金成等 :《乾隆宁夏府志》, 第 410 页 ; *MS*, 6192; *MTJ*, 2722。

45 *WGL*, 108a; *PXGJ*, 89–90.

46 *SDZK*, 23.

47 樊树志 :《万历传》, 第 232 页 ; *SDZK*, 24。

48 *WGL*, 112b; *SDZK*, 23; *MTJ*, 2726; *MSJSBM*, 2381; *WLDC*, 691.

49 Sawyer, *Fire and Water*, 284.
50 *PRL*, 155; *GQ*, 4676; *MS*, 275.
51 *SDZK*, 25.
52 Ibid., 26; *MTJ*, 2728.
53 *SDZK*, 27; *MTJ*, 2728; *XZJ*, 2, 17b; *PXGJ*, 22–23.
54 *SDZK*, 28; *PXGJ*, 27; *MTJ*, 2730.
55 *SDZK*, 29; *MTJ*, 2730.
56 杨应龙之乱的详细研究，见 Swope, "Civil-Military Coordination" ; and Swope, "Three Great Campaigns," chap. 7。杨应龙的传记，见 *DMB*, 1553–1556。关于播州杨氏的早期历史，见 *WGL*, 500a; 及黄乐之等 :《遵义府志》, 第 681–688 页。
57 黄乐之等 :《遵义府志》, 第 689 页 ; 岡野昌子 :「明末播州における楊応竜の乱について」, 第 63–66 页 ; *SDZK*, 65–66。
58 *MSJSBM*, 2383; *SDZK*, 66; *MSL*, 6631; 黄乐之等 :《遵义府志》, 第 900–901 页。
59 *MS*, 8045. 关于李化龙的传记，见 *DMB*, 822–826; and *MS*, 5982–5987。
60 *PRL*, 419; 曹国庆 :《万历皇帝大传》, 第 241 页。
61 李化龙的任命书见 *PBQS*, 1。关于郭子章的传记，见 *DMB*, 775–777。
62 *WGL*, 522a; *MS*, 5985.
63 *PBQS*, 401, 413, 471–472, 650.
64 *WLDC*, 1177. 万历帝诏书的全文见 *PBQS*, 477–482。
65 *PBQS*, 96–97, 703; *MTJ*, 2801.
66 *MSJSBM*, 2384. 关于讲话全文，见 Swope, "Three Great Campaigns," 423–424。
67 *PBQS*, 287; *MTJ*, 2811; *GQ*, 4866.
68 关于明朝在西南的扩张，见 L. Shin, *Making of the Chinese State*。
69 Swope, "A Few Good Men" ; MS, 6197.

第二章 山雨欲来

1 E. Kang, *Diplomacy and Ideology*, 13–14; Haboush and Deuchler, *Culture and the State in Late Chos ō n Korea*, 70–72; Elison, "Inseparable Trinity," 235–300。明朝与朝鲜的家族已经由多伦多大学的亚当 · 伯内特（Adam Bohnet）在博士论文中进行了研究，预计 2008 年完成。关于明朝对日本的认知，综述参见 : Fogel, *Sagacious Monks and Bloodthirsty Warriors*, 1–62。
2 日本视角中的这些事件，见 *CNE*, 55–57。

3 E. Kang, *Diplomacy and Ideology*, 2. 关于日本室町幕府的概述，见 Grossberg, *Japan's Renaissance*。格罗斯伯格（Grossberg）也审视了足利义满（1368—1394 年在位）的对外政策，Ibid., 33–37。一个生动而陈旧的叙述，见 Sansom, *History of Japan*, 167–180。明朝与朝鲜的关系史，可见 *MS*, 8279–8308,8341–8360 (respectively)。明代的中日关系史见郑樑生 :《明代中日关系研究》。

4 Haboush and Deuchler, *Culture and the State in Late Chosŏn Korea*, 68; *CPC*, 1. 其他的朝贡国家也奉命进贡宦官与女子，见 Tsai, *Eunuchs in the Ming Dynasty*, 14–17; and *CHC* 8, 291–293。关于中朝朝贡关系的更深入的讨论，见 *CHC* 8, 272–300。

5 明人将四书五经刻本送给朝鲜人，借此强调新王朝的崇儒，与蒙古人完全不同。见 *MS*, 8280。李成桂的传记可见 *DMB*, 1598–1603。也可参见 K. Lee, *New History of Korea*, 162–165。关于李成桂夺权的争议构成了中韩联合拍摄的故事片《武士》的背景，2001 年此片以“Musa: The Warrior”之名在美国改编和公映。

6 *MS*, 8283; *DMB*, 356.“朝鲜”之名常常被译为“朝日鲜明之国”（Land of the Morning Calm），正如许多中国王朝的国号一样，可追溯到该国的古称。

7 *CHC* 8, 280–293; *CPC*, 4–8; *MS*, 8284–8285. 关于朝贡使团及其活动，见 K. Robinson, “Policies of Practicality,” 29–40。

8 *CHC* 8, 281; *MS*, 8285. 关于中国古代朝贡关系的论文，见 Fairbank, *Chinese World Order*。关于朝鲜和日本如何适应这一体系，见中村栄孝:『日本と朝鮮』, 第 1–4 页。

9 *CHC* 8, 282–283. 许多派往朝鲜的中国使节都是宦官，有些甚至有朝鲜血统。这些使团有时也奉命为天子的后宫征集女子。关于在朝鲜的宦官使节，见 Tsai, *Eunuchs in the Ming Dynasty*, 135–140。

10 K. Robinson, “Policies of Practicality,” vi, 20.

11 关于朝鲜应对女真之道，见 K. Robinson, “From Raiders to Traders”。

12 *CHJ*, 239; Hazard, “Formative Years of the Wakō”; *MS*, 8342, 8346; K. Robinson, “Policies of Practicality,” 104–105. 在失利的袭扰之后，朝鲜人仍将对马岛视为被占领的土地。见 J. Lewis, *Frontier Contact*, esp. chap. 1。

13 *CHJ*, 242–245. 关于对马岛的统治者在韩日关系中的作用，见 K. Robinson, “An Island's Place in History”; and “Tsushima Governor and Regulation of Contact”。

14 Sansom, *History of Japan*, 170–171, 173, CNE, 57. 姜 · 悦子 · 海真（Etsuko Hae-jin Kang）赞同此说，认为足利义满既想加强将军乃至幕府的权力，又想获得对外贸易的利润。1863 年，保皇派武士将足利义满的雕像斩首，因为他们认为从明朝接受封贡，从而给自己和日本带来了耻辱。*Diplomacy and Ideology,* 33–36。

15 *CHJ*, 245–248; K. Robinson, “Imposter Branch.” 关于朝鲜的海上外交，特别是佛

经的贸易，见 K. Robinson, "Centering the King of Chos ō n"。16 世纪 70 年代朝鲜和日本之间的一次冲突，据说让汉江的水被血染红。*CPC*, 9。

16 Wakeman, "China and the Seventeenth-Century Crisis," 3; Jansen, *China in the Tokugawa World*, 25; Wang Yong, "Images of 'Dwarf Pirates,'" 21。关于海外贸易的大规模扩张，特别是白银从美洲向亚洲的流动，见 Flynn and Giraldez, "Born with a 'Silver Spoon'"; Atwell, "Notes on Silver"; and Moloughney and Xia, "Silver and the Fall of the Ming"。关于 16、17 世纪的白银贸易对亚洲经济的影响，更深入的讨论见 Von Glahn, *Fountain of Fortune*, 96–138; and *CHC* 8, 376–416。关于倭寇现象的详细讨论，见 So, *Japanese Piracy in Ming China*; 及范中义、仝晰纲著：《明代倭寇史略》。

17 关于以僧侣为使节，见長正統：「景轍玄蘇について一外交僧の出自と法系一」，第 135–147 页 ; and K. Robinson, "Policies of Practicality," 485–490。

18 K. Robinson, "Centering the King of Chosōn." 有人认为，早期日本国家常常避免加入中国的朝贡体系，原因即在于此。见 Jansen, *China in the Tokugawa World*, 2.

19 关于朝鲜在东北亚朝贡体系中的作用，见 Yun, "Rethinking the Tribute System"。

20 丰臣秀吉的日文传记汗牛充栋，不必赘引。关于秀吉私人医生的一个传统叙述，见小瀬甫庵著，佐竹昭広等編，桧谷昭彦等校注:『太閤記』。关于这一史料的研究，可见桑田忠親:『太閤記の研究』，一本现代的日文传记，见桑田忠親:『豊臣秀吉』。英文传记见 Berry, *Hideyoshi*。关于下克上现象，导论见 J. Hall et al., *Japan before Tokugawa*, 7–26。大阪城是秀吉的驻地，在 1931 年重建，如今包含一个关于秀吉及其时代的极佳博物馆，展品包括在朝鲜作战的武士的书信，下述著作转引了其中许多书信，见渡辺武監修：『秀吉と桃山文化：大阪城天守閣名品展』。

21 曹国庆：《万历皇帝大传》，第 260 页 ; *CNE*, 59; Turnbull, *Samurai*, 186; 李光涛：《明清档案论文集》，第 779 页 ; Wang Yong, "Images of 'Dwarf Pirates,'" 36。丰臣秀吉诞生的神话（常被他自己在致外国统治者的书信中一再重复）见 Berry, *Hideyoshi*, 8–9; and Kuno, *Japanese Expansion*, 1:302。

22 山崎之战见 Turnbull, *Samurai Sourcebook*, 275–279。关于丰臣秀吉的国内政策，见 John Whitney Hall's essay in J. Hall et al., *Japan before Tokugawa*, 194–223。秀吉和天皇家的关系以及他对合法性的寻求，见 Berry, *Hideyoshi*, 176–205。关于秀吉在 1582 年和 1590 年的战役，见 ibid., 66–98。

23 藤木久志、北島万次編：『織豊政権』，第 277, 278 页。与弗罗伊斯的谈话，部分见 Berry, *Hideyoshi*, 207–208。弗罗伊斯《日本史》中关于朝鲜战争的描述，研究见フロイス著，松田毅一、川崎桃太編訳：『秀吉と文禄の役：フロイス「日本史」より』。又见柳田利夫：「文禄・慶長の役とキリシタン宣教師」，第 19 页。关于

秀吉禁止基督教，见 *CNE*, 21–24。

24 *MS*, 8357.《明史》认为，日军从福建商人那里获得了明军火炮，见 *MS*, 8290–8291。又见 Brown, “Impact of Firearms on Japanese Warfare,” 236–253; and Parker, *Military Revolution*, 140–143。丰臣秀吉关于中国的大部分消息都来自福建人和浙江人。确实有不少中国人在日军入侵期间协助了日本人，一些日军将领还委任了中国谋士。李光涛：《明清档案论文集》，第 778–781 页。

25 *MS*, 8357; *CPC*, 9, 58–59; *CMN*, 430; E. Kang, *Diplomacy and Ideology*, 88–90; *BOC*, 21.

26 *CNE*, 60.

27 K. Robinson, “Policies of Practicality,” 375–376. 关于景辙玄苏，见長正統：「景轍玄蘇について—外交僧の出自と法系—」，藤木久志、北島万次引用了《朝鲜征伐记》，讨论了这一可能性，『織豊政権』，第 286–287 页。又见 *CS*, 1, 1a–5a。

28 *CNE*, 60. 秀吉给宗家的命令，见藤木久志、北島万次編:『織豊政権』，第 280–281 页。宗义智在一些史料中又被称为 S ō Yoshitomo。朝鲜与日本之间复杂的谈判最终导致了入侵，对此的讨论见李光涛：《朝鲜“壬辰倭祸”酿衅史实》，《明清档案论文集》，第 737—768 页。

29 *BOC*, 22–23; *CPC*, 22–23; *SI*, 474–475.

30 *BOC*, 23; *SI*, 478, 479; *NC*, 7:17; *CPC*, 46.

31 *BOC*, 25.

32 *SI*, 482; *CPC*, 24; *NC*, 7:21; Weems, *Hulbert's History of Korea*, 1:346; 关于赵宪这句话以及他对日本威胁的态度见 1591 年的一份奏议，见赵宪：『重峯集』，第 299–303 页。

33 Choi S., “Factional Struggle,” 60–70.

34 Ibid., 72–79, 80–81; *NC*, 7:21–22; 李光涛：《明清档案论文集》，第 748 页。

35 *CPC*, 24.

36 E. Kang, *Diplomacy and Ideology*, 73; *BOC*, 28–29; *CXSL*, 1893–1894.

37 *SI*, 485; Kuno, *Japanese Expansion*, 1:302. 书信的完整译文见 ibid., 1:301–302。

38 Turnbull, *Samurai*, 187; 北島万次：『秀吉の朝鮮侵略』，第 8–9 页；*BOC*, 29–30; 李光涛：《明清档案论文集》，第 749 页。关于小田原城之围，见 *CS*, 1, pp. 5a–6a。

39 *CPC*, 33.

40 书信全文见 Kuno, *Japanese Expansion*, 1:302–303。我稍微更动了他的译文。另外一版稍显不同的译文见 Berry, *Hideyoshi*, 208。Berry 的三国意指中、日、印，印度是秀吉的最终目标。又见 Murdoch, *History of Japan* Vol. II, 308–310。书信原文见 *NC*, 7:35–36。

41 李光涛 :《明清档案论文集》, 第 750–751 页 ; *CXSL*, 1893; *NC*, 7:36; *SI*, 489。关于朝鲜和日本外交交涉中的欺骗和伪造, 见 Stramigioli, "Hideyoshi's Expansionist Policy," 75–78。关于此次使命的详情, 见 *CXSL*, 1893–1895。关于朝鲜和日本之间谈判, 以及宗家在其间的作用, 详见金洪圭編著 :『秀吉 · 耳塚 · 四百年 : 豊臣政権の朝鮮侵略と朝鮮人民の闘い』, 第 32–42 页。

42 *CXSL*, 1894.

43 译文有微调, 引自 Kuno, *Japanese Expansion*, 1:303–304。

44 *CPC*, 37–38, 48.

45 *NC*, 7:37; *CPC*, 40, 66–67. 各道依照相对于王京的方位被分为左右。

46 *NC*, 7:41–42; *CMN*, 437. 然而, 私底下日军确实对朝鲜弓箭的射程和强力、维系漫长的跨海补给线、明朝出兵援助的风险等等表示忧虑。

47 Murdoch, *History of Japan* Vol. II, 311; *CNE*, 62–63; *CXSL*, 1902; *SI*, 492.

48 李光涛 :《明清档案论文集》, 第 756 页 ; *CPC*, 48–51; *CMN*, 429–430; *CXSL*, 1903–1904。关于当时琉球与明朝、朝鲜和日本的关系, 见 Suganuma, "Sino-Liuqiu and Japanese-Liuqiu Relations," esp. 47–53。关于秀吉希望获得琉球的支援, 见 Fairbank, *Chinese World Order*, 116–117; 及 *CMN*, 437。

49 *CXSL*, 10.

50 *SI*, 492–493, 495; *CPC*, 48; 北島万次 :『秀吉の朝鮮侵略』, 第 14 页。根据《朝鲜王朝实录》, 约有 300 名朝鲜人在 1591 年投降日军, 并协助他们修建入侵的船只。*CXSL*, 1。

51 尚不清楚这些国家的具体名称, 史料中只是统称南洋诸国。这或许是指菲律宾群岛或者海南岛周边的诸岛。秀吉也遣使前往汉文史料称为"高山国"的台湾。

52 李光涛:《明清档案论文集》,第 757 页;郑樑生:《明代中日关系研究》,第 535–536 页。

53 宋懋澄 :《九籥前集》, 第 4b 页 ; *MS*, 8291, 8357; *CS*, 1, 13b–15a; *CXSL*, 1904–1905; 郑樑生 :《明代中日关系研究》, 第 564–565 页 ; 李光涛 :《明清档案论文集》, 第 760 页 ; 何宝善、韩启华、何涤尘 :《明神宗与明定陵》, 第 100 页 ; *WKSL*, 474。

54 *PRL*, 233; *SI*, 481; Sansom, *History of Japan*, 346. 秀吉致琉球、吕宋、台湾和印度等地君主的国书, 译文见 Kuno, *Japanese Expansion*, 1:305–314。秀吉对外部世界的无知, 从他致台湾君主的信中清晰可见, 因为台湾当时并没有君主。关于兵员、补给、马匹等等的分类列表, 见李光涛 :《明清档案论文集》, 第 757 页。关于在日耶稣会士眼中的朝鲜远征, 见柳田利夫 :「文禄 · 慶長の役とキリシタン宣教師」, 第 19–39 页。关于统一东亚传统的意图, 见郑樑生 :《明代中日关系研究》, 第 538–539 页。

55 藤木久志、北島万次編 :『織豊政権』，第 301–303 页 ; Wolters, “Ayudhya,” 167。因此，他在和谈中不断要求朝鲜割让部分土地，以“挽回颜面”。秀吉由于明朝准封不准贡而感到沮丧，他的傲慢由于这一轻蔑的姿态而大受损伤，这也很说明问题。

56 E. Kang, *Diplomacy and Ideology*, 84–85.

57 Berry, *Hideyoshi*, 213; Hur N., “International Context,” 697–698. 朴允熙（Park Yune-hee）也认为，一些有势力的大名对领土和贸易的野心也在某种程度上促成了战争。*Admiral Yi,* 24。

58 Murdoch, *History of Japan* Vol. II, 306; Hawley, *Imjin War,* 22–24; *CHJ*, 268.

59 *CS,* 1, 7a–18b; 小瀬甫庵著，佐竹昭広等編，桧谷昭彦等校注 :『太閤記』，第 347–348 页 ; *CMN,* 437; Fogel, *Sagacious Monks and Bloodthirsty Warriors*, 57; *PRL*, 235–236。关于日方对战争目标的解释的概述，见北島万次 :『朝鮮日々記·高麗日記 : 秀吉の朝鮮侵略とその歴史的告発』，第 17–19 页。关于对《朝鲜征伐记》的研究，见 Boot, “Ch ō sen Seibatsu”。关于著名的皈依基督教的徐光启的传记，见 *ECCP*, 316–319。又见 C. Chang and S. Chang, *Crisis and Transformation*, 287–298。

60 郑樑生 :《明代中日关系研究》，第 543、544 页。

61 Hawley, *Imjin War,* 76; 藤木久志、北島万次編 :『織豊政権』，第 289、290 页 ; 奈倉哲三 :「秀吉の朝鮮侵略と「神国」——幕藩制支配イデオロギー形成の一前提として」，第 33–34 页。关于日本侵朝和日本军事和农业系统的发展之间的关系，见三鬼清一郎 :「朝鮮役における軍役体系について」。

62 朱亚非 :《明代援朝战争和议问题新探》，第 155 页 ; S. Takagi, “Hideyoshi’s Peace,” 56–62。

63 郑樑生 :《明代中日关系研究》，第 549–550 页 ; S. D. Kim, “Korean Monk-Soldiers,” 8–10。

64 奈倉哲三 :「秀吉の朝鮮侵略と「神国」——幕藩制支配イデオロギー形成の一前提として」，第 29–35 页 ; Ooms, *Tokugawa Ideology*, 44, 46, 49; S. Takagi, “Hideyoshi’s Peace,” 63。近期关于日本近代早期的外交和边界的史学论文，见 B. Walker, “Foreign Affairs and Frontiers”。

65 李光涛 :《朝鲜“壬辰倭祸”研究》，第 10–11 页。其他学者也认为，如果明朝准许日本恢复正式贸易关系，入侵或许可以避免。见 Stramigioli, “Hideyoshi’s Expansionist Policy,” 96–97。

66 郑樑生 :《明代中日关系研究》，第 550–551 页 ; Kuno, *Japanese Expansion*, 1:314–317。这些指令在入侵开始一个月后被送给他的继承人丰臣秀次。

67 郑樑生 :《明代中日关系研究》，第 563 页。Hulbert 认为，为数 250000 人的入侵日军（包括预备队）有 50000 匹马，5000 柄战斧，100000 柄太刀，100000 柄胁差，500000 支短刀，300000 柄火器，大部分是火枪，见 Weems, *Hulbert's History of Korea*, 1:350。

68 *CNE*, 67; Lynn, *Tools of War*, 32.

69 Sansom, *History of Japan*, 353. 此书的数字来自毛利家的文书。又见郑樑生 :《明代中日关系研究》, 第 559–562 页。郑樑生给出了数据，并列出了各地征集的兵员和补给多少。又见北島万次 :『朝鮮日々記 · 高麗日記 : 秀吉の朝鮮侵略とその歴史的告発』, 第 36 页 ; Turnbull, *Samurai Invasion*, 240; and *SI*, 496–498。

70 一 "石" 相当于一人一年的粮食需要。在丰臣秀吉时代，大名的财富和权势就是用以石为单位的系统来计算的。关于与入侵朝鲜相关的所谓 "石高" 体制，详见三鬼清一郎:「太閤検地と朝鮮出兵」,『岩波講座 日本歴史』第 9 册，第 81–87 页。

71 小瀬甫庵著,佐竹昭広等編,桧谷昭彦等校注:『太閤記』,第 356 页。三鬼清一郎:「朝鮮役における軍役体系について」, 第 141–145 页 ; Hawley, *Imjin War*, 95, 594; Murdoch, *History of Japan* Vol. II, 313。关于民众逃避兵役，见小瀬甫庵著 :『太閤記』, 第 361 页。

72 *SI*, 499–500. 耶稣会士关于入侵的文献记载需要谨慎使用，因为它们往往偏袒小西行长，受他对战争的看法影响。关于加藤清正的佛教信仰，见 Turnbull, *Samurai and the Sacred*, 67, 107。

73 Murdoch, *History of Japan* Vol. II, 314; Turnbull, *Samurai*, 188; Underwood, 45. 又见 Hawley, *Imjin War*, 103。

74 E. Park, *Between Dreams and Reality,* 11–13; Underwood, "Korean Boats and Ships," 50–51.

75 例如，见 *SDZK*, 32; and Palais, *Confucian Statecraft and Korean Institutions*, 76–77。

76 Ledyard, "Confucianism and War," 81–85.

77 *CPC*, 69; *BOC*, 42–43.

78 *CPC*, 69, 70.

79 Ibid., 70; Hawley, *Imjin War*, 113.

80 S. D. Kim, "Korean Monk-Soldiers," 16–17, 22–23. 关于朝鲜的奴隶制，见 Palais, *Confucian Statecraft and Korean Institutions*, 208–273。

81 上述讨论总结自 K. Lee, *New History of Korea*, 178–180。

82 *CNE*, 73; Palais, *Confucian Statecraft and Korean Institutions*, 75–78; E. Park, *Between Dreams and Reality*, 25–47. 关于 1592 年早期朝鲜的防御准备，详见金奉鉉 :『秀吉の朝鮮侵略と義兵闘争』, 第 79–82 页。又见 Palais, *Confucian Statecraft and Korean Institutions*, 80–81。

83 *SI*, 504; Hawley, *Imjin War*, 121.

84 Boots, "Korean Weapons and Armor," 15.

85 *CNE,* 225; Boots, "Korean Weapons and Armor," 4. 闲山岛的李舜臣水军营地在现代得到了重建，包括射箭场。

86 *CNE*, 225; 吉岡新一:「文禄·慶長の役における火器についての研究」,第 80–84 页，第 95 页；Swope, "Crouching Tigers, Secret Weapons"；Hawley, *Imjin War,* 115。关于朝鲜火器的图片及技术细节介绍，见 Cho I., *Firearms of Ancient Korea*。这些火器的名称都来自古代中国的蒙书。

87 *CNE*, 224; Underwood, "Korean Boats and Ships," 58–59. 又见 Boots, "Korean Weapons and Armor"。

88 *CNE*, 242; Underwood, "Korean Boats and Ships," 53, 55; 吉岡新一 :「文禄 · 慶長の役における火器についての研究」，第 86–87 页。由于仅有晚近的复制品留存，龟船的外形究竟如何尚存争议。这些问题的讨论，见 Chang H., "Variation of the Turtleboat's Shape"。

89 关于日本的火器、军事发展和政治的关系，见 Brown, "Impact of Firearms on Japanese Warfare"；Morillo, "Guns and Government"；and Perrin, *Giving up the Gun*。关于对此的重新评价，见 Chase, *Firearms*, 178–196。

90 吉岡新一 :「文禄 · 慶長の役における火器についての研究」，第 72–73 页；Morillo, "Guns and Government," 96。关于早期日本火器的艺术价值，见 Robert E. Kimbrough, "Japanese Firearms," *Gun Collector* 38 (1950): 445–465。关于织田信长，见 Lamers, *Japonius Tyrannus*。关于三段击，见 Parker, *Military Revolution,* 140–144。

91 三鬼清一郎 :「朝鮮役における軍役体系について」，第 150 页；*CNE*, 68, 219; 吉岡新一 :「文禄 · 慶長の役における火器についての研究」，第 74 页。

92 插图见 Turnbull, *Samurai Warfare*, 110–111。

93 *CNE*, 218.

94 *CNE*, 241.

95 Ibid., 223; 吉岡新一 :「文禄 · 慶長の役における火器についての研究」，第 96–101 页；Swope, "Crouching Tigers, Secret Weapons," 27–28; Needham et al., *Science and Civilisation*, vol.5, pt. 7, 408。关于中国历史上的围城战，见 ibid., vol.5, pt. 6。关于火药技术，见 ibid., vol. 5, pt. 7。

96 *WBZ*, 4760–4769, 4775–4776, 4780–4789, 4797.

97 *CNE*, 221.

98 *CNE*, 221, 222, 223; Lorge, *War, Politics, and Society*, 111, 127.

99 关于中日朝三国火器技术的比较，见 Park J., “Study on the Fire Weapons”。

第三章　龙之首

1 参謀本部編 :『日本戦史 朝鮮役』，文書篇，第 14–18 页 ; *CNE*, 76。

2 *CNE*, 250–52. 这个描述来自松浦厚编 :『松浦法印征韓日記抄』，第 5 页。此书是松浦镇信远征朝鲜的编年纪，由他的后人在明治时期编成。又见 Turnbull, *Samurai and the Sacred*, 7–8。

3 小瀬甫庵著，佐竹昭広等編，桧谷昭彦等校注 :『太閤記』，第 364 页 ; J. Lewis, *Frontier Contact*, 32–33。

4 *SMR*, 1:4.

5 Huang K., “Mountain Fortress Defence,” 227–230, 238–244; 关于朝鲜历史上的山城，详见 Bacon, “Fortresses of Kyonggido” ; and Yu J., “Mountain Fortresses”。关于战争前夕朝鲜民众对政府的不满，见崔永禧 :『壬辰倭亂中의社會動態 : 義兵을中心으로』，第 3–14 页 ; 及 *SMR*, 1:4。

6 P. Lee, *Black Dragon Year*, 58–59.

7 *CPC*, 70–71. 其他记载显示，郑拨在望见敌船时正在城外狩猎。见 *BOC*, 45; 及参謀本部编 :『日本戦史 朝鮮役』，第 153 页。

8 松浦厚编 :『松浦法印征韓日記抄』，第 6 页。低一些的数字来自参謀本部编 :『日本戦史 朝鮮役』，第 154 页。高一些的数字见小瀬甫庵著 :『太閤記』，第 365 页。

9 *CNE*, 253, 255; *SI*, 508–509; *CXSL*, 1. 据说郑拨发誓说，被倭人杀害的亡魂将永世缠绕釜山。

10 Park Y., *Admiral Yi*, 98; *CNE*, 254. 关于小西行长的活动，概见遠藤周作 :『鉄の首枷 : 小西行長伝』。关于小西在釜山之战中的作用，见 ibid., 132–133。

11 *CS*, 1, 21a–23a; *SI*, 510–511, 512; *NC*, 7:49; *CPC*, 71.《朝鲜征伐记》也补充了进攻釜山前朝鲜水军发动夜袭的虚构情节。

12 *CNE*, 254.

13 *CXSL*, 2; *NC*, 7:50; *CPC*, 71–72; *CBR*, 289; Turnbull, *Samurai Source-book*, 242; Hawley, *Imjin War*, 139–140.

14 *SI*, 513; *NC*, 7:50; 松浦厚编 :『松浦法印征韓日記抄』，第 6 页 ; *CPC*, 73,74; *CMN*, 58–59。

15 *YI*, 216; *NC*, 7:51, 52; *BOC*, 48–49.

16 *BOC*, 48; *NC*, 7:52, 57; *CMN*, 35; *YI*, 224.

17 *BOC*, 48. 原文见 *CBR*, 290. 我的译文与崔炳贤稍有不同。

18 *YI*, 221; *SMR*, 1:23.

19 *CPC*, 79–81.

20 Ibid., 86.

21 *CMN*, 245; *CBR*, 297–298; *SI*, 517.

22 *CPC*, 88–89; *SI*, 518; *CXSL*, 2. 李镒后来因怯懦被处死 *。

23 *CNE*, 118; *CBR*, 300; *CPC*, 89; *CXSL*, 2. 有些地方领袖确实召集了人马勤王，但回到听说都城沦陷后就散归本县了。*CXSL*, 4。元均在朝鲜历史上颇受指责，部分因为他是李舜臣的死对头。在朝鲜史料中，元均被描述为庸劣无能，只知溜须拍马，还嗜酒成性。

24 *CPC*, 90, 91; *SMR*, 1:22. 光海君越过了兄长临海君被选为世子，因为临海君被认为懒惰、放纵，不足以表率万民。

25 *CBR*, 285–287.

26 *CPC*, 93; *CNE*, 121–122; *NC*, 7:61, 64. 这一数字似乎大大夸张了。

27 *CXSL*, 2; Hawley, *Imjin War*, 155; *CPC*, 93. 兵法上所谓置之死地而后生，见 Sawyer, *Seven Military Classics*, 80–82, 168–173, 178–179。

28 *SI*, 520, 521; *CPC*, 95; 小瀬甫庵著 :『太閤記』, 第 368 页。申砬据说斩杀了倭兵 17 人才自杀。Murdoch, *History of Japan* Vol. II, 322–323。关于中国历史上的“火牛战术”以及图示，见 Sawyer, *Fire and Water*, 117–118。申砬决策失误，见 *CXSL*, 2。这个关于忠州的看法是柳成龙提出来的，见 *CBR*, 446。

29 *CS*, 1, 32b–34a; *SI*, 525. 申砬惨败的消息在朝鲜乡间引起的反应，见 *CMN*, 408–410。关于战争第一个月秀吉和诸将之间的通信，见参謀本部編 :『日本戦史 朝鮮役』, 文書篇，第 22–45 页。关于日军的顾虑，见 *SI*, 523–524。尽管下属建议谨慎，秀吉还是在书信中吹嘘自己将在十月占领中国。见 Boscara, *101 Letters of Hideyoshi*, 45–46。

30 *NC*, 7:64; *CBR*, 301.

31 *CXSL*, 3; *DMB*, 1592; *CPC*, 96–97; *CNE*, 100.

32 *NC*, 7:65; *CBR*, 309 (英译见 *BOC*, 78–80); *SI*, 529.

33 *CPC*, 99, 101; *CNE*, 100.

34 Finch, “Civilian Life during the Japanese Invasions,” 55.

35 *SMR*, 1:5–6. 关于吴希文的言论，译文见 Finch, “Civilian Life during the Japanese Invasions,” 58。

---

* 李镒在 1601 年因杀害部下而被逮捕，死于被护送的路上，并非因怯懦被处死。

36 *SMR*, 1:10. 这些中国君主显然都光复了社稷。

37 *SMR*, 1:7, 8. 韩国有众多关于义兵的研究。义兵的兴起，见崔永禧 :『壬辰倭亂中의社會動態 : 義兵을中心으로 』, 第 25–37 页。关于全罗道的义兵，见趙湲來:『湖南義兵抗爭史』。

38 *SMR*, 1:11.

39 Ibid., 13. 译文有改动，原译文见 Finch, "Civilian Life during the Japanese Invasions," 59–60。

40 *SMR*, 1:13.

41 *CMN*, 49–50, 54.

42 *SMR*, 1:14, 20; *YI*, 242–247; *NC*, 7:58.

43 郭再祐集中收录的奏议可以证明这一点。见郭再佑 :『忘憂先生文集』第 25–30 页。

44 *YI*, 225, 241–242.

45 *SMR*, 1:18, 19.

46 小瀬甫庵著 :『太閤記』, 第 370–371 页 ; Hawley, *Imjin War*, 164–165; *NC*, 7:66; *CXSL*, 4。日军占领王京，详见北島万次 :『朝鮮日々記 · 高麗日記 : 秀吉の朝鮮侵略とその歴史的告発』, 第 41–55 页。

47 *SI*, 542. 尽管有这一名义上的晋升，这并不意味着黑田长政处理朝鲜事务的权力高于小西行长和加藤清正。关于占领王京时的兵力分配，见参謀本部編 :『日本戦史 朝鮮役』, 第 162–169 页。关于各道的兵力分配，见 Turnbull, *Samurai Invasion*, 71; 及 *CNE*, 82–84。

48 *NC*, 7:85. 日军对王京的蹂躏从未被遗忘，今日该城众多的著名历史地标都带有"原址毁于壬辰倭乱"的标记。

49 *CNE*, 81, 82; 北島万次 :『秀吉の朝鮮侵略』, 第 16、17、20 页。

50 北島万次 :『秀吉の朝鮮侵略』, 第 21–22 页 ; *CNE*, 84; 小瀬甫庵著 :『太閤記』, 第 400 页。关于涉及海战的书信，见参謀本部編 :『日本戦史 朝鮮役』, 文書篇，第 54–58 页。

51 *NC*, 7:75.

52 Ibid., 82–83, 84; SI, 538; *SMR*, 1:23. 宣祖的逃亡和日军的追击，见金奉鉉 :『秀吉の朝鮮侵略と義兵闘争』, 第 113–138 页。

53 *CNE*, 101; *CPC*, 106.

54 *CPC*, 106–107, 108–109.

55 *SI*, 534.

56 *CPC*, 123–124; *SI*, 537; 松浦厚編 :『松浦法印征韓日記抄』, 第 8 页。临津江之战的描述详见北島万次 :『朝鮮日々記 · 高麗日記 : 秀吉の朝鮮侵略とその歴史的告発』，第 56–66 页。

57 小瀬甫庵著 :『太閤記』，第 394–397 页，第 398–399 页 ; *CMN*, 56。

58 S. D. Kim, "Korean Monk-Soldiers," 2–3, 50。关于日本的僧兵传统和神话，见 Adolphson, *Teeth and Claws*.

59 译自 S. D. Kim, "Korean Monk-Soldiers" 中的『休静大師』，28。

60 Ibid., 30, 76–78, 103–113.

61 Palais, *Confucian Statecraft and Korean Institutions*, 82; S. D. Kim, "Korean Monk-Soldiers," 60.

62 *SMR*, 1:30, 50–51.

63 Ibid., 31–33.

64 Ibid., 35, 36–37; *CMN*, 69.

65 *YI*, 236, 237–238; *CMN*, 83, 94.

66 *CXSL*, 6, 10–12.

67 *WKSL*, 478; 樊树志 :《万历传》，第 236 页。

68 *CXSL*, 13; 樊树志 :《万历传》，第 236 页 ; *WKSL*, 477, 478。

69 *WKSL*, 477.

70 *CXSL*, 14; *CPC*, 138, 139.

71 *CXSL*, 16; *CPC*, 141.

72 *CXSL*, 17; *CBR*, 340; *CPC*, 136.

73 *SI*, 544–545; *CPC*, 144–145; *CBR*, 340.

74 *CBR*, 326; *CXSL*, 19–20; *SI*, 545–546.

75 *CBR*, 329, 469.

76 *CPC*, 153, 155–156. 关于 1592 年夏日本对明朝军事状况的了解，见松本愛重編 :『豊太閤征韓秘録』，第 44–46 页。

77 *NI*, xvii. 与德雷克的比较，见 Underwood, "Korean Boats and Ships," 82。李舜臣作为民族英雄，见 Austin, "Admiral Yi Sun-sin"。李舜臣的经典传记，是他的侄子李芬写的，见 *IC*, 199–240。关于李舜臣的对头元均，见 Niderost, "Yi Sun Sin and Won Kyun"。

78 *IC*, 23.

79 Ibid., 24.

80 Ibid., 26.

81 Ibid., 32. 另一处记载的数字较多，我采用了李舜臣的记录。另外一种估算，见 *CPC*, 201。

82 *IC*, 37.

83 *CPC*, 202; *NI*, 5; *IC*, 212. 根据李舜臣的传记，李舜臣告诉属下 :“一瞰斩时，可射累贼。勿忧首级之不多，惟以射中为先。力战与否，吾所目见，以此前后战时，惟射杀无数而不尚首功。” Ibid., 212。关于李舜臣中弹，他自称弹丸穿过了肩膀，伤势不重。*NI*, 5。

84 一些史料记载，朝鲜人在早先的战斗中已经使用了龟船，但是李舜臣直到唐浦海战才特别提到龟船。*IC*, 40–41; *CPC*, 202–203; Turnbull, *Samurai Sourcebook*, 283–285。朴允熙反对说，朝鲜史料早在 1413 年就提到了龟船使用，而李舜臣只是重新启用龟船来对付日军。*Admiral Yi*, 70。

85 *IC*, 40–41. 关于朝鲜军和日军配备在各自船上的火炮型号，见 Park Y., *Admiral Yi*, 74–78; and Swope, “Crouching Tigers, Secret Weapons”。

86 *IC*, 48.

87 Underwood, “Korean Boats and Ships,” 77–79. 关于龟船外形的各种描述，见 Bak, “Short Note” ; and Chang H., “Variation of the Turtleboat’s Shape”。

88 Kuno, *Japanese Expansion*, 1:153.

89 Sadler, “Naval Campaign,” 199; *IC*, 60–64, 65; Park Y., *Admiral Yi*, 167–169. 这次海战的完整描述以及诸将战功的列表，见 *IC*, 56–60。又见 Park Y., *Admiral Yi*, 159–166。

90 *IC*, 72–73. 1592 年的海上战斗的叙述又见 *CXSL*, 26–27; and *CBR*, 352–53。此战的日方记载，见 *SI*, 553–555。

91 *IC*, 85–86; Turnbull, *Samurai Sourcebook*, 82–283. 关于王京周边的活动，见 *SI*, 553。

92 *SI*, 554; 何宝善、韩启华、何涤尘 :《明神宗与明定陵》, 第 101 页 ; 杨旸 :《明代辽东都司》, 第 205 页。

93 *MSJSBM*, 2375; *PRL*, 239; *SDZK*, 33; *SI*, 556.

94 *CXSL*, 28; *PRL*, 248; 郑樑生 :《明代中日关系研究》, 第 586 页。关于朝鲜求援的书信 *FGYB*, 5–8。

95 *CXSL*, 23–24, 30; *CPC*, 219. 史料记载的数字不等，但都未超过 5000 人，这是日方史料的记载。中方史料常常记载明朝此时派出了 3000 人，朝鲜史料记载首批明军有 1000 人至 2000 人 , 加上后续增援，共 2864 人和 3401 匹马，见 *CXSL*, 22, 26。

96 *SI*, 556; *SDZK*, 33; *PRL*, 240; *SDZK*, 33; 松浦厚編 :『松浦法印征韓日記抄』, 第 11 页。松浦镇信指挥守军。*CNE*, 148。据说史儒和两副将共斩杀了日军十人。关于明军和日军的伤亡，其他的史料记载各约 300 人。李光涛 :《朝鲜“壬辰倭祸”研究》, 第 13–14 页。日军声称当时在平壤驻军约 20000 人。*SI*, 556–557。李元翼则认为日军兵力只有 7000 人。李元翼 :『李相國日記』, 第 648 页。

97 *CPC*, 220; *CBR*, 351; *CXSL*, 42, 44, 56. 祖承训声称，他令五支朝鲜军队前进，只有一队遵命，其他都袖手旁观或四散而逃。于是祖承训在军前鞭笞了一名朝鲜军官，以儆效尤。*CXSL*, 44。

98 *FGYB*, 10–11; *NC*, 7:253, 254. 关于暹罗的卷入，见 *CPC*, 233。似乎暹罗使者在明朝讨论反制日本时已抵达京师，主动提出援助。Wolters, "Ayudhya," 167–169; Wade, "Ming shi-lu as a Source for Thai History" ; and Lee H., "Military Aid"。

99 Miller, "State Versus Society," 236. 朝鲜人对这一宣称愤愤不平。*SMR*, 1:405。

100 *CPC*, 238–239. 明朝后来拒绝了暹罗在日本进攻朝鲜时从海上进攻日本本土的请求。Wolters, "Ayudhya," 168–173。

101 *CPC,* 239. 许多稍晚的朝鲜史料对于万历帝充满了深切的感激。例如见 ibid., 2。

102 *FGYB*, 15–18, 98。关于在海上同日军作战的战略，见郑若曾编 :《筹海图编》12, 第 5a–5b 页。西北地区山西的募兵军饷每月有 6 两白银外加额外口粮。*FGYB*, 77。

103 *FGYB*, 46–50, 59–60, 79–80.

104 Ibid., 93–95.

105 Ibid., 53–55.

106 *CXSL*, 44; *MSG*, 7:25; *GQ*, 4682; *FGYB*, 34.

107 *FGYB*, 28–30, 35–39; *WLDC*, 695–699.

108 *FGYB*, 37–38, 103–105. 关于这些生产要求，见李光涛:《朝鲜"壬辰倭祸"研究》, 第 22 页 ; *FGYB,* 50–51。

109 关于与同时代英格兰的比较，见 Fissell, *English Warfare*, 193–206。

110 *FGYB*, 111–112.

111 Ibid., 123–124, 134–135.

112 *WLDC*, 699. 诏书的一个稍微不同的译本见 Miller, "State Versus Society," 235。

113 *WLDC*, 694; 沈德符 :《万历野获编》, 第 438 页 ; *MS*, 8292; *MSG*, 7:25; *SI,* 566。

114 *CXSL*, 57. 关于明军的后勤之忧，见 *WLDC*, 712。

115 *CPC,* 234–235, 236; 李光涛 :《万历二十三年封日本国王丰臣秀吉考》, 第 5 页。沈惟敬与日军将领的初次见面，以及小西行长的议和条件，见中村德五郎 :「日明媾和破裂之顛末」, 第 960–961 页。

116 *CS*, 1, 38a–39b; 参謀本部編 :『日本戦史 朝鮮役』, 文書篇, 第 180–181 页 ; *CBR*, 359.『日本戦史 朝鮮役』中载有小西写给沈惟敬的书信。

117 *CXSL*, 65, 74; *CS*, 1, 39b; *MSJSBM*, 2375. 小西坦陈，日军遇到补给困难，可能无法抵抗明军的集中进攻。见 *SI,* 567; and *MS*, 8292。根据一种日方史料，有

朝鲜人告诉小西，休战只是让李如松率军抵达的缓兵之计，但小西不相信。*SI*, 568–569。

118 *CPC*, 125.

119 *CBR*, 322.

120 Ibid.; E. Park, *Between Dreams and Reality,* 119–121; *CNE*, 129. 关于王子被俘和加藤清正希望利用他们达成议和，见 *SI*, 558–562。又见松本愛重編 :『豊太閤征韓秘録』, 第 40–43 页 ; 及小瀬甫庵著 :『太閤記』, 第 372 页。

121 『清正高麗陣覚書』, 第 301 页。

122 *CNE*, 130. 关于秀吉诸将努力统治朝鲜，见北島万次 :『秀吉の朝鮮侵略』, 第 29–34 页。

123 *CPC*, 169–170; *SMR*, 1:53.

124 *CNE,* 135; *CPC*, 196–197。关于梨峙之战的详细研究，见崔永禧 :『壬辰倭亂과梨峙大捷』; 最初的捷报见 212–224。早先失败的战斗见 *CMN*, 263–266。

125 *CPC*, 171, 186–187; *NC*, 7:178–179. 高敬命死后得到了封赠。Ibid., 192。关于权栗正在赶来支援该城的谣言，见 *SMR*, 1:51。

126 *CMN*, 284, 298; *SMR*, 1:59–61.

127 毛利的话引自 Park Y., *Admiral Yi*, 110; *CHJ,* 277; *CMN,* 270, 347。关于义兵的活动，见金洪圭編著 :『秀吉 · 耳塚 · 四百年 : 豊臣政権の朝鮮侵略と朝鮮人民の闘い』, 第 12–29 页;及金奉鉉:『秀吉の朝鮮侵略と義兵闘争』, 第 151–169 页。日军试图将战死同伴的尸体移出战场，这样就不会被割掉首级或耳朵。

128 K. Kim, “Resistance, Abduction, and Survival,” 23; *CMN*, 112, 123.

129 *CXSL*, 70–71; *SMR*, 1:103–105. 关于日军据守的坚固阵地，见 ibid., 102–103。关于相反的意见，见 Hawley, *Imjin War*, 292–303。

130 *SI,* 572.

131 *WKSL*, 479, 483, 484.

132 *PRL*, 247; 樊树志 :《万历传》, 第 238 页。万历帝给李如松的指示和任命，见 *FGYB*, 136–137。

133 Sansom, *History of Japan*, 355.

134 *SMR,* 1:90. 关于日军在咸镜道的占领政策和登记征税，见北島万次 :『朝鮮日々記 · 高麗日記 : 秀吉の朝鮮侵略とその歴史的告発』, 第 97–107 页。又见 Park Y., *Admiral Yi*, 121–124. 关于合作者，见郑樑生 :《明代中日关系研究》, 第 580 页。

135 *CNE*, 140–41; *CPC*, 208–209; Turnbull, *Samurai Invasion*, 124–125; *SMR*, 1:41–47, 48. 有谣言说，50000 明军已经从陆路出发，另外还有 100000 人取道海上。关于这些战斗的简述，见 Turnbull, *Samurai Sourcebook*, 245–246。

136 *NC*, 7:265.

137 *CPC*, 210; *NC*, 7:266. 关于金时敏的战术，见 Kang S., "Strategy and Tactics"。金时敏的一座雕像如今伫立在晋州国立博物馆的入口处。

138 *YI*, 259–60; *CNE*, 141–142.

139 *CNE*, 142; *SMR*, 1:107; *NC*, 7:268–269. 关于日方的伤亡估算，见小瀬甫庵著:『太閤記』, 第 400–401 页。这一史料显示进攻一方损失了 15000 人。

140 *CNE*, 137, 138; Turnbull, *Samurai Invasion*, 131.

141 *NC*, 7:283–293.

142 Ibid., 278. 事实上，有学者指出，日军兵力只有 1593 年初的三分之一。例如，见 Sansom, *History of Japan*, 357。

143 *FGYB*, 160–162.

144 *CXSL*, 82; *CPC*, 242.

145 *NC*, 7:319; *SMR*, 1:139; *CXSL*, 85. 这一对李如松的赞颂，又见 Weems, *Hulbert' s History of Korea*, 2:16。

146 *SMR*, 1:129; *FGYB*, 149–150.

147 *FGYB*, 142–145, 157, 160–161, 170.

148 Ibid., 171.

149 Ibid., 174, 180–181, 183–185. 关于明船的图像，见王圻：《三才图会》, 第 1145–1153 页。关于各种型号船只搭载乘员的人数，见 *FGYB*, 183–184。

150 *FGYB*, 177.

151 Ibid., 179, 182, 185.

152 Ibid., 186–187; *SMR*, 1:134.

153 *FGYB*, 191–192, 193, 195; *SMR*, 1:135. 关于戚家军长矛战术的讨论和图示，见戚继光：《纪效新书》, 第 33–40 页。《孙子兵法》中关于不同类型骑兵的运用，见 Sawyer, *Seven Military Classics*, 342。

154 李光涛：《朝鲜"壬辰倭祸"研究》, 第 40–41 页；*CXSL*, 67; Kye, "Indirect Challenge," 429–433。朝鲜史料记载，明军兵力有 48000 人和 6700 匹马。当时的记载估算，如此规模的军队一日要消耗粮食 720 担 (48 吨)、饲料 810 担 (54 吨)。明朝若要维持这支大军二月之久，就要提供 90000 多担 (6000 吨) 补给。*CXSL*, 73–74。

155 *FGYB*, 197, 202–204。关于宋应昌的准备，详见李光涛:《朝鲜"壬辰倭祸"研究》, 第 42–45 页。

156 *FGYB*, 216. 后来的清朝如何解决这一运输问题，见 Dai, "Qing State, Merchants, and the Military Labor."

157 *FGYB*, 209–10, 238. 宋应昌关于战争的全部文字，见 ibid., 232–239。

158 *CPC*, 250; *FGYB*, 249, 268–269. 关于诸将的名单及其麾下兵力，见 *CPC*, 247–251。关于诸将的亲兵人数以及步骑兵的分配，见 *FGYB*, 254–257。又见 ibid., 271–275。

159 装备列表见 *FGYB*, 256–262。

160 *MSJSBM*, 2375.

161 *CPC*, 257.

162 Ibid., 256; *SMR*, 1:131–132.

163 *BOC*, 156. 原文见 *CBR*, 374。

164 *NC*, 7:320–322; *FGYB*, 248, 276.

165 *CNE*, 86; Hawley, *Imjin War*, 302.

第四章　蛇之尾

1 *GQ*, 4690; *CXSL*, 60, 101. 一些史料显示，王问率军 2000 人与吴惟忠一道入朝。《朝鲜王朝实录》提到，钱世桢率军 1000 人，见 *CXSL*, 86。钱世桢的说法又扩大了分歧，说他和另一将领奉命率军 3000 人，受宋应昌节制。*ZDSJ*, 896。一些史料，包括谈迁的《国榷》都认为，明朝其实征调到了期待的兵力。*GQ*, 4691。朝鲜人在 1592 年估计，明军共有 70000 人，其中有 60000 名西兵和 10000 名南兵。*CXSL*,66。日军将领首级的最低奖赏是 5000 两白银，世袭官职，至于丰臣秀吉本人，赏银加倍。*WKSL*, 488; *CPC*, 261。

2 *PRL*, 245; *SI*, 573; 李光涛 :《朝鲜“壬辰倭祸”研究》，第 71 页。

3 *CXSL*, 88–89. 李如松与宣祖喝茶饮酒，坦承了对沈惟敬及议和的蔑视。*CXSL*, 96; 傅启学编 :《中国古代外交史料汇编》，第 1415 页。又见 *MSJSBM*, 2375。

4 *IWSC*, 1:46–50. 明军仅打算驻留 6 个月，见 *YM*, 2–5。

5 *CXSL*, 95; *MTJ*, 2731; *MS*, 6193. 不过，李如松这一粗鲁形象，因为他赞助明朝著名艺术家徐渭（1521—1593）而得到了改善，何况李如松自己也作画。Swope, “A Few Good Men”。关于对沈惟敬的不信任，见 *FGYB*, 328–330。

6 *SI*, 574; *PRL*, 245.

7 *CPC*, 258; *SI*, 576. 此处译文与下书略有不同，见 *BOC*, 157。

8 *CXSL*, 88, 91, 97. 又见 *SI*, 575–576. 需要征调的各级军队的补给量，见 *FGYB*, 251–253。

9 *IWSC*, 1:5–6. 李如松在给弟弟李如柏和李如梅的书信中谈到了他的计划，见 *FGYB*,

289–292。关于下达给军队的指令，见 ibid., 368–369。

10 *CXSL,* 99, 100; *IWSC,* 1:5; 1593 年 1 月 25 日宋应昌给石星的报告，见 *FGYB,* 293–294。

11 关于和议背后的考虑，见 *NYI,* 318–319。又见 *FGYB,* 521。

12 *FGYB,* 421; *SDZK,* 34; *CPC,* 258; *MSJSBM,* 2375; *CXSL,* 101–102. 负责军官因失败被处以死刑，在李如松的干预下改判鞭笞。*FGYB,* 522。

13 *ZDSJ,* 896; *SDZK,* 34; *SI,* 578; *CXSL,* 106; *MS,* 6193.

14 S. D. Kim, "Korean Monk-Soldiers," 92; *FGYB,* 523.

15 *CBR,* 374; *FGYB,* 312, 313; *PRL,* 248; *CXSL,* 106. 明军的武器，见 *WBZ,* 4634–4663。

16 王崇武 :《李如松征东考》，第 345 页 ; *CXSL,* 106–107。钱世桢报告，李如松许诺先登的将士赏给白银万两，世袭军职。*ZDSJ,* 897。晋州国立博物馆投屏展示的战役画面，见國立晉州博物館 :『임진왜란』，第 32–33 页。在这一描述中，李如松从右翼指挥战斗，身穿红甲，手持青旗。

17 *CPC,* 264, 265; *MSJSBM,* 2375.

18 *FGYB,* 524–525; *CPC,* 271; S. D. Kim, "Korean Monk-Soldiers," 95.

19 *ZDSJ,* 897–898; 李光涛 :《朝鲜"壬辰倭祸"研究》，第 77 页 ;*CXSL,* 107。

20 *SI,* 579; *SDZK,* 35; *CPC,* 266.

21 *CPC,* 267; *CXSL,* 107. 一些史料指出，小西行长退入练光亭，见王崇武 :《李如松征东考》，第 346 页 ; 及李光涛 :《朝鲜"壬辰倭祸"研究》，第 77 页。根据一种记载，沿大同江布阵的朝鲜军队，误认为发炮一声是进攻信号，在日军撤退时切断敌人后路。见王崇武 :《李如松征东考》，第 346 页 ; 李光涛 :《朝鲜"壬辰倭祸"研究》，第 77 页 ; 及 Hawley, *Imjin War,* 313。霍利并未阅读任何一种中方的一手史料，就认为中方史料充满了偏见和错误，因此毫无保留地接受了朝鲜一方的记载。李如松则承认，他确实撤退了，但打算次日彻底歼灭倭人。*IWSC,* 1:11。吉野甚五左卫门的记录中的一个日方记载，见 *CNE,* 273–274。部分译文见 Turnbull, *Samurai Invasion,* 141。

22 李元翼 :『李相國日記』，第 649 页 ; *SI,* 581–582. 李镒的失误，见 *CPC,* 268。

23 *IWSC,* 1:78; *SI,* 579. 关于日军畏惧明军火器，见李光涛 :《朝鲜"壬辰倭祸"与李如松之东征》，第 270 页。关于日军阵亡人数，见 *WLDC,* 729; *PRL,* 248; 及 *SDZK,* 35。中国学者杨旸声称，平壤的日军不到十分之一幸存，不过这是个夸大的数字。《明代辽东都司》，第 206 页。城中究竟有多少日军，尚无统一记载，川口长孺估计人数大概在 15000 至 20000 人左右。他提出，联军兵力接近 200000 人，这个数字远远超出其他史料的记载。*SI,* 581–582。另一方面，也可比较诸葛元声的记载，他认为小西行长或有多达 100000 日军来迎战明军。*PRL,* 248。战役和胜利的报告见 *FGYB,* 345–352; and *IWSC,* 1:76–86。

24 *FGYB,* 268, 374, 528; *MSJSBM,* 2375; 王崇武 :《李如松征东考》, 第 343–374 页 ; *CPC,* 267。日方记载又有不同，宣称联军仅斩杀了 60 余名饥饿和重伤的残兵。见 *SI,* 583。宣祖向万历帝报告的数字稍异。李光涛 :《朝鲜“壬辰倭祸”研究》, 第 78–79 页。有关战斗奖励的清单 , 见 *FGYB,* 372–376。

25 *SI,* 586; 小濑甫庵著 :『太閤記』, 第 426 页 ; Turnbull, *Samurai Invasion,* 141–142。小早川隆景据说打算在开城阻挡联军，但这个意见被否定了。*CNE,* 150。

26 *SI,* 584; 郑樑生 :《明代中日关系研究》, 第 599 页 ; *CXSL,* 191。

27 *IWSC,* 1:22–24, 34–35, 111–112, 113; *FGYB,* 322–323. 朝鲜时期发行的货币，见 Palais, *Confucian Statecraft and Korean Institutions,* 904–923。

28 *IWSC,* 1:52–53, 98–99; *FGYB,* 357–358.

29 *IWSC,* 1:32–33, 40, 62–64, 69–70; *FGYB,* 338, 366, 379–380; S. D. Kim, “Korean Monk-Soldiers,” 95–102. 关于后勤的忧虑，见 *NYI,* 361–362。关于西方世界对于后勤能力的一个比较视角，见 Engels, *Alexander the Great,* esp. 18–22. 又见 Lynn, *Feeding Mars*。渐渐地，僧人多装病、逃亡和罢工，逐渐不再被征召服役。

30 *IWSC,* 1:124–125; *CXSL,* 113–114. 一名战俘说，日军希望坚守王京，直到丰臣秀吉派来援军，或者下令撤退。朝鲜情报的状况，见 *IWSC,* 1:108. 由下文给石星的报告可知，宋应昌估计在朝鲜仍有 200000 日军。*FGYB,* 388–389。其他报告则指出总兵力约 100000 人，这个数字或许相当准确。Ibid., 397–398。

31 *ZDSJ,* 898; *SI,* 590; *MSJSBM,* 2375; *FGYB,* 529–530; *CPC,* 270–271。诸葛元声报告的日军死亡人数略高，178 人。*PRL,* 249。

32 *FGYB,* 352–357, 401–404, 443–445; *WKSL,* 490; *CXSL,* 108–109。谈迁指出，万历帝确实命令宣祖返回平壤。*GQ,* 4694。

33 郑樑生 :《明代中日关系研究》, 第 597 页，朝鲜人对火器使用的看法，见 *CXSL,* 256–257。朝鲜人也得出结论，“大炮胜小炮，多炮胜少炮”。Ibid., 15。

34 *FGYB,* 532.

35 *CNE,* 151. 为了替李如松辩解，查大受显然在接到朝鲜人的报告后上报，倭人正在加强王京防御。

36 *CPC,* 275; 王崇武 :《李如松征东考》, 第 348 页 ; Turnbull, *Samurai Sourcebook,* 247; 李光涛 :《朝鲜“壬辰倭祸”研究》, 第 84–86 页 ; *CHJ,* 281。50000 的数字来自张晓生、刘文彦编 :《中国古代战争通览》, 第 803 页。此战的日方记载，见小濑甫庵著 :『太閤記』, 第 428 页。

37 *SDZK,* 36; *PRL,* 250; *MSJSBM,* 2375; *MS,* 6194. 李有升是李如松的同乡，长期在

他麾下效劳。*CPC,* 276。

38 松浦厚编 :『松浦法印征韓日記抄』, 第 12–13 页 ; 小瀬甫庵著 :『太閤記』, 第 429–431 页。松浦家声称因斩杀了 380 人而受赏。死亡数字记载各异。朝鲜史料记载人数以百计，双方各约 500 人至 600 人。见 *CXSL,* 141; 及郑樑生 :《明代中日关系研究》, 第 601 页。明朝史料记载日军撤退时死亡 167 人，中、朝联军俘获了 45 匹马和 91 件武器，死 264 人，伤 49 人，见 *FGYB,* 533–534。桑田忠亲估计联军阵亡 6000 人。*CNE,* 153。

39 *SDZK,* 36; *MTJ,* 2736; *CPC,* 278.

40 例如，见 Turnbull, *Samurai Sourcebook,* 247。下书认为日军在战斗中斩杀了 10000 人，赖山阳 :《增补日本外史》。见王崇武 :《李如松征东考》, 第 347 页。这一数字见 *SI,* 595. 又见 Turnbull, *Samurai,* 214。

41 Kuno, *Japanese Expansion,* 1:164; *MS,* 8358; *WKSL,* 491.

42 *ZDSJ,* 898; *CPC,* 2.

43 朱亚非 :《明代援朝战争和议问题新探》, 第 157–158 页 ; *CPC,* 280–281; *BOC,* 167–168; *FGYB,* 457; *IWSC,* 1:136。明朝预计，当时仅余 16000 匹马。*FGYB,* 556。官员们请求国内运来药品，遏制疾疫在军营中流行。Ibid., 454–455。关于朝鲜的气候变化图，见王崇武 :《李如松征东考》, 第 349 页。当代中国史学家汪向荣认为，李如松在后勤问题上的谨小慎微乃是他在战争中最大的贡献。《中日关系史文献论考》, 第 270–278 页。碧蹄馆之战的各种分析以及明军暂时撤退的原因，详见王崇武 :《李如松征东考》, 第 351–365 页。

44 *ZDSJ,* 895–96; 李光涛:《朝鲜“壬辰倭祸”研究》,第 102 页。这场战争中的骑兵交锋，见 Suh, “Cavalry Engagements”。关于战术上的争议，概见王崇武:《李如松征东考》, 第 363 页。亦见 *MS,* 6194。王崇武尤其指责李如松对国内上级高估了日军武器的效果，因为他只想议和。《李如松征东考》, 第 365 页。

45 李光涛 :《朝鲜“壬辰倭祸”研究》, 第 108 页。李光涛认为南兵“畏法而不畏敌”。Ibid.,112。关于朝鲜人对南兵的赞赏，见 *YM,* 30–31。

46 李光涛 :《朝鲜“壬辰倭祸”研究》, 第 103 页。*CBR,* 390; *CMN,* 174–175; *CXSL,* 172。在朝鲜人当中，骆尚志以勇武和麾下浙兵的红色衣甲而享有盛名，这一装束据说令日军心生恐惧。李光涛 :《朝鲜“壬辰倭祸”与李如松之东征》, 第 290–292 页。

47 李光涛 :《朝鲜“壬辰倭祸”研究》, 第 102–103 页 ; *CBR,* 382, 384; *CXSL,* 172。宋应昌抱怨补给短缺，包括火器在内。*FGYB,* 507。

48 *CPC,* 281; *SMR,* 1:158. 明朝宣称已花费了百万余两白银。*IWSC,* 1:167。

49 *SMR,* 1:158–59.

50 *IWSC,* 1:157, 173–177; *SMR,* 1:159; *FGYB,* 354–355 (来自该年年初)。

51 *FGYB,* 424, 426; *NC,* 7:329–330; *IWSC,* 1:163–164.

52 『清正高麗陣覚書』, 第 302–303 页 ; *CNE,* 271–272。

53 *FGYB,* 471–472。关于这些数据，见 *CNE,* 234–236; 及國立晉州博物館 :『**임진왜란**』, 第 15 页。

54 *SDZK,* 36–37; *PRL,* 251; *MS,* 6194; *FGYB,* 499–500, 512. 霍利怀疑查大受发动袭击的真实性。*Imjin War,* 322–323。

55 *YI,* 278, 280; *YM,* 13.

56 首尔和晋州国立博物馆保存着这种武器的复制品，见下书插图 : Turnbull, *Samurai Invasion,* 149。

57 *SI,* 599–600; *NC,* 7:334; *CPC,* 284–85; *CNE,* 154.

58 *BOC,* 170–71; *NC,* 7:335.

59 *NC,* 7:335; *MSJSBM,* 2376; *GQ,* 4699. 北岛万次估计，焚毁粮仓之前，日军尚余二月之粮。见『秀吉の朝鮮侵略』, 第 55 页。

60 北島万次 :『秀吉の朝鮮侵略』, 第 56 页 ;『清正高麗陣覚書』, 第 306 页。加藤清正自己也承认，补给成问题。Ibid.,309–312。

61 *CPC,* 297, 301. 关于礼仪的奇特争论，见 ibid., 298–299; and *BOC,* 177–178。

62 *FGYB,* 568–569, 594–597; 小瀬甫庵著 :『太閤記』, 第 409–410 页。*CS,* 1, 50b。译文主要依据 W. J. Boot 即将出版的手稿。

63 *SDZK,* 38; *CBR,* 380; *SI,* 613; *CPC,* 289. 不过，这一点在谈话中有提到。人马的尸体当夜就被中、朝联军焚烧以阻止疾疫蔓延。*CBR,* 398–399。

64 *CPC,* 303, 304.

65 *CPC,* 305, 306; *FGYB,* 417, 629. 有朝鲜人怀疑李如松同日军达成了妥协，坐视日军撤退。*CBR,* 383, 400。 但钱世桢报告了小规模交战。*ZDSJ,* 898。柳成龙认为，李如松追击一次便撤退，纵使日军逃脱，此举激怒了宋应昌。

66 *FGYB,* 657; *YM,* 6–7; *SMR,* 1:160.

67 *FGYB,* 667–674, 681, 708–709; *SMR,* 1:162.

68 *CPC,* 285, 296–297; *FGYB,* 637–638.

69 *SMR,* 1:153; *SI,* 604; *CNE,* 88–89. 这些倭城的研究，见太田秀春 :「軍部による文禄・慶長の役の城郭研究」。关于倭城及其防御的一个比较视角，见 Parker, *Military Revolution,* 142–142。关于朝鲜的要塞，见 Cha, “Notable Characteristics of Korean Fortresses” ; and Bacon, “Fortresses of Kyonggido”。

70 日军这些兵力数字和驻守地点来自北島万次 :『朝鮮日々記・高麗日記 : 秀吉の朝鮮侵略とその歴史的告発』, 第 246–248 页。这些信息反映的是 1593 年夏的情形，晋州屠城后有所变化。一支典型驻军各项数据的表格，见 Turnbull, *Samurai Invasion,* 165。他的图表来自 *CNE,* 95。

71 *CNE,* 156; *SI,* 606; *CMN,* 178; *SMR,* 1:188.

72 *SI,* 626, 628, 630; *CPC,* 316.

73 *NC,* 7:347; *CNE,* 158, 159; 小瀬甫庵著 :『太閤記』, 第 402 页。

74 *CNE,* 290; *CPC,* 316; *NC,* 7:354.

75 *NC,* 7:354; *SI,* 631–632; *CXSL,* 281.

76 *CPC,* 317–318; Turnbull, *Samurai Invasion,* 159.

77 *SI,* 632–34; *CBR,* 401; *CMN,* 183. 关于日方对晋州屠城的看法，见北島万次 :『朝鮮日々記 · 高麗日記 : 秀吉の朝鮮侵略とその歴史的告発』, 第 248–252 页。

78 Jung, "Mobilization of Women's Sexuality." 关于论介的故事，见國立晉州博物館 :『임진왜란』, 第 150–155 页。今日观光客可以在晋州拜访论介的祠庙，以及据说她葬身的岩礁。

79 *CPC,* 321; *NC,* 8:4–5; *NC,* 7:351–352; *SMR,* 1:201.

80 Swope, "Deceit, Disguise, and Dependence," 770. 王子回归的具体日期史料记载不一。明朝的记载是 8 月 18 日，但朝鲜的记载则更早一些。见宋应昌的贺信，*FGYB,* 794–795。霍利认为，日军释放王子就是为了促进议和。*Imjin War,* 369。

81 北島万次 :『朝鮮日々記 · 高麗日記 : 秀吉の朝鮮侵略とその歴史的告発』, 第 251 页 ; *NC,* 7:350–351, 351; *MS,* 276; *CNE,* 91。关于他们不信任沈惟敬，见 *CXSL,* 271, 282。

82 *SMR,* 1:190, 192–193.

83 *FGYB,* 733–734, 767, 768, 774. 明军士兵以行军距离和驻留时间而获得额外饷银。关于军饷数额以及战功奖赏，见 ibid., 836–840。

84 Ibid., 797. 关于上述军队的分配及其将领，详见 ibid., 800–801。

85 *SMR,* 1:180, 265–267; *IWSC,* 1:182–184.

86 *CS,* 1, 63a. 据说李如松在归国路上遇到了沈惟敬，并指责他开门揖盗。Ibid., 63b–64a。

87 *NC,* 8:9–10; *FGYB,* 803, 893–896; *YM,* 18–19.

88 *NC,* 8:16–17, 21–22, 24; 李元翼 :『李相國日記』, 第 650 页。

89 *NC,* 8:26–27, 32; *SMR,* 1:267–271.

90 *SMR,* 1:206, 235–236; *IWSC,* 1:209, 212.

91 *CNE,* 95. 关于主要要塞及其守将，见 ibid., 93–94 ; 亦见 Turnbull, *Samurai Invasion,* 164。一 "匁" 等于 3.75 克（以弹丸重量表示口径大小）。

92 Cory, "Father Gregorio des Cespedes," 11.

93 *IWSC,* 1:214–217; 姜沆著，朴鐘鳴訳注 :『看羊録 : 朝鮮儒者の日本抑留記』。关于朝鲜人口和文化传入日本，特别是在 1597—1598 年的第二次入侵期间，见金洪圭編著 :『秀吉 · 耳塚 · 四百年 : 豊臣政権の朝鮮侵略と朝鮮人民の闘い』，第 119–140 页。

94 *FGYB,* 961–64.

95 Ibid., 1008–1011, 1024–1027; *CPC,* 324–325, 348; 汪向荣 :《中日关系史文献论考》，第 282–288 页。

96 *FGYB,* 1083; *CPC,* 324; *SMR,* 1:248. 关于明军赏功的详细名单，见 *FGYB,* 1098–1130。关于向朝鲜平民分配食物的问题，见 *CMN,* 187。

97 *CPC,* 344.

98 Ibid., 352, 353; *IWSC,* 1:318–319.

99 *CPC,* 333–337, 358–359, 368; *IWSC,* 1:320–321.

100 *IWSC,* 1:193–195, 234, 338–339.

101 Ibid., 332, 348–354.

102 Parker, *Military Revolution,* 80. 关于 16 世纪早期欧洲军队面临的后勤困难，见 ibid., 64–81; and Fissel, *English Warfare,* 5–8, 34–40。

103 Parker, *Military Revolution,* 56–58; B. Hall, *Weapons and Warfare in Renaissance Europe,* 228–229.

104 *FGYB,* 1024, 1057.

第五章　困于龙与旭日之间

1 *SI,* 608.

2 关于这些要求，史料中有多个版本，例如，见 Berry, *Hideyoshi,* 214–215; 曹国庆 :《万历皇帝大传》，第 265–266 页 ; 及 *SI,* 607–608。秀吉提出条件的全文翻译见 Kuno, *Japanese Expansion,* 1:327–332。[校者注 : 此处七个条件史料原文太长，英文原文精炼准确，故自英文译出。查作者参考的日本史料与其他英文著作（包括英文著作引用的日本史料），并无条件一中“明国国王”之说。但秀吉自认为明朝要将其封为“明国国王”的说法广为流传（如萩野由之編 :《日本歴史要解 : 中等教育》，東京 : 博文館，1898 年，第 215 页），故中译予以保留。]

3 金应瑞此言见李光涛 :《万历二十三年封日本国王丰臣秀吉考》，第 156 页。关于《朝鲜征伐记》记载的秀吉立场的讨论，见中村德五郎 :「日明媾和破裂之顛末」，第 972–977 页。关于加藤清正行动果断，见 *STS,* 12b。

4 李光涛 :《万历二十三年封日本国王丰臣秀吉考》，第 3 页 ; *STS,* 12a。

5 本段引自李光涛:《万历二十三年封日本国王丰臣秀吉考》，第 13 页。

6 樊树志:《万历传》，第 239 页 ; *DMB,* 731。

7 *CBR,* 393; *SI,* 609–610。关于沈惟敬和小西行长的协议，见 *MSG,*5:26。关于秀吉据说渴望封贡，见 *YM,* 16–17。

8 宋懋澄:《九籥前集》，第 5b 页 ; *WKSL,* 494。

9 王崇武:《李如松征东考》，第 367 页 ; *WKSL,* 496–497.

10 *MTJ,* 2742; 沈惟敬的话引自王崇武:《李如松征东考》，第 373 页。

11 *CNE,* 161; *PRL,* 257; *CPC,* 313. 送给日本人的礼物包括一份明朝地理志，一本大明律法官制书和《武经七书》。*PRL,* 258。

12 小瀬甫庵著:『太閤記』，第 436–438 页。一些史料记载的启程日期早了七天，例如见 *CNE,* 161。明朝派往名护屋的使团以及使团和日本人之间的交流，详见郑樑生:《明代中日关系研究》，第 619–621 页。

13 小瀬甫庵著:『太閤記』，第 437 页，第 448–450 页 ; *SI,* 617。又见郑樑生:《明代中日关系研究》，第 622–623 页。关于过错在朝鲜人之事，见 *IC,* 116–118。关于秀吉的要求，见小瀬甫庵著:『太閤記』，第 448–450 页。

14 小瀬甫庵著:『太閤記』，第 444 页。

15 *MSJSBM,* 2376; *SDZK,* 38。关于明朝对釜山日军久留不撤的忧虑，见 *FGYB,* 765–766。

16 *NC,* 8:35, 51.

17 *MSJSBM,* 2376; *WKSL,* 502; 朱亚非:《明代援朝战争和议问题新探》，第 157 页。

18 李光涛:《万历二十三年封日本国王丰臣秀吉考》，第 67–68 页 ; *CXSL,* 257–265; *CNE,* 162; 王崇武:《刘綎征东考》，第 140 页。一些日方史料记载，沈惟敬和小西行长在 7 月初抵达，这也就意味着晋州屠杀发生时他们已经回到了朝鲜。例如，见 *CNE,* 161。茅瑞征认为，使团在 7 月 18 日返回 ; 鉴于晋州屠杀据说发生在使团停留日本期间，因此茅瑞征的说法有误。见 *CBR,* 400–401; *SDZK,* 40; 及 *ZDSJ,* 899。李如松问及晋州屠杀时，据说两位日将一味叩首不言。*WKSL,* 502。

19 *IC,* 107–108.

20 *CXSL,* 309–15; *MTJ,* 2745; *IC,* 109. 一月 50000 两的数目或许过高，因为另一史料记载，明朝估计供给在朝鲜的 16000 军队一年仅需 100000 两。但这个年度估算或许假定朝鲜会援助部分经费。见 *WLDC,* 789; and *SDZK,* 41。

21 *CBR,* 455. 关于这些军事改革的讨论见 Palais, *Confucian Statecraft and Korean Institutions,* 84–89。又见金洪圭编著:『秀吉 · 耳塚 · 四百年 : 豊臣政権の朝鮮侵略と朝鮮人民の闘い』，第 109–203 页。

22 *IC,* 111, 121.

23 Ibid., 108; 李光涛：《万历二十三年封日本国王丰臣秀吉考》，第 69 页；*NC*, 8:51。

24 *IC*, 108–109; 李光涛：《万历二十三年封日本国王丰臣秀吉考》，第 161–171 页。又见 *SMR*, 2:10–13。

25 秀吉对年幼继承人以及自身遗产的忧虑，笼罩了他的晚年余生。这也是秀吉为何并未亲自赴朝的主要原因，并且肯定影响了他对军政事务的判断。关于丰臣秀吉，见 Berry, *Hideyoshi*, 217–223。

26 *GQ*, 4709; *WKSL*, 500, 504; *MS*, 8293; *GQ*, 4704; 李光涛：《万历二十三年封日本国王丰臣秀吉考》，第 30 页。万历帝相信倭人畏惧明军，或许是基于宋应昌的一份报告。*WKSL*, 500–501; *FGYB*, 878–879。另一种史料怀疑这封书信的真实性。见 *CHJ*, 283。李舜臣所述的明朝使团在日本的相关经历，见 *IC*, 116–118。

27 内藤如安在 1594 年 5 月抵达辽阳。*WKSL*, 518。除了巨大的花费，明朝还担忧，强迫明军留在朝鲜可能引发哗变。关于朝鲜民众遭受的苦难，见 *FGBYB*, 869–871。

28 *SMR*, 1:398.

29 *ZDSJ*, 900; *MS*, 276; *MTJ*, 2745; *GQ*, 4717. 李如松得到朝鲜人的崇奉，并在平壤竖立了他的雕像。明朝给李如松加太子太保，每岁俸禄增加 100 石。宋应昌升任兵部左侍郎。*GQ*, 4718; *MSG*, 5:26。顾养谦赞成撤军和和议，见 *MS*, 6392。

30 *WKSL*, 507. 万历帝书信的原文见 *GQ*, 4711。

31 *GQ*, 4709–11; 樊树志：《万历传》，第 241 页。宋应昌的奏议见 *SI*, 615–616。又见 *MSJSBM*, 2376; *MS*, 8293; 及 *GQ*, 4703。这段话又见引于傅启学编：《中国古代外交史料汇编》，第 1416–1417 页。

32 *SI*, 647–648; *MSJSBM*, 2376; *CXSL*, 348–350。何乔远的传记见 *DMB*, 507–509。明朝和朝鲜朝中分歧的严重，又见李光涛:《万历二十三年封日本国王丰臣秀吉考》，第 77–124 页。

33 *WKSL*, 512; *SI*, 650.

34 李光涛：《朝鲜“壬辰倭祸”研究》，第 140–141 页；*SI*, 648。关于日军抓捕奴隶和其他暴行，见金洪圭編著：『秀吉 · 耳塚 · 四百年：豊臣政権の朝鮮侵略と朝鮮人民の闘い』，第 124–140 页；及金奉鉉：『秀吉の朝鮮侵略と義兵闘争』，第 389–404 页。逃奴是朝鲜人搜集日军营地内部情况的重要来源。例如见 *IC*, 174–179。

35 *GQ*, 4722, 4724; *WKSL*, 515.

36 *WKSL*, 516. 诏书的译文见 Kuno, *Japanese Expansion*, 1:334–335。又见李光涛:《万历二十三年封日本国王丰臣秀吉考》，第 124–128 页。

37 *WKSL*, 519–520; *SI*, 656–657. 一些部队驻扎在鸭绿江畔，万历帝还批准了修筑沿海要塞，联合水陆操练等建议。*WKSL,* 525–526。关于明朝的考虑，见曹国庆：《万历皇帝大传》，第 267 页。

38 *HMJSWB,* 25:245–252。在第二次侵朝期间提交的另一份奏议中，张位质问，若倭人如此急切要通贡，为何仍然继续进犯朝鲜，而这样做肯定无法获得天朝物产。Ibid., 265–266。

39 石星还怀疑倭人，且不愿承担拍板的责任。*SI,* 663。当时官僚机构中的倾轧，详见 *GQ,* 4715–4716; 及 *WLDC,* 738–762。

40 *WKSL,* 528–529; *MHY,* 1135. 朝鲜人是这些努力的热心支持者。*CXSL,* 452–453。

41 *MS,* 8294; *MTJ,* 2753. 蓟镇的防卫支出在明初每年仅 15000 两，此时已经超过每年 130 万两。*WLDC,* 765, 777。

42 *MS,* 8294; *WLDC,* 867–868; *MSJSBM,* 2376.

43 *IWSC,* 2:5–8. 例如，明朝刑部主事郭实上奏，反对恢复朝贡关系。万历帝当即发布上谕，将他褫职为民，并强调任何阻碍恢复封贡并造谣生事之人都是同样下场。樊树志：《万历传》，第 242 页。另见 *WLDC,* 828–829。

44 *SI,* 664; 王崇武：《刘綎征东考》，第 138–139 页。

45 *CBR,* 406; *NC,* 8:49–51, 57.

46 *STS,* 1a, 4a–4b; *NC,* 8:55, 78–85.

47 *STS,* 5b, 6b, 8b.

48 Ibid., 17a–18a, 20a–23a, 25a.

49 Ibid., 27b–28a, 29a–31b.

50 *CPC,* 405–409; 410.

51 Ibid., 411–412.

52 *NC,* 8:66, 67, 71.

53 Ibid., 60, 62.

54 *GQ,* 4726; *MTJ,* 2753–2754; *WLDC,* 919. 据说刘綎贿赂了御史从而因在朝鲜的劳效获赏丰厚。一些官员建议，不应晋升刘綎，但万历帝没有理睬。Ibid., 880。

55 *FGYB,* 1170; *CPC,* 403; 李光涛：《万历二十三年封日本国王丰臣秀吉考》，第 127–128 页；*PRL,* 264; *CBR,* 408–409; *WLDC,* 877。呈交条约文本原定于 1 月 29 日，但被提前了。其他史料显示，封贡决定直到农历二月尚未作出。例如，见 *CPC,* 390。

56 *IWSC,* 2:10–15.

57 Ibid., 17, 22–23.

58 *WKSL,* 534–537; *CS,* 1, 70a–75a; *SI,* 665; *PRL,* 262; *CXSL,* 517; 李光涛：《万历二十三年封日本国王丰臣秀吉考》，第 148–151 页；*FGYB,* 1172。内藤如安在京

师的经历和接受明廷召见，相关描述又见 *MSL,* 5172–5209。日方的看法见北島万次 :『朝鮮日々記 · 高麗日記 : 秀吉の朝鮮侵略とその歴史的告発』，第 273–277 页。

59 李光涛 :《万历二十三年封日本国王丰臣秀吉考》，第 150 页 ; *CS,* 1, 74b。关于天皇的说法是错误的。内藤如安说的是织田信长 1573 年罢黜了足利义昭的将军之位。关于这一点，详见 J. Hall et al., eds., *Japan before Tokugawa,* 155–173。

60 *FGYB,* 1166–1168, 1174–1177.

61 *CPC,* 373–377, 395.

62 *IWSC,* 2:51–55, 68–70, 129, 132.

63 Ibid., 76–82, 142; Hur N., "Politicking or Being Politicked," esp. 329–333. 供给浙兵每月耗费是白银 11381 两外加粮食。

64 *IWSC,* 2:67, 104.

65 Ibid., 98–99, 103; *CPC,* 379. 明朝也给朝鲜人送去物品和补给，以便让他们祭奠战争中的死难者，并在平壤、开城和碧蹄馆建立纪念碑，或许是为了安抚受伤的情绪，也是为了提醒朝鲜盟友已付出的代价。Ibid., 422。

66 *CPC,* 381, 383, 398–399.

67 *FGYB,* 1188–1193; 李光涛 :《朝鲜 "壬辰倭祸" 研究》，第 133 页。

68 译文节引自 Kuno, *Japanese Expansion,* 1:337–339。文件的照片见郑樑生 :《明代中日关系研究》，第 632 页。关于摘录，又见 *GQ,* 4745–4746; 及樊树志 :《万历传》，第 242–244 页。原件现藏大阪城市博物馆。

69 李光涛 :《朝鲜 "壬辰倭祸" 研究》，第 133 页 ; *SI,* 667; *STS,* 39b。

70 *FGYB,* 1182–1183, 1188. 这些物品的图片可见郑樑生 :《明代中日关系研究》，第 632–633 页。又见李光涛 :《万历二十三年封日本国王丰臣秀吉考》，第 128–129 页。

71 *GQ,* 4743; *SMR,* 1:463; *NC,* 8:87.

72 *CPC,* 429–430; *SMR,* 2:43; *CBR,* 409; *SMR,* 1:481, 482; *GQ,* 4756.

73 *SMR,* 1:440–441; 李光涛 :《万历二十三年封日本国王丰臣秀吉考》，第 187 页。使团往来的完整记录见 ibid., 184–190。

74 *CPC,* 435.

75 译文见 Kuno, *Japanese Expansion,* 1:333。

76 北島万次 :『秀吉の朝鮮侵略』，第 66 页 ; Cory, "Father Gregorio des Cespedes," 44。

77 Hawley, *Imjin War,* 392; 北島万次 :『秀吉の朝鮮侵略』，第 66–67 页 ; *SMR,* 1:287–290。

78 *SMR,* 1:521; *CNE,* 166; *IWSC,* 2:196; *WKSL,* 549. 另见 *WLDC,* 932。

79 *IWSC,* 2:259, 260–262.

80 Ibid., 276; *SMR,* 2:85. 秀吉的心理状态和最后衰落，见 Berry, *Hideyoshi,* 226–236。

81 *WKSL,* 557; 何宝善、韩启华、何涤尘 :《明神宗与明定陵》，第 109 页。另见 *GQ,* 4766–4767。

82 *CPC,* 435; *NC,* 8:97; *WKSL,* 558–559; *WLDC,* 953. 又见 *GQ,* 4771; 及 *SI,* 679。故事的这一版本又见 *CHJ,* 284。一些史料记载，李宗诚携带了几名随从。见 *CBR,* 410; 及 *WKSL,* 565。

83 谷应泰认为，这一女子是宗义智的妻子、小西行长之女。*MSJSBM,* 2377。另一史料只是记载李宗城与日本人派来招待的一位女子有不正常关系。*MTJ,* 2764。亦见 *CNE,* 167。李光涛肯定了这一说法，即这一女子是宗义智之妻、小西之女。《万历二十三年封日本国王丰臣秀吉考》，第 219–221 页、第 358–359 页。一些史料记载，此事发生在对马岛，但李宗城后来如何回到朝鲜则不清楚。例如见何宝善、韩启华、何涤尘 :《明神宗与明定陵》，第 110 页。

84 李元翼 :『李相國日記』，第 650 页 ; *PRL,* 275; *WLDC,* 953。

85 何宝善、韩启华、何涤尘 :《明神宗与明定陵》，第 110 页 ; *CPC,* 442–443。

86 *WKSL,* 562–563; *WLDC,* 950–951. 另见 *CPC,* 438 (包括了一首关于此事的诗歌)。

87 *PRL,* 277; *SI,* 679–680.

88 岳元声罗列了三辱四耻五恨五难五危。这些指控见 *WKSL,* 574–576。

89 *MSJSBM,* 2377; *GQ,* 4772; *WKSL,* 574–575. 关于曹学程，见 *MTJ,* 2764; *GQ,* 4772–4774; 及 *MSJSBM,* 2377。

90 *WLDC,* 964–965; *WKSL,* 563–564.

91 *WKSL,* 580, 592; *CPC,* 455. 也是在 7 月 10 日，李宗城下狱。*GQ,* 4780。

92 *SI,* 682; *CPC,* 466, 475. 吴希文认为地震是上天对秀吉所作所为的惩罚。*SMR,* 2:85。

93 *SI,* 683; *WLDC,* 1039; *CPC,* 478.

94 *CPC,* 481–488.

95 这些插曲和书信本身的讨论见 *SI,* 684–687。又见李光涛 :《万历二十三年封日本国王丰臣秀吉考》，第 224 页。

96 *SI,* 689; 李光涛 :《万历二十三年封日本国王丰臣秀吉考》，第 221 页。

97 *SI,* 689–690.

98 Ibid., 690–691; *PRL,* 281.

99 *CBR,* 412; *CPC,* 477–478; *MS,* 8295. 关于日本人如何看封贡典礼，见朝鲜史编修会 :『朝鲜史』第 10 册，第 628–631 页。又见 *CHJ,* 284–285。关于秀吉反应的另一记载，见 *MTJ,* 2769。

100 Berry, *Hideyoshi,* 216–217, 232.

101 李光涛:《万历二十三年封日本国王丰臣秀吉考》, 第 361 页 ; *WKSL,* 596; 朱亚非:《明代援朝战争和议问题新探》, 第 160 页。关于秀吉如何看待向日本派遣使团的重要性, 见李光涛 :《万历二十三年封日本国王丰臣秀吉考》, 第 374–375 页。孙矿相信, 只要朝鲜遣一王子承认秀吉的地位, 战争仍然可以避免。*GQ,* 4785。在解释为何再度入犯的一封日文书信中, 朝鲜拒绝承认秀吉的优越地位被列为最大的过错。*PRL,* 282–283。

102 朱亚非 :《明代援朝战争和议问题新探》, 第 159、160 页 ; *CMN,* 196–197。关于秀吉再度入犯的个人理由, 可见秀吉和弗洛伊斯之间的交谈, 引于 Berry, *Hideyoshi,* 216。

103 *WLDC,* 1041; *GQ,* 4786. 另见 *MSG,* 5:27。

104 *WLDC,* 1042; *MS,* 279, 8295; *SDZK,* 46. 石星当即下狱, 他的家人也流放边地。最后 1599 年农历九月他死于狱中。*MSG,* 5:27; *WLDC,* 1064。邢玠 (1540—1621) 是山东人, 1571 年考中进士。

105 *SI,* 691–692, 693; 黄慎的报告, 见 *NC,* 8:118–119。

106 *CPC,* 507–510, 511.

107 *CBR,* 412–415. 又见下章。

108 *SI,* 702–703.

109 朱亚非 :《明代援朝战争和议问题新探》, 第 161 页。

第六章 重返鬼门关

1 *CNE,* 175; *IWSC,* 2:327–328.

2 *IWSC,* 2:338–339; *NC,* 8:122, 123.

3 *IWSC,* 2:343–344, 45; *WLDC,* 1030. 日军的战斗编制和初抵朝鲜, 见 *CS,* 5, 12b–21a; 及 *CNE,* 170–171。关于秀吉的计划, 见同上。

4 *IWSC,* 2:345–346.

5 *CNE,* 171; *CXSL,* 997; *IWSC,* 2:347–348, 349.

6 全文见 *CXSL,* 998–999。

7 关于入侵目标的个人性质, 例如见 Hawley, *Imjin War,* 441–442。关于入侵是为了占领朝鲜南部各道, 见北島万次 :『秀吉の朝鮮侵略』, 第 74 页 ; 及仲尾宏 :『朝鮮通信使と壬辰倭乱 : 日朝関係史論』, 第 80 页。

8 Hawley, *Imjin War,* 441–442.

9 *IWSC,* 2:359, 362–374, 378–379. 关于清朝的政策，见 Dai, “Qing State, Merchants, and the Military Labor.” 关于欧洲采用这类贸易政策，见 Parker, *Military Revolution,* 80–81。

10 奉命入朝的明军将领的完整名单及各人小传，见 *CPC,* 519–224。关于部署计划，见 *IWSC,*2:423–432。

11 *IWSC,* 3:6, 12–13. 九卿科道会议的完整记载见 ibid., 3–64。

12 *WKSL,* 601; *IWSC,* 3:15, 21.

13 *IWSC,* 3:24–33; *CPC,* 512–518, 519. 关于沈惟敬破坏和议的作用，见荒野泰典:「朝鮮通信使の終末——申維翰「海游録」によせて」。

14 *IWSC,* 3:33–34, 39–40; Miller, “State Versus Society,” chap. 3 (esp. 258–296). 关于宦官矿监活动的叙述，见 *MSJSBM,* 2386–2390。

15 日军的名义指挥官是 15 岁的小早川秀秋，他是丰臣秀吉的侄子，小早川隆景的养子；还有 23 岁的宇喜多秀家，18 岁的毛利秀元，只是他们在战斗和决策中似乎都没有发挥重要作用。关于将虎皮送给秀吉，见『清正高麗陣覚書』，第 321 页。

16 内藤雋輔 :「僧慶念の「朝鮮日々記」について」，第 161 页。关于庆念日记的评析，见 Elison, “Priest Keinen”；及内藤雋輔:「僧慶念の「朝鮮日々記」について」。关于这部著作及其作者，见内藤雋輔 :「僧慶念の「朝鮮日々記」について」，第 155–160 页。

17 *CHJ,* 293; 郑樑生 :《明代中日关系研究》，第 634 页 ; Maske。又见下一章。

18 Turnbull, *Samurai Sourcebook,* 245; Murdoch, *History of Japan Vol. II,* 356–358; *IWSC,* 3:68. 秀吉与诸将之间关于割掉鼻子的通信副本，见北島万次 :『秀吉の朝鮮侵略』，第 82–83 页。关于耳塚的深入研究，见金洪圭編著 :『秀吉 · 耳塚 · 四百年 : 豊臣政権の朝鮮侵略と朝鮮人民の闘い』，第 141–178 页。关于耳塚的历史发展和重要性，见仲尾宏 :『朝鮮通信使と壬辰倭乱 : 日朝関係史論』第三章。

19 *IWSC,* 3:122. 根据刘綎的报告，这意味着倭人入犯明朝的野心并不亚于侵略朝鲜。

20 关于权栗的报告，见 *IWSC,* 3:66。更大的数字见 *PRL,* 288; 及 *SDZK,* 48。第二次入侵动员的日军总兵力与第一次入侵相差无几，141490 人外加预备队。第一批入朝军团的编制见金奉鉉 :『秀吉の朝鮮侵略と義兵闘争』，第 331–332 页。又见 *SI,* 700。第二次援朝之战动员的明军总兵力估计约在 120000 人上下 。见李光涛 :《朝鲜“壬辰倭祸”研究》,第 184–185 页。明朝计划征集 800 万担（533320 吨）军粮。见曹国庆 :《万历皇帝大传》，第 272 页。明朝还为随军医师拨出了特别款项，无疑是为了应对上一场战役中遭受的疾疫。见 *IWSC,* 3:47。又见 *CS,* 5, 22a–23b; 及 *IWSC,* 3:42–43。

21 *IWSC,* 3:87–100; *NC,* 8:127–128.

22 *IWSC,* 3:110–111, 133; *CS,* 5, 9a–10b. 日方的记载见 *CS,* 5, 11a–12a。

23 *NI,* 254; *CXSL,* 1969; *SMR,* 2:136–137; *CPC,* 531. 柳成龙支持李舜臣，其他官员则憎恶李舜臣，指责他私下吹嘘战功，有时还怯战。李光涛 :《朝鲜“壬辰倭祸”研究》,第 187–188 页 ; *NC,* 8:120–124; *CXSL,* 906。关于李舜臣和元均之间的龃龉，见 Niderost, “Yi Sun Sin and Won Kyun”。李舜臣获准上任途中前往牙山为母举哀。*CPC,* 531。

24 *PRL,* 295.

25 *CS,* 6; 李光涛 :《明人援韩与稷山大捷》，第 1–3 页。关于对明朝吞并朝鲜的忧虑，见 *SMR,* 2:195; 及 *CXSL,* 947–950。

26 *IWSC,* 3:114–116; *SI,* 699–700; *PRL,* 300.

27 *CPC,* 524; *SDZK,* 48. 邢玠几乎在同时抵达辽东，是否和麻贵同行尚不清楚。一些史料认为，邢玠直到秋天才抵达王京，从他发布的关于朝鲜事务的命令的数量看，这一点尚存疑。见 *MSJSBM,* 2377; 及 *SI,* 733。

28 *NC,* 8:133; *CPC,* 527. 刘綎夸口说他要手擒小西行长。*SI,* 704。

29 *PRL,* 303.

30 *IWSC,* 3:151, 163. 杨镐和其他明朝官员也屡屡敦促朝鲜采用货币经济、大开矿藏，不过未见成效。Palais, *Confucian Statecraft and Korean Institutions,* 857。

31 *IWSC,* 3:171.

32 *SI,* 704; *NC,* 8:137; *MSJSBM,* 2377; *CPC,* 538–539; *IWSC,* 3:222–224; *SDZK,* 52; *PRL,* 309–310. 关于沈惟敬何时何地被捕，史料说法不一。有史料记载，沈惟敬返回明朝后才被捕，其他史料记载他协助了日军一段时间后才被捕。夏燮说，沈惟敬率 200 人前往釜山，但是被杨元抓住，后送到麻贵营中。*MTJ,* 2774。谷应泰说，杨方亨上章弹劾后，万历帝下令逮捕石星和沈惟敬二人并下狱审讯。*MSJSBM,* 2377。不论如何，大部分史料都认为石星在 1597 年 3 月被捕，沈惟敬和石星都在 1597 年农历九月被判处死刑。*MTJ,* 2778。石星一家被永远流放到烟瘴地面。*WLDC,* 1064。沈惟敬的妻小在他被处决后沦为奴隶。沈德符 :《万历野获编》，第 440–441 页。

33 *CPC,* 532–533.

34 *NC,* 8:135; *CPC,* 532–533.

35 *NC,* 8:136–137; *IWSC,* 3:181–183; *CPC,* 537; *CXSL,* 1044; *CNE,* 304; *NI,* 295–296. 加藤清正的行动见 *SI,* 710–713。又见 E. Park, *Between Dreams and Reality,* 195–200。元均的遭遇，史料记载稍有不同，其中记载说元均在海战过后打算上陆时被杀。见李光涛 :《朝鲜“壬辰倭祸”研究》，第 195–196 页 ; 及 E. Park, *Between Dreams and Reality,* 195–200。一些日本史料显示，双方鏖战的时间是日

暮而非清晨，例如见 *CNE,* 304。日军的胜利详见 *CXSL,* 1020–1022。

36 *SI,* 714; *IWSC,* 3:217. 日军接近南原之时，另一支大部队也向庆州和大丘进发。关于日军的挺进，见北島万次 :『豊臣秀吉の朝鮮侵略』, 第 190–191 页。

37 *CPC,* 528; *NC,* 8:140.

38 *CPC,* 547–548. 关于南原周边日军的部署态势，见北島万次 :『豊臣秀吉の朝鮮侵略』, 第 192 页。

39 *NC,* 8:145.

40 *CXSL,* 1062; *SI,* 719.

41 *NC,* 8:143; 李光涛 :《朝鲜“壬辰倭祸”研究》, 第 207 页。

42 *NC,* 8:144; 松浦厚编 :『松浦法印征韓日記抄』, 第 15–16 页。松浦党号称斩杀了敌军军官 27 人、士兵 121 人。

43 *CBR,* 424–425, 426; *CPC,* 547; *PRL,* 315; *SI,* 721. 又见 *SDZK,* 52; and Turnbull, *Samurai Sourcebook,* 248–249。谷应泰记载，杨元听到日军来袭的消息的时候翻身而起，落荒而逃。*MSJSBM,* 2377。有人怀疑，日军有意纵容杨元逃走，以便将洗劫南原的消息带到北边，进一步散播恐惧。

44 松浦厚编 :『松浦法印征韓日記抄』, 第 16 页 ; *SI,* 721–722; *PRL,* 316; 慶念 :『朝鮮日々記を読む : 真宗僧が見た秀吉の朝鮮侵略』, 第 17–18 页 ; 山本正誼 :『島津国史』第 21 册，第 5a 页 ; 内藤雋輔 :「僧慶念の「朝鮮日々記」について」, 第 165 页。关于南原之战的日方编年记载，见 Turnbull, *Samurai Invasion,* 192–194。万历帝随后下令处决杨元。*CS,* 6, 15a–19a。

45 *CXSL,* 1040; *NC,* 8:148. 朝鲜人关于日军挺进和南原大败后果的担忧，见 *CXSL,* 1044–1046。

46 *CXSL,* 1049; *IWSC,* 3:247–50.

47 *PRL,* 327; *SI,* 723; *MS,* 8296; *SDZK,* 52; *MSJSBM,* 2377; *IWSC,* 3:272–274. 类似言论被认为出自杨镐之口，见 *CNE,* 179。这一言论似乎有些令人迷惑，因为在下一年中，邢玠通常立场严厉，还屡次拒绝听取日方的请求。《明史》记载，邢玠和朝鲜人暗中继续谈判，表面上备战。*MS,* 8296–8297。

48 *IWSC,* 3:289–291, 303–306 (邢玠奏议)。关于全罗道的惨状，见柳思敬 :『六有堂日記』。这部日记未标页码。

49 奏议原文见 *HMJSWB,* 25:254–265。

50 Ibid., 259; *WKSL,* 620; *MS,* 6405. 陈璘受命之际尚在山海关操练。

51 例如，英军就偏好将锡克人这样的“尚武民族”编入皇家陆军。

52 *HMJSWB,* 25:265; *WKSL,* 610; *WLDC,* 1063.

53 *WKSL,* 612; 李光涛 :《朝鲜“壬辰倭祸”研究》, 第 161 页。一些朝鲜官员确实逃离了王京。*SMR,* 2:225。据说一部分人在杨镐抵达后又返回了王京。

54 *CXSL,* 953–958.

55 *CPC,* 542–543; *CNE,* 191.

56 *NC,* 8:148–149; *IWSC,* 3:404–410.

57 据说，杨镐抵达王京时得到宣祖亲自迎接。杨镐为未能阻挡日军而致歉，宣祖回答，此非将军之过。*CXSL,* 1062。不过，第二年，杨镐就是在王京正南门外因兵败而被处死的。*CXSL,* 1371。

58 *CPC,* 550–551; *NC,* 8:150–151. 又见张晓生、刘文彦编：《中国古代战争通览》，第804页；及李光涛：《明人援韩与稷山大捷》，第5–6页。李光涛依据的是朝鲜史料。

59 *NC,* 8:151; *CNE,* 306.

60 *SI,* 725; *CXSL,* 1071,1091.

61 *SDZK,* 53.

62 李光涛：《明人援韩与稷山大捷》，第9–11页；*CNE,* 194; *SI,* 727–729。一份朝鲜人的报告估计日军有173人阵亡。*IWSC,* 3:355。此战的日方记载，见 *CS,* 7, 11a–12a。

63 何宝善、韩启华、何涤尘：《明神宗与明定陵》，第114页；张晓生、刘文彦编：《中国古代战争通览》，第804页。

64 *MSG,* 5:28; Park Y., *Admiral Yi,* 207. 川口长孺认为，当解生抵达王京，带来"稷山大捷的错误消息"，都城的民众汹汹不安。但城中的军队相信解生，士气大振。*SI,* 729。何宝善及其合著者认为，沈惟敬当时与倭人狼狈为奸，亲自将此信交给了小西行长。沈惟敬不久才被明朝抓获并强迫他欺骗倭人。《明神宗与明定陵》，第114页。另外一种记载说是沈惟敬写了这封书信。见 *MTJ,* 2778; 及 *MSJSBM,* 2377。诸葛元声也认为沈惟敬与倭人沆瀣一气，指责沈惟敬向倭人泄露联军的计划和部署，后来才被杨元抓获。在搜查他的住所时发现了倭刀、制服和其他物品。*PRL,* 310–311。

65 何宝善、韩启华、何涤尘：《明神宗与明定陵》，第113页；*CPC,* 552; *SMR,* 2:232–233。诸葛元声认为，稷山之战挫败了倭人的锐气，从而拯救了王京，甚至伤亡亦不甚大，且明军尚未全力以赴。*PRL,* 334。

66 Park Y., *Admiral Yi,* 202; *CPC,* 546; *IWSC,* 3:190–191; 李光涛：《明人援韩与稷山大捷》，第12–13页。重新启用李舜臣，见 Park Y., *Admiral Yi,* 200–204。

67 Park Y., *Admiral Yi,* 213. 李舜臣对鸣梁海战的记述，见 *NI,* 314–315。朝鲜史料认为，此战李舜臣麾下仅有12艘船，这显然是一种传奇说法。例如，见 *CBR,* 427。其他朝鲜史料认为双方兵力大抵相当。例如见李光涛：《明人援韩与稷山大捷》，第13页。关于"鸣梁奇迹"见 Park Y., *Admiral Yi,* 211–214; and *IWSC,* 4:33–35。

68 *IWSC,* 3:412–431, 4:3–5.

69 李光涛 :《明人援韩与稷山大捷》, 第 5 页(出自《明实录》万历二十五年三月); *SI,* 725。杨镐的传记见 *MS,* 6685–6688。关于朝鲜人对杨镐的看法，见 Ledyard, "Confucianism and War," 86–91, 112–113。

70 *IWSC,* 4:43, 46. 奏议全文见 ibid., 39–50。

71 Ibid., 22–23; *SMR,* 2:249.

72 *IWSC,* 3:396–397, 4:51–52, 55.

73 *CS,* 7, 15a–16a; *NC,* 8:153. 关于朝鲜人经历的苦难，见慶念 :『朝鮮日々記を読む : 真宗僧が見た秀吉の朝鮮侵略』, 第 43–49 页。另见北島万次 :『秀吉の朝鮮侵略』, 第 89–90 页。

74 *NC,* 8:167, 172; *WKSL,* 622–623.

75 *IWSC,* 4:60–63, 80–81.

76 Turnbull, *Samurai,* 220.

77 *IWSC,* 4:84, 98, 143, 145–148; *PRL,* 344.

78 *PRL,* 335–337; *IWSC,* 4:129. 关于义兵在第二次日本入侵中的作战效能，见金奉鉉 :『秀吉の朝鮮侵略と義兵闘争』, 第 401–428 页。

79 *CPC,* 557–558. 关于进军前的祭典，见 *CXSL,* 1134。

80 李光涛 :《明人援韩与杨镐蔚山之役》, 第 545 页 ; *CNE,* 310; *SI,* 736; *MSJSBM,* 2377; *CPC,* 558–559。在一些记载中，明军声称这次伏击斩杀敌军近 3000 人。

81 *CNE,* 171, 308; 慶念 :『朝鮮日々記を読む : 真宗僧が見た秀吉の朝鮮侵略』, 第 69–73 页 ; Elison, "Priest Keinen," 34–37。另见小瀬甫庵著 :『太閤記』, 第 418 页。前书认为中、朝联军有 500000 人。

82 *MSJSBM,* 2378; *CNE,* 311; Turnbull, *Samurai Invasion,* 210; 小瀬甫庵著 :『太閤記』, 第 418 页 ; *SI,* 739。

83 小瀬甫庵著 :『太閤記』, 第 418 页 ; *CS,* 8, 7a–10a, 10b–16b; *SDZK,* 54; *CXSL,* 1162; *CNE,* 313。

84 *CXSL,* 1163–1164; *CPC,* 560–561; *CS,* 8, 13b–15a.

85 李光涛 :《明人援韩与杨镐蔚山之役》, 第 553 页 ; *CPC,* 561; *CXSL,* 1165。

86 *CXSL,* 1167–1168; *SI,* 744.

87 李光涛 :《明人援韩与杨镐蔚山之役》, 第 547 页 ; *CXSL,* 1972; *CPC,* 567。

88 李德馨认为，此战有 800 人被杀，伤 3000 余人，其中有 1000 人后来因伤而殁。丁应泰报告，死 4800 人，以及死伤 6000 人。由此可认为死 4800 人，伤 1200 人，或者死 4800 人亡，伤 6000 人，其中一些人后来死亡。Ledyard, "Confucianism and War," 93; *CXSL,* 1420。申炅记载的数字是死 1400 人，伤 3000 人，*CPC,*

569。不过，其他史料记载的伤亡仅 3700 人。*CXSL,* 1170–1171。《太阁记》一贯浮夸，给出的数字是死 60000 人至 70000 人，认为这再度证明日本勇士的优越及其神眷。小瀬甫庵著 :『太閤記』，第 421 页。另一种记载这次围城的日本史料见 *CS,* 8, 1a–21a。

89 *CS,* 8, 17a–18a; *CXSL,* 1172. 殿后的将领，一说是卢继忠，或许有误。*MSJSBM,* 2378。其他史料认为殿后的是吴惟忠和茅国器。*MTJ,* 2780; *MS,* 6686。也有史料认为是李芳春。例如见李光涛 :《丁应泰与杨镐——朝鲜壬辰倭祸论丛之一》，第 159 页。又见 *SMR,* 2:267。

90 *CXSL,* 1165, 1167; *CPC,* 561; 李光涛 :《明人援韩与杨镐蔚山之役》，第 554 页 ; *SI,* 740。

91 *WKSL,* 630; *CXSL,* 1197. 邢玠的报告在 1598 年 3 月 11 日送到万历帝手中。Ledyard, "Confucianism and War," 86。

92 *CXSL,* 1203. 这些交谈见 ibid., 1216–1218。

93 *WKSL,* 632.

94 *MS,* 8297; *WKSL,* 626; *GQ,* 4805. 丁应泰的报告在 1598 年 7 月 6 日呈交。Ledyard, "Confucianism and War," 87。据说，就在陈寅部下就要突破日军时，杨镐出手制止，因为他希望李如梅得头功。*MTJ,* 2780。

95 Ledyard, "Confucianism and War," 90–91; *CXSL,* 1332; *SMR,* 2:274.

96 *MS,* 8298. 从明代政治史角度对杨镐及蔚山之围所作的稍详细讨论见 Swope, "War and Remembrance."

97 *CXSL,* 1221; 李光涛 :《丁应泰与杨镐——朝鲜壬辰倭祸论丛之一》，第 139 页 ; Ledyard, "Confucianism and War," 87。丁应泰对他们的弹劾见 *CXSL,* 1286。

98 Ledyard, "Confucianism and War," 89; 李光涛 :《丁应泰与杨镐——朝鲜壬辰倭祸论丛之一》，第 141 页。原文见 *CXSL,* 1292–1293。

99 Ledyard, "Confucianism and War," 89; 李光涛 :《丁应泰与杨镐——朝鲜壬辰倭祸论丛之一》，第 143 页 ; *IWSC,* 4:176–182。廷议的原文见 *CXSL,* 1293–1296。

100 引自李光涛 :《丁应泰与杨镐——朝鲜壬辰倭祸论丛之一》，第 150–151 页（节录自《神宗实录》卷 323），第 155–156 页。又见 *WLDC,* 1135–1137。

101 Ledyard, "Confucianism and War," 90, 91; *CXSL,* 1330.

102 Ledyard, "Confucianism and War," 93; *CXSL,* 1343–1345。丁应泰指责朝鲜人的奏章，译文及讨论见 *CXSL,* 1351–1353; 及 Ledyard, "Confucianism and War," 95。

103 Ledyard, "Confucianism and War," 104. 这份奏议在 1598 年 10 月 26 日交给了宣祖。*CXSL,* 1363。

104 Ledyard, "Confucianism and War," 109; *CXSL,* 1393, 1429.

105 李光涛 :《明人援韩与杨镐蔚山之役》, 第 555–558 页 ; *CXSL,* 1174–1176, 1198; *MTJ,* 2781–2782; *IWSC,* 4:214–228。关于李如松之死及其墓志铭，见 *GQ,* 4810–4811。

106 *CBR,* 429; *IC,* 234. 朝鲜人认为，陈璘生性孤傲，但折服于李舜臣的忠义。*IC,* 232–233。朝鲜史料与中方史料完全相反，后者将李舜臣视为陈璘的副将。虽然这或许不是实情，陈璘的地位肯定要比朝鲜人宣称的重要，这无非是因为明军水师的规模大于朝鲜水军。朴允熙指责陈璘自负而强横，*Admiral Yi,* 229。

107 *SI,* 749. 引文引自《日本外史》及李光涛 :《明清档案论文集》, 第 828 页。

108 李光涛 :《明清档案论文集》, 第 828、831 页 ; *CXSL,* 18。秀吉与诸将的议论，一种记载见『清正高麗陣覚書』, 第 327–328 页。日军诸将希望撤军以及他们对秀吉的劝谏，见 Park Y., *Admiral Yi,* 227–228。

109 秀吉的撤军决定，见 *CNE,* 174。传统的解释见北島万次 :『秀吉の朝鮮侵略』, 第 92–94 页。北岛万次还记载了一个故事，提到如果朝鲜人愿意送来蜜、药、虎皮并致歉，日本人便愿意媾和。秀吉之死拯救了联军的说法，例如见 *MS,* 8358。《明史》中有一句话提到，“自倭乱朝鲜七载，丧师数十万，糜饷数百万，中朝与属国迄无胜算，至关白死而祸始息”。这段话显然令日本的民族主义学者久野义三郎十分受用。见 *Japanese Expansion,* 1:340–341。

110 Yi C., "Korean Envoys and Japan," 26; *CNE,* 174–175.

111 Stramigioli, "Hideyoshi's Expansionist Policy," 100.

112 Kuno, *Japanese Expansion,* 1:174.

113 *MTJ,* 2787. 这是个错误。秀吉的传记作者认为，他在 1598 年 9 月 18 日死于伏见城。Berry, *Hideyoshi,* 235。该日期也可见 *SI,* 753。又见 *CS,* 9, 13b。

114 李光涛 :《明清档案论文集》, 第 831 页 ; *CNE,* 174; Berry, *Hideyoshi,* 234–235; *CPC,* 583; *IWSC,* 4:170–172; *SMR,* 2:293–303; *NC,* 8:186–188。差不多同一时间，杨元被处决，首级悬挂在王京城墙上示众。*NC,* 8:200.

115 *CNE,* 202.

116 *SMR,* 2:293–296, 317, 319–320; *NC,* 8:185.

117 *NC,* 8:197–198; *IWSC,* 4:315–321. 兵力和将领的完整名单，见 *NC,* 8:183; 及 *IWSC,* 4:198–214。但兵力 142700 人的估计偏高。关于运输军事补给的交流，见 *IWSC,* 4:249–282。

118 *MS,* 6201; *SMR,* 2:341–342; *CS,* 9, 25b. 尽管有私人恩怨，加藤清正仍同意帮助小西行长归国，二人作为武士的共同纽带超越了其他考虑。『清正高麗陣覚書』, 第 330 页。

119 李光涛 :《朝鲜“壬辰倭祸”研究》, 第 260 页 ; 山本正誼 :『島津国史』第 21 卷, 第 5b–6a 页。有些日方记载宣称, 围攻泗川城的军队多达 200000 人, 这大概是当时在朝鲜的中、朝联军的总兵力。见 *CNE,* 316; 及 *CPC,* 603。所提到的日本艺术品, 图见 Turnbull, *Samurai Sourcebook,* 250。但该书作者又将联军的兵力数字增至 36000 人, 或是为了证实岛津家军功记中宣称此战斩获 33700 只鼻子的说法。

120 *PRL,* 366; *CPC,* 626, 627; 李炯錫 :『壬辰戰亂史』, 第 1560 页。

121 李炯錫 :『壬辰戰亂史』, 第 1561 页 ; *NC,* 8:198; *CS,* 9, 8a–8b; *CNE,* 316.

122 李炯錫 :『壬辰戰亂史』, 第 1560 页。

123 李光涛 :《朝鲜“壬辰倭祸”研究》, 第 261 页。

124 *NC,* 8:203; Turnbull, *Samurai Invasion,* 220; *MSJSBM,* 2378。关于彭信古偶然引爆了日军的火药桶, 例如见 *SDZK,* 57; 及 *PRL,* 371。董一元的传记记载, 日军是有意引爆。*MS,* 6214。朝鲜的记载也指责茅国器的部下, 见 *CXSL,* 1375–1376。日方的记载见 *SI,* 757–760。

125 *MSJSBM,* 2378; *CS,* 9, 11b–12a; 山本正誼 :『島津国史』第 21 卷, 第 8b–12a 页 ; *SI,* 760; *PRL,* 372。日军救回了 12000 担 (800 吨) 粮草。李炯錫 :『壬辰戰亂史』, 第 1560 页 ; *NC,* 8:203。董一元受罚, 连降三级。*SDZK,* 57。

126 李光涛 :《朝鲜“壬辰倭祸”研究》, 第 262 页 ; *PRL,* 381。

127 *NC,* 8:194; *MSJSBM,* 2378; *SI,* 752. 巨济岛一战后, 陈璘赞扬李舜臣说 :“可谓王之屏翰 ! ”

128 *CBR,* 437–438; *CS,* 9, 26b–27a; Park Y., *Admiral Yi,* 237; *IWSC,* 4:343; *NC,* 8:203; 松浦厚編 :『松浦法印征韓日記抄』, 第 20–21 页。朴允熙复述了如下故事, 陈璘接受了小西行长的贿赂, 但李舜臣说服陈璘反悔了。Park Y., *Admiral Yi,* 237–240。川口长孺认为, 刘綎与小西行长签署了十日休战的协定, 小西答应日军平静撤兵。*SI,* 763。

129 *CPC,* 627; *NC,* 8:205–206.

130 *SDZK,* 56; *IWSC,* 4:352; *DMB,* 171; *NC,* 8:207; *CPC,* 627, 630; 李光涛 :《朝鲜“壬辰倭祸”研究》, 第 266–274 页。

131 *CPC,* 635; *NC,* 8:208–209; *NI,* 342–343. 有趣的是, 尽管李舜臣报告倭人派遣了多个携带礼物的使团来求见陈璘, 他从未暗示陈璘为之所动。

132 *MS,* 6412.

133 *CPC,* 641, 642; *IC,* 239–241; *BOC,* 227–228.

134 *MS,* 6405; *CBR,* 434–435; 李光涛 :《明人援韩与陈璘建功》, 第 6 页 ; *SI,* 769; *NC,* 8:210; *CXSL,* 1454–1455.

135 王崇武:《刘綎征东考》, 第 143 页; *CXSL,* 1373, 1394, 1414–1415。也见 *MSJSBM,* 2378; and *CPC,* 638。关于此战的日方记载和日军脱逃,见松浦厚編:『松浦法印征韓日記抄』, 第 22–24 页。

136 *PRL,* 393–94; 傅仲侠等编:《中国军事史(附卷:历代战争年表)》, 第 405 页; Kuno, *Japanese Expansion,* 1:173。

137 *MSJSBM,* 2378; *MTJ,* 2794. 谷应泰对这些举措十分不满，认为是忠臣受罚而奸邪受赏。*MSJSBM,* 2379; *MTJ,* 2795。谈迁同意大学士沈一贯的看法，沈一贯当时认为，既然倭贼已退，便不必进行旷费时日的调查。*GQ,* 4829–4830。

138 李光涛:《明人援韩与陈璘建功》, 第 7 页。

139 晚明水师装备了一系列壮观的战船，描述见 *WBZ,* 4762–4821。又见 Needham et al., *Science and Civilisation,* vol. 5, pt. 7, 408–429。郑樑生发现，获利丰厚的海外贸易使明朝获得了顺利进行三大征的必要经费。《明代中日关系研究》, 第 640 页。

140 *IWSC,* 4:361–362, 365–381.

第七章　余波与回响

1 久芳崇:「16 世紀末、日本式鉄砲の明朝への伝播——万曆朝鮮の役から播州楊応龍の乱へ」, 第 33–37 页，第 47 页; *SDZK,* 59。

2 *IWSC,* 4:404–406, 410–412; *CPC,* 645–646. 万历帝的朝鲜功赏诏书，发布于 1599 年农历九月。封赏诸人的详情，见 ibid., 705–710。

3 *CPC,* 647; *IWSC,* 4:425–432. 宣祖书信全文见 ibid., 413–423。

4 Ledyard, “Confucianism and War,” 82; Mason, 131–132. 为万历帝和援朝诸将而制作的图志(包括一幅地图)、其他纪念碑和祭祀活动，详见李光涛:《明清档案论文集》, 第 835–848 页。郑海成是一位极为保守的儒学者，他的立场不能代表韩国的主流看法。现代韩国人显然更愿意纪念李舜臣的壮举而忽略其余。

5 *WKSL,* 654; *MSJSBM,* 2378; *CPC,* 710. 共计 2248 名日本人在入侵期间被俘。又见 *CPC,* 694–695。

6 *CPC,* 658, 685–686; *MS,* 281. 诸葛元声估计，朝鲜的战事耗费了白银 800 万两。*PRL,* 383。李光涛估计为 883 万两，茅瑞征估计为 1000 万两，其中 400 万两由朝鲜承担。李光涛:《明清档案论文集》, 第 827 页; *SDZK,* 59–60。

7 *IWSC,* 4:432–436, 441; *MS,* 8299; *WKSL,* 667–668, 669; *CPC,* 713. 明朝通告的原文，见 *WKSL,* 664–665。另见曹国庆:《万历皇帝大传》, 第 274–276 页。及 *WKSL,* 652。后来，宣祖请求加拨水军 8000 人协助巡海。*WKSL,* 654–656。一种

朝鲜史料记载，留朝明军有 15000 人。*CPC,* 646。宣祖令户曹判书负责为明军提供补给。有人认为,应由明朝承担这些养兵开支。*IWSC,* 4:455–459。万历帝致信宣祖，赞扬了朝鲜在边防和备战方面的改进。

8 *CPC,* 683–685; *IWSC,* 4:443–451; *SMR,* 2:405–406.

9 姜沆著，朴鐘鳴訳注 :『看羊録 : 朝鮮儒者の日本抑留記』; Hawley, *Imjin War,* 496–99; Kim Ha-tai, "Transmission of Neo-Confucianism," 85, 86–92; E. Kang, *Diplomacy and Ideology,* 108。Elison 估计，约有朝鲜俘虏 50000 人至 60000 人被掠往日本 "Inseparable Trinity," 293。又见 Hawley, *Imjin War,* 564。

10 Kim Ha-tai, "Transmission of Neo-Confucianism," 93–96; E. Kang, *Diplomacy and Ideology,* 114.

11 中村栄孝 :「朝鮮軍の捕虜になった福田勘介の供述 : 朝鮮人俘虜の日本農村耕作など」, 第 324–326 页 ; Maske, "Origins of Takatori Ware" ; Turnbull, *Samurai Invasion,* 231; Hawley, *Imjin War,* 499。被掠往日本的朝鲜人，又见内藤雋輔 :「壬辰 · 丁酉役における被擄朝鮮人の刷還問題について——朝鮮史料による」; 及 Yonetani, "Repatriation of Korean Captives"。

12 Hawley, *Imjin War,* 564; 郑樑生:《明代中日关系研究》,第 638–640 页 ; *SMR,* 2:374, 447。

13 战后的改革努力，见下书的精彩分析 : Palais, *Confucian Statecraft and Korean Institutions*。关于军事方面，见 E. Park, *Between Dreams and Reality*。

14 *SMR,* 2:405, 461; *CPC,* 717; *NC,* 8:302, 311. 资源和基础设施匮乏的问题，讨论见 Palais, *Confucian Statecraft and Korean Institutions,* 92–114。有人认为，海上失事的荷兰船员也有助于近代火器在朝鲜的传播，不过其实际影响难以评价，更可能属于壬辰战后的发展。例如见申東珪 :「オランダ人漂流民と朝鮮の西洋式兵器の開発」。

15 *NC,* 8:217. 秀吉死后外交关系的正常化，详细讨论见 Toby, *State and Diplomacy,* 23–52。又见 E. Kang, *Diplomacy and Ideology,* 136–166; 及李啓煌 :「慶長の役後の国際関係——講和交渉における日本 · 朝鮮 · 明の動向」。关于对马岛，见 *CMN,* 215–216。

16 *NC,* 8:226–233; Kobata and Matsuda, *Ryukyuan Relations,* 31.

17 *CPC,* 723; 北島万次 :『秀吉の朝鮮侵略』, 第 99 页 ; Kuno, *Japanese Expansion,* 2:274; *NC,* 8:266–298, 307–312; *STS,* 57b–63b。关于遣返朝鲜人回国的完整讨论，见内藤雋輔 :『文禄 · 慶長役における被擄人の研究』。一些朝鲜人逃离日本来到中国，从中国被送回朝鲜。*NC,* 8:219。

18 北島万次 :『秀吉の朝鮮侵略』, 第 100 页 ; Toby, *State and Diplomacy,* 30–31;

Yamagata, "Japanese-Korean Relations," 5–7; E. Kang, *Diplomacy and Ideology,* 146; *NC,* 8:405。这些会谈使用的晦涩语言和最终达成的协议，详见 Kuno, *Japanese Expansion,* 2:281–282。关于景辙玄苏在会谈中的作用，又见 *STS,* 54b–65a。

19 Toby, *State and Diplomacy,* 39–41; Kang E., *Diplomacy and Ideology,* 118–125; J. Lewis, *Frontier Contact,* 10, 27; *CHJ,* 299; Ryang, "Korean-Japanese Relations," 442–444; Yi C., "Korean Envoys and Japan," 31. 关于"倭馆"的演变，见 J. Lewis, *Frontier Contact*。

20 Toby, *State and Diplomacy,* 45–52; Toby, "Contesting the Centre," 359.

21 Toby, "Contesting the Centre," 349.

22 Haboush and Deuchler, *Culture and the State in Late Choson Korea,* 50–51, 69; Haboush, "Dead Bodies in the Postwar Discourse."

23 北島万次 :『秀吉の朝鮮侵略』, 第 1 页 ; 太田秀春 :「軍部による文禄 · 慶長の役の城郭研究」, 第 35–39 页，第 40 页。关于"征韩论"，见 E. Kang, *Diplomacy and Ideology,* 9; and Conroy, *Japanese Seizure of Korea*。

24 太田秀春 :「軍部による文禄 · 慶長の役の城郭研究」, 第 41 页，第 42–43 页 ; Kim Tae-chun, "Yi Sun-sin's Fame in Japan," 94–95, 106–107。一些研究，例如导言中提到的池内宏的研究，也偶因战争造成的困难未能持续。

25 我想起了 1999 年在密歇根大学举办的一个讲座，当时一位韩国的文学研究者讨论了日本入侵在朝鲜文学中的再现，他几乎大部分时间都在谴责"封建的"李氏政权及其怯懦的君主，甚至有时义愤填膺。他的证据似乎完全基于民间传说和文学。当被问及与战争相关的具体时间和历史文献时，他一无所知，尽管这或许更多说明了战争在韩国被记忆的方式，而不是他的研究方法。关于这场战争的民俗记载，见 Peter Lee 的 *Record of a Black Dragon Year*。

26 认为明朝希望确保自身边疆无虞的看法更合情理。战后不久就有人提出了这个根本理由，见 *CMN,* 224。

27 *CHJ,* 290; *CHC 8,* 299; Hur N., "International Context," 707. Clark 也提到了明朝财政的耗竭。

28 Black, *War in the Early Modern World,* 10. 关于明代国家的扩张，见 L. Shin, *Making of the Chinese State*。

29 何宝善、韩启华、何涤尘 :《明神宗与明定陵》, 第 118 页。

30 R. Huang, *Taxation and Finance,* 303.

31 Parker, *Military Revolution,* 62. 明朝军事开支的详情，见 R. Huang, *Taxation and Finance,* 290–294。

32 樊树志 :《万历传》，第 247 页 ; 何宝善、韩启华、何涤尘 :《明神宗与明定陵》，第 119 页。

33 例如，见 Sansom, *History of Japan,* 360。这种说法是日本民族神话的一部分，我与一位日本人在高速列车上的交谈也证实了这一点。我向他说起我的研究，他告诉我 :“日本这样一个小国，对中国竟能每战必胜，实在有趣。”

34 这些航海技术进步在欧洲的重要性，见 McNeill, *Pursuit of Power,* 100–102; and Cipolla, *Guns, Sails, and Empires,* 21–89。近代早期在欧洲以外的船载火炮的运用，见 ibid., 90–131。

35 McNeill, *Pursuit of Power,* 125; Parker, *Military Revolution,* 150–151. 这部著作的插图译本，见 Sang H. Kim, *Muye Dobo Tongji*。李如松的刀，见 ibid., 223–232。

36 这也表示这场战争始于龙年，并贯穿了蛇年。

参考文献

Adolphson, Mikael S. *The Teeth and Claws of the Buddha: Monastic Warriors and Sōhei in Japanese History.* Honolulu: University of Hawaii Press, 2007.

——. *The Gates of Power: Monks, Courtiers, and Warriors in Premodern Japan.* Honolulu: University of Hawaii Press, 2000.

An Pangjun. *Ubŏng yasa pyŏllok.* Seoul: Asea munhwasa, 1996. 安邦俊 :『隱峯野史別錄』, 서울 : 亞細亞文化社，1996 년。

Antony, Robert J. *Like Froth Floating on the Sea: The World of Pirates and Seafarers in Late Imperial South China.* Berkeley: University of California Press, 2003.

Aoyogi, Nanmei, et al., eds. *Senjin no shiruseru Hō taikō seikan senki.* Seoul: Chōsen kenkyūkai, 1913. 青柳南冥等編 :『鮮人の記せる豊太閤征韓戦記』, 京城 : 朝鮮研究会，1913 年。

Arano Yasunori. *Kinsei Nihon to Higashi Ajia.* Tokyo: Tokyo daigaku shuppankai, 1988. 荒野泰典 :『近世日本と東アジア』, 東京 : 東京大学出版会，1988 年。

——. "Chōsen tsūshinshi no shūmatsu—Shin Ikan *Kaiyūroku ni yosete.*" *Rekishi hyōron* 355 (November 1979): 63–74.「朝鮮通信使の終末——申維翰「海游録」によせて」,『歴史評論』355，1979 年 11 月，第 63–74 頁。

Arima Seiho. *Chōsen no eki suigunshi.* Tokyo: Umito sorasha, 1942. 有馬成甫 :『朝鮮役水軍史』, 東京 : 海と空社 , 1942 年。

Arnesen, Peter J. *The Medieval Japanese Daimyo.* New Haven: Yale University Press, 1979.

Asami Masaichi. "Kyokai shiryō o toshite mita Cho Kenjo no Shikawa shihai." *Shigaku*

59.2–3 (1990): 49–91. 浅見雅一：「教会史料を通してみた張献忠の四川支配」,『史学』59(2・3)，1990 年，第 49–91 頁。

Aston, W. G. "Hideyoshi's Invasion of Korea." *Transactions of the Asiatic Society of Japan* 6 (1878): 227–245; 9 (1881): 87–93, 213–222; and 11 (1883): 117–125.

Atwell, William S. "Ming Observers of Ming Decline: Some Chinese Views on the 'Seventeenth Century Crisis' in Comparative Perspective." *Journal of the Royal Asiatic Society of Great Britain and Ireland* 2 (1988): 316–348.

——. "Some Observations on the Seventeenth Century Crisis in China and Japan." *Journal of Asian Studies* 45.2 (February 1986): 223–244.

——. "International Bullion Flows and the Chinese Economy." *Past and Present* 95 (May 1982): 68–90.

——. "Notes on Silver, Foreign Trade, and the Late Ming Economy." *Ch'ing shih wen-t'i* 3.8 (December 1977): 1–33.

——. "From Education to Politics: The Fu She." In *The Unfolding of Neo-Confucianism,* edited by W. T. DeBary, 333–367. New York: Columbia University Press, 1975.

Austin, Audrey. "Admiral Yi Sun-sin: National Hero." *Korean Culture* 9.2 (Summer 1988): 4–15.

Bachrach, Bernard S. "Medieval Siege Warfare: A Reconnaissance." *Journal of Military History* 58.1 (January 1994): 119–133.

Bachrach, David S. "The Military Administration of England: The Royal Artillery (1216–1272)." *Journal of Military History* 68.4 (October 2004): 1083–1104.

Bacon, Wilbur, trans. "Record of Reprimands and Admonitions (*Chingbirok*) by Yu Songnyong." *Transactions of the Korea Branch of the Royal Asiatic Society* 47 (1972): 9–24.

——. "Fortresses of Kyonggido." *Transactions of the Korea Branch of the Royal Asiatic Society* 37 (1961): 1–64.

Bak, Hae-ill. "A Short Note on the Ironclad Turtle Boats of Admiral Yi Sun-sin." *Korea Journal* 17.1 (January 1977): 34–39.

Ballard, G. A. *The Influence of the Sea on the Political History of Japan.* Westport, Conn.: Greenwood, 1973.

Barfield, Thomas J. *The Perilous Frontier: Nomadic Empires and China, 221 BC to AD 1757.* Cambridge, Mass.: Blackwell, 1992.

Barr, Allan H. "The Wanli Context of the Courtesan's Jewel Box Story." *Harvard Journal of Asiatic Studies* 57.1 (1997): 107–142.

Batten Bruce. *Gateway to Japan: Hakata in War and Peace, 500–1300.* Honolulu: University of Hawaii Press, 2006.

——. "Frontiers and Boundaries of Pre-modern Japan." *Journal of Historical Geography* 25 (1999): 166–182.

Bendian bianzebu, eds. *Zhang Juzheng dazhuan.* Taibei: Taiwan kaiming shudian, 1968. 本店编辑部编 :《张居正大传》，台北 : 台湾开明书店，1968 年。

Berry, Mary Elizabeth. *The Culture of Civil War in Kyoto.* Berkeley: University of California Press, 1994.

——. *Hideyoshi.* Cambridge, Mass.: Harvard University Press, 1982.

Black, Jeremy, ed. *War in the Early Modern World.* London: UCL, 1999.

Boot, W. J. "Chōsen Seibatsu: The Japanese View." In Chung Doo-hee, *Transnational History of the "Imjin Waeran,"* 283–312.

Boots, J. L. "Korean Weapons and Armor." *Transactions of the Korea Branch of the Royal Asiatic Society* 23.2 (1934): 1–37.

Boscara, Adriana, trans. and ed. *101 Letters of Hideyoshi: The Private Correspondence of Toyotomi Hideyoshi.* Tokyo: Sophia University Press, 1975.

Boxer, C. R., ed. *South China in the Sixteenth Century.* London: Hakluyt Society, 1953.

——. *The Christian Century in Japan, 1549–1650.* Berkeley: University of California Press, 1951.

——. "Notes on Early European Military Influence in Japan." *Transactions of the Asiatic Society of Japan,* 2nd ser., 8 (1931): 67–93.

Bradbury, Jim. *The Medieval Siege.* Woodbridge, UK: Boydell, 1992.

Brook, Timothy. "Japan in the Late Ming: The View from Shanghai." In Fogel, *Sagacious Monks and Bloodthirsty Warriors,* 42–62.

Brown, Delmer C. "The Impact of Firearms on Japanese Warfare, 1543–1598." *Far Eastern Quarterly* 7.3 (May 1948): 236–253.

Cao Guoqing. *Wanli huangdi da zhuan.* Shenyang: Liaoning jiaoyu chubanshe, 1994. 曹国庆 :《万历皇帝大传》，沈阳 : 辽宁教育出版社，1994 年。

Cha Yong-geol. "Notable Characteristics of Korean Fortresses." *Koreana* 19.1 (Spring 2005): 14–17.

Chan, Albert. *The Glory and Fall of the Ming Dynasty.* Norman: University of Oklahoma Press, 1982.

Chang, Chun-shu, and Shelley Hsueh-lun Chang. *Redefining History: Ghosts, Spirits, and Human Society in Pu Songling's World.* Ann Arbor: University of Michigan Press,

1998.
——. *Crisis and Transformation: Society, Culture, and Modernity in Li Yü's World.* Ann Arbor: University of Michigan Press, 1992.
Chang Hak-keon. "Condition of a Battlefield and a Variation of the Turtleboat's Shape." *Kunsa* [Military History] 51.4 (2004): 45–77.
Chang, Shelley Hsueh-lun. *History & Legend: Ideas and Images in the Ming Historical Novels.* Ann Arbor: University of Michigan Press, 1990.
Chase, Kenneth. *Firearms: A Global History to 1700.* Cambridge: Cambridge University Press, 2003.
Chen Baoliang. "Ming dai de minbing yu xiangbing." *Zhongguo shi yanjiu* (1994.1): 82–92. 陈宝良 :《明代的民兵与乡兵》,《中国史研究》1994 年第 1 期，第 82–92 页。
Chen Gaohua and Qian Haihao, eds. *Zhongguo junshi zhidu shi.* Zhengzhou: Daxiang chubanshe, 1997. 陈高华、钱海皓总主编 :《中国军事制度史》，郑州 : 大象出版社，1997 年。
Chen Zilong et al., comps. *Huang Ming jingshi wenbian.* 30 vols. 1638. Taibei: Guolian tushu chuban youxian gongsi, 1964. 陈子龙等编 :《皇明经世文编》，台北 : 国联图书出版有限公司，1964 年。
Chinju National Museum. *Imgin Waeran* (catalogue). Chinju: National Museum, 1998. 國立晉州博物館 :『임진왜란』，晉州 : 國立晉州博物館，1998 년。
Cho Hŏn. *Chungbŏng chip.* Ca. 1593. Vol. 54 in *Han'guk munchi ch'onggan.* 220 vols. Seoul: Kyöngon munhwasa, 1990. 趙憲 :『重峯集』,『韓國文集叢刊』第 54 冊，서울 : 景仁文化社，1990 년。
Cho Inbok. *Firearms of Ancient Korea.* Seoul: Institute of Korea National Defense History, 1974. 趙仁福 :『韓國古火器圖鑑』，서울 : 文化財管理局，1974 년。
Cho Kyŏngdal. *Pansan sego; Pan'gok nanjung ilgi.* Ca. 1600. Seoul: Asea munhwasa, 1987. 丁景達 :『盤山世稿 盤谷亂中日記』，서울 : 亞細亞文化社，1987 년。
Cho Kyŏngnam. *Nanjung chamnok.* 2 vols. Ca. 1618. Vols. 7–8 of Han et al., *Imjin waeran saryŏ ch'ongso.* 趙慶男 :『亂中雜錄』，姜大杰、徐仁漢编 :『壬辰倭亂 史料叢書』第 7–8 冊，晉州 : 國立晉州博物館，2002 년。
Cho Ungnok. *Chukkye ilgi.* 2 vols. 1590s. Seoul: Kuksa pyŏnchan wiwonhoe, 1992. 趙應祿 :『竹溪日記』，서울 : 國史編纂委員會，1992 년。
Ch'o Wŏnnae. *Hŏnam ŭibyong kangching sa.* Sunchön: Sunchŏn University Museum, 2001. 趙湲來 :『湖南義兵抗爭史』，順天 : 順天大學博物館，2001 년。
——. *Imnan ŭibyŏng Kim Ch'ŏnil yon'gu: Purok kŏnjae chip chŏnjae.* Seoul:

Hangmunsa, 1982.『壬乱義兵將金千鎰研究：附錄健齋集全載』, 서울：學文社，1982 년。

Choe Kwan. *Bunroku keichō no eki: Bungaku no kizamareta senso: Imjin chongyu waeran.* Tokyo: Kōdansha, 1994. 崔官 :『文禄 · 慶長の役：文学に刻まれた戦争』, 東京：講談社，1994 年。

Choe Yŏnghŭ i. *Imjin waeran chung ui sahoe tongt'ae: Uibyŏng ul chungsim uro.* Seoul: Han'guk yŏnguwŏn, 1975. 崔永禧 :『壬辰倭亂中의 社會動態：義兵을 中心으로』, 서울：韓國研究院，1975 년。

Choe Yŏnghŭ i et al., comps. *Imjin waeran kwa Ich'i taech'ŏp.* Taejón: Ch'ungnam taehakgyo, 1999. 崔永禧 :『壬辰倭亂과梨峙大捷』, 大田：忠南大學校，1999 년。

Choi, Byonghyon, trans. *The Book of Corrections: Reflections on the National Crisis during the Japanese Invasion of Korea, 1592–1598.* Berkeley: University of California Press, 2003.

Choi Suk. "Factional Struggle in the Yi Dynasty of Korea, 1575–1725." *Koreana Quarterly* 7.1 (Spring 1965): 60–91.

Chŏlla Province Imjin History Society. *Hŏnam chibang imjin waeran saryo chip.* 4 vols. Kwangju: South Chŏlla Province, 1990–1992. 全羅南道壬亂史料編纂委員會 :『湖南地方壬辰倭亂史料集』, 光州：全羅南道，1990-1992 년。

Chŏng Kyŏngdal. *Pansan sego; Pan'gok nanjung ilgi.* Ca. 1600. Seoul: Asea munhwasa, 1987. 丁景達 :『盤山世稿』『盤谷亂中日記』, 서울：亞細亞文化社，1987 년。(校者注：本条二次出现，应以本条为准)

Chŏng Tak. *Longwan wen jian lu* [*Yongman mun'gyŏnnok*]. 1590s. In *ZhongHan guanxi shiliao xuanji vol. 6.* Taibei: Guiting chubanshe, 1980. 郑琢 :《龙湾闻见录》,《中韩关系史料选辑》第六卷，台北：珪庭出版社，1980 年。

——. *Nakp'o yongsa ilgi.* 1592–1593. Pusan: Pusan taehakgyo, 1962.『藥圃龍蛇日記』, 釜山：釜山大學校，1962 년。

Chŏng Yagyong. *Imjin waeran kwa Pyŏngja horan.* Ca. 1800. Seoul: Hyŏndae sirkhasa, 2001. 丁若鏞 :『임진 왜란 과 병자 호란：備禦考 · 民堡議』, 서울：現代實學社，2001 년。

Chōsen Shi Henshukai. *Chôsen shi.* 22 vols. Seoul: Chōsen insatsu kabushiki kaisha, 1938. 朝鮮史編修会 :『朝鮮史』, 京城：朝鮮総督府，1938 年。

Chung Doo-hee, ed. *A Transnational History of the "Imjin Waeran" : East Asian Dimension.* Seoul: Sogang University, 2006.

Chung Hae-eun. "Chosŏn's Early Experience with Short-arm Weapons during the Imjin

War and the Publication of the *Muyae Jaebo.*" *Kunsa* [Military History] 51.4 (2004): 151–83. 鄭海恩:「임진왜란기 조선이 접한 短兵器와『武藝諸譜』의 간행」,『軍史』51，2004 년 4 월，151–183。

Cipolla, Carlo M. *Guns, Sails, and Empires: Technological Innovation and the Early Phases of European Expansion 1400–1700.* New York: Minerva, 1965.

Clark, Donald N. "Sino-Korean Tributary Relations under the Ming." In Mote and Twitchett, *Cambridge History of China Volume 8,* 272–300.

Conlan, Thomas Donald. *State of War: The Violent Order of Fourteenth-Century Japan.* Ann Arbor: University of Michigan Center for Japanese Studies Press, 2003.

Conroy, Hilary. *The Japanese Seizure of Korea: 1868–1910: A Study of Realism and Idealism in International Relations.* Philadelphia: University of Pennsylvania Press, 1960.

Cooper, Michael, trans. and ed. *This Island of Japon: Joao Rodrugues' Account of 16th-Century Japan.* Tokyo: Kodansha, 1973.

——. *They Came to Japan: An Anthology of European Reports on Japan, 1543–1650.* Berkeley: University of California Press, 1965.

Cory, Ralph. "Some Notes on Father Gregorio des Cespedes, Korea's First European Visitor." *Transactions of the Korea Branch of the Royal Asiatic Society* 27 (1937): 1–55.

Crawford, Robert B. "Chang Chü-cheng's Confucian Legalism." In DeBary et al., *Self and Society in Ming Thought,* 367–413.

——. "Chang Chü-cheng's Life and Thought, 1525–1582." Ph.D. diss., University of Washington, 1961.

Crossley, Pamela Kyle. *A Translucent Mirror: History and Identity in Qing Imperial Ideology.* Berkeley: University of California Press, 1999.

——. *The Manchus.* Cambridge, Mass.: Blackwell, 1997.

Dai Yingcong. "The Qing State, Merchants, and the Military Labor Force in the Jinchuan Campaigns." *Late Imperial China* 22.2 (December 2002): 35–90.

Dardess, John W. *Blood and History in China: The Donglin Faction and Its Repression, 1620–1627.* Honolulu: University of Hawaii Press, 2002.

DeBary, William Theodore. *Waiting for the Dawn: A Plan for the Prince Huang Tsung-hsi's Ming-i-tai-fang lu.* New York: Columbia University Press, 1993.

DeBary, William Theodore, et al., eds. *Self and Society in Ming Thought.* New York: Columbia University Press, 1970.

DeVries, Kelly. *Medieval Military Technology.* Peterborough, Ont.: Broadview, 1992.

Diamond, Norma. "Defining the Miao: Ming, Qing, and Contemporary Views." In *Cultural Encounters on China's Ethnic Frontiers,* edited by Stevan Harrell, 92–116. Seattle: University of Washington Press, 1995.

——. "The Miao and Poison: Interactions on China's Southwest Frontier." *Ethnology* 27 (1988): 1–25.

Di Cosmo, Nicola. "Did Guns Matter? Firearms and the Qing Formation." In Struve, *Qing Formation,* 121–166.

Dreyer, Edward L. *Early Ming China: A Political History, 1355–1435.* Stanford, Calif.: Stanford University Press, 1982.

Duncan, John B. "The Hideyoshi Invasions: Popular Memories and Ethnic Consciousness." In Chung Doo-hee, *Transnational History of the "Imjin Waeran,"* 253–264.

Eikenberg, Karl W. "The Imjin World." *Military Review* 68.2 (1988): 74–82.

Elison, George [Jurgis Elisonas]. "The Inseparable Trinity: Japan's Relations with China and Korea." In Hall, *Cambridge History of Japan,* 235–300.

——. "The Priest Keinen and His Account of the Campaign in Korea, 1597–1598: An Introduction." In *Nihon Kyoikushi ronsô: Motoyama Yukihiko Kyoju taikan kinen rombunshu,* edited by Motoyama Yukihiko Kyoju taikan kinen rombunshu henshu iinkai, 25–41. Kyoto: Sibunkaku, 1988.

——. *Deus Destroyed: The Image of Christianity in Early Modern Japan.* Cambridge, Mass.: Harvard University Press, 1973.

Elison, George, and Bardwell L. Smith, eds. *Warlords, Artists, and Commoners: Japan in the Sixteenth Century.* Honolulu: University of Hawaii Press, 1981.

Elleman, Bruce A. *Modern Chinese Warfare, 1795–1989.* New York: Routledge, 2001.

Elliott, Mark C. *The Manchu Way: The Eight Banners and Ethnic Identity in Late Imperial China.* Stanford, Calif.: Stanford University Press, 2001.

Elman, Benjamin A. *A Cultural History of Civil Examinations in Late Imperial China.* Berkeley: University of California Press, 2000.

——. "Imperial Politics and Confucian Societies in Late Imperial China: The Hanlin and Donglin Academies." *Modern China* 15.4 (October 1989): 379–418.

Endō Shūsaku. *Tetsu no kubikase: Konishi Yukinaga den.* Tokyo: Chūo kōronsha, 1977. 遠藤周作 :『鉄の首枷 : 小西行長伝』, 東京 : 中央公論社, 1977 年。

Engels, Donald W. *Alexander the Great and the Logistics of the Macedonian Army.*

Berkeley: University of California Press, 1978.
Fairbank, John King, ed. *The Chinese World Order: Traditional China's Foreign Relations.* Cambridge, Mass.: Harvard University Press, 1968.
——. *Chinese Thought and Institutions.* Chicago: University of Chicago Press, 1957.
Fairbank, John King, and Edwin O. Reischauer. *China: Tradition and Transformation.* Boston: Houghton Mifflin, 1989.
Fan Shuzhi. *Quan yu xue: Ming diguo guanchang zhengzhi.* Beijing: Zhonghua shuju, 2004. 樊树志：《权与血：明帝国官场政治》，北京：中华书局，2004 年。
——. *Wan Ming shi.* 2 vols. Shanghai: Fudan daxue chubanshe, 2003.《晚明史》，上海：复旦大学出版社，2003 年。
——. *Wanli zhuan.* Beijing: Renmin chubanshe, 1993.《万历传》，北京：人民出版社，1993 年。
Fan Zhongyi. *Qi Jiguang zhuan.* Beijing: Zhonghua shuju, 2003. 范中义：《戚继光传》，北京：中华书局，2003 年。
——. "Ming dai junshi sixiang jianlun." *Ming-Qing shi* 24.1 (1997): 37–50.《明代军事思想简论》，《明清史》（人大复印报刊资料）1997 年第 1 期，第 37–50 页。
——. "Ming dai haifang shu lue." *Lishi yanjiu* 3 (1990): 44–54.《明代海防述略》，《历史研究》1990 年第 3 期，第 44–54 页。
Fan Zhongyi and Tong Xigang. *Ming dai wokou shilue.* Beijing: Zhonghua shuju, 2004. 范中义、仝晰纲著：《明代倭寇史略》，北京：中华书局，2004 年。
Fang, Zhiyuan. "Ming dai de xunfu zhidu." *Zhongguo shi yanjiu* (1988.3): 87–98. 方志远：《明代的巡抚制度》，《中国史研究》1988 年第 3 期，第 87–98 页。
Farmer, Edward. *Early Ming Government: The Evolution of Dual Capitals.* Cambridge, Mass.: Harvard University Press, 1976.
——. *Zhu Yuanzhang and Early Ming Legislation: The Reordering of Chinese Society Following the Era of Mongol Rule.* Leiden: E. J. Brill, 1995.
Farris, William Wayne. *Heavenly Warriors: The Evolution of Japan's Military, 500–1300.* Cambridge, Mass.: Harvard University Press, 1995.
Finch, Michael C. E. "Civilian Life during the Japanese Invasions and Occupation of Korea (1592–1598): Study on *Swaemirok* [Record of a Wandering Refugee] by Ŏ Hŭimun (1539–1603)." *Proceedings of the Association for Korean Studies in Europe Biennial Conference: University of Sheffield* (July 2005): 55–61.
Fissel, Mark Charles. *English Warfare, 1511–1642.* London: Routledge, 2001.
Fitzpatrick, Merrilyn. "Local Interests and the Anti-pirate Administration in China's

South-east, 1555–1565." *Ch'ing shih wen-t'i* 4 (December 1979):1–50.

——. "Building Town Walls in Seven Districts of Northern Chekiang, 1553–1566." *Papers on Far Eastern History* 17 (1978): 15–51.

Flynn, Dennis O., and Arturo Giraldez. "Born with a 'Silver Spoon': The Origin of World Trade in 1571." *Journal of World History* 6.2 (Fall 1995): 201–221.

Fogel, Joshua A., ed. *Sagacious Monks and Bloodthirsty Warriors: Chinese Views of Japan during the Ming-Qing Period.* Norwalk, Conn.: Eastbridge, 2002.

Franke, Wolfgang. *An Introduction to the Sources of Ming History.* Kuala Lumpur: University of Malaya Press, 1968.

Friday, Karl F. *Samurai, Warfare, and the State in Early Medieval Japan.* New York: Routledge, 2004.

——. *Hired Swords: The Rise of Private Warrior Power in Early Japan.* Stanford, Calif.: Stanford University Press, 1992.

Fujii Nobuo. *Ri Sunshin oboegaki.* Tokyo: Furukawa shobô, 1982. 藤居信雄 :『李舜臣覚書』, 東京 : 古川書房, 1982 年。

Fujiki Hisashi. *Toyotomi heiwarei to sengoku shakai.* Tokyo: Tokyo daigaku shuppankai, 1988. 藤木久志 :『豊臣平和令と戦国社会』, 東京 : 東京大学出版会, 1985 年。

——. *Oda, Toyotomi seiken.* Tokyo: Shōgakukan, 1975.『織田 · 豊臣政権』, 東京 : 小学館, 1975 年。

Fujiki Hisashi and Kitajima Manji, eds. *Shokuhō seiken.* Vol. 6 in *Ronshû Nihon rekishi.* Tokyo: Yūseidō, 1974. 藤木久志、北島万次編:『織豊政権』,『論集日本歴史』6, 東京: 有精堂出版 , 1974 年。

Fujiki Hisashi and George Elison. "The Political Posture of Oda Nobunaga." In Hall et al., *Japan before Tokugawa,* 149–193.

Gao Rui, ed. *Zhongguo junshi shilue.* Vol. 2. Beijing: Junshi kexue chubanshe, 1992. 高锐 :《中国军事史略》, 北京 : 军事科学出版社, 1992 年。

Gernet, Jacques. *A History of Chinese Civilization.* Cambridge: Cambridge University Press, 1982.

Goodrich, L. C., and Fang Chao-ying, eds. *Dictionary of Ming Biography.* 2 vols. New York: Columbia University Press, 1976.

Graff, David A. *Medieval Chinese Warfare.* London: Routledge, 2002.

Graff, David A., and Robin Higham, eds. *A Military History of China.* Boulder: Westview, 2002.

Grossberg, Kenneth A. *Japan's Renaissance: The Politics of the Muromachi Bakufu.*

Cambridge, Mass.: Harvard University Press, 1981.
Grousset, Rene. *The Empire of the Steppes: A History of Central Asia.* Trans. by Naomi Walford. New Brunswick, N.J.: Rutgers University Press, 1994.

Gu Yingtai. *Ming shi jishi benmo.* 1658. Reprited in *Lidai jishi benmo.* 2 vols. Beijing: Zhonghua shuju, 1997. 谷应泰 :《明史纪事本末》，北京 : 中华书局，1997 年。

Guan Wenfa and Yan Guangwen. *Ming dai zhengzhi zhidu yanjiu.* Beijing: Zhongguo shehui kexue chubanshe, 1995. 关文发、严广文 :《明代政治制度研究》，北京 : 中国社会科学出版社，1995 年。

Guo Nugui et al. *Zhongguo junshi shi, Vol.4: Bing fa.* Beijing: Jiefangjun chubanshe, 1988. 郭汝瑰等编 :《中国军事史》卷四《兵法》，北京 : 解放军出版社，1988 年。

Ha Young-whee. "Reinterpreting the Past: The Battle of the Hwawang Fortress." In Chung Doo-hee, *Transnational History of the "Imjin Waeran,"* 265–282.

Haboush, Jahyun Kim. "Dead Bodies in the Postwar Discourse of SeventeenthCentury Korea: Subversion and Literary Production in the Private Sector." *Journal of Asian Studies* 62.2 (May 2003): 415–442.

Haboush, Jahyun Kim, and Martina Deuchler, eds. *Culture and the State in Late Chosŏn Korea.* Cambridge, Mass.: Harvard University Press, 1999.

Hall, Bert S. *Weapons and Warfare in Renaissance Europe.* Baltimore: Johns Hopkins University Press, 1997.

Hall, John Whitney, ed. *The Cambridge History of Japan Volume 4: Early Modern Japan.* Cambridge: Cambridge University Press, 1991.

——. "Hideyoshi's Domestic Policies." In Hall et al., *Japan before Tokugawa,* 194–223.

——. *Government and Local Power in Japan: 500–1700.* Princeton: Princeton Uuniversity Press, 1966.

Hall, John Whitney, et al., eds. *Japan before Tokugawa: Political Consolidation and Economic Growth, 1500–1650.* Princeton: Princeton University Press, 1981.

Han Myŏnggi. "An Evaluation of the Activities of the Ming Forces during the Imjin Waewran." In Chung Doo-hee, *Transnational History of the "Imjin Waeran,"* 391–408. 韓明基

——. *Kwanghae Kun: T'agwŏrhan oegyo chŏngch'aek ŭl p'yŏlch'in kunju.* Seoul: Yŏksa pip'yongsa, 2000.『광해군 : 탁월한 외교정책을 펼친 군주』, 서울 : 역사비평사, 2000 년 .

——. *Imjin Waeran kwa Han-Chung kwan'gye.* Seoul: Yŏksa pip'yongsa, 1999.『임진왜란과 한중관계』, 서울 : 역사비평사, 1999 년 .

Han Myŏnggi et al., comps. *Imjin waeran saryŏ ch'ongso.* 31 vols. Chinju: Chinju National Museum, 2000–2002. 韓明基等編 :『壬辰倭亂 史料叢書』, 晉州 : 國立晉州博物館, 2000–2002 년 .

Hanawa Hokiichi, comp. *Zoku gunsho ruijū.* 33 vols. Tokyo: Zoku gunsho ruijū kanseikai, 1923–1928. 塙保己一編:『続群書類従』,東京:続群書類従完成会,1923-1928 年。

Harada Tanezuma. *Chōsen no eki monogatari.* Tokyo: Yuzankaku shuppan, 1971. 原田種純 :『朝鮮の役物語』, 東京 : 雄山閣出版, 1971 年。

Hawley, Samuel. *The Imjin War: Japan's Sixteenth-Century Invasion of Korea and Attempt to Conquer China.* Seoul: Royal Asiatic Society, Korea Branch, 2005.

Hayashi Maiko. "Ri shi Chōsen ōchō ni okeru taigai shisetsu no deshi ni tsuite." *Shisen* 89 (January 1999): 16–24. 林麻衣子 :「李氏朝鮮王朝における対外使節の出自について」,『史泉』89, 1999 年 1 月, 第 16–24 頁。

Hazard, Benjamin H. "The Formative Years of the Wakō, 1223–1263." *Monumenta Nipponica* 22.3 (1967): 260–277.

He Baoshan, Han Qihua, and He Dichen. *Ming Shenzong yu Ming Dingling.* Beijing: Beijing Yanshan chubanshe, 1998. 何宝善、韩启华、何涤尘:《明神宗与明定陵》,北京:北京燕山出版社, 1998 年。

——. *Wanli huangdi—Zhu Yijun.* Beijing: Beijing Yanshan chubanshe, 1990.《万历皇帝朱翊钧》, 北京 : 北京燕山出版社, 1990 年。

He Zhiqing and Wang Xiaowei. *Zhongguo bing zhi shi.* Taibei: Zhongguo wenhua shi congshu, 1997. 赫治清、王晓卫 :《中国兵制史》(中国文化史丛书), 台北 : 文津出版社, 1997 年。

Heijdra, Martin. "The Socioeconomic Development of Rural China during the Ming." In Mote and Twitchett, *Cambridge History of China Volume 8,* 417–578.

Hŏnam changŭi dong sa rok. 1600s. Chinju: Chinju National Museum Archives. Manuscript.『湖南倡義同事錄』, 晉州 : 國立晉州博物館 .

Hōri Kyōan. *Chōsen seibatsuki.* 1659. East Asian Library, University of California–Berkeley. Manuscript (microfilm). 堀杏庵 :『朝鮮征伐記』。

Hu Yuewei, Tao Bochu, and Qian Facheng. *Wanli wangchao.* Chengdu: Sichuan wenyi chubanshe, 2002. 胡月伟、姚博初、钱法成 :《万历王朝》, 成都 : 四川文艺出版社, 2002 年。

Huai Xiaofeng. *Shiliu shiji Zhongguo de zhengzhi fengyun.* Hong Kong: Shangwu yinshuguan, 1988. 怀效锋:《十六世纪中国的政治风云》, 香港:商务印书馆, 1988 年。

Huang K'uan-chung. "Mountain Fortress Defence: The Experience of the Southern Song and Korea in Resisting the Mongol Invasions." In Van de Ven, *Warfare in Chinese History,* 222–251.

Huang, Ray. *1587: A Year of No Significance.* New Haven: Yale University Press, 1981.

——. "The Liao-tung Campaign of 1619." *Oriens Extremus* 28.1 (1981): 30–54.

——. *Taxation and Government Finance in Sixteenth Century Ming China.* London: Cambridge University Press, 1974.

——. "Military Expenditures in Sixteenth Century Ming China." *Oriens Extremus* 17 (1970): 39–62.

Huang Yuezhi. *Zunyi fuzhi.* 2 vols. 1841. Taibei: Chengwen chubanshe, 1968. 黄乐之等：《遵义府志》，台北：成文出版社，1968 年。

Hucker, Charles O. *A Dictionary of Official Titles in Imperial China.* Stanford, Calif.: Stanford University Press, 1985.

——. *The Ming Dynasty: Its Origins and Evolving Institutions.* Ann Arbor: University of Michigan Press, 1971.

——. *Two Studies on Ming History.* Ann Arbor: University of Michigan Press, 1971.

——, ed. *Chinese Government in Ming Times: Seven Studies.* New York:
Columbia University Press, 1969.

——. *The Censorial System of Ming China.* Stanford, Calif.: Stanford University Press, 1966.

——. *The Traditional Chinese State in Ming Times.* Tucson: University of Arizona Press, 1961.

Hughes, Lindsey. *Russia in the Age of Peter the Great.* New Haven: Yale University Press, 1998.

Hummel, Arthur O., ed. *Eminent Chinese of the Ch'ing Period.* 2 vols. Washington, D.C.: Library of Congress, 1943.

Hur Kyoung-jin. "Town Walls Create a Safe Haven for the Populace." *Koreana* 19.1 (Spring 2005): 24–31.

Hur Namlin. "Politicking or Being Politicked: Wartime Governance in Chosón Korea." In Chung Doo-hee, *Transnational History of the "Imjin Waeran,"* 327–342.

——. "The International Context of Toyotomi Hideyoshi's Invasion of Korea in 1592: A Clash between Chinese Culturalism and Japanese Militarism." *Korea Observer* 28.4 (Winter 1997): 687–707.

Hwang Chŏnguk, et al. *Chich'ŏn chip; Oum yugo; Ch'ungmugong ch'ŏnsŏ; Ch'ŏng'uk chip.* Ca. 1600. Vol. 1 in Yi U., *Imjin waeran kwan'gye.* 黃廷彧等 :『芝川集 梧陰貴

稿 忠武公全書 泉谷集』,『壬辰倭亂關係 文獻叢刊』第 1 卷，서울：亞細亞文化社，1984 년。

Hyujŏng. *Ki'am chip.* 1590s. Seoul: Kyujanggak Archives. Manuscript. 休靜:『奇巖集 』,서울：奎章閣抄本。

Ike Susumu. *Tenka tōitsu to Chōsen shinryaku.* Tokyo: Yoshikawa kōbunkan, 2003. 池享：『天下統一と朝鮮侵略』, 東京：吉川弘文館，2003 年。

Ikeuchi Hiroshi. *Bunroku keichō no eki.* Tokyo: Tōyō bunko, 1936. 池内宏 :『文禄慶長の役』, 東京：東洋文庫，1936 年。

Ishihara Michihiro. "Bunroku-keichō waeran to Seki Keimitsu no shimpō." *Chōsen gakuhō* 37–38 (January 1966): 143–171. 石原道博:「壬辰丁酉倭乱と戚継光の新法」,『朝鮮学報』37–38，1966 年 1 月，第 143–171 頁。

——. *Bunroku keichō no eki.* Tokyo: Hanawa shobō, 1963.『文禄・慶長の役』, 東京：塙書房，1963 年。

Iwai Shigeki. "Junana seiki no Chugoku henkyo shakai." In Ono, *Minmatsu Shinsho,* 625–59. 岩井茂樹 :「十六・十七世紀の中国辺境社会」, 小野和子編 :『明末清初の社会と文化』, 京都：京都大学人文科学研究所，1996 年，第 625–659 頁。

Iwanami kōza Nihon rekishi. 26 vols. Tokyo: Iwanami shoten, 1975–77.『岩波講座 日本歴史』, 東京：岩波書店，1975–1977 年。

Jansen, Marius B., ed. *Warrior Rule in Japan.* Cambridge: Cambridge University Press, 1995.

——. *China in the Tokugawa World.* Cambridge, Mass.: Harvard University Press, 1992.

Jeon, Sang-woon. *Science and Technology in Korea: Traditional Instruments and Techniques.* Cambridge, Mass.: MIT Press, 1974.

Jho Sung-do. *Yi Sun-shin: A National Hero of Korea.* Chinhae: Choongmookong Society, 1970.

Ji Deyuan, ed. *Zhongguo junshi zhidu shi: Junshi fazhi juan.* Zhengzhou: Daxiang chubanshe, 1997. 季德源 :《中国军事制度史：军事法制卷》, 郑州：大象出版社，1997 年。

Jiang Fen. *Ming shi jishi.* Ca. 1640s (postscript, 1790). Fenghuang: Jiangsu guangling guji keyinshe, 1990. 蒋棻 :《明史纪事》, 扬州：江苏广陵古籍刻印社，1990 年。

Jiang Jin. "Heresy and Persecution in Late Imperial China: Reinterpreting the Case of Li Zhi." *Late Imperial China* 22.2 (December 2001): 1–34.

Jiang Weiguo et al., comps. *Zhongguo lidai zhanzheng shi.* 18 vols. Taibei: Liming wenhua shiye, 1980. 蒋纬国等 :《中国历代战争史》, 台北：黎明文化事业公司,

1980 年。

Jin Runcheng. *Ming chao zongdu xunfu xia qu yanjiu.* Tianjin: Tianjin guji chubanshe, 1996. 靳润成 :《明朝总督巡抚辖区研究》, 天津 : 天津古籍出版社，1996 年。

Johnston, Alastair Iain. *Cultural Realism: Strategic Culture and Grand Strategy in Chinese History.* Princeton: Princeton University Press, 1995.

Jones, Richard L. C. "Fortifications and Sieges in Western Europe, c. 800–1450." In Keen, *Medieval Warfare,* 163–185.

Jung Ji-young. "The Mobilization of Women's Sexuality in the Shadow of War: Reinvention of 'Nongae' in the Post–Korean War Era." In Chung-doo Hee, *Transnational History of the "Imjin Waeran,"* 27–48.

Kaeuper, Richard W. *Chivalry and Violence in Medieval Europe.* Oxford: Oxford University Press, 2001.

Kamigaito Ken'ichi. *Kukyonam shuppei: Hideyoshi no Bunroku keichō no eki.* Tokyo: Fukutake shôten, 1989. 上垣外憲一:『空虚なる出兵 : 秀吉の文禄·慶長の役』, 東京 : 福武書店，1989 年。

Kang, Etsuko Hae-jin. *Diplomacy and Ideology in Japanese-Korean Relations: From the Fifteenth to the Eighteenth Century.* New York: St. Martin's, 1997.

Kang Hang. *Kan'yōroku: Chōsen jusha no Nihon yokuriyūki.* Ca. 1638. Tokyo: Heibonsha, 1984. 姜沆著，朴鐘鳴訳注 :『看羊録 : 朝鮮儒者の日本抑留記』, 東京 : 平凡社，1984 年。

Kang Sung-moon. "Strategy and Tactics of Kim Simin in the Glorious Chinju Campaign." *Kunsa* [Military History] 51.4 (2004): 185–217. 姜性文 :「**진주대첩에서의 김시민의 전략과 전술**」,『軍史』51，2004 **년** 4 **월**，185–217.

Katano Tsugio. *Ri Sunshin to Hideyoshi: Bunroku keichō no kaisen.* Tokyo: Seibundō shinkōsha, 1983. 片野次雄 :『李舜臣と秀吉 : 文禄 · 慶長の海戦』, 東京 : 誠文堂新光社，1983 年。

Kawaguchi Choju. *Seikan iryaku.* 1831. In Wu Fengpei et al., *Renchen zhi yi shiliao huiji,* 2:471–774. 川口长孺 :《征韩伟略》, 吴丰培编 :《壬辰之役史料汇辑》第二册，北京 : 全国图书馆文献缩微复制中心，第 471–774 页。

Kazui Tashiro. "Foreign Relations during the Edo Period: *Sakoku* Reexamined." Translated by Susan Downing Videen. *Journal of Japanese Studies* 8.2 (1982): 283–306.

Keen, Maurice., ed. *Medieval Warfare: A History.* Oxford: Oxford University Press, 1999.

——. "The Changing Scene: Guns, Gunpowder, and Permanent Armies." In Keen, *Medieval Warfare,* 273–292.

Keinen. *Chōsen nichinichiki o yomu: Shinshuso ga mita Hideyoshi no Chōsen shinryaku.* 1598. Kyoto: Hozokan, 2000. 慶念：『朝鮮日々記を読む：真宗僧が見た秀吉の朝鮮侵略』，京都：法蔵館，2000 年。

Kemuyama Sentarō. *Seikanran jissō: Chōsen Ri Shunshin den: Bunroku seikan suishi shimatsu.* Tokyo: Ryūkei shosha, 1996. 煙山専太郎著，惜香生編：『征韓論實相：文禄征韓水師始末朝鮮李舜臣伝』，東京：龍溪書舍，1996 年。

Kierman, Frank A., Jr., and John K. Fairbank, eds. *Chinese Ways in Warfare.* Cambridge, Mass.: Harvard University Press, 1974.

Kikuchi Kasugaro, Tsurumine Shigenobu, and Hashimoto Sadahide. *Ehon Chōsen seibatsu ki.* 20 vols. Edo: Mankyukaku, 1853. 菊池春日楼作，鶴峰戊申校序，橋本貞秀画，『絵本朝鮮征伐記』，江戸：万笈閣，1853 年。

Kim Dong-uk. "Suwon Hwaseong Fortress: Monument to Korea's Architectural Expertise." *Koreana* 19.1 (Spring 2005): 8–13.

Kim Ha-tai. "The Transmission of Neo-Confucianism to Japan by Kang Hang, a Prisoner of War." *Transactions of the Korea Branch of the Royal Asiatic Society* 37 (1961): 83–103.

Kim Hong-kyu, ed. *Hideyoshi mimizuka yonhyaku nen: Toyotomi seiken no Chôsen jimmin no tatakai.* Tokyo: Yazukaku shuppansha, 1998. 金洪圭編著：『秀吉・耳塚・四百年：豊臣政権の朝鮮侵略と朝鮮人民の闘い』，東京：雄山閣出版，1998 年。

Kim, Kichung. "Resistance, Abduction, and Survival: The Documentary Literature of the Imjin War (1592–8)." *Korean Culture* 20.3 (Fall 1999): 20–29.

Kim Pong-hyon. *Hideyoshi no Chôsen shinryaku to gihei toso.* Tokyo: Sairyusha, 1995. 金奉鉉：『秀吉の朝鮮侵略と義兵闘争』，東京：彩流社，1995 年。

Kim Pyŏng-dong. *Mimizuka: Hideyoshi no hanakiri mimikiri o megutte.* Tokyo: Sowasha, 1994. 琴秉洞：『耳塚：秀吉の鼻斬り・耳斬りをめぐって』，東京：総和社，1994 年。

Kim, Samuel Dukhae. "The Korean Monk-Soldiers in the Imjin Wars: An Analysis of Buddhist Resistance to the Hideyoshi Invasion, 1592–1598." Ph.D. diss., Columbia University, 1978.

Kim, Sang H., trans. *Muye Dobo Tongji: The Comprehensive Illustrated Manual of Martial Arts of Ancient Korea.* Hartford, Conn.: Turtle, 2000.

Kim Sŏngil. *Haech'arok.* Ca. 1600. Vol. 1 in *Haehang ch'ongjae.* Seoul: Minjŏk munhwa ch'ujinhae, 1982. 金誠一 :『海槎錄』,『해행총재』第 1 卷，서울 : 민족문화추진회，1982 년。

Kim Tae-chun. "Admiral Yi Sun-sin's Fame in Japan." *Journal of Social Sciences and Humanities* 47 (June 1978): 93–107.

Kitajima Manji. *Hideyoshi no Chôsen shinryaku.* Tokyo: Yoshikawa kōbunkan, 2002. 北島万次 :『秀吉の朝鮮侵略』，東京 : 山川出版社，2002 年。（校者注：作者错将出版社写作吉川弘文館）

——. *Jinshin Waeran to Hideyoshi, Shimazu, Ri Shunshin.* Tokyo: Azekura shobō, 2002.『壬辰倭乱と秀吉・島津・李舜臣』，東京 : 校倉書房，2002 年。

——. *Toyotomi Hideyoshi no Chōsen shinryaku.* Tokyo: Yoshikawa kōbunkan, 1995.『豊臣秀吉の朝鮮侵略』，東京 : 吉川弘文館，1995 年。

——. *Toyotomi seiken no taigai ninshiki to Chôsen shinryaku.* Tokyo: Azekura shobo, 1990.『豊臣政権の対外認識と朝鮮侵略』，東京 : 校倉書房，1990 年。

——. "Toyotomi seiken no dai niji Chôsen shinryaku to daimyo ryōkoku no taiō." In Tanaka, *Nihon zenkindai,* 101–143.「豊臣政権の第二次朝鮮侵略と大名領国の対応：島津氏の場合」，田中健夫編 :『日本前近代の国家と対外関係』，東京:吉川弘文館，1987 年，第 101–143 頁。

——. "Toyotomi seiken no taigai ninshiki." In Nagahara, *Chūsei kinsei no kokka to shakai,* 23–39.「豊臣政権の対外認識」，永原慶二等編 :『中世・近世の国家と社会』，東京 : 東京大学出版会，1986 年。

——. *Chôsen nichinichiki, Korai nikki: Hideyoshi no Chôsen shinryaku to sono rekishiteki kokuhatsu.* Tokyo: Sōshiete, 1982.『朝鮮日々記・高麗日記：秀吉の朝鮮侵略とその歴史的告発』，東京 : そしえて，1982 年。

"Kiyomasa Korai jin oboegaki." In Kokusho kankôkai, *Zokuzoku gunsho ruijû,* 4:293–331.『清正高麗陣覚書』，国書刊行会編 :『続々群書類従』第 4『史伝部』，東京 : 国書刊行会，1906–1909 年，第 293–331 頁。

Ko Kyŏngmyong. *Chonggirok.* 1592. Kumsong: Im Song-hon, 1688. 高敬命 :『正氣錄』，金城 : 임송혼。

Kobata Atsushi and Matsuda Mitsugu. *Ryukyuan Relations with Korea and South Sea Countries: An Annotated Translation of Documents in the Rekidai Hoan.* Kyoto: Kobata Atsushi, 1969.

Kokusho kankōkai. *Zokuzoku gunsho ruijū.* 17 vols. Reprint, Tokyo: Zoku gunsho ruijū kanseikai, 1969–70. 国書刊行会編 :『続々群書類従』，東京 : 続群書類従完成会，1969–1970 年。

Korean-Japanese Cultural Studies Institute, comp. *Kyŏngnamdo waesŏng chi.* Pusan: Pusan University Press, 1961. 釜山大學校 韓日文化研究所編 :『慶南의 倭城趾』, 부산 : 釜山大學校 韓日文化研究所，1961 年。

Kristof, Nicholas D. "Japan, Korea, and 1597: A Year That Lives in Infamy." *New York Times,* Sept. 14, 1997.

Kuba Takashi. "Jūroku seikimatsu Nihon shiki teppō no Min-Cho he no dempa: Banreki Chôsen no eki kara Banshū Yo Ŏryo no ran he." *Toyo Gakuhō* 84.1 (June 2002): 33–54. 久芳崇 :「16 世紀末、日本式鉄砲の明朝への伝播——万暦朝鮮の役から播州楊応龍の乱へ」,『東洋学報』84(1)，2002 年 6 月，第 33–54 頁。

Kuno, Yoshi S. *Japanese Expansion on the Asiatic Continent.* 2 vols. Berkeley: University of California Press, 1937–1940.

Kusudo Yoshiaki. *Seisho busho no seisei ruten: Toyotomi Hideyoshi no Chōsen shuppei to Naito Joan.* Tokyo: Kōdansha, 2000. 楠戸義昭 :『聖書武将の生々流転 : 豊臣秀吉の朝鮮出兵と内藤如安』, 東京 : 講談社，2000 年。

Kuwata Tadachika. *Toyotomi Hideyoshi no hassōryoku to chibō.* Tokyo: Kōsaidō shuppansha, 1982. 桑田忠親 :『豊臣秀吉の発想力と智謀』, 東京 : 広済堂出版，1982 年。

——. *Toyotomi Hideyoshi.* Tokyo: Chosakushū, 1979.『豊臣秀吉』, 東京 : 秋田書店，1979 年。

——. *Toyotomi Hideyoshi kenkyū.* Tokyo: Kadokawa shoten, 1975.『豊臣秀吉研究』, 東京 : 角川書店，1975 年。

——, ed. *Taikō shiryō-shū.* Tokyo: Shinjimbutsu ōraisha, 1971.『太閤史料集』, 東京 : 新人物往来社，1971 年。(校者注 : 1971 年新人物往来社出版的应是小瀬甫庵著, 桑田忠親校訂『太閤記』,『太閤史料集』为 1965 年人物往来社出版)

——. *Taikōki no kenkyū.* Tokyo: Tokuma shoten, 1965.『太閤記の研究』, 東京 : 徳間書店，1965 年。

Kuwata Tadachika and Yamaoka Shohachi, eds. *Chōsen no eki. (Nihon no senshi, vol. 5).* Tokyo: Tokuma shōten, 1965. 旧参謀本部編纂，桑田忠親、山岡荘八監修 :『朝鮮の役』,『日本の戦史』第 5，東京，徳間書店，1965 年。

Kwak Chaeu. *Mang'u sonsaeng munchip.* Ca. 1600s. Seoul: National Library of Korea, 2005. Manuscript (accessed from electronic database). 郭再佑 :『忘憂先生文集』, 서울 : 國立中央圖書館藏抄本。

——. *Changguirok.* Ca. 1600. Hyōnpung: Kwanchalsa, 1854.『倡義錄』, 玄風觀察使，1854 年。

Kye, Seung B. “An Indirect Challenge to the Ming Order: Nurhaci’s Approaches to Korea during the Imjin War, 1592–1598.” In Chung Doo-hee, *Transnational History of the “Imjin Waeran,”* 423–451.

——. “In the Shadow of the Father: Court Opposition and the Reign of King Kwanghae in Early Seventeenth-Century Chosón Korea.” Ph.D. diss., University of Washington, 2006.

Lamers, Jeroen. *Japonius Tyrannus: The Japanese Warlord Oda Nobunaga Reconsidered.* Leiden: Hotei, 2000.

Ledyard, Gari. “Confucianism and War: The Korean Security Crisis of 1598.” *Journal of Korean Studies* 6 (1988–89): 81–120.

——. “Korean Travelers to China over Four Hundred Years: 1488–1887.” *Occasional Papers on Korea* 2 (1974): 1–42.

Lee Chan et al. *Seoul, Her History and Culture.* Seoul: Seoul Metropolitan Government, 1992.

Lee Chong-young, ed. *Imjin Changch’o: Admiral Yi Sun-sin’s Memorials to Court.* Translated by Ha Tae-hung. Seoul: Yonsei University Press, 1981.

Lee Gye-hwang. “Keichō no eki ato no kokusai kankei etsu wa kōshō ni okeru Nihon-Chôsen-Min no dōkō.” *Shirin* 76.6 (November 1993): 74–107. 李啓煌：「慶長の役後の国際関係——講和交涉における日本・朝鮮・明の動向」,『史林』76(6)，1993年11月，第860–893頁。

Lee Hyoun-jong. “Military Aid of the Ryukyus and Other Southern Asian Nations to Korea during the Hideyoshi Invasion.” *Journal of Social Sciences and Humanities* 46 (December 1977): 13–24.

Lee, Ki-baik. *A New History of Korea.* Translated by Edward W. Wagner with Edward J. Shultz. Cambridge, Mass.: Harvard University Press, 1984.

Lee Min-woong. “The Activities of the Chosŏn Naval Forces during the Imjin Waeran.” In Chung Doo-hee, *Transnational History of the “Imjin Waeran,”* 343–364.

——. “A Comparison among Chosŏn-Ming-Japan’s Strategy Tactics in Sea Engagements of the Imjin Waeran.” *Kunsa* [Military History] 51.4 (2004): 79–108.

Lee, Peter H. *The Record of the Black Dragon Year.* Honolulu: University of Hawaii Press, 2000.

Lei Haizong and Lin Tongqi. *Zhongguo wenhua yu Zhongguo di bing.* Reprint; Changsha: Yuelu shushe, 1989. 雷海宗、林同济：《中国文化与中国的兵（外一种）》，长沙：岳麓书社，1989年。

Lewis, James B. *Frontier Contact between Chosön Korea and Tokugawa Japan.* New York: RoutledgeCurzon, 2003.

Lewis, Mark Edward. *Sanctioned Violence in Early China.* Albany: State University of New York Press, 1990.

Li Du. *Ming dai huangquan zhengzhi yanjiu.* Beijing: Zhongguo kexue shehui chubanshe, 2004. 李渡 :《明代皇权政治研究》, 北京 : 中国社会科学出版社, 2004 年。

Li Guangbi. *Ming chao shilue.* Wuhan: Hubei renmin chubanshe, 1957. 李光璧 :《明朝史略》, 武汉 : 湖北人民出版社, 1957 年。

Li Guangtao. *Ming-Qing dang'an lunwen ji.* Taibei: Lianjing chuban shiye gongsi, 1986. 李光涛 :《明清档案论文集》, 台北 : 联经出版事业公司, 1986 年。

——. "Ding Yingtai yu Yang Hao—Chaoxian renchen Wohuo luncong zhi yi." *Lishi yuyan yanjiusuo jikan* 53 (1982): 129–166.《丁应泰与杨镐——朝鲜壬辰倭祸论丛之一》,《历史语言研究所集刊》第 53 本第 1 分, 1982 年, 第 129–166 页。

——. *Chaoxian (Renchen Wohuo) Yanjiu.* Taibei: Zhongyang yanjiu yuan lishi yuyan yanjiusuo, 1972.《朝鲜"壬辰倭祸"研究》, 台北 :"中央研究院"历史语言研究所, 1972 年。

——. "Ming ren yuan Han yu Jishan da jie." *Lishi yuyan yanjiusuo jikan* 43 (1971): 1–14.《明人援韩与稷山大捷》,《历史语言研究所集刊》第 43 本第 1 分, 1971 年, 第 1–14 页。

——. *Ming-Qing shi lun ji.* 2 vols. Taibei: Taiwan shangwu yinshuguan, 1971.《明清史论集》, 台北 : 台湾商务印书馆, 1971 年。

——, comp. *Chaoxian "Renchen Wohuo" shi liao.* 5 vols. Taibei: Zhongyang yanjiu yuan lishi yuyan yanjiusuo, 1970. 李光涛编 :《朝鲜"壬辰倭祸"史料》, 台北 :"中央研究院"历史语言研究所, 1970 年。

——. "Ming ren yuan Han yu Chen Lin jiangong." *Zhong Hua wenhua fuxing yuekan* 30 (1970): 5–7.《明人援韩与陈璘建功》,《中华文化复兴月刊》第 30 期, 1970 年, 第 5–7 页。

——. "Ming ren yuan Han yu Yang Hao Weishan zhi yi." *Lishi yuyan yanjiusuo jikan* 41 (1969): 545–566.《明人援韩与杨镐蔚山之役》,《历史语言研究所集刊》第 41 本第 4 分, 1969 年, 第 545–566 页。

——. *Wanli ershisan nian feng Riben guo wang Fengchen Xiuji kao.* Taibei: Zhongyang yanjiuyuan lishi yuyan yanjiusuo, 1967.《万历二十三年封日本国王丰臣秀吉考》, 台北 :"中央研究院"历史语言研究所, 1967 年。

——. "Chaoxian renchen Wohuo yu Li Rusong zhi dong zheng." *Lishi yuyan yanjiusuo jikan* 22 (1950): 267–298.《朝鲜"壬辰倭祸"与李如松之东征》,《历史语言研究所

集刊》第 22 本，1950 年，第 267–298 页。

Li Hualong. *Ping Bo quan shu.* 1601. In *Congshu jicheng,* no. 3982–88, edited by Wang Yunwu. Changsha: Shangwu yinshuguan, 1937. 李化龙：《平播全书》，王云五编：《丛书集成》第 3982–3988 册，长沙：商务印书馆，1937 年。

Li Xinda, ed. *Zhongguo junshi zhidu shi: Wu guan zhidu juan.* Zhengzhou: Da xiang chubanshe, 1997. 李新达编：《中国军事制度史：武官制度卷》，郑州：大象出版社，1997 年。

Li Yingfa. "Mingmo dui hongyi pao de yinjin yu fazhan." *Xinan shifan daxue xuebao* (1991.1): 45–50. 李映发：《明末对红夷炮的引进与发展》，《西南师范大学学报（人文社会科学版）》1991 年第 1 期，第 45–50 页。

Liang Fangzhong. "Ming dai zhi min bing." *Ming shi yanjiu luncong* 1 (June 1982): 243–276. 梁方仲：《明代的民兵》，《中国社会经济史集刊》1937 年第 5 卷第 2 期，第 201–234 页。（校者注：未在《明史研究论丛》中）

Liang Miaotai. "Ming dai jiubian de junshu." *Zhongguo shi yanjiu* 73.1 (1997): 147–57. 梁淼泰：《明代"九边"的军数》，《中国史研究》1997 年第 1 期，第 147–157 页。

Lieberman, Victor B. *Burmese Administrative Cycles: Anarchy and Conquest,c.1580–1760.* Princeton: Princeton University Press, 1984.

Liew Foon Ming. *The Treatises on Military Affairs of the Ming Dynasty.* 2 vols. Hamburg: Gesellschaft fûr nature und Völkerlande ostasiens, 1998.

——. "The Luchuan-Pingmian Campaigns (1436–1449) in the Light of Official Chinese Historiography." *Oriens Extremus* 39.2 (1996): 162–203.

Lin Shuxun et al., eds. *Shaozhou fuzhi.* 1874. Vol. 2 in *Zhongguo fangzhi congshu.* Taibei: Chengwen chubanshe, 1966. 林述训等编：《韶州府志》，《中国方志丛书》，台北：成文出版社，1966 年。

Liu Shaoxiang, ed. *Zhongguo junshi zhidu shi: Junshu zuzhi tizhi bianzhi juan.* Zhengzhou: Da xiang chubanshe, 1997. 刘昭祥编：《中国军事制度史：军事组织体制编制卷》，郑州：大象出版社，1997 年。

Liu Shaoxiang and Wang Xiaowei. *Lidai bingzhi qian shuo.* Beijing: Jiefang jun chubanshe, 1986. 刘昭祥、王晓卫：《历代兵制浅说》：北京：解放军出版社，1986 年。

Liu Zehua, ed. *Zhongguo zhengzhi sixiang shi (Sui, Tang, Yuan, Ming, Qing juan).* Hangzhou: Zhejiang renmin chubanshe, 1996. 刘泽华编：《中国政治思想史：隋唐元明清卷》，杭州：浙江人民出版社，1996 年。

Lo Jung-pang. "Policy Formation and Decision-Making on Issues Respecting Peace and War." In Hucker, *Chinese Government in Ming Times,* 41–72.

Lo, Winston W. "The Self-image of the Chinese Military in Historical Perspective." *Journal of Asian History* 31.1 (1997): 1–24.

Long Wenbin. *Ming huiyao.* 2 vols. 1887. Taibei: Shijie shuju, 1960. 龙文彬 :《明会要》, 台北 : 世界书局，1960 年。

Lorge, Peter, ed. *The International Library of Essays in Military History: Warfare in China to 1600.* Aldershot: Ashgate, 2005.

——. *War, Politics, and Society in Early Modern China, 900–1795.* London: Routledge, 2005.

Lu Zhongli. *Liang yuan zouyi.* 1600s. Vol. 4.1 of *Ming-Qing shiliao huibian,* compiled by Shen Yunlong. Taibei: Wenhai chubanshe, 1967. 逯中立:《两垣奏议》，沈云龙编:《明清史料汇编》，台北 : 文海出版社，1967 年。

Luo Lixin. "Ming dai jingying zhi xingcheng yu shuaibei." *Ming shi yanjiu zhuankan* 6 (June 1983): 1–36. 罗丽馨 :《明代京营之形成与衰败》,《明史研究专刊》第 6 卷，1983 年，第 1–36 页。

Lynn, John A., ed. *Feeding Mars: Logistics in Western Warfare from the Middle Ages to the Present.* Boulder: Westview, 1993.

——, ed. *Tools of War: Instruments, Ideas, and Institutions of Warfare, 1445–1871.* Urbana: University of Illinois Press, 1990.

Mallett, Michael. "Mercenaries." In Keen, *Medieval Warfare,* 209–29.

Mao Ruizheng. *Wanli san da zheng kao.* 1621. Vol. 58 of *Ming-Qing shiliao huibian,* compiled by Shen Yunlong. Taibei: Wenhai chubanshe, 1971. 茅瑞征 :《万历三大征考》，沈云龙编 :《明清史料汇编》，台北 : 文海出版社，1971 年。

Mao Yuanyi. *Wubei zhi.* 22 vols. 1621. Taibei: Huashi chubanshe, 1987. 茅元仪 :《武备志》，台北 : 华世出版社，1987 年。

Marumo Takeshige. "Chōsenjin yokuryū ni kansuru shiryō." In Fujiki and Kitajima, *Shokuhō seiken,* 329–337. 丸茂武重 :「文禄、慶長の役に於ける朝鮮人抑留に関する資料」，東京 : 有精堂出版，1974 年，第 329–337 頁。

Maske, Andrew. "The Continental Origins of Takatori Ware: The Introduction of Korean Potters and Technology to Japan through the Invasions of 1592–1598." *Transactions of the Asiatic Society of Japan,* 4th ser., 9 (1994): 43–61.

Mason, David A. "The *Sam Hwangje Paehyang* (Sacrificial Ceremony for Three Emperors): Korea's Link to the Ming Dynasty." *Korea Journal* 31.3 (Autumn 1991): 117–136.

Mass, Jeffrey P., and William B. Hauser, eds. *The Bakufu in Japanese History.* Stanford,

Calif.: Stanford University Press, 1985.

Matsuda Kiichi. *Hideyoshi to Bunroku no eki: Furoisu "Nihon shi" yori.* Tokyo: Chūō koronsha, 1974. フロイス著，松田毅一、川崎桃太編訳 :『秀吉と文禄の役：フロイス「日本史」より』，東京：中央公論社，1974 年。

Matsumoto Yoshishige. *Hō taikō seikan hiroku.* Tokyo: Seikansha, 1894. 松本愛重編:『豊太閤征韓秘録』，東京：成歓社，1894 年。

Matsura Hiroshi, comp. *Matsura Hōin seikan nikki shō.* Abridged ed. Tokyo: Yoshikawa han shichiya, 1894. 松浦厚編 :『松浦法印征韓日記抄』，東京：吉川半七，1894 年。

McCormack, Gavan. "Reflections on Modern Japanese History in the Context of the Concept of Genocide." In *The Specter of Genocide: Mass Murder in Historical Perspective,* edited by Robert Gellately and Ben Kiernan, 265–288. Cambridge: Cambridge University Press, 2003.

McNeill, William. *The Pursuit of Power: Technology, Armed Force, and Society since AD 1000.* Chicago: University of Chicago Press, 1982.

Mei Guozhen. *Xi zheng ji.* 2 vols. 1592 (preface, 1638). Facsimile reprint, Tokyo: Tokyo daigaku, 1973. 梅国桢 :《西征集》，东京大学藏 1638 年摹本。

Meng Sen et al. *Ming dai bian fang.* Vol. 6 in *Ming shi luncong,* edited by Bao Zunpeng. Taibei: Taiwan xuesheng shuju, 1968. 孟森等 :《明代边防》，收于包遵彭编 :《明史论丛》第 6 辑，台北：台湾学生书局，1968 年。

Meskill, John. *Gentlemanly Interests and Wealth on the Yangtze Delta.* Ann Arbor: Association for Asian Studies, 1994.

——. *Academies in Ming China: A Historical Essay.* Ann Arbor: Association for Asian Studies, 1985.

Miki Haruo. *Konishi Yukinaga to Shin Ikei: Bunroku no eki Fushimi jishin soshite Keichō no eki.* Tokyo: Nihon toshokan kankokai, 1997. 三木晴男 :『小西行長と沈惟敬：文禄の役、伏見地震、そして慶長の役』，東京：日本図書刊行会，1997 年。

Miki Seiichirō. "Kampaku gaikō taisei no tokushitsu o megutte." In Tanaka, *Nihon zenkindai,* 72–99. 三鬼清一郎:「関白外交体制の特質をめぐって」，田中健夫編:『日本前近代の国家と対外関係』，東京：吉川弘文館，1987 年，第 72–99 頁。

——. "Chōsen eki ni okeru gunyaku taikei ni tsuite." *Shigaku zasshi* 75.2 (February 1966): 129–154.「朝鮮役における軍役体系について」，『史学雑誌』75(2)，1966 年 2 月，第 1-26 頁。

Miller, Harry S. "Newly Discovered Source Sheds Light on Late Ming Faction: Reading Li Sancai's *Fu Huai Xiao Cao.*" *Ming Studies* 47 (Spring 2003): 126–140.

——. "State Versus Society in Late Imperial China, 1572–1644." Ph.D. diss., Columbia University, 2001.

Millinger, James Ferguson. "Ch'i Chi-kuang: A Ming Military Official as Viewed by his Contemporary Civilian Officials." *Oriens Extremus* 20.1 (1973): 103–117.

——. "Ch'i Chi-kuang, Chinese Military Official: A Study of Civil Military Roles and Relations in the Career of a Sixteenth-Century Warrior, Reformer, and Hero." Ph.D. diss., Yale University, 1968.

Miyamoto Musashi. *The Book of Five Rings.* Translated by Thomas Cleary. Boston: Shambhala, 1994.

Moloughney, Brian, and Xia Weizhong. "Silver and the Fall of the Ming: A Reassessment." *Papers on Far Eastern History* 40 (September 1989): 51–78.

Mori Katsumi. "The Beginnings of Overseas Advance of Japanese Merchant Ships." *Acta Asiatica* 23 (1972): 1–24.

——. "International Relations between the 10th and 16th Century and the Development of Japanese International Consciousness." *Acta Asiatica* 2 (1961): 69–93.

Morillo, Stephen. "Guns and Government: A Comparative Study of Europe and Japan." *Journal of World History* 6.1 (Spring 1995): 75–106.

Mote, Frederick W. *Imperial China, 900–1800.* Cambridge, Mass.: Harvard University Press, 1999.

Mote, Frederick W., and Denis Twitchett, eds. *The Cambridge History of China, Volume 8: The Ming Dynasty, 1368–1644, Part II.* Cambridge: Cambridge University Press, 1998.

——. *The Cambridge History of China, Volume 7: The Ming Dynasty, 1368–1644, Part I.* Cambridge: Cambridge University Press, 1988.

Mungello, D. E. *The Great Encounter of China and the West, 1500–1800.* Lanham, Md.: Rowman and Littlefield, 1999.

Murai Shōsuke. *Chūsei wajinden.* Tokyo: Iwanami shoten, 1993. 村井章介：『中世倭人伝』，東京：岩波書店，1993年。

Murakami Tsuneo. *Kan Han: Jukyo o tsutaeta ryoshu no sokuseki.* Tokyo: Akashi shoten, 1999. 村上恒夫：『姜沆：儒教を伝えた虜囚の足跡』，東京：明石書店，1999年。

Murdoch, James. *A History of Japan Vol. II: During the Century of Early Foreign Intercourse(1542–1651).* London: Kegan Paul, Trench, and Trubner, 1925.

Naito Shumpo. *Bunroku keichō no eki ni okeru hiryonin no kenkyū.* Tokyo: Tokyo daigaku shūppansha, 1976. 内藤雋輔：『文禄·慶長役における被擄人の研究』，東京：

東京大学出版会，1976 年。

——. "Sō Keinen no Chôsen nichinichiki ni tsuite." *Chōsen gakuhō* 35 (May 1965): 155–167.「僧慶念の「朝鮮日々記」について」,『朝鮮学報』35，1965 年 5 月，第 155-167 頁。

——. "Bunroku Keichō no eki ni okeru hiryo Chōsenjin no sakkan mondai ni tsuite: Chōsen shiryo ni yoru." Pt. 3. *Chōsen gakuhô* 34 (January 1965): 74–140.「壬辰・丁酉役における被擄朝鮮人の刷還問題について(下)——朝鮮史料による」,『朝鮮学報』34，1965 年 1 月，第 74–140 頁。

——. "Bunroku Keichō no eki ni okeru hiryo Chōsenjin no sakkan mondai ni tsuite: Chōsen shiryo ni yoru." Pt. 2. *Chōsen gakuhō* 33 (October 1964): 48–103.「壬辰・丁酉役における被擄朝鮮人の刷還問題について(中)——朝鮮史料による」,『朝鮮学報』33，1964 年 10 月，第 48–103 頁。

Nagahara Keiji and Yamamura Kozo. "Shaping the Process of Unification: Technological Process in Sixteenth- and Seventeenth-Century Japan." *Journal of Japanese Studies* 14.1 (1988): 77–109.

Nagahara Keiji et al., eds. *Chūsei kinsei no kokka to shakai.* Tokyo: Tokyo daigaku shuppankai, 1986. 永原慶二等編：『中世・近世の国家と社会』，東京：東京大学出版会，1986 年。

Nakamura Hidetaka. "Chōsengun no horyo ni natta Fukuda Kanyuki no kyōjutsu." In Fujiki and Kitajima, *Shokuhō seiken,* 324–328. 中村栄孝：「朝鮮軍の捕虜になった福田勘介の供述：朝鮮人俘虜の日本農村耕作など」，藤木久志、北島万次編：『織豊政権』，東京：有精堂出版。第 324–328 頁。

——. "Torigai sensō ni okeru Toyotomi Hideyoshi no mokuteki." In Fujiki and Kitajima, *Shokuhō seiken,* 277–305.「対外戦争における豊臣秀吉の目的」，藤木久志、北島万次編：『織豊政権』，東京：有精堂出版，第 277–305 頁。

——. *Nihon to Chōsen.* Tokyo: Shibundō, 1966.『日本と朝鮮』，東京：至文堂，1966 年。

——. *Nissen kankeishi no kenkyū.* 3 vols. Tokyo: Yoshikawa kōbunkan, 1965–1969.『日鮮関係史の研究』，東京：吉川弘文館，1965–1969 年。

Nakamura Tadashi. "Chōsen no eki to Kyushu." In Fujiki and Kitajima, *Shokuhō seiken,* 262–276. 中村質：「朝鮮の役と九州」，藤木久志、北島万次編：『織豊政権』，東京：有精堂出版，第 262–276 頁。

Nakamura Tokugoro. "Ni-Min kōwa haretsu shi temmatsu." *Shigaku zasshi* 8.10 (October 1897): 957–983. 中村徳五郎：「日明媾和破裂之顛末」,『史学雑誌』8.10 1897 年 10 月，第 957–983 頁。

Nakano Hitoshi. *Toyotomi seiken no taigai shinryaku to Taika kenchi.* Tokyo: Azekura shobo, 1996. 中野等:『豊臣政権の対外侵略と太閤検地』, 東京:校倉書房, 1996 年。

Nakao Hiroshi. *Chōsen tsushinshi to Jinshin waran: Nitcho kankei shiron.* Tokyo: Akashi shōten, 2000. 仲尾宏:『朝鮮通信使と壬辰倭乱:日朝関係史論』, 東京:明石書店, 2000 年。

Nakura Tetsuzō. "Hideyoshi no Chôsen shinryaku to shinkoku-bakuhanseishihai ideorogii keisei no ichi zentei to shite." *Rekishi hyôron* 314 (1976): 29–35. 奈倉哲三:「秀吉の朝鮮侵略と「神国」——幕藩制支配イデオロギー形成の一前提として」,『歴史評論』314, 1976 年 6 月, 第 29–35 頁。

Nazakato, Norimoto. *Hideyoshi no Chōsen shinko to minshu bunroku no eki (Imujin ueran): Nihon minshu no kuno to Chôsen minshu no teiko.* 2 vols. Tokyo: Bunken shûppansha, 1993. 中里紀元:『秀吉の朝鮮侵攻と民衆・文禄の役(壬辰倭乱):日本民衆の苦悩と朝鮮民衆の抵抗』, 東京:文献出版, 1993 年。

Needham, Joseph, et al. *Science and Civilisation in China Volume 5, Part 6: Chemistry and Chemical Technology: Military Technology; Missiles and Sieges.* Cambridge: Cambridge University Press, 1994.

——. *Science and Civilisation in China Volume 5, Part 7: Chemistry and Chemical Technology: Military Technology; The Gunpowder Epic.* Cambridge: Cambridge University Press, 1986.

Neves, Jaime Ramalhete. "The Portuguese in the Im-Jim War?" *Review of Culture* 18 (1994): 20–24.

Niderost, Eric. "Yi Sun Sin and Won Kyun: The Rivalry That Decided the Fate of a Nation." *Korean Culture* 22.4 (Winter 2001): 10–19.

Nishijima Sadao. *Nihon rekishi no kokuksai kankyō.* Tokyo: Tokyo daigaku shuppankai, 1985. 西嶋定生:『日本歴史の国際環境』, 東京:東京大学出版会, 1985 年。

Noguchi Kakuchu. *Yakimono to tsurugi: Hideyoshi no Chôsen shuppei to toko dai torai.* Tokyo: Kōdansha, 1980. 野口赫宙:『陶と剣:秀吉の朝鮮出兵と陶工大渡来』, 東京:講談社, 1980 年。

Nukii Masayuki. *Toyotomi seiken no kaigai shinryaku to Chōsen gihei kenkyū.* Tokyo: Aoki shōten, 1996. 貫井正之:『豊臣政権の海外侵略と朝鮮義兵研究』, 東京:青木書店, 1996 年。

——. *Hideyoshi to tatakatta Chōsen busho.* Tokyo: Rokko shuppan, 1992.『秀吉と戦った朝鮮武将』, 東京:六興出版, 1992 年。

Ŏ Hŭimun. *Swaemirok.* 2 vols. Ca. 1601. Seoul: National History Institute, 1962. 吳希文:

『瑣尾錄』, 서울 : 國史編纂委員會, 1962 년。

Okano Masako. “Banreki niju nen Neige heihen.” In Ono, *Minmatsu Shinsho,* 587–623. 岡野昌子 :「万暦二十年寧夏兵変」, 小野和子編 :『明末清初の社会と文化』, 京都 : 京都大学人文科学研究所, 1996 年, 第 587–623 頁。

——. “Minmatsu Hashu ni okeru Yō Ōryo no ran ni tsuite.” *Tōhōgaku* 41 (March 1971): 63–75.「明末播州における楊応竜の乱について」,『東方学』41, 1971 年 3 月, 第 63–75 頁。

Okuyama Norio. “Mindai junbu seido no hensen.” *Tōyōshi kenkyū* 45.2 (September 1986): 55–80. 奥山憲夫,「明代巡撫制度の変遷」,『東洋史研究』45(2) ,1986 年 9 月, 第 241–266 頁。

Ono Kazuko, ed. *Minmatsu Shinsho no shakai to bunka.* Kyoto: Kyoto daigaku jimbun gaku kenkyūsho, 1996. 小野和子編 :『明末清初の社会と文化』, 京都 : 京都大学人文科学研究所, 1996 年。

——. ed. *Min-Shin jidai no seiji to shakai.* Kyoto: Kyoto daigaku jinbun kagaku kenkyūsho, 1986.『明清時代の政治と社会』, 京都 : 京都大学人文科学研究所, 1983 年。

——. “‘Banreki teisho’ to ‘Banreki shosho.’” *Tōyōshi kenkyū* 39.4 (March 1981): 33–52.「「万暦邸鈔」と「万暦疏鈔」」,『東洋史研究』39(4) ,1981 年 3 月,第 667–686 頁。

Ooms, Herman. *Tokugawa Ideology: Early Constructs, 1570–1680.* Princeton: Princeton University Press, 1985.

Osa Masanori. “Keitetsu Genso ni tsuite-ichi gaikō sō no shutsuji to hōkei.” *Chōsen gakuhō* 29 (1963): 135–147. 長正統:「景轍玄蘇について—外交僧の出自と法系—」,『朝鮮学報』29 , 1963 年, 第 135–147 頁。

Osaka Castle Museum. *Hideyoshi and Osaka Castle: A Look into Its History and Mystery.* Osaka: Osaka Castle Museum, 1988.

Osawa Akihiro. “Minmatsu shukyo teki hanran no ichi kosatsu.” *Tōyōshi kenkyū* 44.1 (June 1985): 45–76. 大沢顕浩 :「明末宗教的反乱の一考察——砿徒と宗教結社の結合形態」,『東洋史研究』44(1) , 1985 年 6 月, 第 45–76 頁。

Ota Hideharu. “Gunbu ni yoru Bunroku-Keichō no eki no jōkaku kenkyū.” *Gunji shigaku* 38.2 (September 2002): 35–48. 太田秀春 :「軍部による文禄 · 慶長の役の城郭研究」,『軍事史学』38(2) , 2002 年 9 月 , 第 35–48 頁。

Oze Hoan. *Taikō-ki.* Ca. 1625. Tokyo: Iwanami shoten, 1996. 小瀬甫庵著, 佐竹昭広等編, 桧谷昭彦等校注 :『太閤記』, 東京 : 岩波書店, 1996 年。

Pak Tongnyang. *Kijae chapki.* 1590s. Seoul: National Library of Korea, 2005. Manuscript (accessed via electronic database). 朴東亮 :『寄齋雜記』, 서울 : 國立中央圖書館藏抄本 .

Palais, James B. *Confucian Statecraft and Korean Institutions: Yu Hyŏnggwŏn and the Late Chosŏn Dynasty.* Seattle: University of Washington Press, 1996.

Park, Eugene Y. *Between Dreams and Reality: The Military Examination in Late Choso˘n Korea.* Cambridge, Mass.: Harvard University Press, 2007.

——. "Military Examination Graduates in Sixteenth-Century Korea: Political Upheaval, Social Change, and Security Crisis." *Journal of Asian History* 35.1 (2001): 1–57.

Park Jae-gwang. "A Study on the Fire Weapons of Chosŏn, Ming, and Japan in the Imjin Waeran." *Kunsa* [Military History] 51.4 (2004): 109–149. 박재광 :「임진왜란기 朝 · 明 · 日 삼국의 무기체계와 교류」,『軍史』51，2004 년 4 월，109–149。

Park Yune-hee. *Admiral Yi Sun-shin and His Turtleboat Armada.* Seoul: Hanjin Publishing, 1978.

Parker, Geoffrey. "The Limits to Revolutions in Military Affairs: Maurice of Nassau, the Battle of Nieuwpoort (1600) and the Legacy." *The Journal of Military History* 71.2 (April 2007): 331–372.

——. *The Grand Strategy of Philip II.* New Haven: Yale University Press, 1998.

——. *The Military Revolution: Military Innovation and the Rise of the West 1500–1800.* 2nd ed. Cambridge: Cambridge University Press, 1996.

——, ed. *The Cambridge Illustrated History of Warfare: The Triumph of the West.* Cambridge: Cambridge University Press, 1995.

Perdue, Peter C. *China Marches West: The Qing Conquest of Central Eurasia.* Cambridge, Mass.: Harvard University Press, 2005.

Perrin, Noel S. *Giving up the Gun: Japan's Reversion to the Sword, 1543–1879.* Boston: David R. Godine, 1979.

Qi Jiguang. *Jixiao xinshu.* 1562. Taibei: Wuzhou chubanshe, 2000. 戚继光 :《纪效新书》，台北：五洲出版有限公司，2000 年。

Qian Jibo. *Ming jian.* 2 vols. Taibei: Qiming shuju, 1959. 钱基博 :《明鉴》，台北：启明书局，1959 年。

Qian Shizhen. *Zheng dong shiji.* Ca.1598. In *Congshu jicheng xubian,* vol. 23. Shanghai: Shanghai shudian, 1994. 钱世桢 :《征东实纪》，见《丛书集成续编》第 23 册，上海：上海书店出版社，1994 年。

Qian Yiben, comp. *Wanli dichao.* 3 vols. Ca. 1617. Taibei: Zhengzhong shuju, 1982. 钱一本 :《万历邸钞》，台北：正中书局，1982 年。

Qu Jiusi. *Zuben Wanli wu gong lu.* 5 vols. 1612. Taibei: Yiwen shuguan, 1980. 瞿九思：《足本万历武功录》，台北：艺文印书馆，1980 年。

Rai Sanyo. *Nihon gaishi.* 2 vols. 1827. Taibei: Guangwen shuju, 1982. 赖山阳：《增补日本外史》，台北：广文书局，1982 年。

Rawski, Evelyn S. *The Last Emperors: A Social History of Qing Imperial Institutions.* Berkeley: University of California Press, 1998.

Reid, Anthony. *Southeast Asia in the Age of Commerce, 1450–1680. Volume One: The Lands below the Winds.* New Haven: Yale University Press, 1988.

——. *Southeast Asia in the Age of Commerce, 1450–1680. Volume Two: Expansion and Crisis.* New Haven: Yale University Press, 1993.

Ricci, Matteo. *China in the Sixteenth Century: The Journals of Matthew Ricci, 1583–1610.* Translated by Louis J. Gallagher. New York: Random House, 1953.

Robinson, David M., ed. *Culture, Courtiers, and Competition: The Ming Court (1368–1644).* Cambridge, Mass.: Harvard University Asia Center, 2008.

——. "Disturbing Images: Rebellion, Usurpation, and Rulership in Early Sixteenth-Century East Asia—Korean Writings on Emperor Wuzong." *The Journal of Korean Studies* 9.1 (Fall 2004): 97–127.

——. *Bandits, Eunuchs, and the Son of Heaven: Rebellion and the Economy of Violence in Mid-Ming China.* Honolulu: University of Hawaii Press, 2001.

——. "Korean Lobbying at the Ming Court: King Chungjong's Usurpation of 1506: A Research Note." *Ming Studies* 41 (1999): 37–53.

Robinson, Kenneth R. "An Island's Place in History: Tsushima in Japan and in Chosön, 1392–1592." *Korean Studies* 30 (2006): 40–66.

——. "Centering the King of Chosón: Aspects of Korean Maritime Diplomacy, 1392–1592." *Journal of Asian Studies* 59.1 (February 2000): 109–125.

——. "The Imposter Branch of the Hatekeyama Family and Japanese-Chosön Court Relations, 1455–1580s." *Asian Cultural Studies* 25 (1999): 67–88.

——. "Policies of Practicality: The Chosón Court's Regulation of Contact with Japanese and Jurchens, 1392–1580s." Ph.D. diss., University of Hawaii, 1997.

——. "The Tsushima Governor and the Regulation of Contact with Chosón in the Fifteenth and Sixteenth Centuries." *Korean Studies* 20 (1996): 23–50.

——. "From Raiders to Traders: Border Security and Border Control in Early Chosón." *Korean Studies* 16 (1992): 94–115.

Rogers, Clifford J., ed. *The Military Revolution Debate.* Boulder: Westview, 1995.

Rossabi, Morris. "The Ming and Inner Asia." In Mote and Twitchett, *Cambridge History of China Volume 8,* 221–271.

——. "The Tea and Horse Trade with Inner Asia during the Ming." *Journal of Asian History* 4.2 (1970): 136–168.

Ryang, Key S. "The Korean-Japanese Relations in the Seventeenth Century." *Korea Observer* 13.4 (Winter 1982): 434–450.

Sadler, A. L. "The Naval Campaign in the Korean War of Hideyoshi (1592–1598)." *Transactions of the Asiatic Society of Japan,* 2nd ser., 14 (June 1937): 179–208.

Sanbō honbu, comp. *Nihon senshi: Chōsen no eki.* Reprint, Tokyo: Murata shoten, 1978. 参謀本部編：『日本戦史 朝鮮役』，東京：村田書店，1978 年。

Sansom, George. *A History of Japan, 1334–1615.* Stanford, Calif.: Stanford University Press, 1994.

Sasama Yoshihiko. *Jidai kōshō Nihon kassen zuten.* Tokyo: Yuzankaku, 1997. 笹間良彦：『時代考証日本合戦図典』，東京：雄山閣出版，1997 年。

Sato Fumitoshi. "Dozoku Riseizan no ran ni tsuite Minmatsu kahoku nomin hanran no ichi keitai." *Toyo Gakūho* 53.3–4 (1971): 117–163. 佐藤文俊：「「土賊」李青山の乱について——明末華北農民反乱の一形態」，『東洋学報』53(3・4)，1971 年 3 月，第 117–163 頁。

Satow, E. "The Korean Potters in Satsuma." *Transactions of the Asiatic Society of Japan* 6.2 (1878): 193–203.

Sawyer, Ralph D. *Fire and Water: The Art of Incendiary and Aquatic Warfare in China.* Boulder: Westview, 2004.

——, trans. *One Hundred Unorthodox Strategies: Battle and Tactics of Chinese Warfare.* Boulder: Westview, 1996.

——. *The Seven Military Classics of Ancient China.* Boulder: Westview, 1993.

Selby, Stephen. *Chinese Archery.* Hong Kong: Hong Kong University Press, 2000.

Serruys, Henry. "Towers in the Northern Frontier Defenses of the Ming." *Ming Studies* 14 (1982): 9–76.

——. "Sino-Mongol Relations during the Ming III: Trade Relations: The Horse Fairs (1400–1600)." *Melanges Chinois et bouddhiques* 17 (1973–1975): 9–275.

——. *Sino-Mongol Relations during the Ming II: The Tribute System and Diplomatic Missions (1400–1600).* Vol. 14 of *Melanges Chinois et Bouddhiques.* Brussels: Institut Belge des hautes etudes Chinoises, 1967.

——. "Four Documents Relating to the Sino-Mongol Peace of 1570–1571." *Monumenta*

Serica 19 (1960): 1–66.

——. *Genealogical Tables of the Descendants of Dayan-Qan.* The Hague: Mouton, 1958.

Shahar, Meir. *The Shaolin Monastery: History, Religion, and the Chinese Martial Arts.* Honolulu: University of Hawaii Press, 2008.

Shen Defu. *Wanli yehuo bian.* 3 vols. 1619. Beijing: Zhonghua shuju, 1980. 沈德符 :《万历野获编》, 北京 : 中华书局, 1980 年。

Shen Guoyuan. *Huang Ming congxin lu.* 1627. Yangzhou: Jiangsu guangling guji keyinshe, 1987. 陈建辑, 沈国元订 :《皇明从信录》, 扬州 : 江苏广陵古籍刻印社, 1987 年。

Shin Dongkyu. "Oranda jin hyōryūmin to Chōsen no seiyō shiki heiki no kaihatsu." *Shi'en* 61.1 (November 2000): 54–70. 申東珪 :「オランダ人漂流民と朝鮮の西洋式兵器の開発」,『史苑』61(1), 2000 年 11 月, 第 54–70 頁。

Shin Leo K. *The Making of the Chinese State: Ethnicity and Expansion on the Ming Borderlands.* New York: Cambridge University Press, 2006.

Shore, David H. "Last Court of Ming China: The Reign of the Yung-li Emperor in the South, 1647–1662." Ph.D. diss., Princeton University, 1976.

Showalter, Dennis. "Caste, Skill, and Training: The Evolution of Cohesion in European Armies from the Middle Ages to the Sixteenth Century." *The Journal of Military History* 57.3 (July 1993): 407–430.

Shultz, Edward J. *Generals and Scholars: Military Rule in Medieval Korea.* Honolulu: University of Hawaii Press, 2000.

Sim Nosung, comp. *Paerim.* 10 vols. Ca. 1800. Seoul: T'amgudang, 1969–1970. 沈魯崇編 :『稗林』, 서울 : 探求堂, 1969–1970 년。

Sin Hum. *Sangch'on ko.* Vols. 71–72 in *Han'guk munchip ch'onggan.* 220 vols. Seoul: Kyŏngin munhwasa, 1990. 申欽 :『象村稿』,『韓國文集叢刊』第 71–72 冊, 서울 : 景仁文化社, 1990 년。

——. *Sangch'on Sŏnsaeng chip.* 1636. Berkeley: University of California, 1972. Manuscript (microfilm).『象村先生文集』。

Sin Kisu. *Jusha Kan Han to Nihon: Jukyo o Nihon ni tsutaeta Chōsenjin.* Tokyo: Akashi shôten, 1991. 辛基秀 :『儒者姜沆と日本 : 儒教を日本に伝えた朝鮮人』, 東京 : 明石書店, 1991 年。

Sin Kyŏng. *Zaizao fanbang zhi* [*Chaejo pŏnbang chi*]. 2 vols. Ca. 1693. Taibei: Guiting chubanshe, 1980. 申炅 :《再造藩邦志》, 台北 : 珪庭出版社, 1980 年。

So Kwan-wai. *Japanese Piracy in Ming China during the Sixteenth Century.* East

Lansing: Michigan State University Press, 1975.

Sohn Pow-key, ed. *Nanjung Ilgi: War Diary of Admiral Yi Sun-sin.* Translated by Ha Tae-hung. Seoul: Yonsei University Press, 1977.

Song Maocheng. *Jiuyue qianji.* Ca. 1612. Facsimile reprint, Kyoto: Kyoto daigaku, 1973. 宋懋澄 :《九籥前集》, 京都大学藏摹本。

Song Yingchang. *Jinglue fuguo yaobian.* 2 vols. 1590s. Taibei: Taiwan xuesheng shuju, 1986. 宋应昌 :《经略复国要编》, 台北 : 台湾学生书局, 1986 年。

——. *Song jinglue shu.* Ca. 1594. In *Zhong-Han guanxi shiliao xuanji vol. 6.* Taibei: Guiting chubanshe, 1980.《宋经略书》,《中韩关系史料选辑》第 6 册, 台北 : 珪庭出版社, 1980 年。

Souryi, Pierre Francois. *The World turned Upside Down: Medieval Japanese Society.* Translated by Kate Roth. New York: Columbia University Press, 2001.

Spence, Jonathan D., and John E. Wills, eds. *From Ming to Ch'ing: Conquest Region and Continuity in Seventeenth Century China.* New Haven: Yale University Press, 1979.

Stramigioli, Giuliana. "Hideyoshi's Expansionist Policy on the Asiatic Mainland." *Transactions of the Asiatic Society of Japan,* 3rd ser. (December 1954): 74–116.

Strauss, Barry. "Korea's Legendary Admiral." *Military History Quarterly* 17.4 (Summer 2005): 52–61.

Struve, Lynn A., ed. *The Qing Formation in World-Historical Time.* Cambridge, Mass.: Harvard University Press, 2004.

——. *The Ming-Qing Conflict, 1619–1683: A Historiography and Source Guide.* Ann Arbor: Association for Asian Studies, 1998.

——, ed. and trans. *Voices from the Ming-Qing Cataclysm: China in Tiger's Jaws.* Princeton: Princeton University Press, 1993.

——. *The Southern Ming: 1644–1662.* New Haven: Yale University Press, 1984.

Suganuma, Unryu. "Sino-Liuqiu and Japanese-Liuqiu Relations in Early Modern Times." *Journal of Asian History* 31.1 (1997): 47–60.

Suh In-han. "Cavalry Engagements Involving the Allied Forces of Chosŏn and Chinese Ming Troops." *Kunsa* [Military History] 51.4 (2004): 1–43. 徐仁漢 :「朝・明 聯合軍騎兵作戰의 展開樣相」,『軍史』51, 2004 년 4 월, 1–43。

Sun Laichen. "Ming China and Korea, c. 1368–1600: With Special Reference to Gunpowder Technology." Unpublished conference paper presented at the International Conference on Asian Studies, 2004.

——. "Qi Jiguang and the Japanese Invasion of Korea (1592–1598)." Unpublished paper

presented at the Annual Meeting of the Association for Asian Studies, 2004.
——. "Military Technology Transfers from Ming China and the Emergence of Northern Mainland Southeast Asia (c. 1390–1527)." *Journal of Southeast Asian Studies* 34.3 (October 2003): 495–517.
——. "Ming–Southeast Asian Overland Interactions, 1368–1644." Ph.D. diss., University of Michigan, 2000.
Sun Wenliang. *Ming-Qing renwu.* Shanghai: Shanghai renmin chubanshe, 1991. 孙文良：《明清人物》，上海：上海人民出版社，1991 年。
Sung Ying-hsing. *Chinese Technology in the Seventeenth Century: T'ien kung k'ai-wu.* Translated by E-tu Zen Sun and Shiou-chuan Sun. Mineola, N.Y.: Dover, 1997.
Susser, Bernard. "The Toyotomi Regime and the Daimyo." In Mass and Hauser, *Bakufu in Japanese History,* 129–152.
Suzuki Chusei. *Chugokushi ni okeru kakumei to shukyo.* Tokyo: Tokyo daigaku shuppankai, 1974. 鈴木中正:『中国史における革命と宗教』, 東京:東京大学出版会, 1974 年。
Suzuki Ryōichi. *Toyotomi Hideyoshi.* Tokyo: Iwanami shoten, 1954. 鈴木良一：『豊臣秀吉』, 東京：岩波書店，1954 年。
Swope, Kenneth M. "Cutting Dwarf Pirates Down to Size: Amphibious Warfare in Sixteenth-Century East Asia." Forthcoming in Selected Papers of the 2007 Naval History Symposium, Annapolis, Md.
——. "Bestowing the Double-edged Sword: Wanli as Supreme Military Commander." In Robinson, *Culture, Courtiers, and Competition,* 61–115.
——. "War and Remembrance: Yang Hao and the Siege of Ulsan of 1598." *Journal of Asian History* 42.2 (December 2008): 165–195.
——. "Approaches to the Imjin War." *Journal of Korean Studies* 12.1 (Fall 2007): 154–161.
——. "Protecting the Dragon's Teeth: Reasons for Ming China's Intervention." In Chung Doo-hee, *Transnational History of the "Imjin Waeran,"* 365–390.
——. "Beyond Turtleboats: Siege Accounts from Hideyoshi's Second Invasion of Korea, 1597–1598." *Sungkyun Journal of East Asian Studies* 6.2 (October 2006): 177–206.
——. "Crouching Tigers, Secret Weapons: Military Technology Employed during the Sino-Japanese-Korean War, 1592–1598." *The Journal of Military History* 69.1 (January 2005): 11–43.
——, ed. *The International Library of Essays in Military History: Warfare in China since*

1600. Aldershot, U.K.: Ashgate, 2005.

——. “A Few Good Men: The Li Family and China’s Northern Frontier in the Late Ming.” *Ming Studies* 49 (2004): 34–81.

——. “Turning the Tide: The Strategic and Psychological Significance of the Liberation of Pyongyang in 1593.” *War and Society* 21.2 (October 2003): 1–22.

——. “All Men Are Not Brothers: Ethnic Identity and Dynastic Loyalty in the Ningxia Mutiny of 1592.” *Late Imperial China* 24.1 (June 2003): 79–129.

——. “Deceit, Disguise, and Dependence: China, Japan, and the Future of the Tributary System, 1592–1596.” *The International History Review* 24.4 (December 2002): 757–782.

——. “The Three Great Campaigns of the Wanli Emperor, 1592–1600: Court, Military, and Society in Late Sixteenth-Century China.” Ph.D. diss., University of Michigan, 2001.

——. “Civil-Military Coordination in the Bozhou Campaign of the Wanli Era.” *War and Society* 18.2 (October 2000): 49–70.

Takagi Hiroshi. “Toyotomi Hideyoshi in Modern Japan.” In Chung Doo-hee, *Transnational History of the “Imjin Waeran,”* 243–252.

Takagi, Shôsaku. “Hideyoshi’s Peace and the Transformation of the Bushi Class—the Dissolution of the Autonomy of the Medieval Bushi.” *Acta Asiatica* 49 (1985): 46–77.

Takayanagi Mitsutoshi. *Sengoku jinmei jiten.* Tokyo: Yoshikawa kobunkan, 1973. 高柳光寿 :『戦国人名事典』, 東京 : 吉川弘文館，1973 年。

Tamura Jitsuzō. “Mindai no hoppen bōei taisei.” In *Mindai Man-Mō shi kenkyū* edited by Tamura Jitsuzō, 73–161. Kyoto: Kyoto daigaku, 1963. 田村実造 :「明代の北辺防衛体制」, 田村実造編 :『明代満蒙史研究 : 明代満蒙史料研究篇』, 京都 : 京都大学文学部，1963 年，第 73–161 頁。

Tamura Jōji. *Konishi Yukinaga.* Tokyo: Chūō shuppansha, 1978. 田村襄次 :『小西行長』, 東京 : 中央出版社，1978 年。

Tan Qian, ed. *Guoque.* 10 vols. 1653. Taibei: Dingwen shuju, 1978. 谈迁:《国榷》, 台北 : 鼎文书局，1978 年。

Tan Qixiang, ed. *Zhongguo lishi ditu ji.* Vol. 7 of Yuan-Ming. Shanghai: Ditu chubanshe, 1991. 谭其骧编:《中国历史地图集》卷 7《元明》, 北京 : 中国地图出版社，1991 年。（校者注 : 地图出版社公私合营后由上海迁往北京，1987 年改为中国地图出版社）

Tanaka Takeo, ed. *Nihon zenkindai no kokka to taigai kankei.* Tokyo: Yoshikawa kobunkan, 1987. 田中健夫編 :『日本前近代の国家と対外関係』, 東京 : 吉川弘文館, 1987 年。

Tanaka Yoshinari. *Toyotomi jidaishi.* Reprint, Tokyo: Kôdansha, 1980. 田中義成 :『豊臣時代史』, 東京 : 講談社, 1980 年。

Taniguchi Kikuo. "Minmatsu hokuhen boei ni okeru saisochi ni tsuite." In Ono, *Minmatsu Shinsho,* 1–26. 谷口規矩雄 :「明末北辺防衛における債帥について」, 小野和子編 :『明末清初の社会と文化』, 京都 : 京都大学人文科学研究所, 1996 年, 第 1–26 頁。

——. "Peasant Rebellions in the Late Ming." *Acta Asiatica* 38 (March 1980): 54–68.

Tashiro Kazui. "Foreign Relations during the Edo Period: *Sakoku* Reexamined." *Journal of Japanese Studies* 8.2 (Summer 1982): 283–306.

Taylor, Romeyn. *The Guard System of the Ming Dynasty: Its Original Organization and Its Decline.* Chicago: University of Chicago, 1953.

——. "Yüan Origins of the *Wei-so* System." In Hucker, *Chinese Government in Ming Times,* 23–40.

Tien Chen-ya. *Chinese Military Theory: Ancient and Modern.* Oakville, N.Y.: Mosaic, 1992.

Tilly, Charles. *Coercion, Capital, and European States, 990–1990.* London: Basil Blackwell, 1990.

Toby, Ronald P. "Contesting the Centre: International Sources of Japanese National Identity." *The International History Review* 7.3 (August 1985): 347–363.

——. *State and Diplomacy in Early Modern Japan: Asia in the Development of the Tokugawa Bakufu.* Stanford, Calif.: Stanford University Press, 1984.

Tokutomi Iichirō. *Toyotomi Hideyoshi: Toyotomi shi jidai.* Tokyo: Kōdansha, 1981. 徳富蘇峰著, 平泉澄校訂 :『近世日本国民史 豊臣秀吉 : 豊臣氏時代』, 東京 : 講談社, 1981 年。

Tokyo daigaku shiryō hensanjo, comp. *Hō taikō Shinseki shū.* 3 vols. Tokyo: Tokyo daigaku shuppan kai, 1938. 東京帝国大学史料編纂所編 :『豊太閤真蹟集』, 東京 : 東京大学出版会, 1976 年。（校者注 : 东京大学出版会成立于 1951 年, 作者所用疑是 1976 年复刻版）

Tong Chao, ed. *Zhongguo junshi zhidu shi: Houqin zhidu juan.* Zhengzhou: Da xiang chubanshe, 1997. 童超编 :《中国军事制度史 : 后勤制度卷》, 郑州 : 大象出版社, 1997 年。

Tong, James. *Disorder under Heaven: Collective Violence in the Ming Dynasty.* Stanford,

Calif.: Stanford University Press, 1991.

Totman, Conrad. *Early Modern Japan.* Berkeley: University of California Press, 1993.

Tsai, Shih-shan Henry. *Perpetual Happiness: The Ming Emperor Yongle.* Seattle: University of Washington Press, 2001.

——. *The Eunuchs in the Ming Dynasty.* Albany: State University of New York Press, 1996.

Tsunoda Ryusaku, William Theodore de Bary, and Donald Keene, comps. *Sources of Japanese Tradition.* New York: Columbia University Press, 1960.

Tsuruta Kei. "The Establishment and Characteristics of the 'Tsushima Gate.'" *Acta Asiatica* 67 (1994): 30–48.

Turnbull, Stephen. *The Samurai and the Sacred.* Oxford: Osprey, 2006.

——. *Ninja: The True Story of Japan's Secret Warrior Cult.* London: Caxton, 2003.

——. *Samurai Invasion: Japan's Korean War, 1592–1598.* London: Cassell, 2002.

——. *The Samurai Sourcebook.* London: Cassell, 2000.

——. *Samurai Warfare.* London: Arms and Armour, 1997.

——. *The Samurai: A Military History.* Surrey: Japan Library, 1996.

Udagawa Takehisa. *Higashi Ajia heiki kōryūshi no kenkyū: Jūgo kara* jūnana seiki ni okeru heiki no juyō to denpa. Tokyo: Yoshikawa kōbunkan, 1993. 宇田川武久：『東アジア兵器交流史の研究：十五～十七世紀における兵器の受容と伝播』，東京：吉川弘文館，1993年。

——. *Teppō denrai: heiki ga kataru kinsei no taryō.* Tokyo: Chūō kôronsha, 1990.『鉄炮伝来：兵器が語る近世の誕生』，東京：中央公論社，1990年。

Underwood, Horace H. "Korean Boats and Ships." *Transactions of the Korea Branch of the Royal Asiatic Society* 23 (1934): 1–99.

Van de Ven, Hans, ed. *Warfare in Chinese History.* Leiden, U.K.: Brill, 2000.

Von Glahn, Richard. *Fountain of Fortune: Money and Monetary Policy in China, 1000–1700.* Berkeley: University of California Press, 1996.

Von Verschuer, Charlotte. "Japan's Foreign Relations, 1200–1392 A.D.: Translation from *Zenrin kokuhôki.*" *Monumenta Nipponica* 57.4 (2002): 413–445.

Wade, Geoff. "The *Ming shi-lu* as a Source for Thai History—Fourteenth to Seventeenth Centuries." *Journal of Southeast Asian Studies* 31.2 (September 2000): 249–94.

Wakeman, Frederic, Jr. "China and the Seventeenth-Century Crisis." *Late Imperial China* 7.1 (June 1986): 1–26.

——. *The Great Enterprise: The Manchu Reconstruction of Imperial Order in*

Seventeenth Century China. 2 vols. Berkeley: University of California Press, 1985.

Wakita Osamu. "The Emergence of the State in Sixteenth-Century Japan: From Oda to Tokugawa." *Journal of Japanese Studies* 8.2 (Summer 1982): 343–367.

Wakita Osamu and James L. McClain. "The Commercial and Urban Policies of Oda Nobunaga and Toyotomi Hideyoshi." In Hall et al., *Japan before Tokugawa,* 224–247.

Waldron, Arthur. *The Great Wall of China: From History to Myth.* Cambridge: Cambridge University Press, 1992.

Waley-Cohen, Joanna. *The Culture of War in China: Empire and the Military under the Qing Dynasty.* London: I. B. Tauris, 2006.

——. "Civil-Military Relations in Imperial China: Introduction." *War and Society* 18.2 (October 2000): 1–8.

Walker, Brett L. "Foreign Affairs and Frontiers in Early Modern Japan: A Historiographical Essay." *Early Modern Japan* 10.2 (Fall 2002): 44–62.

Walker, Hugh D. "The Yi-Ming Rapprochment: Sino-Korean Foreign Relations, 1392–1592." Ph.D. diss., University of California, 1971.

Wang Chongwu. "Li Rusong zheng dong kao." *Lishi yuyan yanjiusuo jikan* 14 (1948): 343–374. 王崇武：《李如松征东考》,《历史语言研究所集刊》第 16 本，1947 年，第 343–374 页。

——. "Liu Ting zheng dong kao." *Lishi yuyan yanjiusuo jikan* 16 (1947): 137–149.《刘綎征东考》,《历史语言研究所集刊》第 14 本，1949 年，第 137–149 页。

Wang Hongxu, comp. *Ming shigao.* 7 vols. 1723. Taibei: Wenhai chubanshe, 1962. 王鸿绪编：《明史稿》，台北：文海出版社，1962 年。

Wang Li. "Ming dai yingbing zhi chutan." *Beijing shifan daxue xuebao* (1991.2): 85–93. 王莉：《明代营兵制初探》,《北京师范大学学报》1991 年第 2 期，第 85–93 页。

Wang Qi. *Sancai tuhui.* 3 vols. 1610. Shanghai: Shanghai guji chubanshe, 1988. 王圻：《三才图会》，上海：上海古籍出版社，1988 年。

Wang Tianyou and Xu Daling, eds. *Ming chao shiliu di.* Beijing: Zijincheng chubanshe, 1991. 王天有、许大龄编：《明朝十六帝》，北京：紫禁城出版社，1991 年。

Wang,Xiangrong. *Zhong-Ri guanxi wenxian lunkao.* Beijing: Yuelu shushe, 1985. 汪向荣：《中日关系史文献论考》，长沙：岳麓书社，1985 年。

Wang Xiaowei, ed. *Zhongguo junshi zhidu shi: Bingyi zhidu juan.* Zhengzhou: Daxiang chubanshe, 1997. 王晓卫编：《中国军事制度史：兵役制度卷》，郑州：大象出版社，1997 年。

Wang Yi-t'ung. *Official Relations between China and Japan, 1368–1549.* Cambridge,

Mass.: Harvard University Press, 1953.

Wang Yong. "Realistic and Fantastic Images of 'Dwarf Pirates' : The Evolution of Ming Dynasty Perceptions of the Japanese." In Fogel, *Sagacious Monks and Bloodthirsty Warriors,* 17–41.

Wang Yuquan. *Ming dai de juntian.* Beijing: Zhonghua shuju, 1965. 王毓铨 :《明代的军屯》, 北京 : 中华书局, 1965 年。

Watanabe Takeshi, ed. *Hideyoshi to Momoyama bunka.* Osaka: Osaka Castle Museum, 1997. 渡辺武監修 :『秀吉と桃山文化 : 大阪城天守閣名品展』, 大阪 : 大阪城天守閣, 1997 年。

Watanabe Yosuke. *Hō taikō no shiteki seikatsu.* Tokyo: Kōdansha, 1980. 渡辺世祐 :『豊太閤の私的生活』, 東京 : 講談社, 1980 年。

Weems, Clarence Norwood, ed. *Hulbert's History of Korea.* 2 vols. New York: Hillary House, 1962.

Whitmore, John K. "Vietnam and the Monetary Flow of Eastern Asia, Thirteenth to Eighteenth Centuries." In *Precious Metals in the Later Mediaeval and Early Modern Worlds,* edited by John F. Richards, 363–393. Durham, N.C.: Carolina Academic Press, 1983.

Wolters, O. W. "Ayudhya and the Rearward Part of the World." *Journal of the Royal Asiatic Society of Great Britain and Ireland* 3–4 (1968): 166–178.

Wu Fengpei et al., comps. *Renchen zhi yi shiliao huiji.* 2 vols. Beijing: Quanguo tushuguan wenxian suowei fuzhi zhongxin chubanshe, 1990. 吴丰培编 :《壬辰之役史料汇辑》, 北京 : 全国图书馆文献缩微复制中心, 1990 年。

Wu Han, comp. *Chaoxian Li chao shilu zhong de Zhongguo shiliao.* 12 vols. Beijing: Zhonghua shuju, 1980. 吴晗编 :《朝鲜李朝实录中的中国史料》, 北京 : 中华书局, 1980 年。

Wu Yanhong. *Ming dai chongjun yanjiu.* Beijing: Shehui kexue wenxian chubanshe, 2003. 吴艳红 :《明代充军研究》, 北京 : 社会科学文献出版社, 2003 年。

Xia Xie. *Ming tongjian.* 5 vols. Ca. 1870. Taibei: Xinan shuju, 1982. 夏燮 :《明通鉴》, 台北 : 西南书局, 1982 年。

Xu Xianyao. "Ming dai de goujun." *Ming shi yanjiu zhuankan* 6 (June 1983): 133–192. 许贤瑶 :《明代的勾军》,《明史研究专刊》第 6 期, 1983 年, 第 133–192 页。

Yamagata I. "Japanese-Korean Relations after the Japanese Invasion of Korea in the 16th Century." *Transactions of the Korea Branch of the Royal Asiatic Society* 4.2 (1913): 1–11.

Yamamoto Masayoshi. *Shimazu kokushi.* 10 vols. Tokyo: Seikyō kappan insatsujo, 1905. 山本正誼 :『島津国史』, 東京 : 島津家編集所，1905 年。

Yanigada Toshio. "Bunroku Keichô no Eki to kirisitan senkyōshi." *Shigaku* 52.1 (1982): 19–39. 柳田利夫 :「文禄・慶長の役とキリシタン宣教師」,『史学』52(1)，1982 年 6 月，第 19–39 頁。

Yang Hsien-yi and Gladys Yangs, trans. *The Courtesan's Jewel Box: Chinese Stories of the Xth–XVIIth Centuries.* Peking: Foreign Languages Press, 1957.

Yang Hu. *Ming dai Liaodong dusi.* Zhengzhou: Zhengzhou guji chubanshe, 1988. 杨旸 :《明代辽东都司》, 郑州 : 中州古籍出版社，1988 年。

Yang Shaoxian and Mo Junqing. *Ming dai minzu shi.* Chengdu: Sichuan minzu chubanshe, 1996. 杨绍猷、莫俊卿:《明代民族史》, 成都:四川民族出版社，1996 年。

Yao Guangxiao et al., comps. *Ming shilu.* 133 vols. plus 21 vols. of appendices. Taibei: Zhongyang yanjiuyuan lishi yuyan yanjiusuo, 1962–1966. 姚广孝等编 :《明实录》, 台北 : "中央研究院" 历史语言研究所，1962–1966 年。

Yi Chin-hui. "Korean Envoys and Japan: Korean-Japanese Relations in the 17th to 19th Centuries." *Korea Journal* 25.12 (December 1985): 24–35.

Yi Homin et al. *Obong chip; Injae chip.* Vol. 3 in Yi U., *Imjin waeran kwan'gye.* 李好閔等 :『五峰集 訒齋集』,『壬辰倭亂關係文獻叢刊』第 3 卷，서울 : 亞細亞文化社，1984 년。

Yi Hyŏngsŏk. *Imjin chŏllansa.* 3 vols. Seoul: Sinhyonsilsa, 1974. 李炯錫 :『壬辰戰亂史』, 서울 : 新現實社，1974 년 .

Yi Kae-hwang. *Bunroku keichō no eki to Higashi Ajia.* Kyoto: Rinsen shōten, 1997. 李啓煌 :『文禄・慶長の役と東アジア』, 京都 : 臨川書店，1997 年。

Yi No. *Yŏngsa ilgi.* 1592–93. Seoul: Ŭlyu munhwasa, 1974. 李魯著，全圭泰譯 :『龍蛇日記』, 서울 : 乙酉文化社，1974 년。

Yi Sanhae et al. *Agye yugo: Ilsong chip; Sogyong chip; Yuch'on chip.* Ca. 1600.Vol. 2 in Yi U., *Imjin waeran kwan'gye.* 李山海等 :『鵝溪遺稿 一松集 西坰集 柳川集』,『壬辰倭亂關係文獻叢刊』第 2 卷，서울 : 亞細亞文化社，1984 년。

Yi T'akyŏng. *Chŏngmannok.* Ŭisŏng: Ŭisŏngkun, 2002. 李擢英著，李虎應譯註 :『征蠻錄』, 義城 : 義城郡，2002 년。

Yi Usong, et al., comps. *Imjin waeran kwan'gye munhon ch'onggan.* Ca. 1600. 3 vols. Seoul: Asea munhwasa, 1984. 李佑成等编 :『壬辰倭亂關係文獻叢刊』, 서울 : 亜細亜文化社，1984 년。

Yi Wŏn'ik. *Yi Sanguk ilgi.* 1620s. In vol. 6 of *Paerim,* compiled by Sim Nosung. Ca.

1800. Seoul: T'amgudang, 1969. 李元翼 :『李相國日記』, 沈魯崇編 :『稗林』第 6 輯, 서울 : 探求堂, 1969 년。

Yonetani, Hitoshi. "Repatriation of Korean Captives from the Hideyoshi Invasion." In Chung Doo-hee, *Transnational History of the "Imjin Waeran,"* 313–26.

Yoshio Hiroshi. "Minmatsu Yo Shimasa no chi-iki boei an ni tsuite." *Tōyōshi kenkyū* 45.4 (March 1987): 1–24. 吉尾寛 :「明末・楊嗣昌の地域防衛案について」,『東洋史研究』45(4), 1987 年 4 月, 第 635–658 頁。

Yoshioka Shinichi. "Bunroku-Keichō no eki ni okeru kaki ni tsuite no kenkyū." *Chōsen gakuho* 108 (July 1983): 71–109. 吉岡新一 :「文禄・慶長の役における火器についての研究」,『朝鮮学報』108, 1983 年 7 月, 第 71–109 頁。

Yu Jae-chun. "Mountain Fortresses: The Front Line of National Defense." *Koreana* 19.1 (Spring 2005): 18–23.

Yu Sagyŏng. *Yug'yudang ilgi.* 1597–1605. Seoul: National Library of Korea, 1972. 柳思敬 :『六有堂日記』, 서울 : 國立中央圖書館藏本。

Yu Sŏngnyong. *Chingbirok.* Ca. 1600 (published 1695). In Wu Fengpei et al., *Renchen zhi yi shiliao huiyi,* 2:257–470. 柳成龙 :《惩毖录》, 吴丰培编 :《壬辰之役史料汇辑》, 北京 : 全国图书馆文献缩微复制中心, 1990 年, 第 257–470 页。

Yu Yanfang. *Chaonu yicuo.* Ca. 1620. Facsimile reprint, Nanjing: Nanjing daxue, 1928. 于燕芳 :《剿奴议撮》, 南京 : 国立中央大学图书馆排印本, 1928 年。

Yu Zhijia. *Ming dai junhu shi xi zhidu.* Taibei: Taibei xuesheng shuju, 1987. 于志嘉 :《明代军户世袭制度》, 台北 : 台湾学生书局, 1987 年。

Yuan Suiren. "Lun Zhang Juzheng gaige de lishi jiejian." *Zhongguo shi yanjiu* (1994.2): 50–58. 袁穗仁 :《论张居正改革的历史借鉴》,《中国史研究》1994 年第 2 期, 第 50–58 页。

Yujŏng. *Sam taesa wangpu ch'al chop.* 1590s. Seoul: Kyujanggak Archives. Manuscript. 惟政 :『四溟堂大師集』, 서울 : 藏書閣藏本。(校者注 : 经作者确认, 此处英文原文有误, 今根据作者提供信息改正)

——. *Songun Taesa Punch'ung sŏnallok.* 1739. Berkeley: University of California, 1972. Manuscript (microfilm).『松雲大師奮忠舒難録』

Yun, Peter I. "Rethinking the Tribute System: Korean States and Northeast Asian Interstate Relations, 600–1600." Ph.D. diss., University of California, Los Angeles, 1998.

Zhang Haiying. *Zhang Juzheng gaige yu Shanxi Wanli qingzhang yanjiu.* Taiyuan: Shanxi renmin chubanshe, 1993. 张海瀛 :《张居正改革与山西万历清丈研究》, 太原 :

山西人民出版社，1993 年。

Zhang Jincheng, comp. *Qianlong Ningxia fuzhi.* 2 vols. 1780. Yinchuan: Ningxia renmin chubanshe, 1992. 张金成等：《乾隆宁夏府志》，银川：宁夏人民出版社，1992 年。

Zhang Juzheng. *Zhang Wenzhong gong quanji.* 1500s. Taibei: Taiwan shangwu yinshuguan, 1968. 张居正：《张文忠公全集》，台北：台湾商务印书馆，1968 年。

Zhang Tingyu et al., comps. *Ming shi.* 12 vols. 1739. Taibei: Dingwen shuju, 1994. 张廷玉等：《明史》，台北：鼎文书局，1994 年。

Zhang Xiaosheng and Liu Wenyan, eds. *Zhongguo gudai zhanzheng tongjian.* 2 vols. Beijing: Changcheng chubanshe, 1988. 张晓生、刘文彦编：《中国古代战争通览》，北京：长城出版社，1988 年。

Zhao, Jie. "A Decade of Considerable Significance: Late-Ming Factionalism in the Making, 1583–1593." *T'oung Pao* 88 (2002): 112–50.

Zhao Shizhen. *Shenqi pu.* 1598–99. Kyoto University Library. Facsimile manuscript. 赵士祯：《神器谱》，京都大学图书馆藏翻刻本。

Zheng Liangsheng, ed. *Ming dai Wokou shiliao.* 5 vols. Taibei: Wenshizhe chubanshe, 1987. 郑樑生编：《明代倭寇史料》，台北：文史哲出版社，1987 年。

——. *Ming dai Zhong-Ri guanxi yanjiu.* Taibei: Wenshizhe chubanshe, 1985.《明代中日关系研究》，台北：文史哲出版社，1985 年。

Zheng Ruozeng. *Chouhai tubian.* 1562 (attr. Hu Zongxian, 1624). Lilly Library, Indiana University. Facsimile reprint. 胡宗宪主持，郑若曾编：《筹海图编》。

Zhi Yingrui. *Ping xi guanjian.* 1592. Facsimile reprint of Naikaku Bunko edition in *Shan ben shu ying.* Vol. 70. Kyoto: Kyoto daigaku, 1970. 支应瑞：《平西管见》，京都大学藏内阁文库本翻印本。

Zhong Kan, ed. *Ningxia gudai lishi jinian.* Yinchuan: Ningxia renmin chubanshe, 1988. 钟侃编：《宁夏古代历史纪年》，银川：宁夏人民出版社，1988 年。

Zhong Kan, Chen Mingyou, and Wu Zhongli. *Ningxia shi hua.* Yinchuan: Ningxia renmin chubanshe, 1988. 钟侃、陈明猷、吴忠礼：《宁夏史话》，银川：宁夏人民出版社，1988 年。

Zhu Yafei. "Ming dai yuan Chao zhanzheng heyi wenti xin tan." *Zhongguo shi yanjiu* (1995.2): 155–164. 朱亚非：《明代援朝战争和议问题新探》，《中国史研究》1995 年第 2 期，第 155–164 页。

Zhuan Qixue, comp. *Zhongguo gu waijiao shiliao huibian.* 2 vols. Taibei: Zhonghua congshu bianshen weiyuanhui, 1980. 傅启学编：《中国古代外交史料汇编》，台北：中华丛书编审委员会，1980 年。（校者注：作者错将“傅”认作“传”）

Zhuan Zhongxia et al. *Zhongguo junshi shi, Vol. 2 Supplement: Lidai zhanzheng nianbiao.* Beijing: Jiefangjun chubanshe, 1985. 傅仲侠等编：《中国军事史（附卷：历代战争年表）》,北京:解放军出版社,1985 年。(校者注:作者错将“傅”认作“传”)

Zhuge Yuansheng. *Liang chao ping rang lu.* 1606. Taibei: Taiwan xuesheng shuju, 1969. 诸葛元声：《两朝平攘录》，台北：台湾学生书局，1969 年。

译校后记

《龙首蛇尾：明代中国与第一次东亚大战（1592—1598）》一书的翻译工作，由周思成和孙中奇合作完成。译者周思成负责原书的翻译，校者孙中奇负责检查译文错讹，并查核原书中大量的古籍引文。

校者的工作主要包括：

一，查核史料原文。本书旁征博引，征引了中日韩三国的大量史料，译者已将大部分中国史料引文复原，校者承担更为艰巨的日韩史料引文的复原工作。其中，中韩史料多为古汉语，据作者所引版本原样复原。少部分韩国文献，如李舜臣《壬辰状草》当中有吏读的出现，复原时参考了《李忠武公全书》中删去吏读助词的古汉语版本还原。日本文献中，《日本外史》等汉文古籍依原样复原，采用候文等日本特有文体的文献，使用现代汉语进行翻译。作者石康对史料原文理解有误之处，均按史料原文复原，若按史料复原后影响文本逻辑，则保留英文原意，并出注说明，附上史料原文。作者对部分史料的引用采取了节译、略译的方式，此次中译，在保证简洁的前提下，也尽可能将引文补全。

二，修正补充日本韩国的人名地名。原书附有汉字对照表，校者仅做了一些修订。其中，如“大丘”（今大邱）这类地名，古今写法有异，以史料原文及当时使用情况为准。书中涉及的韩国学者姓名、外籍日韩裔学者的姓名，尽可能复原其原本的汉字名，实在难以复原者，暂用音译。

三，出注说明书中明显的史实错误。作者是专攻明代军事史的汉学家，在本书中，涉及日本朝鲜的内容难免有误。原书中凡与学界公认情况不符的史实错误，出注说明，译文保留原意。

四，调整译文中用词不当之处。需要说明的是，原书中有些问题是译者发现的，为统一格式，出注时不特别说明。在文后注中，少数需要说明之处，则使用了“校者注”。

此外，有关参考文献中的中日韩文献名还原，译校工作遵循了如下原则：一，中国大陆并港台地区的出版物，均使用简体汉字；二，日本战前并战后的出版物，均用日本新字体；三，韩国出版物中的作者姓名、书名、出版社名是否用汉字，遵循原文献的写法；四，原文献为中日韩文，但作者使用其英译文献名的，予以还原；五；出版信息有误的中日韩文出版物，还原时予以更正；六、英文文献名中有中日韩文罗马音的，保持不变。

本书的译校，除利用作者所引版本的史料，还参考了以下专著或史料集：北岛万次编：《丰臣秀吉朝鲜侵略关系史料集成》（东京：平凡社，2017 年），李炯锡：《壬辰战乱史：文禄 · 庆长之役》（东京:东洋图书出版,1977 年),朱尔旦:《万历朝鲜战争全史》(北京:民主与建设出版社,2020 年),郑诚整理:《惩毖录(外一种)》(上海:上海交通大学出版社,2019 年),郑洁西等整理:《经略复国要编》(杭州:浙江大学出版社,2020 年)。

本书的译校是一项颇为繁难的任务,南开大学孙卫国教授惠赐了宝贵资料,山东大学丁晨楠副研究员为本书推荐了校者,复旦大学罗嗣超、郑智安同学协助解决了部分翻译疑难,赵香林提供了加拿大麦吉尔大学图书馆帐号,为史料核对提供了莫大便利,在此一并致以深切感谢!由于译校者水平有限,书中不免仍有讹误与疏漏,敬希读者指正。

图书在版编目（CIP）数据

龙头蛇尾：明代中国与第一次东亚大战：1592—1598 /（美）石康（Kenneth M.Swope）著；周思成译. -- 北京：民主与建设出版社，2023.12

书名原文：A Dragon's Head and a Serpent's Tail: Ming China and the First Great East Asian War, 1592—1598

ISBN 978-7-5139-4431-1

Ⅰ. ①龙… Ⅱ. ①石… ②周… Ⅲ. ①侵略战争－战争史－日本－1592-1598 Ⅳ. ① E313.9

中国国家版本馆 CIP 数据核字（2023）第 212276 号

审图号：GS（2023）2850 号

北京市版权局著作权合同登记号 图字：01-2023-4520

龙头蛇尾：明代中国与第一次东亚大战，1592—1598

LONGTOU SHEWEI MINGDAI ZHONGGUO YU DIYICI DONGYA DAZHAN 1592—1598

著　　者	[美] 石康
译　　者	周思成
责任编辑	王　颂
特约编辑	黄旭东
装帧设计	陈威伸
内文制作	陈基胜
地图清绘	冯博文
出版发行	民主与建设出版社有限责任公司
电　　话	（010）59417747　59419778
社　　址	北京市海淀区西三环中路 10 号望海楼 E 座 7 层
邮　　编	100142
印　　刷	山东韵杰文化科技有限公司
版　　次	2023 年 12 月第 1 版
印　　次	2023 年 12 月第 1 次印刷
开　　本	880 毫米 ×1230 毫米　1/32
印　　张	13.25
字　　数	295 千字
书　　号	ISBN 978-7-5139-4431-1
定　　价	82.00 元

注：如有印、装质量问题，请与出版社联系。